琉球列島の
言語と文化
その記録と継承

田窪行則 編

目　次

琉球列島の言語と文化
　その記録と継承 .... 田窪 行則　*iii*

第 1 部

第 1 章　危機言語ドキュメンテーションの方法としての
　　　　電子博物館作成の試み
　　　　宮古島西原地区を中心として .... 田窪 行則　*1*

第 2 章　琉球方言とその記録、再生の試み
　　　　学校教育における宮古方言教育の可能性 .... かりまた しげひさ　*21*

第 3 章　危機方言研究における文法スケッチ .... 下地 理則　*45*

第 4 章　日本列島の言語の多様性
　　　　琉球諸語を中心に .... トマ・ペラール　*81*

第 2 部

第 1 章　ドゥナン（与那国）語の言語使用
　　　　 .... 山田 真寛、トマ・ペラール　*93*

第 2 章　宮古池間方言における言語衰退過程の考察
　　　　話者の体験談を通して .... 岩崎 勝一・大野 剛　*109*

第 3 章　村落祭祀の継承に関する一考察
　　　　宮古島西原の「ミャークヅツ」を事例に .... 平井 芽阿里　*127*

第 4 章　宮古池間方言の現在 .... 林 由華　*157*

第 5 章　言語と文化の記録をもとにした学術コンテンツ作成の試み
　　　　宮古島西原地区を事例に .... 元木 環　*177*

第3部

第1章　琉球語宮古池間方言の談話資料 .... 林 由華　197

第2章　奄美語喜界島上嘉鉄(きかいじまかみかてつ)方言の談話資料 .... 白田 理人　245

第3章　奄美語喜界島小野津(きかいじまおのつ)方言の談話資料 .... 白田 理人　259

第4章　ドゥナン(与那国)語の簡易文法と自然談話資料
　　　　　..................... 山田 真寛、トマ・ペラール、下地 理則　291

宮古島西原地区ではなされている池間方言の創作童話
カナルおばーぬゆがたい
みまむいぶすぬはなす 325

っふぁ　そうだてぃ　じゃんぬ　はなす 343

索　引 361

執筆者紹介 364

琉球列島の言語と文化
その記録と継承

田窪 行則

　琉球の言語と文化は現在消滅の危機にある。琉球はもともと別の独立国であり、独自の言語と文化を持っていた。琉球自体、言語的、文化的に一枚岩ではなく、琉球祖語から分岐した諸言語が話されていることから、その言語は琉球語ではなく、琉球諸語と呼ばれることもある。琉球諸語は北琉球諸語、南琉球諸語に大きく分けられる。さらに北琉球諸語は奄美語・沖縄語、南琉球諸語は宮古語・八重山語・与那国語に分けられる。これらの言語はそれぞれ相互意思疎通性を欠き、その観点からは別の言語とみなすべきと考えられている。また、これらの五つの言語はさらに多くの方言を持ち、たとえば、同じ宮古語に属するとされる多良間方言と平良方言は互いに意思疎通できないほど違っている。他の言語に関しても同じである。これらを方言と呼ぶか語と呼ぶかは立場によって異なる。本書でも筆者により「〜方言」と呼んだり「〜語」と呼んでいる。

　言語だけでなく、習俗、歌謡、宗教などに関してもそれぞれの地区が独自性、多様性を持つ。その琉球の諸言語が日本語共通語にとってかわられ始めたのは、明治5年から12年にかけて琉球王国が廃止され、琉球藩、さらには沖縄県が設置されたことに始まる。琉球を本土の言語・文化に強制的に同化するという日本政府の政策によるものであった。これは「方言札」に代表される学校教育における標準語励行運動により強化される。さらに現在、テレビなどを通じた本土の大衆文化の流入、学校教育による公的領域の私的空間への浸食により、現在は、琉球独自の言語・文化の消滅の流れは止められない。しかし最近自分のすむ地域の文化や言語に関する意識が高まり、琉球列島の人たちはそ

の独自の言語と文化を記録・継承するための努力をしている。一方、デジタル技術などが進み、その記録・継承に関してもこれまでとは違った方法が取れるようになってきている。本書では、そのような琉球列島の言語・文化の記録・継承の試みを支援するために我々に何ができるのか、どのようなことをしてきたかを紹介する。

　本書は三部からなる。第一部では、琉球語をいかに記録し、その記録を琉球語の維持、再生にどのように役立てるかを議論している。第二部では琉球の言語・文化の現状を概説する。第三部は、琉球語の諸方言からいくつか実際のテキストの書きおこしをあげてある。このような書きおこしは文法記述、入門テキストの基礎的データとなるものである。

　第一部第1章田窪行則「危機言語ドキュメンテーションの方法としての電子博物館作成の試み:宮古島西原地区を中心として」は、筆者たちの言語学チームが宮古島西原地区で行ったフィールドワークの成果を西原地区の人たちと共有するために製作中の電子博物館の制作意図と構成を解説したものである。この電子博物館は西原で話されている池間方言の談話、方言絵本、方言の入門講座などの方言、共通語の2言語字幕付きコンテンツを京都大学のコンテンツ作成室との共同研究により作成中のものである。その一部は字幕付きでYouTubeで公開されている。

　第一部第2章かりまたしげひさ「琉球方言とその記録、再生の試み:学校教育における宮古方言教育の可能性」は、琉球語の再生のため学校教育の中で児童・生徒に対して方言教育を組織的、継続的に実施することの必要性を述べ、方言教育の可能性と意義を提案したものである。かりまた氏は、琉球諸語研究のリーダー的存在で、琉球列島のほとんどの島々をまわり調査をしている方である。

　第一部第3章は下地理則「危機方言研究における文法スケッチ」である。下地氏は、オーストラリア国立大学において宮古伊良部島の方言の記述文法で博士号を取得している。この文法は現代記述言語学の手法で琉球の一つの方言を体系的、かつ網羅的に記述した数少ない文法書の一つと言える。本章では危機言語の記録保存における文法概説の位置付けを述べるとともに、文法概説を効率的かつ早急に作成していく方法を検討している。

　第一部第4章トマ・ペラール「日本列島の言語の多様性:琉球諸語を中心

に」は、日本国内の現在消えつつある琉球諸語の研究が言語類型論や日本語史に大きく貢献できることを示し、特に宮古大神島方言のような消滅寸前で先行研究の少ない少数方言の緊急調査の必要性を議論している。筆者のトマ・ペラール氏は、気鋭の歴史比較言語学者であり、フランスで宮古大神島方言の記述と比較言語学的研究により博士号を取得している。この章は琉球諸語間の関係、また、琉球諸語と日本語との関係に関する概説となっており他の章の導入としても読むことができる。

　第二部は琉球諸語、琉球文化の現状を議論している。第二部第1章山田真寛、トマ・ペラール「ドゥナン(与那国)語の言語使用」は沖縄県与那国島で話されている琉球語の言語使用の状況と消滅危機頻度をユネスコの「言語の体力測定」判断基準に基づいて報告する。また言語記述の量と質、保存・伝承活動などについても報告している。山田氏は、アメリカのデラウェア大学で博士号を取得した理論言語学者であるが、3年ほど前から与那国島の調査をペラール氏、下地氏と行っている。

　第二部第2章岩崎勝一・大野剛「宮古池間方言における言語衰退過程の考察：話者の体験談を通して」は、宮古池間方言の使用の現状を聞き取り調査によって考察したものである。家庭における危機方言が話されなくなる要因として、方言札、テレビ、養育者、ライフスタイル(生活環境)、男女差などをあげ、話者における危機方言の維持に関してそれらの要因がどのように働いているかを分析している。岩崎氏はタイ語、談話分析、機能主義文法の専門家で、カリフォルニア大学ロス・アンジェルス校名誉教授、ハワイ大学マノア校教授である。大野氏は、日本語の自然談話をデータとする談話、文法分析の専門家で、カナダのアルバータ大学で教えている。自然談話の収集法、データ整理法などにも造詣が深い。筆者とは2006年1月以来、池間方言の調査を共同で行っている。

　第二部第3章平井芽阿里「村落祭祀の継承に関する一考察：宮古島西原の「ミャークヅツ」を事例に」は宮古島西原地区のミャークヅツという男性主体の村落祭祀を事例とし、儀礼を通して継承される方言や民俗知識の継承の記録と今後の村落祭祀の展望の考察を行ったものである。平井氏は、高校時代に宮古島に渡り、宮古島の祭礼に興味を持ったことから、西原地区の調査を始め、ほぼ10年にわたるフィールド調査を行っている。

第二部第4章林由華「宮古池間方言の現在」は、危機言語としての宮古語池間方言の使用状況を主として西原地区の場合を対象として社会言語学的に考察したものである。林氏は宮古池間方言を専門として記述言語学的に研究している若手研究者である。宮古島にほぼ一年定住して西原で話されている池間方言のフィールド調査を行った。彼女はこの方言を非常に流暢に話すことができる。

第二部第5章元木環「言語と文化の記録をもとにした学術コンテンツ作成の試み：宮古島西原地区を事例に」は、地域構成員の創作をもとにした方言絵本の作成と、研究者のデータ収集をもとにした母語話者の字幕付き映像の作成を事例に、コンテンツ作成による研究活動の地域還元の手法と、ことばや文化の維持共有の可能性について報告する。元木氏は京都大学コンテンツ作成室室長で、電子博物館のインプリメンテーションに当初からかかわり、絵本などコンテンツ作成自体の統括も行っている。また写真家であり、展示にかかわる専門家でもある。

第三部では琉球諸語のいくつかの方言の書きおこしテキストを簡単な文法とともに収録した。収録したテキストは以下のとおりである。

第1章　琉球語宮古池間方言の談話資料　林由華
第2章　奄美語喜界島上嘉鉄方言の談話資料　白田理人
第3章　奄美語喜界島小野津方言の談話資料　白田理人
第4章　ドゥナン（与那国）語の簡易文法と自然談話資料
　　　　　　　　　　　　山田真寛、トマ・ペラール、下地理則

第1章は沖縄県宮古島の池間方言のテキストである。池間方言は池間島、宮古島西原・伊良部島佐良浜で話されている。主として西原で話される方言に関して簡易文法と談話資料をもとにした注釈付きのテキストを提示する。第2、3章は鹿児島県大島郡喜界町で話される奄美語喜界島上嘉鉄方言、小野津方言の自然談話資料である。談話資料の理解の補助となる簡便な文法記述も示す。著者の白田氏は現在京都大学の博士課程の学生で現在喜界島の方言を調査中である。第4章は沖縄県与那国島で話されている与那国語のテキストである。短い談話資料に簡単な文法解説を付して記録する。第1–4章の談話資料は音韻表記、グロス、日本語対訳が付されている。

琉球列島の言語と文化 | vii

　本書にはDVD映像が付されている。これは第一部第1章で述べた電子博物館のコンテンツの一部として作成されたもので、京都大学コンテンツ作成室との共同研究の成果の一部である。DVDには以下の3点が収録されている。①に関しては巻末にテキストとその翻訳も収録した。

①．池間方言の創作童話2編　宮古島西原地区ひよどり保育園園長花城千枝子氏が池間方言で書かれた創作童話である。この童話は創作であるが花城氏のこどものころの記憶がもとになっている。
　「カナルおばーぬゆがたい　みまむいぶすぬはなす（カナルおばあのお話し　見守り星の話）」カナルおばあがテリハボクの木に語りかけるという形で語られており、カナルおばあがこどものころの話。絵は、当時京都大学コンテンツ作成室で働いていたアニメーション作家の高橋三紀子氏。語りは花城氏御本人である。
　「っふぁ　そうだてぃ　じゃんぬ　はなす（子育てジュゴンの話）」人間のこどもを育てることになったジュゴンの話。絵は京都大学コンテンツ作成室勤務で、アニメーション作家の永田奈緒美氏。語りはやはり花城氏御本人である。

②．西原のミャークヅツ　毎年西原地区で旧暦甲午の日から4日間行われる祭礼を京都大学コンテンツ作成室が撮影、編集したもの。4日間で24時間の映像を撮影し、それを50分ほどに編集したものである。ミャークヅツに関しては本書第二部第3章の平井氏の論文を参照されたい。
　この映像の作成に関しては、現西原みどり会会長仲間忠氏、前会長長崎恵長氏、前宮古高校校長仲間博之氏、現西原字長長崎光義氏の監修を受けたが、一部、歌の伝承に問題があるという指摘をうけ、以下の訂正を加えた。
　映像9分あたりの「びくの　はな　すまぬ　はなとぅゆませ」と歌うのは誤りで本来「びくの　ふぁー　すまぬ　はな　とぅゆませ（男の子の華として栄えさせたまえ）」と歌われるべきである。
　また、ミャークヅツは宗教儀礼であるため、公開に関しては注意が必要であるが、この編集映像に関しては、ナナムイのウーンマ（集落の神事の責任者）に見ていただき、公開上特に問題ないと言っていただいている。

本書は京都大学グローバルCOE「親密圏と公共圏の再編成をめざすアジア拠点（代表落合恵美子）」の成果の一部であり、その資金の援助を受けている。また、採録論文の一部は既発表論文の再録、ないし翻訳である。以下に初出誌を記す。

第一部第1章　田窪行則（2011）「危機言語ドキュメンテーションの方法としての電子博物館作成の試み：宮古島西原地区を中心として」『日本語の研究』7（4）: 119–134.

第二部第2章　Iwasaki, Shoichi and Tsuyoshi Ono (2011) Ikema Ryukyuan: Investigating past experience and the current state through life narratives. In Ho-Min Sohn, Haruko Minegishi Cook, William O'grady, Leon Angelo Serafim, and Sang Yee Cheon eds., *Japanese/Korean Linguistics* 19, 351–365. Stanford: CSLI Publications.

第三部第1章　林由華（2009）「琉球語宮古池間方言の談話資料」大西正幸・稲垣和也編『地球研言語記述論集1』153–199. 言語記述研究会.

第 1 部 第 1 章

危機言語ドキュメンテーションの方法としての電子博物館作成の試み
宮古島西原地区を中心として

田窪 行則

1. はじめに

　本稿は琉球諸語、ひいては消滅の危機にある日本の諸方言のドキュメンテーションに関する一つの提言を行うことを目的とする。琉球の言語と文化は現在消滅の危機に瀕している。琉球の諸地域はシャーマニズム的な儀式を最近まで残し、独自の風習、文化を維持しながら豊かな生活を送ってきたが、近年のマスメディアの発達や経済優先の生活のため地域の文化と言語が急速に失われている。

　我々の研究チームは 2006 年 1 月から宮古島西原地区において池間方言の調査を行ってきた。池間方言は琉球諸語宮古語の一方言であり、池間島、伊良部島佐良浜、西原で話されている。宮古の諸方言のなかでもこの方言は特殊であり、これら三集落の住民たちは自分たちのことを「池間民族」と呼んで、自分たちの独立性を強調している [1]。

　この方言は他の琉球諸語と同じく消滅の危機にある。西原地区は 1874 年 (明治 7 年) に池間島から移住した人たちが住んでおり、住民たちは池間方言を話す。西原地区の 60 代以上の住民の多くは池間方言を話すことができ、40 代の住民も聞いて理解できるものも少なくないが、すでにそれより下の世代への世代間継承は行われておらず、早晩この方言は消滅する可能性が高い。他地区から移住して自己アイデンティティの確認作業を行わなければならなかったため、この地区では母語と文化を維持する努力をしてきた。この地区の住人たちはさまざまな老人会の活動を通じて、積極的に次世代に言語・文化を伝える

---

[1] 笠原 (2008: 21–27)

努力を続けており、彼らの活動は他の地区の人々のモデルとなりえるものである。

　池間方言の記述はこれまでかなり行われている。平山他 (1967)、平山編 (1983) には基本的な音韻、形態、語彙の記述があるし、西原地区出身の名嘉真 (1998) は池間西原方言の形態や音韻の記述を行っており、また、西原方言の語彙集 (名嘉真 1988–2001) を作成している。しかし、残念ながらこれらの記述には一部不備があり、正確さを欠いていることが分かっている。たとえば、平山編 (1983: 178–180) は、池間方言のアクセントは二型であり、すでに曖昧型で平山他 (1967) の元となった調査では保たれていた型の区別がなくなっていると報告している。しかし、我々の調査では、この言語の名詞は三型アクセントであり、しかも 60 代前半の話者でも非常に明確な対立を持つことが分かっている [2]。

　また、名嘉真の語彙集の語彙採録には偏りがあり、われわれの収録した談話に出現する語彙の多くが収録されていない。この語彙集を用いて談話の書き起こしを行うのは困難である。この語彙集は共通語を方言風に発音したものを多く含み、共通語や土地の威信言語である平良地区の方言に影響を受けた若い世代の言語であることが疑われる。

　平山たちの記述は例示のために短い録音が残っているだけで、その録音からは二型か三型かを決定することはできない。また、名嘉真は自分の内省によって記述したため記述のもとになった談話や文の録音などは残っていない。もし、このような状況でこの方言の母語話者がいなくなり、平山、名嘉真の記録しか残っていなければ、我々はこの方言の真の姿を知ることが不可能になっていたといえる。ここで我々は単に言語、方言の言語学的記述をするだけではなく、記述されるべき言語、方言をできるだけ豊かな形で記録、保存することの重要性を知るのである。しかも、アクセント・音調に関しては単語の音調、自然談話や短文の記録では不十分である。アクセント・音調に関する仮説を検証する形で調査し、それを記録に残さなければ、他の研究者が我々の一般化を検証することはできない。これからはいわゆる危機言語・危機方言の研究では実際に一般化にもちいられた生の音声資料を公開できることが必要不可欠となる。

---

[2] 五十嵐他 (2012)。田窪 (2011) にも一部説明がある。

2. 宮古池間方言の概要

　琉球語は、日本語と系統関係の証明されている唯一の言語であり、学者によっては、日本語の方言と扱うものもいる。しかし、日本語と琉球語の差は、たとえばドイツ語とオランダ語、スペイン語とイタリア語などよりもずっと大きいと想定され、互いに意思疎通は不可能であるといってよい。琉球語は大きく北琉球グループと南琉球グループに分けられる[3]。北琉球グループには奄美、沖縄、南琉球グループには宮古、八重山、与那国がある。これらの言語も互いに意思疎通ができないため、方言ではなく独立した言語と扱う場合もある[4]。最近は、これらの5つの言語をそれぞれ独立した言語と認め、琉球諸語と呼ぶ場合もある。

　池間方言はPellard(2009)によれば、多良間に次いで、伊良部方言とともに宮古祖語から分岐し、さらに伊良部方言と分岐して今に至っている[5]。

　言語的な特徴においても他の宮古諸方言とは異なる。他の宮古諸方言に特徴的な舌尖音[ɿ]はなくなり、[i]に変化しており、[s]、[z]、[ts]、[dz]に続く場合にのみ中舌の[ɨ]として残っている。同時に、他の多くの琉球諸語と同じく/e/は/i/に狭母音化する。その結果、/se/は/si/となり[sɨ]と最小対をなす単語が作れる。したがって、構造主義的な音素論では[ɨ]は分布に非常に制約があるが/i/の条件異音とせず独立した音素/ɨ/と認めざるを得なくなる。

　宮古・八重山では日本語本土方言の/h/が/p/として残っているが、池間では本土方言と同じく/h/に変化している。また/i/の前の/r/は池間方言ではかならず脱落する。そのため宮古の他の方言で[paɿi]と発音される「畑」を意味する単語は池間では[hai]と発音される。池間方言における舌尖母音の消失と/p/から/h/への変化は並行している可能性がある。宮古諸方言で起った[i]の舌尖母音化は宮古の諸方言の呼気流の強さから来ているという（かりまた2006、2009）[6]。日本語での/p/から/h/への変化は、直接ではなく、両唇摩擦音[ɸ]を経ているとされる。池間でもこの変化が起きたとすると、*p > *ɸ > h と

---

[3] 上村（1992: 779–780）

[4] UNESCOの記事参照（UNESCO Intangible Cultural Heritage - Endangered languages http://www.unesco.org/culture/ich/index）。UNESCOではこれより多くの数の言語を認定しているがその根拠は明らかではない。

[5] この根拠となる共通の改新に関してはPellard(2009)、ペラール（本書）を参照のこと。

[6] 呼気流と調音との関係については上村（2007）を参照。

いう過程を経たことになる。この場合、宮古の池間以外の方言では*p＞*ɸ＞pという変化があったことになる[7]。宮古方言での [i] の舌尖母音への変化と*ɸ＞pへの再変化とは並行している可能性があり、これは呼気流の強さと関係している可能性があるのである。呼気流が弱まれば、[ɿ] は [i] へと再変化する可能性、*p＞*ɸ＞hという変化が起きる可能性が開ける。実際、池間ではこの変化が起きた可能性があり、[ɿ] がさらに子音化し [z] になったものは、[i] に再変化せず、[z] となっている。たとえば、魚を表す、/zzu/ は、*iyu＞*izju＞izzu＞zzu となったとすると池間でもいったん /i/ の舌尖母音化、さらには摩擦音化が生じたと考えられる。

　文法においてもかなり異なっている。宮古の他の方言では /taka:taka/ などと形容詞語幹を繰り返すことで、その程度がはなはだしいことを表すのが特徴であるが、池間ではこの形容詞語幹の繰り返しはなく、/jagumi/ などの程度副詞が使われる。

　また林は、池間方言で係り結びと見られる現象があることを発見している（Hayashi and Takubo 2009、田窪 2011）[8]。宮古の他の方言では、連体形と終止形が同じ形であるために、焦点助詞があっても係り結び現象は観察できない。林は、池間方言では存在動詞に例外的に終止形と連体形の形態的区別があることを発見し、焦点助詞は連体形としか結びつかないことを示した。また、存在動詞以外の動詞は終止形を持たず、従来終止形も表すと考えられた形式は、連体形であって、焦点助詞がなければ単独で終止できないことを論証している。つまり、池間方言では係り結びが存在することになるのである。

---

[7] これと同様の見解はすでに中本 (2008) が提出している。中本では琉球語すべてで同様の変化が起きたと仮定しているようであるが、筆者は北琉球では*ɸ＞pの変化は起きず、それぞれ変化の過程が異なるだけであると考える。たとえば、喜界島では日本祖語の*pに対応する音は /h/ で現われる地域、/ɸ/ で現われる地域、/p/ で現われる地域がある。これはそれぞれが変化の異なる過程にあるとみなすのが妥当であろう。これに対して池間以外の宮古諸方言では /p/ で現われ、かつ、舌尖母音が現れる。このため、池間以外の宮古諸方言で*p＞*ɸ＞pへの変化が仮定でき、池間での*p＞*ɸ＞*p＞*ɸ＞h が想定できる。

[8] 一般に北琉球の多くの言語や八重山の言語では係り結びが存在するとされているが、かりまた (2011) は焦点助詞と結びの形式に一対一の対応関係がないことから、琉球諸語の係り結びとされる現象は上代語のような性質を持たないと主張している。しかし、係り結びとされる現象は必ずしも、焦点助詞と文末モーダル形式の支配・被支配関係と考える必要はない。焦点を持つ場合と持たない場合とでモーダルの生起に制約があると考えればよい。これについては伊良部方言の negative concord (反一致) に関する Shimoji (2011) も参照されたい。

3. 危機言語としての池間方言

　琉球諸語はほとんどが消滅の危機に瀕した言語である。宮古語も例外ではなく、ほとんどの方言ですでに次世代への方言の伝承を行っておらず、宮古島の市街地で話されている平良方言は、60代でもすでに流暢性を失っている話者が多い。UNESCOでは言語消滅の危険性に関して以下のような基準を設けている（UNESCO　Intangible Cultural Heritage - Endangered languages http://www.unesco.org/culture/ich/index.php?pg=00139　翻訳　筆者）。

- 大丈夫（**safe**）：すべての世代がその言語を話し、次世代への継承が行なわれている。
- 危ないかも（**vulnerable**）：こどもの大部分がその言語を話すが、使用領域が限定されている（家庭など）。
- 確実に危ない（**definitely endangered**）：こどもが家庭でもう母語としてその言語を習得しない。
- 非常に危ない（**severely endangered**）：祖父母やお年寄りはその言語を話しているが、父母の世代は理解はできても子供たちに話さず、自分たちの間でも話さない。
- 瀕死状態（**critically endangered**）：一番若い話者が祖父母世代で、しかも使用は部分的で、頻度も多くない。
- 消滅（**extinct**）：話し手が残っていない。

　このUNESCOの消滅の危機に瀕した言語の基準で、宮古語は「確実に危ない」とされているが、上述のように、宮古でも平良市街地域ではすでに「瀕死状態」と認定されなければならない。池間方言でもそれほど状況は変わらない。池間方言が話される三地区で、家庭内の若年層への使用言語は日本語共通語になっており、次世代への母語の伝承は行われていないといえる[9]。

　母語の伝承がなぜとだえるかはさまざまな要因が考えられ、それほど簡単なものではない。琉球の場合、本土の日本語共通語の公的空間における支配、さ

---

[9]　Iwasaki and Ono（2011、本書に日本語訳を再録）では、佐良浜に中学生で池間方言を流暢に話す話者が3人いることが報告されている。彼らと直接話した林（個人談話）によればこの中学生のうち池間方言を母語としているのは2人で、もう1人は彼らと話すことで話せるようになったとのことである。

らにはその家庭への流入ということが考えられる。日本語共通語が学校教育を通じて支配的になったのは、方言札に代表される学校教育での共通語の強制なども大きかったが、それよりも経済圏の拡大により、共通語の必要性とその使用領域が急拡大したことが大きいと考えられる。25年ほど前までは、80代であれば方言の単一言語話者が存在したが、現在はすべての話者が日本語共通語との二重言語話者か、日本語共通語の単一言語話者であり、後者が急速に増えているといってよい。方言による単一言語生活から、方言と共通語との二重言語生活を経て、現在は共通語の単一言語生活に移行している。

　方言による単一言語生活では、私的な領域（家庭、親族、友人との語らい、など）でも公的な領域（村の行事）でも、方言を使用する生活であった。しかし学校教育により共通語が導入され、東京方言をもとにした共通語で授業が行われるようになると学校教育を受けるすべての話者が二重言語話者となる。また、西原地域出身でない話者と中学校、高校で話すようになれば、私的な領域でも共通語の使用が拡大される。それでも家庭では方言が維持されていたわけであるが、この二重言語状態が2世代以上続けば、親子、祖父母と孫の間でも共通語が支配的になり、方言の母語としての伝承が途絶える。また、池間、佐良浜のような池間方言を話す地域のもの以外との婚姻が進めば、家庭で池間方言を話す機会はなくなる。方言札により、共通語を話すことが奨励され、方言の価値が人工的に低められたこともこの傾向を強めた[10]。これにテレビなどの大量の共通語の情報が入ってきて、私的空間でも公的空間でも共通語での生活が広がれば、特別の事情でもない限り、方言の消滅は時間の問題となる。沖縄でもこの状況を憂慮して、さまざまな方言復活運動がなされているが、話者が必要を感じなくなってしまえば復活はむずかしい。

　西原地区ではさまざまな事情で他の地区より方言の使用は盛んであるといえる。これら地域ではナナムイ（七杜）と呼ばれる集落の神事を司る組織があり、そこでは池間の言葉で願いや歌を歌うことが求められる[11]。神事には男性は全員が参加し年に7回、女性は選ばれたものが参加し、年に40回以上の神事を行わなければならない。これは公的空間として存在し、この空間内での方言の使用が自然に強制される。彼らはこのような公的な空間への参加を通じ

---

[10] 方言札に関しては井谷（2006）参照。
[11] ナナムイについては平井（2009）、平井（本書）を参照。

て、集落の言葉や文化を維持してきたといえる。

　さらに西原地区ではナナムイを卒業して入るみどり会という老人会の活動が非常に盛んで、月に一回の月例会では、歌や踊りなどの芸能活動の発表会や、地域の小学校の生徒たちによる活躍の報告などがなされる。みどり会およびその下部組織であるコーラスゆりの会（コーラスグループ）、幸の会（踊りのグループ）が日常的に活動を行なっている。これらの会の構成員は平均年齢70歳をゆうに超えると思われ、そこでの会話はほとんどが池間西原方言で行なわれる。みどり会は2007年8月に45周年記念として「西原村立て」という池間西原方言による歌劇を行なっている。この歌劇は琉球王府からの命令で明治7年に池間島から西原への移住を描いたもので、西原への移住、住民の村作りの様子、当時の生活やさまざまな遊び、祭祀儀礼などが描かれている。脚本は当時の宮古高校校長仲間博之氏が執筆し、西原地区の100名近い住民が参加した。若い世代はすでに母語としては方言を話せないが、仲間氏の指導でイントネーションの指導を受けて演じている。この様子は宮古テレビにより撮影されDVD化された。

　このように西原地区では池間方言は他の宮古語の方言よりも日常的により活発に使われており、現在でも50代以上であれば、互いの会話は池間西原方言で行なわれる場合がある。しかし、西原でさえも、女性たちのナナムイの参加はそのあまりの時間的負担から忌避され、とだえる可能性も出てきている。宮古島でもすでにこのような祭祀集団が無くなっている地域も多い。

4. 西原方言の記録と保存の試み

　われわれは2006年1月から池間、西原を中心に調査を行い、350時間程度の自然談話資料、200時間程度の聞き取り資料を得ている。このうち150時間程度が映像資料である。現在でも一年に20〜30時間程度の記録がなされている。これらの談話、聞き取り資料はすべて同定のための番号が付けられ、それぞれの録音・録画のイベントに対して、イベントシートが作られ、その録音・録画がとられた日時、場所、録音・録画の長さ、記録者、イベント参加者、録音・録画の内容、イベント内での参加者の呼び方、用いた記録装置の種類、記録装置と参加者の位置などのいわゆるメタ情報が記録されている。同時にこれらの録音は、他の研究者が研究のために利用することに関する承諾書を話者からもらっている。この記録管理の方法は日本語の音声データの収集管理

を専門とするカナダのアルバータ大学の大野剛氏が行っている方法で、われわれは彼からその方法の指導を受けた。西原地区の言語研究は大野氏、アメリカのカリフォルニア大学ロスアンジェルス校（UCLA）岩崎勝一氏との共同研究であり、それぞれが記録した内容を共有するためにこのような記録の方法がとられている。

　これらのすべての音声・映像資料はアルバータ大学、京都大学、UCLA、国立国語研究所において保存されている。将来的にはアルバータ大学で自動的なバックアップができるような形で保存され、外部からインターネットでメタデータとともにアクセスできるようになる予定である。

　以上の作業により、この言語の音声・映像資料の保存に関してはほぼ満足できる状況であると考えられるが、言語を真に記録するためには単に保存するだけでは十分でなく、メタデータを充実させて、書き起こしを行い、単語の訳、文の訳をつけなければならない。また内容の真の理解には、社会学や文化人類学的な解説も必要となるであろう。この作業は膨大な時間を要する。

　さらに重要なのは、この方言の話者に対するフィードバックである。方言が消滅の危機にあるのはそれに触れる機会が私的な親密空間に限られていき、公的な空間での使用が制約されていくことも一つの大きな要因であると思われる。たとえば、学校教育やテレビで使われる言語がすべて共通語である状態で母語方言の維持は難しいであろうし、次世代への言語の継承に関してのインセンティブも高くならない。また、西原地区のようにまだ40代〜50代でも完全に母語として方言が維持されている地区では、30代以下でも受動的な方言の知識を持っている場合が多い[12]。これらの世代では言語知識を活性化して母語に近い水準までにすることは不可能ではない。子育て世代がこのレベルになればその親の世代と協力して自然に次の世代に自然な形で方言を継承することが可能になる。

　現在西原地区では方言の維持、継承のために様々な活動が行われている。前述の方言歌劇「西原村立て」もその一つである。

　西原地区のひよどり保育園園長花城千枝子氏は池間西原方言及び文化の次世代への継承のために様々な活動を行っている。方言で書かれた子育てのことわ

---

[12] 西原地区でどのような年代で母語の維持が行われているかに関する調査としてIwasaki and Ono（2011、本書に日本語訳を掲載）がある。

ざ集を作成したり、村の古くから伝わる古謡を採譜したりしている。その一環として童話作家でもある氏は池間西原方言で書かれた童話を創作している。この創作童話はすべて西原方言で書かれており、それに共通語の翻訳を付してある。これらの童話を花城氏、京都大学コンテンツ作成室、筆者で絵本に編集し、「カナルおばーぬゆがたい―みまむいぶすぬ　はなす（カナルおばあのお話―見守り星の話）」花城（2011）、「っふぁ　そうだてぃ　じゃんぬ　はなす（子育てジュゴンの話）」花城（2013）として出版した。前者は紙芝居の形式で10枚あまりの絵と読み上げ用の冊子からなり、紙芝居の絵はアニメーション作家でもあるコンテンツ作成室（当時）の高橋三紀子氏が作成した。後者は見開きの絵本としてアニメーション作家のコンテンツ作成室永田奈緒美氏が作成した。高橋氏、永田氏の徹底した取材により、村の雰囲気と生活が非常によく伝わる絵となっている。これら二つの絵本は本書巻末と、添付したDVDに収録されている。

　この編集作業を通じて方言による創作活動に関していくつかの問題点が明らかになった。通常方言は話しことばとして存在し、それを文字言語にするにはさまざまな困難がある。まず方言には正書法が存在しない。そのため、まずこの方言のすべての対立する音素を書き分けられるような正書法をアルファベット、ひらがなで作った。さいわい池間方言の音韻体系は宮古の他の言語に比べて単純であったため、いくつかの補助的な記号を付けるだけで正書法が作成できた[13]。同様に方言には正用法も存在しない。花城氏は西原生まれで池間西原方言の母語話者として育った60代前半の方であるが、威信方言である平良地区の方言と共通語の影響をうけていたため、方言形に共通語からの直訳体や平良的な表現が入り、多少の不自然さが混じっていた。このことは花城氏自身が意識しており、文体の統一を試み、文章を整理する必要性を感じておられた。そこで池間西原方言の母語話者で、「西原村立て」のシナリオ執筆の経験もある前宮古高校校長仲間博之氏をまじえて、花城氏、筆者の3人ですべての文を検討した。たとえば「みまむいぶす」の最初の方でカナルおばあが縁側に座ってテリハボクの木に向かって話しかける場面は最初次のようになっていた。

---

[13] 池間方言の音韻体系と基本的な文法、談話資料に関しては林（2009）、Hayashi（2010）を、そのひらがなでの表記法に関しては花城（2011）の巻末の筆者による解説（本書に再録）を参照されたい。

[事例1]
改訂前
共通語

　果成(かなる)おばあは、えんがわの、いつものばしょに、しずかにすわっています。
　庭の大きなテリハボクの木が、葉っぱたちをサワサワゆらして、おばあにすずしい風をとどけました。

西原方言

　カナルおばーや　すいやぬ　いつまいぬ　とぅくまがまん　とぅくっとぅがまーひー　びーがまー　ひーゆーい。
　みなかぬ　がばー　ヤラウギーや、はーゆ　さわさわてぃ　ゆらひー、カナルおばーんかい　すだす　かでぃがまう　いかひーゆーどー。

　仲間氏と花城氏の話し合いで、まず「すいや[14]」は農機具などを入れる離れのような場所をあらわし、「縁側」ではないため、戸口を表す「やどふつ」とする。「さわさわてぃ」は、共通語であるので、方言形である「しゃーしゃーてぃ」とする。「届ける」にあたる方言形は「うくい(送る)」が適当である。その他細かい点も直し、最終的には次のようになった。

最終版
共通語

　カナルおばあは、縁側できょうも外をみながらしずかにすわっています。
　庭の大きなテリハボクの木が、葉っぱたちをサワサワゆらして、おばあにすずしい風をとどけています。

西原方言

　カナルおばーや、やどぅふつがまんどぅ、きゅーまい　とぅくっとがまーひー　あらー　みーっちゃーん　びーがまー　ひーゆい。
　みなかぬ　ほうやらうぎーや、はーゆ　シャーシャーてぃ　ゆらひー、カナ

---

[14] われわれの表記では「そぅいや(suiya)」となる。

ルおばーんかい　すだす　かでぃがまう　うくりゅーたい。

[事例2]
改訂前
共通語
ほらほら、果成がはなしはじめたらいちにちじゅうでもとまらないよ

この文に対する方言形は、最初次のようになっていた。

西原方言
くやくや、カナルが　むぬう　あいすきゃきたん。いちにちじゅうまい、なまらんど

この文は共通語に合わせて、「～てぃがー」という条件形を使い、「いちにちじゅう」という共通語からの借用を方言形の「ひとぅいがーまーす」という形に変え、「なまらん（とまらない）」を「なまらはいん（とめられない）」とし、リズムを整えるためにフィラーの「んみゃ」を加え、長音表記も変えて次のようにした。

西原方言最終版
くや、んみゃ　カナルが　むぬー　あいすきゃきてぃがー、ひとぅいがーまーすまい　なまらはいん。

このような検討をすべての文に対して行うことで花城氏の詩的文体を非常に自然な池間西原方言に移すことができた。また、この作業を通じて、花城氏自身池間西原方言の知識を活性化できたとのことである。

方言で書くという行為は日常の行為ではない。しかし、方言を維持し、継承するためには話し言葉としてだけではなく、書き言葉の創造も必要とするのである。

5. 電子博物館の構築

電子博物館は「生の音声映像資料に対して言語学的、文化人類学的メタデー

タをつけてそのデータの充実を図るという記録・保存の必要性」と「地域の話者の方言知識の活性化、ひいてはその方言使用機会を増やして、方言の継承する必要性」を同時に満たす方法として筆者が設計し、京都大学コンテンツ作成室との共同研究により作成中のものである。

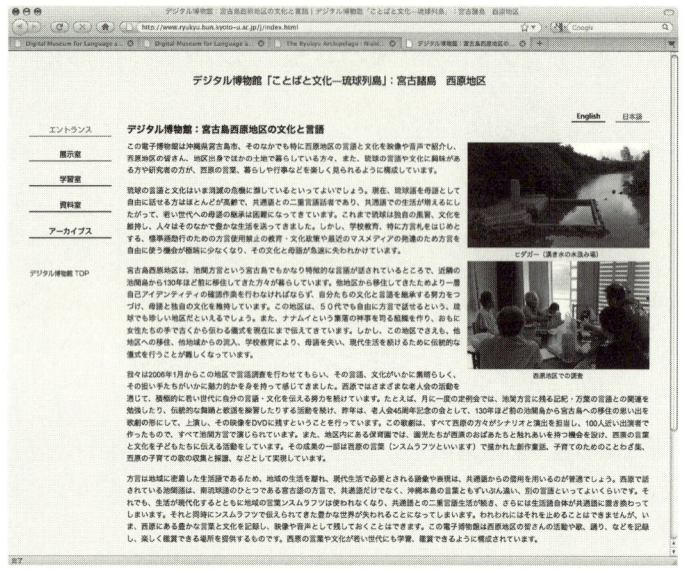

図1　電子博物館エントランス

　博物館は資料の収集、保管とその展示を目的とする。同時に研究組織でもあり、展示のために研究内容が利用される。電子博物館では通常の博物館と同様、展示する前の資料がありそれを展示するためにある種のストーリーを構築する。生の音声・映像資料にこのような博物館の展示機能を加え、それにより地域の人たちが楽しめる形に加工し、展示することができる。

　電子博物館では、収集された生データは録音・録画がとられた日時、場所、録音・録画の長さ、記録者、イベント参加者、録音・録画の内容、イベント内での参加者の呼び方、用いた記録装置の種類、記録装置と参加者の位置などの最低限のメタデータとともに格納されている。これを展示スペースにあげるために方言の書き起こし、共通語への翻訳、文化人類学的解説などが加えられる。つまり、一般向けの展示スペースを設けることで、メタデータを充実することが可能になる。このようにして展示のために加工されたデータは言語学者

だけでなく、文化人類学者、社会学者などが利用可能になる。同時に、展示されたコンテンツは地域の若年世代にも楽しめるものとなり、すでに受動的な知識となっている自分の地域の方言を活性化することができる。

　この電子博物館は、琉球諸語、琉球文化を研究する研究者たちが利用できる形に資料を格納し、また研究成果を展示できる空間として設計されている。現在、その一部を実装し、一般公開に向けて準備中である。

　電子博物館そのものの設計・作成と、そこへ収蔵する最初のコンテンツの作成も同時に行っている。まず既存の調査資料を整理し博物館の設計を行い、展示コンテンツの作成にあたっては、不足している情報や資料を収集（撮影や録音、イラスト作成など）も行い、データフォーマットや加工法などの統一をはかった．博物館は、特別な環境やプラグインがなくても一般的なPCとインターネットで利用、閲覧できるものとして設計されており、展示コンテンツは主に博物館の中で閲覧するが、オーサリングを変更すれば博物館の外でも（DVDなどのメディアででも）鑑賞できるように作成されている。

6.　博物館概要

　この博物館は、公開スペースとして一般向けの展示を行う2層、非公開スペースとして研究者向けの2層からなる。

公開スペース

　公開スペースの第1層は**展示室**、**学習室**、**資料室**からなる。展示室は、地域の紹介を行うスペースであり、現在次のものからなっている。

西原の概要：西原地域の地理的位置、人口、などが紹介されている。
西原の歴史：西原地域の池間島から移住して以来の歴史が紹介されている。
西原の日常生活：ここでは地区の人たちの一日の生活、年中行事、などが時間、空間をインデクスとして展示され、映像、音声がリンクされる。また、地域の産業、農作物、食べ物などが紹介されている。

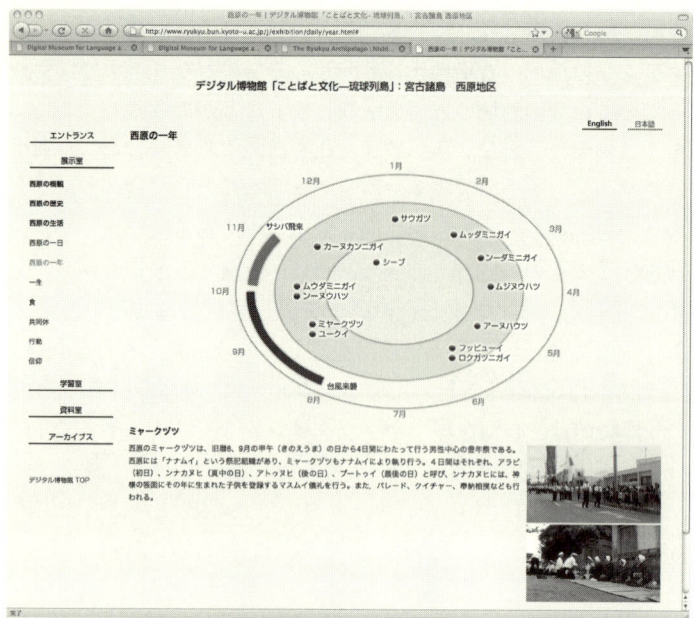

図2　西原の年中行事

　この博物館では受動的な知識を能動的な知識とできるために語学学習室を設けている。学習室は、次のものからなる。

言語の歴史：西原地区の言語は南琉球諸語のうち宮古方言に属するが、池間方言と他の宮古方言との音韻的な差異とそれがどのように生じたかを音韻変化規則を通じて説明する。琉球諸語と日本語との比較言語学的関係も簡単に解説される。
日常の言葉：地域の人たちの挨拶や簡単な会話を通じて、実際の言語生活を見る。ここでは、この方言で行われた実際の会話や授業が字幕スーパー、逐次の翻訳などで示され、会話練習も可能である。
辞書：簡単な辞書学習　翻訳・グロスのついた映像、音声により、簡単な日常会話を学べるように構成されている。
学習教材：会話、絵本などの字幕付の学習教材が映像、音声、絵などとともに置いてある。

　資料室は、学習室など他のスペースで使われた映像、音声のファイルが全体

を通して見られる形で置いてあるほか、論文資料、辞書が置かれる。

非公開のスペース
非公開のスペースは**アーカイブス**と**収蔵庫**にあたる２層のスペースからなる。

アーカイブス：本電子博物館で使われたファイルがすべておいてある。この部分は、公開の許可がないものも含むため、アクセスはパスワードで制限されている。
収蔵庫：関係するすべてのファイル、文書類を含み、関係者のみがアクセスできる。この部分は、いまのところインターネットにはつながっていない。この部分は最終的にはアルバータ大学の大野氏が作成中のデータベースによって置き換えられる。

展示物概要
展示物として作成したものとしては次のものがある。これは京都大学メディアセンターコンテンツ作成室との共同研究・共同制作によるものである。

地区内の祭祀行事：ミャークヅツとよばれる行事を撮影し、これを地域の人たちの監修を得て、45分程度の解説付きの映像として格納した[15]。
方言話者のお話：母語話者の少女時代の話などを格納した。これは書き起こしと翻訳の字幕が付いている（図3）。

---

[15] ミャークヅツに関しては平井 (2009) および平井 (本書) を参照。

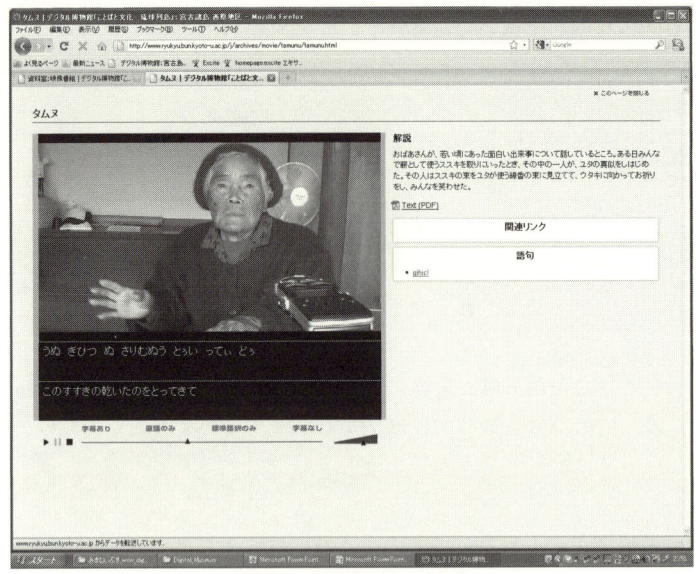

図3　方言話者のお話

方言話者の方言による方言講義：前宮古高校校長仲間博之氏が京都大学で行った方言の講義を収録した映像を格納した。また、このなかから方言学習や文化的特徴の伝承に適した部分を取り出し編集を施した映像コンテンツも作成し、書き起こし、翻訳の字幕付きで格納した。

方言絵本：西原ひよどり保育園園長花城千枝子氏の創作した昔の地域での生活を題材にした童話に絵の作成とオーサリングを施したデジタル絵本「カナルおばーぬゆがたい―みまむいぶすぬはなす」、「っふぁ　そうだてぃ　じゃんぬ　はなす」を作成し、格納した。

　また、博物館内で解説文などと合わせて利用できる地区絵地図の作成をした。

　これらは展示室、学習室を問わず、同じものを違ったコンテキストで使えるよう準備されている。

7. 電子博物館の特徴

　この電子博物館は、他の琉球諸語・琉球文化の記録と維持のために寄与できるように、拡張性、更新性をそなえた Web サイトシステム設計とシンプルな意匠設計になるよう留意している[16]。

拡張性：本博物館の構成をそのまま別の地区の展示に使用することができる。短期的には、宮古島の他地区の言語と文化を可能な限り展示する予定である。長期的には琉球の言語と文化、他の言語と文化をも展示できる。現在、宮古語伊良部方言、韓国語済州島方言の博物館を同じ構成で作成中である。

更新性：このような博物館は、他のホームページと異なり、地区の人たちの活動の成果や調査、研究が進むにつれて、映像、説明等が更新され、新たなコンテンツが加えられる。このため、更新は更新権限を持つ、どの研究者でも容易にできるような形にする必要がある。意匠的には更新システムを組み込みやすい設計になっている。更新システムの一部として、字幕の生成システムを作成した[17]。これは Elan[18] という映像に注釈を付けるソフトで作成した字幕データを Web の映像の字幕に変換するシステムであり、従来映像として作成していた字幕をテキストデータ作成と同等の時間で作成できるようになった。

　この電子博物館は平成 25 年度中に公開され、国立国語研究所のホームページにリンクが張られる予定である。同時に、他の琉球諸語の方言に関しても順次このプラットフォームを利用し、電子博物館を構築していく予定である。

---

[16] この電子博物館の構成と字幕システムについては元木他 (2010) を参照。

[17] プログラム作成はコンテンツ作成室（当時）の宮部誠人氏による。

[18] URL: http://tla.mpi.nl/tools/tla-tools/elan/
作成：Max Planck Institute for Psycholinguistics, The Language Archive, Nijmegen, The Netherlands
コーディングの仕方などに関しては、Sloetjes and Wittenburg (2008)、Wittenburg et al. (2006) などを参照。

8. 終わりに

　消滅危機言語を記録・保存するだけでなく、次世代継承、再活性化（revitalization）の試みは困難であると同時に微妙な問題である。その言語を使用しつづけるかいなかは当事者である話者が決めるものであるからである。しかし、近年多くの話者、そしてその継承者である次世代の人たちの地域の言語の継承に関する意識や関心は高まっている。ここで提唱した電子博物館はまだ受動的な知識を持っている世代の知識の能動化に寄与することが期待されるが、双方向性を持たないために再活性化の装置としては十分とは言えない。実際に使う機会が増えない限り言語知識は活性化しないからである。話者が母語を次世代へ継承したいと思ったとき、どのような手段があり得るのかを考えるのはこれからの課題である。

参照文献

花城千枝子 (2011)『カナルおばーぬゆがたい：みまむいぶすぬはなす』独立行政法人福祉医療機構子育て支援事業・京都大学グローバル COE プログラム「親密圏と公共圏の再構成をめざすアジア拠点」

花城千枝子 (2013)『っふぁ　そうだてぃ　じゃんぬ　はなす』京都大学グローバル COE プログラム「親密圏と公共圏の再構成をめざすアジア拠点」

林由華 (2009)「琉球語宮古池間方言の談話資料」大西正幸・稲垣和也編『地球研言語記述論集』1: 153–199. 言語記述研究会.

Hayashi, Yuka (2010) Ikema. In Michinori Shimoji and Thomas Pellard eds., *An introduction to Ryukyuan Languages*, 167–188. Tokyo: ILCAA.

Hayashi, Yuka and Yukinori Takubo (2009) Kakarimusubi in Ryukyuan. Presented at the Workshop on Ryukyuan Languages and Linguistic Research, UCLA, Los Angeles, U.S.A., 25th, October, 2009.

平井芽阿里 (2009)「宮古諸島西原のミャークヅツ：担い手の役割からみる村落祭祀構造」『沖縄民俗研究』27: 23–29. 沖縄民族学会.

平井芽阿里 (本書)「村落祭祀の継承に関する一考察：宮古島西原の「ミャークヅツ」を事例に」

平山輝男・大島一郎・中本正智 (1967)『琉球先島方言の総合的研究』東京：桜風社.

平山輝男編 (1983)『琉球宮古諸島方言基礎語彙の総合的研究』東京：桜風社.

五十嵐陽介、田窪行則、林由華、ペラール・トマ、久保智之 (2012)「琉球宮古語池間方言のアクセント体系は三型であって二型ではない」『音声研究』16 (1): 134–148.

井谷泰彦 (2006)『沖縄の方言札：さまよえる沖縄の言葉をめぐる論考』沖縄：ボーダーインク.

Iwasaki, Shoichi and Tsuyoshi Ono (2011) Ikema Ryukyuan: Investigation past experience and the current state through life narratives. In Ho-Min Sohn, Haruko Minegishi Cook, William O'grady, Leon Angelo Serafim, and Sang Yee Cheon eds., *Japanese/Korean Linguistics* 19, 351–365. Stanford: CSLI Publications.

かりまたしげひさ (2006)「琉球語の狭母音化の要因を考える：空気力学的な条件と弾性的な条件」『沖縄文化』40 (2): 87–100. 法政大学沖縄文化研究所.

かりまたしげひさ (2009)「琉球語のφ＞pへの可能性を考える」『沖縄文化』43 (1): 1–19. 法政大学沖縄文化研究所.

かりまたしげひさ (2011)「琉球方言の焦点化助辞と文の通達的なタイプ」『日本語の研究』7 (4): 69–82.

笠原政治 (2008)『＜池間民族＞考』東京：風郷社.

元木環・上田寛人・宮部誠人・河原達也・林由華・田窪行則 (2010)「文化と言語の維持保存に貢献するためのデジタル博物館の試み：トランスクリプションデータを流用する字幕映像生成システムの提案」2010 (1): 1–6. 情報処理学会研究報告.

名嘉真三成 (1998)『琉球方言の古層』東京：第一書房.

名嘉真三成 (1988–2001)「宮古西原方言の語彙 (I–X)」『琉球の方言』13–26 号. 東京：法政大学沖縄文化研究所.

中本謙 (2008)「琉球語のハ行子音 p 音」『沖縄文化』42 (1): 1 (100)–16 (85). 法政大学沖縄文化研究所.

Pellard, Thomas (2009) Ōgami: Éléments de description d'un parler du Sud des Ryūkyū. Ph.D. dissertation, École des hautes études en sciences sociales.

ペラール・トマ (本書)「日本列島の言語の多様性：琉球諸語を中心に」

Shimoji, Michinori (2011) Quasi-Kakarimusubi in Irabu. In B. McClure and M. den Dikken eds., *Japanese/Korean Linguistics* 18, 114–125. Stanford: CSLI Publications.

Sloetjes, Han and Peter Wittenburg (2008) Annotation by category: ELAN and ISO DCR. In *Proceedings of the 6th International Conference on Language Resources and Evaluation (LREC2008)*, 816–820.

田窪行則 (2011)「宮古池間方言の調査について」『日本語学』30 (6): 24–33.

上村幸雄 (1992)「琉球語列島の言語 (総説)」『言語学大辞典　第 5 巻』771–814. 東京：三省堂.

上村幸雄 (2007)「呼気流・呼気圧と調音音声学」『人文』6: 247–291. 学習院大学.

Wittenburg, Peter, Hennie Brugman, Albert Russel, Alex Klassmann, and Han Sloetjes (2006) ELAN: A professional framework for multimodality research. In *Proceedings of the 5th International Conference on Language Resources and Evaluation (LREC 2006)*, 1556–1559.

第1部 第2章

琉球方言とその記録、再生の試み
学校教育における宮古方言教育の可能性

かりまた しげひさ

1. なぜ方言をまなぶのか

　2009年2月19日、ユネスコは、全世界の6千前後の言語のうち、約2500の言語が消滅の危機に瀕しているという調査結果を発表した。2001年にアイヌ語が危機的な状況にあるとの結果を発表していたが、2009年の発表では、東京都の八丈島の「八丈語」、鹿児島県の「奄美語」「国頭語」、沖縄県の「沖縄語」「宮古語」「八重山語」「与那国語」のななつが消滅の危機に瀕した言語として追加された。琉球列島で伝統的にはなされてきた固有の言語を「琉球方言」とよぶか「琉球語」とよぶか、あるいは、その下位の変種を「奄美方言」「沖縄方言」「宮古方言」「八重山方言」「与那国方言」とよぶか、「奄美語」「沖縄語」「宮古語」「八重山語」「与那国語」とよぶかは、べつにして、琉球列島の固有の地域言語（＝方言）が音韻、文法、語彙の面において固有の体系をもった独立した言語であることはうたがいない。
　ユネスコがみとめるずっと以前から、琉球方言を研究してきた専門家は、琉球列島に固有の言語＝琉球方言が消滅の危機に瀕していることを危惧し、警鐘をならしてきた。故郷のことばをうしなうことについて宮古島のことわざはつぎのようにいっている。

　スマフツ　バスキチカー　スモードゥ　バスキ。（ことばを忘れたら故郷を忘れる。）
　スマ　バスキチカー　ウヨードゥ　バスキ。（故郷を忘れたら親を忘れる。）

スマフツ、シマグチ、シマムニ、シマクトゥバ、いろいろに表現される"故郷のことば"をわすれることによってうしなわれるものとはなんだろう。上のことわざのいうスマフツ・シマグチに象徴されているものをべつの何かにおきかえてみよう。うまれそだった土地の記憶、環境の記憶、周囲のひとたちの記憶、家の記憶。そして、最後に自らの存在の基盤がうしなわれるのだと、ことわざはいっている。

琉球列島ではなされている日本語の地域的な変種である琉球方言は、消滅の危機に瀕している。言語が消滅すると、その言語で表現されるさまざまな伝統文化もおおきく変容してしまって形骸化し、しまいには消滅してしまうことは、社会言語学の専門家がくりかえし主張している。琉球列島各地でも、琉球方言の変容と衰退の進行にともなって、伝統的な村落祭祀においてうたわれる歌謡やとなえられる祝詞が形骸化してうしなわれ、祭祀そのものが簡略化されたり、おこなわれなくなったりしている。方言でうたわれた童謡や方言でかたられたことわざなどもわすれられようとしている。

"スマ"をわすれ、"ウヤ"をわすれた「根なし草」の人々は、自らの拠り所をうしない、「文化の最後の砦」である伝統的な固有の言語をなくした地域の人々は、誇れるものをうしなってしまう。そうなることへの危機感から各地でさまざまな活動、とりくみがなされている。

言語や方言を継承・普及することには、うしなわれていくものに対する感傷的な感情からでてくるのではない、普遍的で多様な意義がある。言語や方言が消滅の危機に瀕しているとすれば、将来に悔いをのこさないために、手遅れにならないうちに何をしなければならないのか真剣にかんがえなければならない。

1.1 消滅の危機に瀕した言語

現在の話し手の数は、さほど重要ではない。たとえ人口がすくなくとも、親から子へ、子から孫へと言語の継承がなされていれば、その言語はすぐに消滅するようなことはない。現在、琉球列島にすむこどもたちは、琉球方言を母語（第一言語）として習得していない。おおくの人々は、こどもたちが琉球方言をはなせないか、あるいは、きいて理解できないことに危機感をいだいている。

方言をよく理解する老人といえども、方言調査で「蝶々」や「トンボ」のよ

うな身近な昆虫の方言語形をきいても「チョーチョー」「トンボ」としかこたえられないひとがふえてきた。こんな言い方をしないか質問しなおすと、自分の親たちがつかっているのをきいたことがあるとこたえる。おおくの単語が記憶の底にしずんだまま、老人の他界とともに琉球方言の話者がへりつづけている。琉球方言のおかれている状況は、一般に理解されている以上に深刻である。

　言語や方言が消滅するとどうなるだろう。宮岡（1999）はつぎのようにのべる。

> 　コミュニケーションは言語の重要ではあるが、唯一の機能ではない。言語がコミュニケーションの重要な道具たりうるには、これと密接につながった根源的な言語のはたらきがある。いうまでもなく<u>言語は、社会的に獲得あるいは後天的に習得され、集団的に共有かつ世代的に継承される特徴をもつ。したがって「文化」そのものである。</u>この文化とは、①人間がみずからその一部である環境（自然、社会、超自然）——つまり言語外現実（レアリア）——の全体をどのように認識し、②その認識のありよう——範疇化と範疇の繰りだしかた——とおおむねむすびついた形で環境にどのような生態的適応をしていくかという、集団固有の様式だと考えられる。認識と生態的適応はべつものではなく、そこに言語がふかくかかわっている。（中略）
> ある民族がその固有の言語をうしなってしまうと、<u>たとえ断片的に文化の一部（民族衣装であれ芸能であれ）がのこったとしても、それはいわば日没後の残照のようなもの。</u>有機的全体として機能した固有の文化は、すでに機能していないか、うしなわれてしまったといわざるをえない。その意味では、<u>言語は文化の最後の砦だ</u>といってよいかもしれない。
> 　　　　　　　　　　　　　　　　宮岡（1999: 114、下線は筆者）

　脳の損傷などによる重篤な言語障害は、個人の魂を奪い、全人格の喪失をもたらしたかにさえみえるほどダメージがおおきく、言語をとりもどすのがいかに困難かは、言語療法士の人たちが日々、痛感しているところである。個人としても民族としてもふかくその存在に根をおろした言語をうしなったり、他の言語にとりかえられたりすることは、由々しき事態であり、完全なデラシネ（根こぎ）つまりは根なし草を意味するものといえ

かもしれない。 宮岡(1999: 116)

　自分が他者とはちがう、いかなる存在であるのかを問うとき、帰属する社会や地域固有の言語(方言)は、自らの地域的アイデンティティーのおおきな拠り所になる。それは、故郷をはなれて、よその地域でくらしたとき、はっきりとあらわれる。三線や琉球舞踊のように保持するひとが特定される伝統文化とはことなり、誰もがもっている言語(方言)のちがいは、アイデンティティーをつよく感じさせる有力なものである。

　琉球方言がうしなわれたとき、組踊や沖縄芝居などの琉球文学や芸術の真の鑑賞は可能か。琉球民謡や島唄の歌い手が琉球方言の世界をしらないままに、人々を感動させられるか。各地のゆたかな歌謡や祭祀などの伝統文化を形骸化させずに維持させ次世代に継承させることができるか。方言を使用した詩や小説、新民謡等をふくむ、あたらしい文学や芸術の創造は可能か。これらの伝統文化や伝統芸術とともに、それをささえるゆたかな方言の世界をまるごと継承する方策が必要である。

　体系としての言語が一度うしなわれてしまうと、それを復興させて元の状態にもどすことはきわめて困難である。複雑で多様な構造をもつ言語を全体として継承させていくことは、絶滅の危機に瀕した動植物の保存や繁殖にくらべても、芸能や工芸など、とじたシステムをもった文化にくらべてもむつかしい。動物や植物なら、佐渡島の朱鷺のように隔離して繁殖させることができるが、危機言語の母語話者を大言語から隔離することはできない。様式や技術体系がとじた体系をなしている芸能や工芸とはことなり、弱小とはいっても複雑で膨大な言語体系をまるごと継承させるにはおおきなエネルギーとながい時間を必要とする。大言語に圧迫され、大言語におきかえられて話者の数が激減し、危機的な状況においこまれた弱小の言語や方言のまるごと全部を継承していくのは容易ではない。

1.2　方言をとりまく環境の変化

　本土復帰後40年がたった。本土にはない、沖縄らしいものが大事にされるようになり、伝統芸能や民謡の世界にも若者がふえてきた。琉球音階をとりいれたロックやポップスがつくられ、方言ラップもうたわれている。方言による弁論大会もさかんだ。琉球方言を継承するためのうごきがあり、「沖縄語普及

協議会」「沖縄しまくとぅばの会」などもできた。

　一見すると、地域の文化活動はさかんになっているようにみえる。たしかに、エイサーや三線、琉球舞踊などの文化活動は盛況である。しかし、琉球方言はわかい世代に継承されず危機に瀕している。このまま何もしなければ、祖父母のはなす方言をまったく理解できないいまのこどもたちが子や孫をもつ世代になったとき、琉球方言は再生不可能になっているだろう。方言をとりまく危機的な状況を憂慮し、記録保存と継承普及のとりくみもおこなわれてきた。「しまくとぅばの日」の沖縄県の条例制定もそのながれにある。

　琉球王国時代の人々は、本土の封建時代とおなじように、土地にしばられ、自由に移動することができなかった。村落共同体は、政治的な単位であるだけでなく、祭祀や労働の単位でもあり、婚姻もその範囲でおこなわれた。人々はその村落出身の両親のもとにうまれ、その村落の人々にかこまれて成長し、その村落出身の配偶者をもとめた。そして、そこの方言しかはなせなかった。各地に方言がうまれて独自の変化をとげたのは、地域社会が孤立し、他の地域との交流が制限されていたからである。地域社会もおおきく変容したいま、地域の方言をかつてのように維持することはできない。

　20 世紀は戦争と破壊の時代であった。おおくの人々が戦災にあい、命をおとした。自然破壊も深刻な事態をむかえている。それだけではない。少数民族が迫害され、マイノリティーの言語も圧迫された。その 20 世紀がおわり、あたらしい世紀がはじまり、わずかながら光明もみえてきた。人々の価値観はおおきくかわろうとしている。21 世紀は、さまざまなものが自立し共存する時代になるだろう。マイノリティーの言語もマジョリティーの言語と共存することが可能なはずである。

　自分のはなす言語を自分で決定する権利を保障しなければならない。そのとき、選択肢のひとつとして、自分のうまれそだった地域の方言もふくまれる。百年後、二百年後の子孫が故郷の方言をはなせるようになりたいという「言語権」を保障するおもい責任が現在の私たちにはある。

1.3　指導要領の変遷

　文部科学省の作成した「学校教育指導要領」の「方言」のあつかいにも変遷がみられる。昭和 22 年学習指導要領国語科編の国語科学習指導の目標では「なるべく、方言や、なまり、舌のもつれをなおして、標準語に近づける」と

されていたし、おなじく小学校四、五、六学年の国語科学習指導では「できるだけ、語法の正しいことばをつかい、俗語または方言をさけるようにする」としていた。

　しかし、昭和43年版指導要領では「共通語と方言とで違いがあることを理解し、必要な場合には共通語で話す」と、つかいわけがとかれている。昭和46年の日本書籍『小学国語5下』の「方言と共通語」にはつぎのようにある。

　　以前は方言は共通語の敵だから、やめなければならない、という考え方をする人が少なくありませんでした。けれども、方言には土地土地の風土になじんだいいことばがたくさんあるのです。ですからむりにやめてしまう必要はありません。

　おなじく昭和46年の東京書籍『小学国語5下』の「方言と共通語」には「方言も大切にしていきたい」とかかれている。いずれも、方言をみなおし、方言も大切なことばであること、標準語と方言のつかいわけをといている。このように学習指導要領において「方言」のあつかいにはおおきな変化がみられる。平成20年版学習指導要領の「総合的な学習」にはつぎの記述がある。

　　地域や学校、児童の実態等に応じて、教科等の枠を超えた横断的・総合的な学習、探究的な学習、児童の興味・関心等に基づく学習などを創意工夫を生かした教育活動を行う。(中略)
　　学習活動については、学校の実態に応じて、例えば国際理解、情報、環境、福祉・健康などの横断的・総合的な課題についての学習活動、児童の興味・関心に基づく課題についての学習活動、<u>地域の人々の暮らし、伝統と文化など地域や学校の特色に応じた課題についての学習活動</u>を行う。

　　　　　　　　　　　　　　　　　　　　　　　　　（下線は筆者）

　「地域の人々の暮らし、伝統と文化」の教材として方言をとりあげることは、平成20年版学習指導要領の「総合的な学習」の「地域」の特色に応じた課題の具体的な実現である。

1.4 学校教育における方言教育の可能性

　学校教育における地域教育の教材として、沖縄県内の小学校にも「私たちの〜市」「私たちの〜町」「私たちの〜村」といった低学年向けの副読本があり、自分のすんでいる地域社会や地理に児童・生徒の目をむかわせ、いろいろなことをまなばせる。それぞれの地域社会に固有の特徴と各地域に共通する特徴があることをまなぶことによって、自分たちの地域の姿をふかく理解するための目をひらかせる。しかし、方言に関する記述はない。

　地域社会や地理に関する指導とおなじように、それぞれの地域に固有の方言があることを指導し、地域固有の方言に対する興味・関心を児童・生徒に醸成させる必要がある。自分たちのすむ地域には、全国的に通用する日本語標準語と、それとはことなる地域固有の方言との2種類の言語が存在していることを気づかせ、このふたつの言語を児童・生徒にまなばせること、方言にも日本語や英語などの大言語と共通する特徴や普遍的な特徴をもつものであることをまなばせることには多様な意義がある。

　これまでおこなわれてきた方言教育は、特定の教師の個人的なあるいは散発的な指導、あるいは、方言に関心をもち、方言教育のもつ意義を理解する父母や祖父母あるいは地域の有志による放課後や土日などにおこなわれる課外活動が主だった。このような方言教育にはさまざまな限界がある。

　方言を体系的、継続的に指導するには「〜市のことばと文化」「〜町のことばと文化」「〜村のことばと文化」のような副読本を自治体、教育委員会等の公的な組織と共同で作成する必要がある。そのことによって「総合的な学習」の「地域の人々の暮らし、伝統と文化など」の学習を保障することができる。

　方言についての副読本を作成し、それに基づいて教育することによって、学校ごとに体系的で継続的な指導が可能になる。教師のとりくみ方や父母や地域のひとたちの方言教育に対する関心やとりくみ方もちがってくる。しかし、個々の教師が、かならずしも、その地域出身者でないばあいもおおい。その地域出身者であってもその地域固有の方言の保有者でないばあいもすくなくない。そうしたことを想定して、副読本の内容を一定の基準、一定の水準でおしえるための教師指導用の手引書も作成しなければならない。手本となるような指導案も複数つくっておく必要もある。地域のひとや方言にくわしいひとにTAとして協力してもらうことも必要になる。そのとき、副読本があれば、地域住民への協力を依頼しやすくなるし、カリキュラム編成もおこないやすくなる。

2. 地域固有の文化としての方言教育

　日本人、および、日本にすんで日本の学校でまなぶ外国人子弟が日本語や日本の伝統文化についてまなぶこととおなじように、沖縄県民、および沖縄県にすむひとの子弟が沖縄県に固有の方言や伝統文化をまなぶことも、市町村の方言をまなぶことも大切である。ちいさな島やせまい地域の方言であっても、それぞれの土地に固有の方言があることをまなぶことが必要である。方言をまなぶことは、地域の地理や歴史をまなぶこととおなじく大切なことなのである。

　方言が特定の地域でしか使用されていないということは、方言が地域社会の歴史や文化と密接にむすびついたものであることの反映である。方言そのものがそれぞれの地域に固有の文化であるという認識のうえにたった方言教育であることが大切である。「私たちの方言」という意識を全面にだすと、よその土地からうつりすんでいる児童・生徒の親からの無用な反発をうける可能性がある。児童・生徒によっては現住地と生誕地がことなるばあいもある。児童・生徒の両親や祖父母の出身地が現住地とことなるばあいもある。しかし、いますんでいる地域、通学する学校の所在する地域の方言をまなぶことをとおして、両親や祖父母の出身地に固有の方言があり、それも大切な言語であることをまなぶ機会を得、興味・関心を喚起させるであろう。方言の教育は、地域に対する理解をふかめ、地域に対する愛着を醸成し、自信をそだてる。

2.1　地域固有の文化としての方言

　宮古諸島には方言でかたられることわざがたくさんある。ことわざは、みじかい表現のなかに、それがうまれ、使用された時代の自然、社会、人間に対する人々の感情や評価が反映されている。ことわざは、地域社会の共通の知的財産であり、こどもたちの教育の手段として継承されてきた。ことわざは、短歌や俳句とならぶほどの、なかには、俳句よりもみじかいものもあるほどみじかい不定型の言語作品である。おぼえやすくとなえやすいリズムをもち、簡潔でわかりやすく、生活のさまざまな場面で行動の指針としてあたえられるものもあれば、先人たちの蓄積してきた知識としてあたえられるものもある。

　　ka:nu　　midznu　　kadzu:tʃika:　kadʒinu=du　fks.
　　（井戸の　水が　　　ふえたら　　　風(台風)が　　吹く。）

pjaïmagannu ananu imkai nkja:nkja:　　nigatsukadʒima:zza smain.
（蟹の　　　穴が　海に　むかわないうちは　二月風回りは　　　おわらない。）
matsgi:nu ʃinnu tatankja:　　　　nigatskadʒima:zza smain.
（松の木の　芯が　立たないうちは　二月風回りは　　　　おわらない。）

　おおきい台風ほど大気圧がひくくなって上昇する井戸水の水位から台風の接近を予測する。海からの季節風を敏感に感じるカニの巣穴の方向で春先に沖縄近海で発生する低気圧 nigatskadʒima:z の季節のおわりをしる。自然を観察し適応してきた人々の生活の知恵や知識がことわざをとおして伝承されている。
　多良間島の北に位置する水納島方言には、つぎにしめすようにナマコの方言名を九種類区別している。島がちいさく食料の確保が困難な水納島にあって海産物は重要な産物であったことがわかる。ナマコの方言名のおおさは、水納島の人々が島の環境に適応し、それを利用してくらしてきたことの反映である。

（1）　/ffuski/　【黒・ナマコ】クロナマコ科のクロナマコやニセクロナマコ。
（2）　/jaituna:ski/　【八十縄・ナマコ】長いナマコ。イカリナマコ科のオオイカリナマコか。
（3）　/mi:ski/　【目・ナマコ】クロナマコ科のジャノメナマコ。
（4）　/amadzuki/　【甘・ナマコ】小さくておいしい。和名を特定できない。
（5）　/akaski/　【赤・ナマコ】和名を特定できない。
（6）　/si:sanski:/　和名を特定できない。
（7）　/ni:maski:/　和名を特定できない。
（8）　/kappaski/　【河童・ナマコ】和名を特定できない。
（9）　/akaijuski/　和名を特定できない。

　名護市幸喜集落の方言ではヤブカンゾウ（ユリ科の多年草植物）をニーブヤーグサ（居眠り草）という。これはこの草の根を煎じてのんだりたべたりすると不眠症がなおるといわれているところからきた命名である。また、ネズミモチ（モクセイ科の常緑低木）をサータンギという。サータンギは「砂糖の木」の意で、この葉をちぎって口にふくむとあまい味がしたことからの命名で、口内炎にきくともいわれた。現代にいきるわれわれがそこにあることさえ気づかない周囲の草や木に名をあたえ、生活にいかしてきた。おおくの方言語彙が先人た

ちのつちかってきた知識や経験と共にわすれさられようとしている。

　中国から伝来したサツマイモは、繁殖力がつよく台風や旱魃につよい農作物として栽培され、食卓にかかせなかった。そのため、サツマイモに関する方言語彙や表現もたくさんある。野原(2005)によると、沖縄本島中部宜野湾市にはサツマイモの方言名がヒャクゴー、イナヨー、クラガー、アカグー、トゥマイクルー、ユンタンザー、メーザトゥー、タイワヌーなど、68種類もある。また、仲間(2002)によると、沖縄本島西原町小那覇方言には、サツマイモを主食用、おやつ用のクヮーシウム、副菜用のヤーシェーウム、ヤーシェーカンダ、売り物にしたウイウムなど用途によって分類し、それぞれに方言語彙がある。また、形によってマルー(丸)、ナガフェーラー(細長)、トゥックイヒックイ(でこぼこ)などといい、皮の色や中身の色でよびわけ、調理後の状態でクーフチャー(粉吹き)、ミジャーミジャー(水っぽい)などとよびわけた。うえる時期によってサングヮチャー(三月植え)、ルクグヮチャー(六月植え)、クングヮチャー(九月植え)、あるいは、ナチウィー(夏植え)、フユウィー(冬植え)などといい、三ヶ月で収穫できるのをミチャーといった。フェーニーしないようにカンダ(蔓)をおこしたり、クェーブックィ(肥え膨れ)しないよう肥料を調整したりした。

　栽培方法も多様で、それに関する方言語彙もゆたかである。栽培技術、その利用方法をふくめた農耕文化や食文化が方言とともにあった。人々がいかにサツマイモとつきあっていたかわかる。

　方言と一口にいっても地域ごとにちがいがある。それぞれの地域ではなされている方言には、そこにくらしてきた人々の歴史や文化が反映し、方言そのものが文化であり、かけがえのないものである。ことわざの理解や方言語彙の理解をとおして地域の自然や歴史や伝統文化など、児童・生徒は地域に関するおおくのことをまなぶことができる。

2.2　多文化理解、異文化理解の基礎としての方言教育

　宮岡(1999)がいうように「言語は、社会的に獲得あるいは後天的に習得され、集団的に共有かつ世代的に継承される特徴」をもつ「文化」そのものであり、「文化の最後の砦」とするなら、地域ごとに差のみられる方言は、多文化理解、異文化理解をそだてる教材となる。方言がそれぞれの土地に固有の文化であるという前提にたつとき、方言教育には地域のひとの協力が重要である。

方言教育を放課後や休日の課外活動としておこなうばあいはもちろんだが、総合学習としておこなうばあいでも、地域のひとに協力してもらうことは児童・生徒を地域にむすびつける役割だけでなく、地域のひとに学校教育に関心をもってもらうという面もある。

　方言を指導できる教師を養成し、方言教育のための教師用の手引を作成したばあいでも、方言をよくしる地域住民を方言指導の ALT として活用するのがよいだろう。地域住民と接することによっていきた方言に直接ふれる機会をえることができるし、方言に対する児童・生徒の関心をよりいっそう喚起させることにも役だつ。また、教師が ALT とのうちあわせをとおして地域の方言についての知識をよりふかめられるようになり、教師と地域住民との関係、地域と学校のむすびつきをつよくさせるだろう。

　宮古地区、八重山地区、沖縄北部地区などのばあい、地区ごと、島ごとにちがう特徴をもった複数の方言が存在している。地域によってはおなじ学区内にことなる特徴をもった方言が併存しているばあいがある。あるいは、平良市街地、名護市街地、石垣市街地区などの学校のばあい、周辺地域、周辺離島からうつりすんだ、多様な方言をもつ家族の児童・生徒が在籍している。それは、児童・生徒に方言の多様性を理解させるチャンスである。中学校や高等学校ではよりひろい地域の生徒がいっしょにまなぶので、異文化理解や多文化理解をおこなう絶好の機会になる。アクセントやイントネーションのことなる方言を見くだしたり、逆に優越感をもったりせず、自分の方言に自信をもつと同時に、あいての方言も大切にするという意識をもたせることができる。

　とおい外国の言語や文化の理解をとおしてしか異文化理解や多文化理解の教育がおこなえないわけではない。本土と沖縄、沖縄島と宮古島、宮古島と周辺離島、宮古島内の地域と地域のあいだなど、児童・生徒の身近なところにある言語差やさまざまな文化のちがいを理解、認識するところから異文化理解や多文化理解の教育をおこなうことができる。

3.　方言と標準語

　標準語と方言のちがいを十分に認識したうえで、方言教育にとりくむことが必要である。標準語の教育と方言の教育は、対立したり矛盾したりするものではなく、おぎないあって共存することが重要である。まず、「方言」「標準語」「共通語」が何をさしあらわしているのかを検討してみよう。とくに「方言」

と「標準語」のそれぞれがどういう性質の概念であるかをしることは、その教育の内容と質にかかわってくる。『現代言語学辞典』では「方言」をつぎのように定義している。

> ある一つの言語内において、音声・語彙・文法などの点で、ある集団に習慣的に用いられ、他と区別できる特徴をもつ言語変種(variety)のこと。方言は、標準語に比べて価値の低い、劣ったことばとして考えられることが多いが、方言学(dialectology)では、ある地域またはある社会階層の人々によって話される特有の言語変種を意味し、そこには地域的・社会的差別意識は含まれない。

「方言」とは、系統をおなじくする言語の地域的な変種をいう。『現代言語学辞典』の「標準語」の項ではつぎのように定義する。

> ある国において全国的に用いられ、洗練された規範的なものとして広く認められる言語。一般に方言に対すると考えられ、その国の政治、経済、文化の中心地で使われる言語変種(variety)であることが多い。標準語は、主に書きことばとして法令・公文書・教科書・新聞などに用いられるが、ラジオやテレビのニュース、公式の場における講演などにおいても使われ、いわゆる「正しい」または「よい」言語と考えられている。

「標準語」と類似の内容をあらわす術語に「共通語」あるいは「全国共通語」がある。『現代言語学辞典』は「共通語」をつぎのように定義する。

> 言語を異にする人たちの間で、互いの意志疎通のために共通に用いられる言語のこと。一つの言語内でも、方言(dialect)の話し手の間で意志疎通のできることばを、方言に対して共通語という。

「標準語」と「共通語」はことなる概念をあらわす。沖縄地方には沖縄地方で通用する共通はなしことばとしての共通語がある。沖縄方言の影響をつよくうけた沖縄共通語をウチナーヤマトゥグチという。宮古地域には宮古方言の影響をつよくうけた共通語があり、奄美地域には奄美方言の影響をつよくうけた

共通語がある。方言の衰退にともなって方言色がうすまっているが、リンガフランカとしての共通語であり、標準語とはことなるものである。

　明治以降の急激な近代社会への移行のなかで方言の蔑視と差別が方言に対する偏見を生じさせ、いっぽうでは、標準語に対する過度の美化と標準語の強制使用とが標準語に対する反感をうみ、「標準語はうすっぺらな言語」であるとか、「標準語は多様な感情が表現できず、冷たいことばである」などの感情的な反発をまねいた。あるいは、標準語は政府がさだめたもので、人為的な言語であるなどのあやまった標準語観がひろまった。そのために、「標準語」のかわりに「共通語」あるいは「全国共通語」を使用するひともいる。

　作家の木下順二は、1952年8月6日の朝日新聞で「標準語」についてつぎのようにかいている。

　　「方言」は「地方のことば」の略称だとすると、それでは、それにたいする「中央のことば」はなんだろうということになるが、その中央の東京では、いまいったように「東京方言」をつかっている。そして、その東京方言をしょうしょう洗練したものが標準語だということであるらしいのだが、しからば、なにゆえ東京方言が標準語の基礎になる権利をえたかというと、それは東京が首府になったからという、はなはだ政治的な理由にもとづくものであるらしい。（中略）
　　現在の標準語のなりたちが、ことば自体の歴史的必然性にかけているということ。という意味は、ヨーロッパのいくつかの国では、市民社会ができあがってくる過程のなかで、全国のいろんな方言がまじりあい、そして自然に取捨され、選択され、統一され、それをまたいてすぐれた詩人が整理して、やがて「一番いいことば」としての標準語ができあがっている。（中略）
　　必然性のない標準語によって、いきいきとした方言が駆逐されるテはないとおもうからだ。そして、そのうえで、いかにして全国に通用する共通語をだんだんつくりだしていくか、ということがでてこなければならぬ。そのばあいに、はじめて標準語が基本になるというのが、順序なのではあるまいか。

　木下順二の「標準語」に対するかんがえ方は、「標準語」が政府のつくりだ

したものだという、おおくのひとに共通するものだといえるかもしれない。木下順二がいうように「標準語」は、政治的な理由によってつくりだされた歴史的必然性のないものだろうか。

3.1　標準語
標準語とはどのように発生したもので、どんな性質をもつものであろう。

> 東京語は江戸語から発達して成立したもので、江戸語は、関東方言のなかに関西方言その他の要素のもちこまれて成り立ったものである。したがって、東京語は、周囲の関東方言とは音韻・文法・単語において大部分共通のものをもちながら、ナカには関西方言的特徴を含んでいる。たとえば意志・推量を表わすのに、ベーを用いず、ウ・ダロウを用いること、存在を表わすのに、イルを用いると同時に、ていねいな表現としてオルを用いること、形容詞にゴザイマスがつくときには、ヨウゴザイマスのようにウ音便を用いること、マスの否定形はナイをとらず、ンをとってマセンとなることなどである。　　　　　　　　　　　　　　　大石（1975: 58）

このような江戸語から発達した東京語は、江戸時代の人口が100万人をこえ、世界的にみても有数の大都市を形成した江戸で参勤交代の地方武士や地方出身の町人が共通はなしことばとして大都市江戸の方言を土台につくりあげたものといえる。そして、その共通はなしことばの江戸語が規範的な文章語としての「標準語」の基礎になっていく。

> 共通話しことばは文章ことばのしたじになって、そのなかにとけこんだのだが、文章ことばはこの共通話しことばの単純な発展ではない。わたしたちはふつう言文一致の成立を『浮雲』のなかにもとめるが、共通話しことば（江戸のことば）をうつしたものは、そのまえにたくさんあった。黙阿弥や仮名垣魯文などのかいたものなど。しかし、わたしたちはこれらの作品のことばを言文一致の文章だとはみないし、標準語だともおもわない。なぜだろうか？これらの作品のことばは、たんに共通話しことばをうつしただけのことであって、標準語としての資格がないからである。共通話しことばもやはりなまのままの国民のことばであって、そこには方言的なも

のなどいろんな要素がざつぜんとはいりこんでいる。そのうちから共通的なもの、典型的なもの、活動的なもの、ひとくちにいえばすぐれたものだけをよりぬいて、すっきりしたことばにみがきあげなければ、標準語にはならないのだが、こうした共通話しことばのみがきあげがなされたのは、『浮雲』においてがはじめてなのである。　　　奥田（1957: 73、下線は筆者）

　文学作品の内容が国民のあらゆる側面をとらえるという事情は、民族のことばの潜在的な表現能力を最大限に利用することを要求する。したがって、文章ことばはたんに共通話しことばからえらびだして、つくられたものではなく、それを一そう発展させている。その後、文章ことばは科学や評論や政治思想や新聞のことばになって、どんな民族文化でも表現できることばになった。　　　　　　　　　　　奥田（1957: 74、下線は筆者）

　「標準語」とは、明治期の作家たちの言文一致運動によってねりあげられた日本語であり、方言や俗語などのいろいろなものが雑多にはいりこんだ「共通語」とは一線を画するのである。この標準語こそ、木下順二のいう「市民社会ができあがってくる過程のなかで、全国のいろんな方言がまじりあい、そして自然に取捨され、選択され、統一され、それをまたいてすぐれた詩人が整理して」できあがった「標準語」なのである。

　国語教育のおおきな目的のひとつは、すぐれた日本語でかかれた言語作品（文学作品、科学論文・著作、評論など）をあたえて、こどもたちをすぐれた日本語のにない手にそだてることである。

3.2　方言

　方言もまた、固有の言語体系をもった言語だが、標準語とはおおきくことなる特徴をもっている。標準語とのちがいを対比させながら、方言がどのようなものかをすこしかんがえてみよう。

　方言は、ある言語の地域的な変種である。それゆえに、使用される範囲が特定の地域に限定されている。いろいろな地域の人々があつまるおおやけの場で使用すると、理解できないひとがでてくる。そのために方言の使用は制限され、標準語を使用することがおおくなる。使用地域が限定されていることが地域の個性をうみ、地域の人々の結束をたかめる力にもなることは、方言の良さでもあるが、同時に方言の弱点でもある。

方言	標準語
特定の地方で通用	全国どこでも通用
限定された場面で使用	おおやけの場面でも使用
はなしことば	書きことば・はなしことば
規範的な正書法無し	正書法を有する

　方言によって表現された民話やことわざ、歌謡など豊富な口承文芸が存在する。これら口承文芸も継承していかなければならない大切な地域文化である。しかし、はなしことばとしてしか存在していない方言は、規範的な正書法をもたず、書きことばを発達させていない、したがって、文字にかかれた文学作品や科学論文や著作、評論などもない。
　方言が特定の地域でしか使用されていないということは、方言が地域社会の歴史や文化と密接にむすびついたものであることの反映である。方言が地域限定のことばということは短所でもあるが、長所でもある。短所をおぎなって、長所をいかすことが今後の課題である。

4. 学校教育のなかでの方言教育

　現在、学校教育においておこなわれている言語教育には、第一言語（母語）である日本語（国語）の教育と第二言語である外国語（英語）の教育のふたつがある。学校教育における方言教育についてかんがえるまえに、性格がおおきくことなる日本語教育と外国語教育についてみてみよう。

> 両者（日本語教育と外国語教育）のあいだの条件のちがいの第一は、その出発点におけるちがいである。学校で国語の教育をうけるこどもは、そのまえから、すでに国語を所有している。ところが、学校で外国語の教育をうけるこどもは、その外国語を、まったく所有していない。この<u>条件のちがいは、両者の方法のちがいをまねかないわけにはいかない</u>
> 　　　　　　　　　　　　　上村（1967: 24、（ ）および下線は筆者）

　児童・生徒にとっての方言教育は、日本語教育とも外国語教育ともことなった条件がある。条件のちがいに応じた日本語教育と外国語教育の方法にちがいがあるのなら、方言教育も、日本語教育とも外国語教育ともちがうものになる

はずである。まず、日本語教育と外国語教育の関係についてみてみよう。

　児童は、小学校入学以前に第一言語である日本語をすでに習得していて、はなしたりきいたりするうえでおおきな支障がない。その言語能力を外国語にみたてると、相当に高度な言語運用能力を有している。児童・生徒の第一言語である日本語の教育をおこなうとき、すでに習得している日本語の能力と知識を土台にして、そこから出発することがきわめて有効であることは言をまたない。すでに習得している日本語についての科学的で体系的な知識をあたえることによって、日本語を意識的、自覚的に認識させることができる。そうすることで児童・生徒が使用する日本語をより洗練されたものにしていく。

　　学校での国語教育は、入学時にこどもがすでにもっている国語の能力を基礎にして、そこから出発する。そして教育の目標は、すでにこどもがもっている国語の能力をいっそうひろげ、精密にし、高度にすることである。こどもはたとえば、入学まえのはなしことばの所有から、それを基礎にして、いっそう高度な言語の存在形式であるかきことばの所有へとすすむ。

　　国語の教育・学習の過程は、第一に、ふだんの生活のなかで無自覚的に、経験的に、そしてばらばらに学習した国語を、意識化し、一般化し、組織的、科学的な知識として学習しなおすという形をとる。第二に、こどものせまい日常的なできごとをテーマにした、雑多で、断片的で、幼稚な言語活動から、ひろい自然や、さまざまな人間のくらしをテーマにした、まとまった、高度な言語活動へとこどもをみちびくという形をとり、また、家族やこどもどうしのせまい範囲の言語活動から、いっそう社会化された言語活動、かきことばによる言語活動へとこどもをみちびくという形をとる。

　　第一の形をとる学習は言語そのものについての学習（言語の構造についての学習）であり、第二の形をとる学習は言語活動の学習である。この第一の形をとる学習は、第二の形をとる学習をおこなうための道をひらき、第二の形をとる学習は、いっそうたかい段階での第一の学習をすすめる条件をつくる。両者はあいおぎないあう。　　　　　　上村（1967: 26）

　いまの国語の検定教科書は十分に体系的に組織された形で「言語そのもの

についての学習（言語の構造についての学習）」を保証していない。しかし、児童・生徒が日本語の構造についての整備された科学的で体系的な指導をうけていればいるほど、こどもたちの言語活動（よみ、かき、きき、はなす）を「いっそうたかい段階」へみちびくことができる。

> 国語の所有が外国語学習の基礎となる以上、それをもっともよく活用するには、国語についての一般化された言語学的な知識をもっていればいるほど有利なものとなるだろうという結論をみちびきだす。生徒にそういう知識があればあるほど、そしてその言語学的知識にあやまりがなければ、生徒に国語が現実をさしあらわす方法と、外国語が現実をさしあらわす方法とのちがいと共通性とを科学的におしえることが可能となる。
>
> 上村（1967: 32）

児童・生徒が日本語の発音についての科学的で体系的な知識をもっていれば、たとえば、日本語の子音のなかの摩擦音 s、h の調音方法や調音点についての知識があれば、英語の摩擦音 s、h、f、v、θ、ð とのちがいと共通性の理解と習得をたすけることができる。おなじく、日本語の動詞や名詞の文法的な特徴についての体系的な知識があれば、英語の動詞や名詞の文法的な特徴についての理解をおおいにたすけるはずである。

4.1 方言教育と日本語教育と外国語教育

日本語教育と外国語教育の関係は、方言教育にもあてはまる。日本語教育と外国語教育と方言教育のあいだには共通する条件とことなる条件がある。その条件を考慮して、日本語教育と外国語教育と連携をとりながら、方言教育をおこなえないか、かんがえてみよう。

いまの児童・生徒は、方言を所有していない。まるで外国語のように、方言をはなすこともきいて理解することもできない。方言を所有していない児童・生徒への方言教育は、日本語教育とはその性格がおおきくちがったものになる。そういう意味で、方言教育は、外国語教育とおなじ性格をもっている。「習うより慣れろ」式の教育では言語体系としての方言を習得させるのは効率的ではないし、ときには方言のあやまった使用や誤解をうみだす可能性すらある。

かつて、方言の獲得は、地域社会のなかで無自覚、無意識になされた。しか

し、いろいろな地域出身の人々がまじりあってくらす現代社会では、方言の無自覚、無意識の習得は、困難である。学校教育における方言の習得は、意識的、自覚的になされなければならないし、科学的、体系的な教育でなければならない。その点は、外国語教育とおなじである。そうであるなら、方言教育も児童・生徒の日本語の能力を最大限に利用し、日本語についての体系的で科学的な知識をあたえることがもっとも有効な方法である。上村（1967）を参考に、日本語教育、外国語教育、方言教育を比較してみる。

日本語	方言	外国語
母語（第一言語）	非母語（第二言語）	非母語（第二言語）
習得	未習得	未習得
国内で通用	地域社会で通用	限定された環境で使用
母語（第一言語）	第一言語と近似	第一言語と相違

　児童・生徒は、方言を所有しておらず、児童・生徒の母語、あるいは第一言語は、日本語である。わかい親たちが方言の所有者でなければ、方言は、児童・生徒にとって母語ですらないかもしれない。その点は、外国語のばあいとおなじである。児童・生徒にとって祖父母や親たちのはなす方言が母語でもなく第一言語でもなかったとしても、祖父母や親たちにとっては母語であり、第一言語である。あるいは、親たちにとって第一言語ではなかったとしても、母語であるかもしれない。もちろん、祖父母の世代にとっては母語であり、第一言語である。
　方言は、児童・生徒の現住地（あるいは出生地）の言語であるか、両親や祖父母の出身地の言語である。どちらのばあいも、児童・生徒とふかくかかわる地域の言語である。そして、方言教育の対象となる方言は、その地域ではなされている方言である。そこは、とおい国ではなされている外国語の教育のばあいとちがう。外国語を学習する目的や動機と方言を学習する目的や動機とはことなる。児童・生徒の家族の理解や協力もちがったものになる。
　もうひとつ、外国語教育と方言教育にはおおきくことなる条件がある。それは、方言が標準語や他の地域の方言とことなるとはいっても、日本語の地域的な変種であり、方言は標準語や他の地域の方言とおおくの共通性をもっている。たとえば発音や文法事項に規則的な対応関係がある。その特徴をいかした

体系的な指導をおこなえば、日本語を第一言語にする児童・生徒にとって英語や中国語などの外国語の習得にくらべると、はるかに容易に習得することができる。また、方言教育をとおして、日本語についての理解をいっそうふかめることができる。あるいは逆に、日本語についての体系的で科学的な教育が方言教育をおおいにたすける。児童・生徒の第一言語である日本語についての知識が方言の理解と習得をたすけ、方言を容易に身につけることをたすける。

4.2 日本語教育、外国語教育との連携

かつては、方言の所有が日本語の獲得のさまたげになるとかんがえられていた。そのために日本語の使用を強制したり、方言使用の禁止を講じたり、いきすぎた言語指導がなされたりした。方言か日本語かの二者択一をせまったのである。しかし、方言の体系的な指導も、日本語教育や外国語教育と対立したり、矛盾したりするものではない。

現代では、ひとつしか言語を所有していないひとよりも、ふたつ、あるいはふたつ以上の言語の所有が推奨されている。また、そういうひともめずらしくなくなってきている。モノリンガル教育からバイリンガル教育、多言語教育への移行が推進されている。今日のような国際化した社会では、英語や中国語のような外国語をはなせるようになった方がいいともいえる。しかし、外国語をひとつふたつはなせるだけでなく、自分の故郷の方言をはなせるのは非常にぜいたくなことではないだろうか。「あいて」と「ばしょ」と「とき」に応じて第一言語である日本語と外国語、そして故郷の方言のみっつの言語を自由につかいわけられる人材の養成、自国および故郷の文化と他国・他地域の文化を理解したうえで、それらの人々と共存できる人材の育成にとっても方言教育はすくなからぬ役割をはたす。

いま必要なことは、方言教育の実施のための方策を具体的にかんがえることと、そのためのさまざまな実践をつみかさねることである。

5. 語学教育としての「琉球語科」

言語研究の専門家をふくむおおくの人々が琉球列島ではなされてきた固有の方言を「琉球方言」とよびならわしてきたが、最近は、これを「琉球語」とよぶひとがふえてきた。現在、日本国内の県であるとはいえ、かつて独立の国家であったこと、および、相互理解度のひくさなどを考慮して、これを「琉球

語」とよぶことも可能である。ユネスコは「奄美語」「国頭語」「沖縄語」「宮古語」「八重山語」「与那国語」のむっつを独立した言語とみとめている。ユネスコがどのような基準でこれらむっつを独立の言語とみたかわからないが、こうした見方を可能にするほど琉球方言内の言語差はおおきい。

これらのむっつの言語を従来どおり「方言」とみても、固有の体系をもった独立の「言語」であることを否定するものではなく、「奄美方言」「国頭方言」「沖縄方言」「宮古方言」「八重山方言」「与那国方言」は、それぞれが固有の体系をもった独立した言語である。

小学校で副読本、あるいは教科書をとおして地域の方言や文化についてまなんできた生徒が中学校、高等学校に進学したとき、生徒の発達段階や知的レベルにあわせて、日本語教育や英語教育とおぎないあいながら、体系的な方言教育をおこなうことが可能になる。方言についての学習から語学としての方言教育へのレベルアップをはからなければならない。

琉球方言を固有の言語体系をもった独立の言語であるとみるなら、英語や中国語、ドイツ語や韓国語、ベトナム語やインドネシア語などの外国語の教育とおなじく、語学としての「琉球方言」教育も可能である。語学として方言の指導が実現できれば、「国語科」「英語科」とならんで「琉球方言科」あるいは「琉球語科」ができる。あるいは、「奄美語科」「沖縄語科」「宮古語科」「八重山語科」「与那国語科」の創設も可能である。固有の体系をもった言語としての方言を習得させるには科学的で体系的な指導を継続していくことが必要であり、学校教育のなかに「琉球語科」、「宮古語科」の科目を創設してカリキュラム化することが不可欠である。そうしなければならないほど、琉球方言はいためつけられて衰退し、消滅の危機に瀕しているのである。

5.1 発音教育をとおして

日本語と琉球方言の下位方言とのあいだには、以下の表にしめしたように規則的な対応関係がみられる。たとえば、宮古方言と日本語とのあいだに母音と子音の対応がみられる。日本語の母音 a、i、u には宮古方言の a、ɿ、u が対応し、日本語の母音 e には宮古方言の i が対応し、o には u が対応している。また、日本語の su、tsu、dzu は、宮古方言で s、ts、dz になっている。すなわち、子音が s、ts、dz のばあい、母音 u がなくなっている。

宮古方言には、日本語には存在しない唇歯の摩擦音 f と v がある。上歯と下

唇の裏側をかるく接触させて摩擦音をつくる f と v の発音の習得にはこの子音の音声学的な特徴の理解、すなわち、調音方法や調音の位置などを理解する必要がある。f は日本語の ku や hu に対応してあらわれ、v は gu や bu に対応してあらわれる。

　宮古方言の発音指導はかな文字だけを使用した学習では限界があるが、ローマ字指導をうけ、日本語の発音についての体系的な指導をうけた 4 年生以上の生徒にとって容易に理解できるものである。ローマ字指導のなかで日本語の母音と子音についての体系的な知識をえることが宮古方言の学習におおいに役だつことはもちろんだが、逆に、宮古方言の発音についての理解と習得は、日本語の発音の特徴を再確認する機会になる。宮古方言と日本語の母音と子音の規則的な対応、それとむすびついた宮古方言の音声の特徴を理解することが正しい発音と語彙の獲得をたすける。

		宮古島平良下里方言		与那国島方言
a	a	カサ(笠), ヤマ(山), パー(葉)	a	カサ(笠), ダマ(山), バラ(藁)
i	ï	ピストゥ(人), キスム(肝), ムギズ(麦)	i	ミˀチ(道), ウˀチ(牛)
u	u	フス(節), フズ(釘)	u	フチ(口), クディ(釘)
u	ï	スナ(砂), ミズ(水), ツミ(爪)	i	ˀチナ(砂), ミディ(水)
e	i	タキ(竹), サキ(酒), ウディ(腕)	i	タギ(竹), ウディ(腕)
o	u	ブーヌ(斧), プニ(骨), ムム(腿)	u	ムム(腿), ドゥル(夜), ブヌ(斧)

　宮古方言には kam(神)、mim(耳)、am(網) などのように、上下の唇をしっかりととじて発音する m でおわる単語や、msu(味噌)、mts(道) などのように m から子音 s や ts のような舌先と歯茎とで調音する子音につづく単語がある。これらの単語を習得するには、日本語には存在しない m の発音の特徴についてまなばなければならない。宮古方言の発音教育をとおして音声学的な知識を身につけ、日本語の音韻体系を確認する機会をえることは、英語やその他の外国語の学習においても、その習得をおおいにたすける。方言教育と日本語教育と外国語教育が共存することで、相互の理解と習得をたすけあうのである。

6.　来たるべき"その日"のために

　学校教育は、地域の人々にたくさんのものをもたらした。しかしそのいっぽうで、画一的な学校教育によってうしなわれたものもおおい。地域固有の文化

や歴史の教育はおろそかにされた。方言を「舌のもつれ」と同列にあつかい、「方言をさけるように」指導した指導要領（昭和 22 年）にみる文部科学省の責任はおおきい。学校教育のおこなった過去の日本語教育が方言の衰退と消滅のおおきな要因になったことも否定できない。学校教育は、方言をふくむ地域文化の復興と再生に重大な責任がある。

指導要領（平成 20 年版）も地域文化が地域にとってかけがえのない財産であることをみとめ、その指導を推奨している。学校教育においては多文化理解や多文化共生の教育も推奨されている。方言教育は、地域の伝統文化の教育をおこないながら、同時に多文化理解、多言語教育の基礎をつくる重要な役割をはたすことも上にのべた。方言を無意識的に無自覚的にまなぶことができなくなった現状では、方言教育を体系的、科学的におこなうことが不可欠なのだが、そのことが第一言語である日本語の教育と相乗的な好結果をもたらす。

県や市町村の教育委員会や学校現場の教師と協力しながら、小学校低学年からの方言教育をどのようにおこなうか、その具体的な方策を検討しカリキュラム化すること、副読本や教科書を編集すること、教師養成や教師用指導書や実践記録集を整備すること等々、すすめなければならないことはおおい。方言の音声指導、文法指導、語彙指導のための教材開発の基礎となるさまざまな資料も用意しておかなければならない。

児童・生徒のための方言教育に役だつものとなることを考慮して研究資料や研究論文を作成するか否かが重要になってくる。辞書と文法書とテキストの 3 点セットの整備もどんな辞書や文法書を編集するか、その質がとわれる。"その日"のために研究者は何をしておくべきなのか、できることは何かをかんがえなければならない。

参照文献

宮岡伯人 (1999)「危機に瀕した言語：崩れゆく言語と文化のエコシステム」『月刊言語』328: 110–117. 東京：大修館書店.

仲間恵子 (2002)「西原町小那覇　栽培植物の語彙」『消滅の危機に瀕した琉球語に関する調査研究』184–201. 科研費研究成果報告書.

野原三義 (2005)『うちなあぐちへの招待』沖縄：沖縄タイムス社．（宜野湾市教育委員会 1985『方言：宜野湾市文化財調査報告書第 8 集』を収録）

大石初太郎 (1975)「東京の話しことば」大石初太郎・上村幸雄編『方言と標準語：日本語方言学概説』41–60. 東京：筑摩書房.

奥田靖雄(1957)「標準語について」『教育』77: 61–74. 東京：国土社.（奥田靖雄・国分一太郎編(1974)『読み方教育の理論』20–40. 東京：むぎ書房に所収）
田中春美他編(1988)『現代言語学辞典』東京：成美堂.
上村幸雄(1967)「外国語教育と国語教育の関係」『教育国語』11: 23–39. 東京：むぎ書房.

第1部 第3章

危機方言研究における文法スケッチ

下地 理則

1. はじめに

　琉球諸語の記述研究および記録保存は、急速に進む日本語モノリンガル化および話者の高齢化により、すでに難しくなりつつある。この事実は実際に調査を行うフィールドワーカーたちが肌で感じていることであり、また言語危機の度合いを多角的に検証した報告からも明らかである（木部他 2011）。しかし、危機言語に通常期待されるようなまとまった記述や記録保存（記述文法書・辞書・自然談話の3点セットの作成など）が行われている方言はきわめて少ない（かりまた 2004, 2011）。これからの琉球諸語研究の一番の課題は、限られた時間の中でなるべく多様な方言をなるべく詳細に記録保存することである。一つの解決策は、大規模なグラントを獲得し、組織的な共同研究を推進することにより、なるべく多くの方言の総合的記録保存（特に3点セットの作成）を短期間で達成することである。もう一つの解決策は、小規模な個人研究においても短期間で大きな効果をあげるような、コストパフォーマンスのよい記録保存の方法を探ることである。本稿では、後者の可能性に焦点をあてる。具体的には、個々の方言の音韻、形態、統語、意味談話の各領域を幅広く簡潔に記述した資料である「文法スケッチ」（Sketch grammar, Grammatical sketch; Payne 1997, Mosel 2006）の作成に着目する。

　本稿の構成は以下の通りである。まず2節で文法スケッチの特徴を述べた上で、文法スケッチがなぜコストパフォーマンスの高い記録保存に有効であるのかを述べる。3節では文法スケッチの執筆上の手続きおよびそれにかかる調査法を概説する。4節では結論として琉球諸語研究における文法スケッチの重要

性と今後の展望を示す。

　本稿末尾には添付資料が2つある。添付資料1は琉球諸語の任意の方言の文法スケッチ作成に利用可能な章立て案である。添付資料2はその章立てに沿って文法スケッチを実際に作成するための調査項目チェックリストである。

2. 文法スケッチとは何か

　文法スケッチは、ある言語の音韻および文法体系の概要を簡潔に記したものである。フィールド報告のような趣旨で書かれるきわめて短いものから、辞書の一部として添付されるもの、そして危機言語の記録保存に寄与することを目指したものまで、さまざまな種類の文法スケッチが存在する（Mosel 2006: 301）。本稿では、危機言語の記録保存のための文法スケッチについて議論を進める。

　危機言語の記録保存を目指した文法スケッチは3つの特徴を備えている必要がある。それは①包括性、②談話資料や語彙資料に対するアカウンタビリティ、③コストパフォーマンスである。

　文法スケッチの包括性とは、当該言語が消滅したあともその言語の構造・体系を後世に伝えることができるように、広く言語体系全体を俯瞰し、記述の重心が特定分野に偏っていないことを指す。ただし、文法スケッチには明らかな制限（すなわちページ数の制限）があるため、包括性にも限界がある。記述項目の慎重な検討を要し、ある程度の「潔さ」を備えたコンパクトな記述を提示しなければならないだろう。このように、「何をどこまで記述するか」は文法スケッチにおいて最も重要な問いである。

　文法スケッチの二番目の特徴は、関連するほかの記録保存データ（自然談話や語彙データ）に対する一定のアカウンタビリティを備えていることである。すなわち、文法スケッチは談話資料や語彙資料を分析したり利用したりするために有用でなければならない（Himmelmann 1998, Mosel 2006）。例えば動詞の活用を網羅的に扱っていない文法スケッチを参照しながら自然談話データを扱うと、そこに表われる動詞の諸形式の多くを分析できないという事態に陥るかもしれない。特に危機言語の場合、消滅したあとでは話者に直接会って調査することができないのだから、上記のような事態はなるべく避けなければならない。したがって文法スケッチにおいては、特にパラダイムをなす諸形式（屈折語尾、代名詞、文タイプ、格のシステムなど）や有限のパターンを持つ諸カテ

ゴリー（品詞、音節構造、文法形態素など）について余すところなく列挙し、意味機能の記述を簡潔に行っておく必要がある。

　包括性（記述項目のバランス）とアカウンタビリティ（談話・語彙資料の注釈可能性）を備えた文法スケッチの理想的な構成は、査読を経て実際に出版された文法スケッチを参照することでおおよそ把握できる。Lincom Publishers 社の *Languages of the World/Materials*（LW/M）シリーズは危機言語の文法スケッチモノグラフのシリーズであるが、ここで出版されたスケッチの章立ては一つの具体的な目安となるだろう。出版社から提示されている *Languages of the World/Materials* の標準的な章立て案を以下の (1) に示す (http://www.lincom.eu/style1.html#LW/M から抜粋）。

(1)　文法スケッチの章立ての一例（*Languages of the World/Materials* シリーズより）

0. Introductory remarks
Geo- and sociolinguistic data. Previous studies.
1. Phonology
1.1. Vowels
1.2. Consonants
1.3. Diphthongs
1.4. Suprasegmentals, tones, prosodic phenomena, autosegmentals, accent, intonation (table form)
2. Morphology
2.1. Nominal morphology
2.1.1. Noun（with a list of nominal grammatical categories）
2.1.1.1. Number
2.1.1.2. Gender/Class
2.1.1.3. Definiteness/Referentiality
2.1.1.4. Case
2.1.1.5. Possession
2.1.2. Pronouns
2.1.2.1. Personal pronouns
2.1.2.2. Demonstratives
2.1.2.3. Reflexives
2.1.2.4. Interrogative pronouns
2.1.2.5. Indefinite pronouns

2.1.2.6. Quantitative pronouns (all, every, ...)
2.1.3. Numerals
2.1.4. Adjectives (comparison of in/equality, ...)
(2.1.4.1. Adverbs, spatial, temporal, causal, degree adverbs, ...)
2.1.5. Nominal categorizers (nominalizers, augmentatives/diminuitives)
2.2. Verbal morphology (with a list of verbal grammatical categories)
2.2.1. Verb
2.2.1.1. Personal affixes (in case of multidimensional paradigms -> illustrative sample paradigm)
2.2.1.2. TAM-system (basic tense-aspect-mood categories: imperfective, perfect, resultative, future, imperative, prohibitive, optative, conditional, potential (or non-fact), ...)
2.2.1.3. Negation
2.2.2. Verbal categorizers (de/transitivizers, verbalizers, anti/causativizers, voice...)
2.2.3. Verbal modifyers (participals, converbs, masdars, gerunds, ..)
3. Syntax
3.1. Sentence types (copular, verbal clauses)
3.2. Simple sentence (word order: position of the main constituents inside the clause, position inside the main constituents, ...; grammatical relations, subject- or topic-prominent language)
3.3. Complex sentences
3.3.1. Coordination (conjuction, disjunction, juxtaposition, coordinators)
3.3.2. Subordination (relative, adverbial (temporal, causal, final, purpose, conditional, concessive, ..), complement clauses, ...)
3.4. Discourse phenomena (Coreference, ... controller and target of omission in adverbial, complement, relative ... clauses)
(3.4.1. Particles, discourse particles, negative particles, interjections, ...)
4. Sample texts with interlinear translation and free translation
Bibliography

なお、上記の章立ては、実際に記述される言語の類型タイプによって少なからず変動するものである。このような章立てに準拠した *Languages of the World/ Materials* シリーズは、通常60ページから120ページの範囲で出版されている。

　文法スケッチの第三の特徴（そして最も重要な特徴）はコストパフォーマンスの高さである。すなわち、文法スケッチは作成にかかる時間や資金、労力に対して得られる記述的成果が高い。これは数百ページの総合的な記述文法書と比較するとわかりやすい。ある言語の全体像を明らかにしようと考えた時、そのアプローチは無限にあり、またほぼ無限の記述項目が設定されうる。例えば、ある言語の音節やモーラを扱う際には、文化的側面まで考察の対象にし、韻文や音楽におけるモーラ構造を記述することも重要なことである（大西2012）。数百ページの総合的記述文法書は、程度の差はあれ、このような「よ

り広く、より深く」というアプローチに根差しており、しばしば数十年をかけた労作として完結する。そこに至るまでにかかる時間、資金、労力は膨大なものであるが、通常、総合的記述文法書の作成においてコストの面は考慮されない。コストは結果として計算されるようなものである。一方、文法スケッチの作成にあたっては最初からコストの縛りが意識される。すなわち、危機言語を扱うことに起因する時間的な制約や研究者の資金面の制約を前提とし、その制約の中で記述的効果および記録保存への貢献を高めることを目指している。記述的効果や記録保存への貢献は、先にみた「包括性」と「アカウンタビリティ」をどの程度備えているかによって評価される。すなわち、言語学者が読んだ時に得られる情報量が豊かであり、かつほかの資料を読み解く上で有用であるということである。結果的に、文法スケッチ作成においては最低限必要な項目を厳選した上で、形態論や構文論の網羅的な記述が重視される。上の(1)にみる章立てでは、音韻論について 1.1 から 1.4 の 4 つのセクションしかない。前述のような文化面にまで言及した音節構造・モーラ構造の記述は不可能である。しかし、どの言語の記述であっても必須であろうと思われる 4 セクションが厳選されており、これらが記述されていれば当該言語の音韻論に関する最低限の情報は得られるだろう。

3. 文法スケッチの作成にあたって
3.1 執筆項目の設定

文法スケッチを作成する上で最も重要なことは、執筆項目(章立て)をあらかじめ設定しておくことである。(1)で言及した *Languages of the World/Materials* にもみられる方策であり、実際に多くの文法スケッチ集においてあらかじめ設計された章立て案が用意されている (Routledge 社の Language Family Series, 中山・江畑編 2006、Shimoji and Pellard eds. 2010 など)。2 節で述べたように、文法スケッチの記述的価値や記録保存における貢献の度合いは、当該言語の特徴をよく反映した記述項目を設定していることに加え、どの言語の記述においても必須であるような項目が的確に記述されていることで評価される。したがって、執筆項目の選定にはおのずと通言語的な観点が要求され、また同語族の研究者たちが必須とみなすような項目も重視される。いわば、文法スケッチの執筆項目の多くは言語学者たちの共通認識によってあらかじめ決定されている。

一方、執筆項目をあらかじめ定めることには危険が伴う。そもそも、あらか

じめ執筆項目を決めることは、まだ調査を行っていない方言の言語体系を先取りして予測しているようなものである。このようなデメリットを軽減するために、調査・執筆を進める過程で、方言の実態に即して、適宜執筆項目を修正（項目の追加・削除・微調整）することが必要となる[1]。

添付資料1に、琉球諸語の任意の方言の文法スケッチの章立て案を示した。言語体系の概要を俯瞰するために最低限必要と思われる項目を厳選してあげてある。これらの項目の作成にあたっては、(1)でみた *Languages of the World/Materials* の章立て案を参考にしつつ、その他さまざまな言語・語族の文法スケッチ集（Routledge Language Family Series, e.g. Tranter ed. 2012 や中山・江畑編 2006、中山・山越編 2007 など）、Payne (1997) や Dixon (2009) といった文法記述全般に関するガイドブックからの情報も参考にした。さらに、琉球諸語について特に必要な記述項目を設定するため、既存の琉球語の概説（例：亀井・河野・千野編 1997）・文法スケッチ（Shimoji and Pellard eds. 2010）、琉球諸語研究者による提言（かりまた 2011）も参考にした。

3.2 「調査項目チェックリスト」を利用した調査

執筆項目が設定されても、具体的に何に着目し、どのような現象を記述しておけばよいかという問題が依然として残る。そこで本稿では、フィールド言語学で古くから用いられている analytical questionnaire (Chelliah and de Reuse 2011: 362) を援用する。analytical questionnaire とは、「何を調べるか」ということを明確にするための、調査者に対する質問リストである。例えば、音節構造という項目を調べる際に「語末に子音が立ちうるか。」「どのような音素が立つか。」などといった具体的な質問項目が与えられる。最も有名な試みは Comrie and Smith (1977) の *Lingua Descriptive Studies Questionnaire* (LDSQ) であり、最近では Payne (1997) や Dixon (2009) に有用な analytical questionnaire がある。本稿末尾の添付資料2「調査項目チェックリスト」は琉球諸語の文法スケッチ

---

[1] 執筆項目をあらかじめ設定することは必ずしも大きなデメリットではないかもしれない。当該方言にとって不要な項目があればそこに「そのような現象は当方言にはない」ということを明確に書くというのも一つの方法である。これにより、当該方言の類型論的な特徴がむしろわかりやすくなる場合があり、また同じ執筆項目で書かれた他の方言のスケッチとの対比がより明確になる。Lezgi 語の文法書（Haspelmath 1993）では、索引においてこのような工夫をしている。すなわち、索引には Lezgi 語に関連のない現象（例えばトーン）も載っており、その索引項目には「該当なし」と明示されている。

を作成するために用いることを想定した analytical questionnaire である。ここでは、添付資料1の文法スケッチの章立ての各セクションの記述において重要と思われる執筆・調査ポイントを質問形式で箇条書きにまとめてある。

以下に、添付資料2から、執筆項目2節「音韻論」の中の「音素目録」についての調査項目チェックリストを抜粋した。ここにみるように、質問の前半（(1)から(4)）はどのような言語であっても押さえておくべき記述ポイントであり、琉球諸語の専門家に限らず言語研究者であればだれでも知りたいと思うポイントである。一方、例えば(6)は当該方言や同系の周辺方言の専門家であれば特に注目するポイントであろう。

2. 音韻論
2.1. 音素目録
(1) 母音音素はいくつあり、それぞれの音素はどのような異音を持つか。
(2) 長母音・二重母音にはどのようなものがあるか。
(3) 子音音素はいくつあり、それぞれの音素はどのような異音を持つか。
(4) 目だった異音を持つ音素はあるか。それはどのような条件で出現するか。
(5) 音韻解釈が難しい音声はあるか。どのような点で解釈が難しいか。
(6) 機能負担の極端に少ない（出現がほとんどない and/or ミニマルペアをみつけにくい）音素はあるか。それは歴史的に説明可能か。
(7) 半母音は子音音素として扱ったほうがよいか、母音音素として扱ったほうがよいか、あるいは独自の半母音音素カテゴリーとして扱ったほうがよいか。
(8) 長母音は短母音の連続と解釈できるか、独自の音素として解釈されるか。

文法スケッチを作成するためにフィールドにでた場合、調査の進み具合はチェックリストのいくつの項目に答えられたかということで客観的かつ明確に評価できる。その意味で、チェックリストはフィールド調査のペースメーカーとして機能するだろう。

チェックリストの質問項目はあえて細かく設定したが、これらのすべてに答えられなければならないということではない（6割から7割程度答えられれば

十分である)。むしろ、与えられた質問のうち、答えられない部分がどういう部分であるのかが(自分自身の研究課題として)明らかとなればよい。なお、上の抜粋例でみたように、おおむね質問の前半であるほど基本的かつ重要な質問である。よって、各執筆項目の質問の前半を中心に解決していくように調査すればよいだろう。上の音素目録の例をもとにすれば、(1) から (5) あたりまで答えられれば十分である。(6) から (8) は、音韻論的考察が深まったあと、別の機会に論じればよいだろう。

　チェックリストは、「何を記述するか」について指定をするものの、「どのように分析・提示するか」については指定していない[2]。例えば、執筆項目 3.2 節「品詞一覧」の (1)「いくつの品詞が区別されるか。」について、ある研究者は活用型形容詞を「動詞」として分類するかもしれないし、別の研究者は「形容詞」として分類するかもしれない。各執筆者の理論的立場に応じて、指定された執筆項目・チェックリストに対する対応の仕方(まとめ方・分析法)にはかなりのバリエーションが生じると予測される。これはデメリットではなく、むしろ琉球諸語研究の多様性に支えられたメリットであると考える。執筆項目とその記述ポイント(「何を記述するか」という点)の統一という意味では一定の質を保ちつつも、「どのように分析・提示するか」について多様性にとんだ文法スケッチが作成されることは歓迎すべきことである。

　実際にフィールド調査にでる前に、まず既存のデータや先行研究を参照し、答えられる質問には答えておくとよいだろう。例えば執筆項目 1 節「方言の概要」のチェックリストはほとんど既存のデータや先行研究の整理によって答えることができるだろう。第一回目のフィールド調査の段階では、執筆項目 2 節以降の質問項目の多くに答えられないかもしれないが、調査に何度かでているうちに、各項目について 6 割程度の質問に答えられるようになるはずである。その段階で文法スケッチのラフな第一稿が完成すると考えてよい。なお、第一稿の完成から最終的な出版にいたるまでの注意点は 3.4 節を参照されたい。

---

[2] Donohue (1999) はニューギニアで話されているオーストロネシア系言語である Warembori 語の文法スケッチであるが、このスケッチには各執筆項目についての自分自身による解説(記述上のポイント)がついている点で非常に興味深い試みである。このような「実況中継式」の文法スケッチは、「何を記述するか」だけでなく「どう記述するか」についても参考になる。

3.3 データの収集と利用

　文法スケッチの執筆項目および調査項目がわかっていても、どのようなデータ（自然談話、面接型調査の例文データ、自然傍受、文献資料など）を集め、どのように使うかという問題が別個に存在する。これについては、調査者の調査経験や日ごろ慣れている調査法によって異なると思われ、そこまで一律に指定することは現実的ではない。自然談話と elicitation データ、先行研究のデータなどをうまく組み合わせて調査を行うという一般原則を述べるにとどめる（文法を書くためのフィールド調査法に関しては Chelliah and de Reuse 2011, Crowley 2007, Bowern 2008, Dixon 2009, 下地 2010, 2011 などを参照）。

　琉球諸語研究で流通している既存の調査票も積極的に利用すべきである。琉球諸語研究においては語彙・例文調査票（例：沖縄言語研究センターの「全集落調査票」）が多数存在するだけでなく、調査票を実際に使用した研究が多数存在し、かなりのデータの蓄積がある。これらはもともと言語地理学的研究や比較方言学的研究に使われることを意図して作成されており、語彙や例文が必ずしも文法スケッチの作成に向いているとは言えないが、文法スケッチのデータとして再利用することは十分可能である。例えば、「全集落調査票」の基礎語彙データは、音韻論のセクションの音素分析や音節構造の記述などにおいて役に立つ。沖縄言語研究センターの「第1調査票(1)」はアクセントの体系の記述において非常に役に立つ。沖縄言語研究センターの「第3調査票」は代名詞やダイクシスの記述で役に立つだろう。

　自然談話資料について、日本放送協会編（1972）をはじめ、多くの方言で談話資料が入手可能である。いくつかの方言では音声資料もついていることがある。学術書以外にも広く目を向ければ、例えば各市町村史などに方言で語られた民話が（多くの場合仮名表記による書き起こしデータとして）収録されていることがある。民話や口承文芸を保存する運動をしている地元の組織などが大量の民話データを保持していることもあるだろう。

3.4 文法スケッチを「読み物」として完成させるために

　調査項目チェックリストをある程度埋めて文法スケッチ第一稿が完成した段階では、まだ読者を意識した「読み物」にはなっていないはずである。グロスや形態素分析、さらには表記さえも一貫していない例文のリストに、メモ程度の記述がある、という状況に違いない。そこで、まずは形態素の切り方を含め

た文法記述全体の整合性を再度チェックし、用語・グロスの統一を行って、記述全体に一貫性を持たせるための修正を加える。最後に、執筆項目の各セクションについて読み手を意識したわかりやすい解説を加え、無駄な例文を省きつつ適切な例文を配置することにより、文法スケッチは完成する。なお、調査項目チェックリストには、一部重複がある（例えば添付資料 2 の 3.1 節の (3) と 10.1 節の (1) はいずれも名詞句の内部要素の並び順に関するもの）。文法スケッチを完成させる際には、相互参照を巧みに利用してどちらかの記述を減らすなど、無駄のない記述にまとめあげる必要がある。

　実際に出版されている文法スケッチをみてみると、各セクションがおよそ 3 つのパートから成り立っていることがわかる。それは、①記述上のポイントの導入部、②それを具体的に示す例、③フォロー・解説部、である。読者の視点に立てば、まず①を読むことで注目すべきポイントが導入され、②で注目ポイントが具体的に把握でき、③で不足した情報を補うことができる。文法スケッチにおいては、特定の現象を扱う論文や書籍と異なり、何ページにもわたる理論的考察や分析上の議論は通常は行われないのが普通である。どうしても議論が必要な場合は③で簡潔に行うべきである。

　上記の 3 パートの基本フォーマットに則った上で、今度は読み手を意識した記述のスタイルにも気を配る必要がある。これについては、以下の (2) にあげる「3 つの Ex」に注意するとよい。

(2)　読み手を意識した文法スケッチ執筆のための 3 つの Ex
  a. **Ex**plicitness（明示性）：記述のポイント・例の解説を明確に提示しているか。
  b. **Ex**actness（正確さ）：必要十分な例・情報をあげているか。
  c. **Ex**haustiveness（網羅性）：リストは完全か。可能な形式はすべてあがっているか。

Explicitness を備えた記述とは、記述上のポイント（すなわちチェックリストの項目）を明確に読者に伝え、注意を喚起するような記述であり、例文の分析に必要な情報が明確に示されている記述である。文法スケッチにおいては、限られた執筆スペースの問題から、例文を提示することが中心を占め、記述上のポイントや解説を省くようなケースが散見されるが、これでは「記述」ではな

く「列挙」になってしまう。
　ここで上記の議論を具体的に考えてみたい。添付資料1で提案する文法スケッチ章立て案に沿って伊良部方言のスケッチを執筆したとする。その10節「名詞句」の中の10.4節「修飾部」に関する記述が以下のようになっていたとしよう。

10.4. 修飾部
　名詞句の修飾部には名詞、代名詞、連体詞、形容詞、動詞が立ちうる。

(a) *banti=ga　kjaudai*
　　1PL=GEN　　兄弟
　　「私たちの兄弟」

(b) *vva=ga　kjaudai*
　　2SG=GEN　兄弟
　　「あなたの兄弟」

(c) *pztu=nu　kjaudai*
　　人=GEN　　兄弟
　　「(他)人の兄弟」

(d) *ujakii-ujaki=nu　kjaudai*
　　RED-豊か=GEN　　　兄弟
　　「豊かな(金持ちの)兄弟」

(e) *kibann-kiban=nu　kjaudai*
　　RED-貧しい=GEN　　兄弟
　　「貧しい兄弟」

(f) *ujaki-ka-tar　kjaudai*
　　豊か-VLZ-PST　兄弟
　　「豊かだった兄弟」

(g) *patarak-i-u-tar　kjaudai*
　　働く-THM-PROG-PST　兄弟
　　「働いていた兄弟」

　上記のように、属格を使う修飾部もあれば、不要な修飾部もある。

この記述例は、先述した基本フォーマット（3パートへの分割）に即してはいるが、Explicitness の点で問題がある。すなわち、このセクションで記述すべきポイントが明確になっていないうえに、例文に続くフォロー・解説部も情報が足りておらず、読者が抱くと予想される疑問点がケアされていない。

　上記の抜粋例を Explicitness の観点から修正してみたい。まず、（名詞句の）「修飾部」というセクションにおける記述のポイントは、以下の(3)(4)にみるように少なくとも2つあると思われる。

(3)　　名詞句の修飾部に立つ品詞にはどのようなものがあるか
(4)　　修飾関係を示す手段にはどのようなものがあるか

なお、この2点はチェックリストの質問項目（10.4節の(1)(2)）に対応している。この2点をセクションの冒頭でまず明確に述べなければならない。その上で、(3)(4)のそれぞれについて例文をあげながら解説を行うべきである。上記の抜粋例では、(3)については明確に述べられているが、(4)については例文のあとの解説部においてはじめて言及されている。本来、フォロー・解説部では(3)(4)と例文を突き合わせた時に読者が抱く疑問に的確に答えるような記述を行うべきである。(3)に関して、例えば(d)(e)の非活用型形容詞と(f)の活用型形容詞について、品詞論上の違いを述べる（あるいは、該当するセクションにリンクを張る）ことが必要である。(4)について、修飾関係を示すために属格を使用する場合とそれが不要な場合があるという記述がなされているが、より明確に言えば、属格を使用しない(f)(g)は語形が連体形という特殊な形をとる。すなわち属格をとらなければ語形がどのようであってもよいというわけではない。

　次に、Exactness を備えた記述とは、記述のポイントごとに必要十分な例文その他の情報が挙がっているような記述である。上記の抜粋例に関して、記述のポイント(3)について例文が無駄に多い部分がある一方で不足している例文もある。すなわち(3)について、(a)と(b)、(d)と(e)はそれぞれ同じ品詞（代名詞と形容詞）を例示しており、余剰的である一方、逆に連体詞が修飾部に立つ例が抜けている。無駄な例文による情報の過多は言語記述をミスリードする（例：(a)と(b)、(d)と(e)をあげることで、それらは品詞的に何か違いがあるのでは、などと読者に深読みさせる）。例文を無駄にあげることは、必要な

例文をあげないことと同様に文法記述の価値を損なうのである。

Exhaustiveness は、2 節で述べた「アカウンタビリティ」を確保する上できわめて重要である。すなわち、動詞活用体系や格助詞の体系、代名詞体系、指示詞体系、疑問詞体系などのような閉じた集合をなす形式類については漏れなくすべて列挙するということである。さらに、定式化した構造（例えばある品詞の形態構造を語根(-A)(-B)-C のように一般化したもの）については、その式から生み出される可能な形式がすべて存在し、不可能な形式は一切出現しない、という点を例とともに述べる必要がある。語根(-A)(-B)-C という形態構造を持っていれば、①語根-C、②語根-A-C、③語根-B-C、④語根-A-B-C、という4通りが存在することが予測される。それらをすべて例示し、もし例外的に出現しない構造があれば、それについて述べる必要がある。

4. おわりに

本稿では、今後の琉球諸語研究に必要であると思われる「コストパフォーマンスの高い記録保存」に焦点をあて、文法スケッチがそれに適していることを論じた。今後、個人ベースの小規模な研究（学術振興会科学研究費補助金の若手研究や学術振興会特別研究員の研究、あるいは修士論文や博士論文）の研究課題として琉球諸語の文法スケッチの作成が注目されるようになれば、琉球諸語の記録保存は確実に進展すると予想される。

本稿で提案した文法スケッチの章立て（添付資料1）や調査項目チェックリスト（添付資料2）については、再検討する余地や改善する余地があると思われるが、たたき台として一定の意義があると考える。

ある方言についての調査経験が豊富な研究者であれば、フィールドに出向かなくても、手持ちのデータや知識を頼りに、本稿のチェックリストの質問に（適宜修正を加えながら）答えつつ、簡単な文法スケッチをすぐに完成させることが可能かもしれない。そして、そのような研究者は多数存在すると思われる。さらに、章立てや調査項目がある程度共有されることで、以下のような効果も期待できる。すなわち、ある方言では形態論の情報しか手に入らず、別の方言では音韻論の情報しか手に入らない、というような状況が回避されると思われる。いわば、各方言の記録保存の取り組みにおいて一定の質を保つことが可能となるだろう。共通の章立てを採用した文法スケッチが増えれば、項目ごとに各方言を串刺し式に眺めるという比較研究が容易になり、琉球諸語の言語

地理学的・比較方言学的・類型論的研究が促進されることだろう。これまでの琉球諸語研究において「記録保存」と「言語地理学・比較方言学・類型論的研究」は別個に行われてきたと言えるが、共通の執筆項目を備えた文法スケッチが多数の方言で作成されることにより、これらの研究は有機的に結びつくようになるだろう。

　本稿の冒頭で述べたように、琉球諸語の記録保存の最大の課題は「なるべく多様な方言をなるべく詳細に記録保存すること」である。文法スケッチは時間・資金面の制約の中で最大の記述的効果・記録保存上の貢献を目指している。当然、文法スケッチでは扱えない事項や、より時間をかけて調べなければ把握できない事項なども多数存在するだろう。よって、今後の琉球諸語研究においては、文法スケッチ作成と並行して主要な方言や重要度の高い方言（これをどのように定義するかは現在の琉球諸語研究の目下の課題であるが）の総合的記述文法書を刊行する必要がある[3]。すなわち、少数の（選ばれた）方言の総合的記述文法書と、それを補完する多数の方言の文法スケッチという組み合わせで記録保存の作業を進めていくことが、今後の琉球諸語研究の一つのモデルとなるであろう。

謝辞

　本稿を作成するにあたり、麻生玲子氏（東京外国語大学 / 日本学術振興会）、小川晋史氏（国立国語研究所）、かりまたしげひさ氏（琉球大学）、重野裕美氏（広島大学）、高木千恵氏（大阪大学）、新永悠人氏（東京外国語大学 / 日本学術振興会）、平塚雄亮氏（西南学院大学）より有益なアドバイスをいただいた。ここに記して感謝申し上げる。本研究は日本学術振興会科研費（課題番号 22720161）の助成を受けている。

参照文献

Aso, Reiko (2010) Hateruma (Yaeyama Ryukyuan). In Michinori Shimoji and Thomas Pellard eds., *An introduction to Ryukyuan languages,* 189–227. Tokyo: ILCAA.

---

[3] かりまた (2004: 65) は、具体的に波照間方言、鳩間方言、大神方言、水納方言、久高方言を候補にあげている。このうち、波照間方言は文法スケッチとして Aso (2010) があり、鳩間方言については文法スケッチとして Lawrence (2012) がある。大神方言は博士論文として Pellard (2009) の総合的な記述文法書がある（文法スケッチとして Pellard 2010 もある）。上記の5方言のうち大神方言を除いて記述文法書の作成が急がれる。なお麻生玲子氏 (p.c. 2012 年7月) は博士論文の研究課題として波照間方言の記述文法書の作成中である。新永悠人氏 (p.c. 2012 年7月) は久高方言の記述文法書を学術振興会特別研究員 PD の研究課題として作成予定である。

Bowen, Claire (2008) *Linguistic fieldwork: A practical guide.* Basingstoke: Palgrave Macmillan.
Chelliah, Shobhana L. and Willem J. de Reuse (2011) *Handbook of descriptive linguistic fieldwork.* New York: Springer.
Comrie, Bernard and Norval Smith (1977) Lingua Descriptive Studies: Questionnaire. *Lingua* 42: 1–72.
Crowley, Terry (2007) *Field linguistics: A beginner's guide.* Oxford: Oxford University Press.
Dixon, R. M. W (2009) *Basic linguistic theory 1: Methodology.* Oxford: Oxford University Press.
Donohue, Mark (1999) Annotated Warembori Sketch. (unpublished manuscript, downloadable at http://www.eva.mpg.de/lingua/tools-at-lingboard/pdf/donohue_waremborinote.pdf)
Haspelmath, Martin (1993) *A grammar of Lezgian.* Berlin: Mouton de Gruyter.
Himmelmann, Nikolaus P. (1998) Documentary and descriptive linguistics. *Linguistics* 36: 161–195.
亀井孝・河野六郎・千野栄一編(1997)『言語学大辞典セレクション　日本列島の言語』東京：三省堂.
かりまたしげひさ(2004)「危機言語としての琉球語の文法研究の課題」『日本東洋文化論集』10: 57–77.
かりまたしげひさ(2011)「消滅危機方言のための継承のための記述文法：危機方言研究からみた日本語の記述文法の未来」『日本語文法』11 (2): 30–42.
木部暢子・三井はるみ・下地賀代子・盛思超・北原次郎太・山田真寛(2011)「危機的な状況にある言語・方言の実態に関する調査研究事業 報告書」東京：国立国語研究所.
Lawrence, Wayne P. (2012) Southern Ryukyuan. In Nicholas Tranter ed., *The languages of Japan and Korea,* 381–411. London: Routledge.
Mosel, Ulrike (2006) Sketch grammar. In Jost Gippert, Nikolaus Himmelmann, and Ulrike Mosel eds., *Essentials of language documentation,* 301–310. Berlin: Mouton de Gruyter.
中山俊秀・江畑冬生編(2006)『文法を描く：フィールドワークに基づく諸言語の文法スケッチ1』東京：東京外国語大学アジア・アフリカ言語文化研究所.
中山俊秀・山越康裕編(2007)『文法を描く：フィールドワークに基づく諸言語の文法スケッチ2』東京：東京外国語大学アジア・アフリカ言語文化研究所.
日本放送協会編(1972)『全国方言資料』10 (琉球編Ⅰ, Ⅱ)東京：日本放送協会.
大西正幸(2012)「生物文化多様性の解明と継承に言語学がはたす役割」沖縄言語研究センター第35回総会・研究発表会資料.
Payne, Thomas E. (1997) *Describing morphosyntax.* Cambridge: Cambridge University Press.
Pellard, Thomas (2009) Ōgami: Éléments de description d'un parler du Sud des Ryūkyū. Ph.D. dissertation, École des hautes études en sciences sociales.
Pellard, Thomas (2010) Ōgami (Miyako Ryukyuan). In Michinori Shimoji and Thomas Pellard eds., *An introduction to Ryukyuan languages,* 113–166. Tokyo: ILCAA.
下地理則(2010)「フィールドワークに出かけよう！　琉球諸語のフィールド言語学」『日本語学』2010 (10): 16–30.

下地理則 (2011)「文法記述におけるテキストの重要性」『日本語学』2011 (5): 46–59.
Shimoji, Michinori and Thomas Pellard eds. (2010) *An introduction to Ryukyuan languages.* Tokyo: ILCAA.
Silverstein, Michael (1976) Hierarchy of features and ergativity. In R.M.W. Dixon ed., *Grammatical categories in Australian languages*, 112–171. Canberra: Australian Institute of Aboriginal Studies.
Tranter, Nicholas ed. (2012) *The languages of Japan and Korea* (Routledge Language Family Series). London: Routledge.

添付資料 1. 琉球諸語文法スケッチ章立て（執筆項目）案

　以下で提案する文法スケッチの章立て案は、琉球諸語の任意の方言の言語体系の概要を知る上で最低限必要と思われる執筆項目をあげたものである。各主要セクションには予想される最低限のページ分量を記してある。合計で最低でも 35 ページから 40 ページ程度の分量となることが予測される。スケッチ集の 1 章としてはこの程度で十分であるが、モノグラフで出版する場合は各記述項目をより詳しく記述して 100 ページ程度にまで拡充する必要があるだろう。

1. **方言の概要**（1–2 ページ）
    1.1. 地理・系統
    1.2. 生業・文化
    1.3. 話者数・危機の度合い
    1.4. 主要な先行研究
2. **音韻論**（3–4 ページ）
    2.1. 音素目録
    2.2. 音節構造とモーラ
    2.3. アクセント
    2.4. 主な形態音韻規則
3. **文法の概要**（1–2 ページ）
    3.1. 文の基本構造
    3.2. 品詞一覧
    3.3. 形態法一覧
4. **名詞の構造**（2 ページ）
    4.1. 普通名詞の内部構造
    4.2. 代名詞の体系
    4.3. その他
5. **動詞の構造**（2–3 ページ）
    5.1. 基本構造
    5.2. コピュラ動詞と存在動詞
6. **形容詞の構造**（2 ページ）
    6.1. 基本構造
    6.2. 品詞上の位置づけ

6.3. その他
7. 連体詞、副詞、その他 (1 ページ)
8. 疑問詞と指示詞 (1 ページ)
9. 派生 (1 ページ)
10. 名詞句 (3 ページ)
  10.1. 基本構造
  10.2. 格の種類と機能
  10.3. 焦点助詞など
  10.4. 修飾部
  10.5. ヘッドレス構造その他特殊な名詞句構造
11. 述語句 (3 ページ)
  11.1. 動詞述語
    11.1.1. 主動詞と補助動詞
    11.1.2. 助詞類の種類と機能
  11.2. 名詞述語
    11.2.1. 述語名詞句とコピュラ
    11.2.2. コピュラの出没
  11.3. その他（形容詞述語など）
12. 構文論 (6 ページ)
  12.1. 項数による分類
    12.1.1. 1項文（SV）
    12.1.2. 2項文（AOV）
    12.1.3. 3項文（AEOV）
    12.1.4. その他
  12.2. 文タイプ
    12.2.1. 平叙 − 疑問 − 命令
    12.2.2. 肯定 − 否定
    12.2.3. 能動 − 受動 − 使役
    12.2.4. 無標 − 主題化 − 焦点化
13. 複文 (2 ページ)
  13.1. 副詞節
  13.2. 連体修飾節

    13.3. 名詞節
    13.4. 引用節
    13.5. 言いさし
14. **意味・談話** (3 ページ)
    14.1. 有生性、定性、リファレンシャリティ
    14.2. 指示・照応
    14.3. 等価・場所・所有・存在
    14.4. テンス
    14.5. モダリティ
    14.6. アスペクト
    14.7. その他
15. **自然談話資料 1 編** (5 ページ)

添付資料 2. 調査項目チェックリスト

1. 方言の概要（1–2 ページ）

1.1. 　　地理・系統
(1)　　どこで話されているか。
(2)　　先行研究から系統的位置づけは判明しているか。あるいは、系統論上の問題があるか。
(3)　　方言差は存在するか。
(4)　　移民や植民の歴史は明らかになっているか。いつで、どのような規模であったか。

1.2. 　　生業・文化
(1)　　どのような産業で成り立っているか（農業や工業など、人口の動態を知る手がかりになる）。
(2)　　伝統文化で特筆すべき点はあるか。その文化は伝承されているか。言語伝承の問題と関連している事実はあるか（例えば、神事のセリフを伝統方言で行うことが難しくなっているなど）。

1.3. 　　話者数・危機の度合い
(1)　　話者数は何人か（不明の場合、以下参照）。
(2)　　総人口はどれぐらいか。
(3)　　50 歳以上の人口はどれぐらいか。
(4)　　65 歳以上の人口はどれぐらいか。
(5)　　流暢な話者は何歳以上と言えるか。
(6)　　(5) の結果と (2)〜(4) の結果をもとに、話者人口は推計可能か。
(7)　　UNESCO の言語危機の度合いの指標（詳しくは木部他 2011）をもとに危機の度合いを計測できるか。

1.4. 　　主要な先行研究
(1)　　当該方言の先行研究にはどのようなものがあるか。

2. 音韻論（3–4 ページ）

2.1. 音素目録

(1) 母音音素はいくつあり、それぞれの音素はどのような異音を持つか。
(2) 長母音・二重母音にはどのようなものがあるか。
(3) 子音音素はいくつあり、それぞれの音素はどのような異音を持つか。
(4) 目だった異音を持つ音素はあるか。それはどのような条件で出現するか。
(5) 音韻解釈が難しい音声はあるか。それはどのような点で難しいか。
(6) 機能負担の極端に少ない（出現がほとんどない and/or ミニマルペアをみつけにくい）音素はあるか。それは歴史的に説明可能か。
(7) 半母音は子音音素として扱ったほうがよいか、母音音素として扱ったほうがよいか、あるいは独自の半母音音素カテゴリーとして扱ったほうがよいか。
(8) 長母音は短母音の連続と解釈できるか、独自の音素として解釈されるか。

2.2. 音節構造とモーラ

(1) 可能な音節の型はいくつあるか。
(2) 単純語ではどの音節の型が一番よく使われるか。
(3) 語頭音節と語末音節で、特殊な構造がでてくるか。
(4) 語中の子音連続は可能か。
　(a) いくつまで可能か。
　(b) どの音素（の組み合わせ）が立ちうるか。
(5) 語末に子音が立つか。
　(a) いくつまで可能か。
　(b) どの音素（の組み合わせ）が立ちうるか。
(6) 音節のスロットとモーラの対応はどのようになっているか。
(7) 最小語制限（word minimality constraint）は存在するか。

2.3. アクセント

(1) 語彙的に対立するか（対立しないなら、いわゆる崩壊か 1 型か）。
(2) 類別語彙（金田一語彙）および"松森語類"を使ってどの程度体系の整理

が可能か。
(3) 　言い切り形と接続形でピッチパターンが異なるか。
(4) 　品詞によって対立の数に違いがあるか。
(5) 　名詞アクセントに関して、助詞をつけた時に体系はどのようになるか。
　　(a) 助詞がついても単に名詞のモーラ数が増えるだけか（この場合、名詞と助詞で音韻的な語を形成していると言える）。
　　(b) 助詞がつくと特殊なアクセントパターンにかわるか。それは特定の助詞だけか。
　　(c) 助詞のモーラ数（1 モーラ助詞 vs. 2 モーラ助詞、1 モーラ助詞 2 つ vs. 2 モーラ助詞 1 つなど）によりアクセント体系に影響はあるか。
(6) 　複合語アクセント規則はどのようなものか。
((7) 　外来語アクセント（＝日本語共通語語彙）のアクセントに偏りがあるか。）

2.4. 　主な形態音韻規則
(1) 　形態素境界で生じる同化の規則にはどのようなものがあるか。
(2) 　形態素が加わった際に語全体に生じる（特に母音の）同化や異化の規則はあるか。
(3) 　形態素境界で生じる子音の削除の規則はあるか。
(4) 　形態素境界で生じる母音の挿入規則はあるか。
(5) 　上記のうち、特定の形態素に限定される現象はどれか。
(6) 　上記のうち、より一般的な現象はどれか。

3. 　文法の概要（1–2 ページ）
3.1. 　文の基本構造
(1) 　格組織は主格対格型か、あるいは別のタイプに属するか。
　　(a) 有標主格型（主格が有表示、対格が無表示）であればその旨述べる。
　　(b) 非対格性はみられるか。どの程度、どの現象にみられるか。
(2) 　主節の平叙文に関して、項と述語の順序はどうなっているか。
　　(a) 自動詞文における主語と述語の順序
　　(b) 他動詞文における主語と目的語と述語の順序
　　(c) 二重他動詞文における主語と直接目的語と間接目的語の順序

(3) 名詞句における修飾部・主要部名詞・ケースマーカーの順序はどうなっているか。

3.2. 品詞一覧
(1) いくつの品詞が区別されるか。通常、以下のような基準が設定できると予想されるが、当該方言ではどうか。
  (a) 名詞類：名詞句の主要部となる (すなわち、格助詞をとれ、コピュラをとれる)。
  (b) 動詞類：述語としてのみ機能する。語尾をとりかえることで活用する。
  (c) 形容詞：名詞にも動詞にもない特殊な形態特徴 (動詞にはない接辞、重複など) や統語的特徴 (常に名詞修飾位置に立つ、述語に立つ際に名詞述語とも動詞述語とも違う句構造をとる、など) を持つ。
  (d) 連体詞：名詞句の修飾部にのみ立つ。
  (e) 助詞：名詞句や述語句の主要部にも修飾部にも立たず、これらの句の拡張部となる。活用しない。
  (f) 感動詞：常に単独で発話を形成する。引用の助詞を伴って埋め込まれる。
  (g) 副詞：上記以外のすべての語
(2) 疑問詞と指示詞は、意味機能の点では体系をなすが、品詞論的にはどうか。
  (a) 多くの方言で、疑問詞は疑問代名詞 (例：「だれ」「何」「いつ」) や疑問連体詞 (例：「どんな」)、疑問副詞 (例：「どう」) というふうに品詞をまたぐが、当該方言ではどうか。
  (b) 多くの方言で、指示詞は指示代名詞 (例：「これ」) や指示連体詞 (例：「こんな」)、指示副詞 (例：「こう」) というふうに品詞をまたぐが、当該方言ではどうか。

3.3. 形態法一覧
(1) 形態類型的にどのような言語であると言えるか。
  (a) こう着的 (1つの形態素につき1つの意味である場合が多い) か、融合的 (1つの形態素が複数の意味を持つ場合が多い) か。

(b) 孤立的（1つの語には1つの形態素しか含まれない傾向にある）か、複統合的（1つの語に多くの形態素が含まれる傾向にある）か。
　　　(c) 上記の特徴が品詞によって異なるということがあるか。
(2)　接辞にはどのようなものあるか。
　　　(a) 接頭辞と接尾辞のどちらが多いか。
　　　(b) 接尾辞と接頭辞でどちらが多く連なることができるか。
　　　(c) 語根と接辞の区別がつかないケースはあるか。
(3)　複合にはどのようなものがあるか。
　　　(a) 複合名詞や複合動詞といった品詞の観点からみて、いくつの種類があるか。
　　　(b) いわゆる外心構造の複合語にはどのようなものがあるか。
(4)　重複にはどのようなものがあるか。
　　　(a) 完全重複はあるか。
　　　(b) 部分重複はあるか。
　　　　① 語根の部分を取り出す際、語根の頭と末尾のどちらから取り出すか。
　　　　② 音節とモーラのいずれに言及する必要があるか。

4. 名詞の構造（2ページ）

4.1. 普通名詞の内部構造
(1)　名詞の接辞としてどのようなものがあるか。
(2)　それらの相互承接の順序はどのように定式化できるか。
(3)　複数表現において「近似複数」（例：太郎たち）と「純粋複数」（例：学生たち）は区別されるか。

4.2. 代名詞の構造と体系
(1)　人称代名詞の体系はどのようになっているか（表の形式で示す）。
　　　(a) 1人称複数に包括・除外の対立があるか。
　　　(b) 双数があるか。それは人称の一部に限定的な現象か。
　　　(c) 主格形、対格形、与格形の区別があるか（1人称単数に特に注意）。
(2)　指示代名詞の体系はどのようになっているか。
(3)　再帰代名詞（「自分」）は存在するか。それには複数形があるか。

(4)　代名詞の複数と普通名詞の複数は違う接辞か。

4.3.　　その他
(1)　数詞は名詞のように使えるか。
　　(a) そのまま項となり、格をとれるか。
　　(b) そのままコピュラをとれるか。
(2)　数詞の名詞修飾用法は名詞や形容詞の名詞修飾用法と異なるか。
　　(a) 数詞＋名詞が普通か、名詞＋数詞が普通か。
　　(b) いわゆる数量詞遊離をするか。
(3)　数詞の形態構造はどのようになっているか。
(4)　数詞体系（数えられる対象に対応した1から20までの数詞）は何種類あるか。
　　(a) 人
　　(b) 動物（複数の類別パターン？）
　　(c) 物（複数の類別パターン？）
　　(d) その他
(5)　「1」は特殊な振る舞いをするか。
(6)　それぞれの体系における「10」までの数詞のセットと「11」以上の数詞のセットはどう違うか。
(7)　メタ的な（数えるだけの）数詞はどのように表現されるか（例えば日本語だと「ひぃ、ふぅ、みぃ…」）。
(8)　疑問詞のうち、名詞のように使えるものはあるか。
(9)　不定表現（「だれか」「何か」など）のうち、名詞のように使えるものはあるか。不定表現の形態構造は疑問詞ベースか。

5.　動詞の構造（2–3ページ）

5.1.　　基本構造
(1)　文末終止の動詞の構造はどのように定式化できるか。
　　(a) 屈折接辞はいくつあり、相互承接順はどうなっているか（構造図の形式で）。
　　(b) 屈折接辞はどのようなカテゴリーを表し、どのような対立をなすか（表の形式で）。

　　　　(c) 語幹（語根（±派生接辞））の内部構造はどのようになっているか。
(2)　　連体節の動詞の構造はどのように定式化できるか。
　　　　(a) 屈折接辞はいくつあり、相互承接順はどうなっているか（構造図の形式で）。
　　　　(b) 屈折接辞はどのようなカテゴリーを表し、どのような対立をなすか（表の形式で）。
　　　　(c) 語幹（語根（±派生接辞））の内部構造はどのようになっているか。
(3)　　副詞節の動詞の構造はどのように定式化できるか。
　　　　(a) 屈折接辞はいくつあり、相互承接順はどうなっているか（構造図の形式で）。
　　　　(b) 屈折接辞はどのようなカテゴリーを表し、どのような対立をなすか（表の形式で）。
　　　　(c) 語幹（語根（±派生接辞））の内部構造はどのようになっているか。
　　　　(d) 連体節の動詞に準体助詞や接続助詞がついたもの（＋助詞）という構成になっているとおぼしき形式（例：「読む時」「読んだが」）はあるか（そのような形式は別に扱うほうがよい）。
(4)　　派生接辞の意味機能はどのように記述できるか。
(5)　　5段、1段、変格など、活用クラスは存在するか（表の形式で）。
(6)　　動作動詞、状態動詞、コピュラ動詞など、動詞の語彙的な意味によるクラスはいくつあり、それぞれの代表例としてどのようなものがあるか。

5.2.　　コピュラ動詞と存在動詞
(1)　　存在動詞（「人がいる」「花がある」など）の形態構造はどのようになっているか。
　　　　(a) 屈折カテゴリーにはどのようなものがあり、どう語形変化するか（表の形式で）。
(2)　　コピュラ動詞（「彼は先生だ」などの「だ」）の形態構造はどのようになっているか。
　　　　(a) 語幹は特殊な語幹か、存在動詞など別の動詞と同形か。
　　　　(b) 屈折カテゴリーにはどのようなものがあり、どう語形変化するか（表の形式で）。
(3)　　存在動詞およびコピュラ動詞は形態論的に普通の動詞とどのような点で

異なるか。
(4) コピュラ動詞、存在動詞とは別に「状態動詞」(「高くある」など、形容詞のク形と述語を作る)を設定できるか。例えば伊良部方言では、コピュラ動詞 ar, 存在動詞 ar/ur, 状態動詞 ar が区別される。区別の基準は以下の2つ。
　(a) 存在動詞と状態動詞は否定が特殊(「ない」形)
　(b) コピュラ動詞と状態動詞は主語の有生性によらず「ある」形

6. 形容詞の構造 (2ページ)
6.1. 基本構造
(1) 活用型形容詞は存在するか。
　(a) 屈折接辞はいくつあり、どのようなカテゴリーを表すか(表の形式で)。
　(b) 語幹(語根(±派生接辞))の内部構造はどのようになっているか。
(2) 活用型形容詞以外に、形容詞語根を用いた語形成にはどのような手段があるか。特に以下の環境でどのような形式をとるか(注:以下の和訳例と同じような語構成になるとは限らない)。
　(a) 名詞修飾(例:優しい人)
　(b) 述語(例:彼は優しい)
　(c) 否定(例:優しくない)
　(d) 軽動詞との組み合わせ(例:優しくなる)(例:優しくする)(例:優しく(は)ある)
　(e) 連用修飾(例:優しく話しかける)
　(f) 副詞節(例:彼は優しいが、彼女は違う)(例:彼は優しいから、みなに好かれる)
　(g) 同一節における並置(例:彼は優しくて、有能だ。)
(3) 日本語の「イ形容詞」と「ナ形容詞」に相当する区別は存在するか。
(4) 日本語の「ク活用」と「シク活用」に相当する区別は存在するか。

6.2. 品詞上の位置づけ
(1) 名詞にも動詞にもない特殊な形態特徴はあるか。
　(a) 名詞も動詞もとらない接辞をとるか。
　(b) 動詞と一部異なる屈折接辞をとるか。

(c) 接辞化以外の形態特徴（重複など）があるか。
(2) 　名詞とも動詞とも異なる統語的特徴はあるか。
(a) 名詞修飾位置に立つ際、他品詞の名詞修飾用法と異なる特徴があるか。
(b) 述語に立つ際に名詞述語とも動詞述語とも違う句構造を持つか。

6.3. 　その他

7. **連体詞、副詞、その他（1 ページ）**
(1) 　連体詞にはどのような形式があるか。
(a) 指示連体詞はあるか。
(b) 疑問連体詞はあるか。
(c) それ以外にあるか（宮古方言には *daizna*「大変な」などがあり、形容詞と違い名詞修飾の形しかない）。
(2) 　感動詞にはどのような形式があるか。
(3) 　副詞にはどのような形式があるか。

8. **疑問詞と指示詞（1 ページ）**
(1) 　疑問詞の品詞別（代名詞、副詞、連体詞）の体系はどのようになっているか（表の形式で）。
(2) 　指示詞の品詞別（代名詞、副詞、連体詞）の体系はどのようになっているか（表の形式で）。

9. **派生（1 ページ）**
(1) 　名詞語幹から動詞語幹を派生する方法にはどのようなものがあるか。
(2) 　動詞語幹から名詞語幹を派生する方法にはどのようなものがあるか。
(3) 　動詞語幹から形容詞語幹を派生する方法にはどのようなものがあるか。
(4) 　形容詞語幹から動詞語幹を派生する方法にはどのようなものがあるか。
(5) 　形容詞語幹から名詞語幹を派生する方法にはどのようなものがあるか。

10. 名詞句 (3ページ)

10.1. 基本構造
(1) 名詞句を構成する要素とその並び順は概してどのようなものか。

10.2. 格の種類と機能
(1) 格助詞の種類にはどのようなものがあるか（表の形ですべてあげる）。
(2) それぞれの格助詞はどのような統語機能（主語の標示など）および意味機能（方向など）に対応するか。

10.3. 焦点助詞など
(1) 焦点助詞は存在するか。
　(a) 平叙・疑問（疑問詞疑問と諾否疑問）の文タイプに応じて形がかわるか。
(2) 主題助詞は存在するか。
　(a) 主語・目的語など、主題化する項に応じて形がかわるか。
(3) その他、とりたて系の助詞（例：「も」「さえ」「だけ」など）にはどのようなものがあるか。
(4) 上記の諸形式は範列的な対立を示すか。あるいは、シンタグマティックな並列を許すか。

10.4. 修飾部
(1) 修飾部に立つ品詞の種類はどのようなものがあるか。
　(a) 名詞が修飾部の場合（例：「私の本が」）
　(b) 連体詞が修飾部の場合（例：「こんな本が」）
　(c) 形容詞が修飾部の場合（例：「厚い本が」）
　(d) 連体節が修飾部の場合（例：「私が昨日買った本が」）
　(e) 数詞が修飾部の場合（方言によっては数詞が修飾部の場合、名詞に後続するほうが普通の場合もありうる）（例：「三つの梨が」）
(2) 修飾関係を示す手段にはどのようなものがあるか。
　(a) 属格その他、修飾部につく標識はあるか。
　(b) 修飾部の語形変化はあるか。

10.5. ヘッドレス構造その他特殊な名詞句構造

(1) ヘッドレス構造（主要部なしの名詞句構造）は存在するか。
  (a) 主要部名詞なしの連体節は可能か。
  (b) 「これはだれのですか？」などのヘッドレス構造は存在するか。
(2) 形式名詞が名詞句の主要部に立つことはあるか。
  (a) 自立語か接語か。
  (b) 形式名詞を含む名詞句はケースマーキングにおいて特殊な振る舞いをするか。
  (c) 形式名詞の意味・機能はどのように記述できるか。
(3) いわゆる体言締め文（例：「彼は明日出発する予定だ」）は存在するか。

11. 述語句（3ページ）

11.1. 動詞述語

11.1.1. 主動詞と補助動詞
(1) 主動詞＋補助動詞の句の構造はどのように定式化できるか。
(2) 主動詞＋補助動詞の句において主動詞はどのような屈折形式になるか。
(3) 補助動詞の位置に立ちうる別品詞（例：形容詞）はあるか。
(4) 補助動詞はいくつあり、それぞれどのような意味・機能を持つか。

11.1.2. 助詞類の種類と機能
(1) 終助詞にはどのようなものがあるか。
  (a) 談話標識とみられるものにはどのようなものがあるか。
  (b) モダリティ標識とみられるものにはどのようなものがあるか。
  (c) それらの承接順はどのように記述できるか。
(2) 接続助詞にはどのようなものがあるか。
  (a) 副詞節を導くものにはどのようなものがあるか。
  (b) 補文を導くものにはどのようなものがあるか。

11.2. 名詞述語

11.2.1. 基本構造
(1) 述語名詞句、コピュラ、その他の要素（焦点助詞など）の並び順はどのようになっているか。

(2) 述語名詞句はケースマーキングされることがあるか。
(3) 名詞述語の生じる統語環境 (埋め込み文内、焦点化など) に応じてコピュラの異形態は存在するか。
(4) 主語に特別なケースマーキングや特殊な振る舞いは生じうるか。

11.2.2. コピュラの出没
(1) コピュラは必須か。必須でない場合、出没の条件はどのように記述できるか。

11.3. その他 (形容詞述語など)
(1) 名詞述語の位置に他品詞は立ちうるか。
(2) 他品詞が立つ場合と名詞が立つ場合とで形態統語的な違いは生じるか。

12. 構文論 (6 ページ)
12.1. 項数による分類
12.1.1. 1 項文 (SV)
(1) S のケースマーキングは述語のタイプ (動詞・名詞・形容詞など) によってかわるか。
(2) 動詞述語について、典型的な非能格自動詞文と非対格自動詞文について S のケースマーキングに違いがあるか。

12.1.2. 2 項文 (AOV)
(1) 他動性の高い他動詞文 (A が人、O が物、動詞が「壊す」など) とそうでない他動詞文とで O のケースマーキングに違いがでるか。
(2) 有生性の階層において下位の名詞句が A に立ち、上位の名詞句が O に立つ場合 (例:「彼が私を殴った」) は自然談話によくでるか。あるいは、それを避けるような手段 (受け身にするなど) はみられるか。
(3) 語彙的使役動詞 (例:「殺す」) と使役接辞で派生された動詞 (例:「死なせる」) による他動詞文にケースマーキングの違いはあるか。

12.1.3. 3 項文 (AEOV)
(1) この構文をとる (非派生) 動詞にはどのような動詞があるか。

(2) 2項文から使役で派生された3項文と非派生の3項文について、ケースマーキングの違いはあるか。
(3) 非派生の3項文（例：「私は彼に手紙を送った」）に使役派生（例：lit.「親が私に彼に手紙を送らせた」）を行うことは可能か。その際のケースマーキングはどのようになるか。

12.1.4. その他

12.2. 文タイプ
12.2.1. 平叙 – 疑問 – 命令
(1) 動詞述語文の平叙 – 疑問（疑問詞・諾否）– 命令の交替はどのように記述されるか。
(2) 名詞述語文の平叙 – 疑問（疑問詞・諾否）– 命令の交替はどのように記述されるか。
(3) 形容詞述語文の平叙 – 疑問（疑問詞・諾否）– 命令の交替はどのように記述されるか。
(4) その他、詠嘆・自問などの構文は特に設定する必要があるか。

12.2.2. 肯定 – 否定
(1) 動詞述語文の肯定 – 否定の交替はどのように記述されるか。
(2) 名詞述語文の肯定 – 否定の交替はどのように記述されるか。
(3) 形容詞述語文の肯定 – 否定の交替はどのように記述されるか。

12.2.3. 能動 – 受動 – 使役
(1) 使役化はどのように行われるか。
　(a) 非派生自動詞文から使役文を派生するためにどういう手続きが必要か。
　(b) 非派生他動詞文から使役文を派生するためにどういう手続きが必要か。
(2) 受動化はどのように行われるか。
　(a) 非派生他動詞文から受動文を派生する受動化。
　(b) 非派生自動詞文から受動文を派生する受動化。

(c) 派生他動詞文（使役文）から受動文を派生する受動化。
(3) 自他交替ペア（例：「まわる」「まわす」）は存在するか。
(4) 逆使役（例：「折る」→「折れる」）、相互（例：「殴る」→「殴りあう」）など、他の項交替現象は存在するか。

12.2.4. 無標−主題化−焦点化
(1) 主題化構文は存在するか。
　(a) 語順はどうかわるか。
　(b) 主題化される要素のマーキングはどのように行われるか。
　(c) その他の要素（述語や終助詞）に特殊な操作が加わるか。
(2) 焦点化構文は存在するか。
　(a) 語順はどうかわるか。
　(b) 焦点化される要素のマーキングはどのように行われるか。
　(c) その他の要素（述語や終助詞）に特殊な操作が加わるか。
(3) 分裂文は存在するか。

13. 複文（2 ページ）

13.1. 副詞節
(1) テンス表示のない副詞節にはどのようなものがあるか。
(2) テンス表示される副詞節にはどのようなものがあるか。
(3) 主節に埋め込まれる副詞節とそうでない副詞節を区別する根拠はあるか。
　(a) 否定・テンスなど主節の述語のスコープのかかり方
　(b) 非埋め込み文特有のローカルな現象（焦点・主題マーキングなど）

13.2. 連体修飾節
(1) 連体修飾節のローカルな特徴にはどのようなものがあるか。
　(a) 述語の屈折形式
　(b) 焦点・主題マーキングの可否
　(c) その他？
(2) Keenan-Comrie の関係節化階層のうち、どの名詞句まで関係節化できるか。

(a) すべてできる場合、今度は「外の関係」の関係節化を調べる。

13.3. 名詞節
(1) 名詞節を作る方法にはどのようなものがあるか。
　　(a) 名詞節の境界を示す方法（準体助詞、動詞の連体形（ゼロ準体）など）
　　(b) 名詞節へのケースマーキングの有無
(2) 上記それぞれの名詞節に関して、どのような意味機能の違いがあるか。
(3) 上記それぞれの名詞節に関して、主節のスコープのかかり方や名詞節内部のローカルな現象（焦点・主題マーキングなど）に違いはあるか。

13.4. 引用節
(1) 引用節をとる動詞にはどのようなものがあるか。
(2) 引用節を作る方法にはどのようなものがあるか。
　　(a) 接続助詞
　　(b) その他？
(3) 上記それぞれの引用節に関して、どのような意味機能の違いがあるか。
(4) 上記それぞれの引用節に関して、主節のスコープのかかり方や名詞節内部のローカルな現象（焦点・主題マーキングなど）に違いはあるか。

13.5. 言いさし
(1) 13節でみた従属節の中で、文末終止できる用法は存在するか。
(2) 通常の主節終止に比べてどのような意味談話上の機能を持つか。

14. 意味・談話（3ページ）

14.1. 有生性、定性、リファレンシャリティ
(1) 有生性の階層 (Silverstein 1976) に敏感な現象はあるか。
(2) 定性やリファレンシャリティに敏感な現象はあるか。

14.2. 指示
(1) 指示表現（指示詞）は近称−中称−遠称か、別のシステムを有するか。
(2) 照応表現としてどのようなものがあるか。
　　(a) 前方照応

(b) 後方照応
(3)　　上記の点について日本語との違いで特筆すべき点はあるか。

14.3.　　等価・場所・所有・存在
(1)　　包摂(例:「彼は学生だ」)と等価(例:「彼は私の父だ」)に構文的相違があるか。
(2)　　場所(例:「大学は箱崎にある」)と存在(例:「箱崎に大学がある」)に構文的相違があるか。
(3)　　所有(例:「私は弟がいる」「私には弟がいる」「私は家を持っている」など)の表現にはどのような構文があるか。
　　　(a) それらは包摂・等価・場所・存在とどういう点で類似し、どういう点で異なるか。
　　　(b) 名詞句の所有表現(例:「私の家」)について、所有関係(例:譲渡可能性や選択所有性など)や所有者の有生性によって句構造がかわることはあるか。

14.4.　　テンス
(1)　　テンスの対立はどのように記述されるか。
　　　(a) 過去に複数の語尾がある場合、それらは過去の種類を示すのか、モダリティその他(エビデンシャルなど)と関連しているのか。
　　　(b) 非過去の形式のうち、現在の出来事や習慣、一般真理を表す形式はあるか。
　　　(c) 非過去の形式のうち、意志や希求を表す形式はあるか。
　　　(d) 非過去の形式のうち、特に意志や希求を表さず、人称制限もない形式はあるか(これらは未来時制の形式として分析可能か)。

14.5.　　モダリティ
(1)　　活用語尾として現れるモダリティ要素(ムード)にはどのようなものがあるか。
(2)　　終助詞などで現れるモダリティ要素にはどのようなものがあるか。

14.6. アスペクト

(1) アスペクト表現にはどのような構文的バリエーションがあるか。
  (a) アスペクト接辞にはどのようなものがあるか。
  (b) アスペクト語幹（複合動詞の後部要素、例：「読み<u>始め</u>（る）」）にはどのようなものがあり、(a) との区別は可能か（文法化の度合いはどの程度か）。
  (c) アスペクト補助動詞にはどのようなものがあるか。

14.7. その他

(1) エビデンシャルな表現は存在するか。
(2) 談話の管理に関する表現にはどのようなものがあるか。
  (a) リファレンストラッキング（今話題になっている対象がだれであるかの表示、例えば照応や指示詞、スイッチリファレンスなど）はどのように行われるか。
  (b) ターンテイキング（会話の終了、聞き手への確認要求など）はどのように行われるか。
  (c) パラグラフの結束性を示す手段（例えば接続詞や主語転換、音声上の休止など）にはどのようなものがあるか。

15. 自然談話資料1編 (5 ページ)

第 1 部 第 4 章

日本列島の言語の多様性

琉球諸語を中心に

トマ・ペラール

1. 世界のことばの危機

　世界の中には 6000 〜 7000 の言語があると言われているが、100 年以内にその半分が完全に消滅してしまうことが予想されている (Krauss 1992)。世界の言語多様性が減少してゆく中で、日本も例外ではない。標準日本語はおそらく生き残るだろうが、アイヌ語や各地の伝統的なことばは消滅の危機に瀕している。

1.1 言語多様性の重要性

　言語の多様性を重大な問題として取り上げる研究が近年多くなってきた。その理由はいろいろあるが、まず言語とはそれぞれの地域が持つ独自の伝統文化の一部であり、重要な文化財であることが広く認められてきたからであろう。また、言語は人間のアイデンティティに深く関わっており、それに関連して最近、国際法で人権の一つとして「言語権」が認められつつある。言語権というのは、言語を自由に選択し、次世代へ継承し、さらに立法・行政・教育・メディアで使用する権利のことである。

　一方、学問の観点から見ても、言語の多様性が非常に重要であることが強調されている。世界の諸言語に観察される音や文法構造は様々で、よく知られている標準日本語や英語のようなメジャーなことばだけを基にして、人間の言語の性質と仕組みを論じるのは危険である。まだ研究されておらず今消えようとしている言語の中に誰も想定しない未知の現象が潜んでいる可能性が非常に高い。また、中央方言では消えてしまった古い特徴が「周辺的」な地域のことばに残ることがよくある。

2. 日本の危機言語・方言

2009年にUNESCO（国連教育科学文化機関）が、日本には消滅の危機に瀕している言語が8つもあると認定した。アイヌ語の例はよく知られているが、その他に八丈島の八丈語と琉球列島の奄美語・国頭語・沖縄語・宮古語・八重山語・与那国語が取り上げられた。またUNESCOには取り上げられなかったが、本土の言語多様性も危機に瀕しており、日本語の多様な伝統方言も消えつつある。

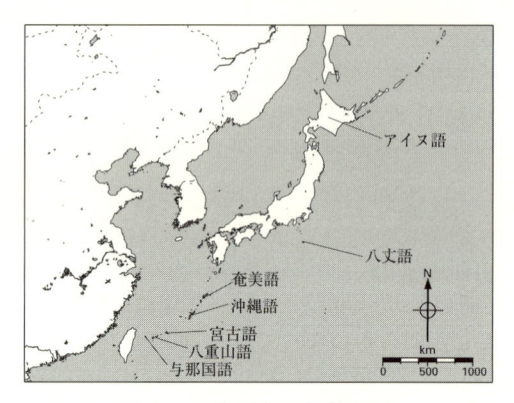

図1：日本列島の危機言語

2.1 「言語」と「方言」

UNESCOは日本の一般的な認識とは異なり、上記のことばを日本語の方言とは扱わず、日本語と異なる個別の言語とみなしている。方言と言語の区別は簡単な問題ではなく、政治や歴史の背景が必ず深く関わってくる。特に日本の場合、日本は一文化・一民族・一言語の国だという考え方がいまだに根強く、多様性そのものが否定されることもある。しかし琉球諸語の場合、1872年まで琉球王国という独立の国家が存在し、本土とは大きく異なる独自の文化が琉球列島の中で形成されたことから、琉球の島々で言語・文化が多様に発達したことは否定できない。

「方言」と「言語」を区別するために「相互理解性」という基準を利用するのが一般的である。すなわち、二つの言語体系がお互いに通じない場合はそれらが同一言語の方言ではなく別の言語と考える。しかし、アイヌ語とは違って系統的に日本語と近い関係にある琉球列島や八丈島のことばでも本土のどの方言とも通じない。例えば琉球列島の最北の喜界島とそのすぐ北にあるトカラ列

島や九州の方言とは大きく異なっており、相互理解が不可能である。さらに、琉球列島の中でもことばが通じない地域が存在している。

　琉球諸語は基礎語彙を 80 ～ 85% 共有している一方、日本語とは 70% ほどしか共有していない (大城 1972)。琉球諸語と日本語とのこの距離はロシア語・ポーランド語・ブルガリア語・セルビアクロアチア語等を含むスラヴ語族内の多様性に近い。また、ドイツ語とオランダ語との距離やスペイン語とポルトガル語との距離よりも大きい。

3. 「日琉語族」について

　以上のことから、複数の「琉球諸語」を認め、日本語を単一言語ではなく多様な語族とみなし、「日琉語族」[1] という名称を使った方が妥当と思われる。UNESCO は 6 つの琉球語を取り上げているが、これは広く知られている上村 (1997) 等の分類・区画によると思われる。しかし、琉球諸語の系統分類に関する近年の研究によって UNESCO の言う「国頭語」が歴史・系統的に一つの分岐群ではないことが明らかになっている (ローレンス 2006、Pellard 2009、to appear)。すなわち上の分類で国頭語に含まれていた南奄美諸方言が奄美語に、北沖縄諸方言が沖縄語に属するのである。

　一方、八重山諸島の中に相互理解を欠く方言が存在することも報告されており[2]、おそらく「八重山諸語」を認めるべきである。筆者はとりあえず奄美語・沖縄語・宮古語・八重山語・与那国語という 5 つの琉球語を認める立場をとっている。八丈語も認めるが、その系統的な位置はまだ明らかにされていない。

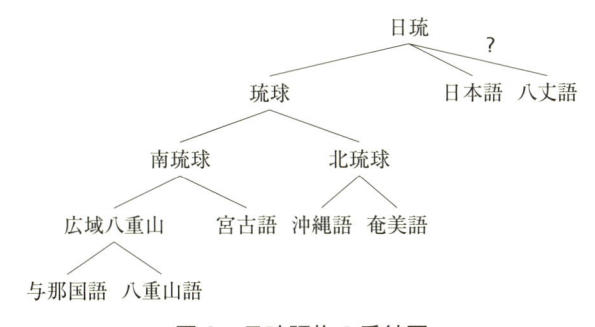

```
                         日琉
                        /    \?
                      琉球    日本語 八丈語
                     /    \
                  南琉球   北琉球
                  /    \   /  |  \
             広域八重山 宮古語 沖縄語 奄美語
              /    \
         与那国語 八重山語
```

図 2：日琉語族の系統図

---

[1] 英 the Japonic language family, the Japonic languages.
[2] 筆者の現地調査と麻生玲子氏からの私信。

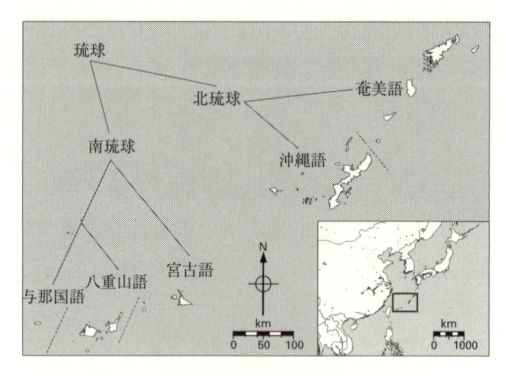

図3：琉球諸語

4. 多様な琉球諸語
4.1 琉球諸語とは
　琉球諸語は九州の南から台湾の北端まで、800キロメートル長の海の間に散らばり、黒潮の潮流によって区切られた琉球列島で話される固有の言語である。琉球諸語と日本語との間に数多く見出される語彙と文法上の対応関係は、明らかにこれらの言語が系統関係にあることを示している。

4.2 多様性の発達
　琉球諸語は5つもの言語が存在するが、上で述べたように琉球諸語の間の違いも、日本語との違いも大きい。このような違いは語彙更新と語形変化という二つの現象によって生じ、その結果日琉語族が多様な語族に発達してきた。それぞれの地域において古い単語が滅び、新しい単語が流行してきたという語彙の更新があり、日琉語族における共通の語彙の数が減少した。もちろん、言語によって使えなくなった単語も新しい単語も異なっている（表1）。一方、保持されてきた単語が音韻変化を受け、時に同源語とは思えないほど語形が変化してきた。文法においても、新しい形式が発達し、現存の形式も音韻変化や類推によって元の体系と大きく異なる体系が発達した（表2）。

表1：語彙更新

日本語	奄美語 (諸鈍)	沖縄語 (今帰仁)	宮古語 (大神)	八重山語 (波照間)	与那国語
頭(あたま)	hamatɕ	tɕimbu	kanamaɯ	amasukuɾu	mimburu
垢(あか)	ɕig.ru	pʰiŋgu	napa	futaɾɨ	gaba
兄(あに)	jakmə	mi:mi:	suta	ɕama	sunati
祖父(そふ)	ɸuɕɕu	t'amme:	upuɯ	buja	asa
卵(たまご)	kʰuga	ɸuga	tunuka	kë:	kʰaiŋu

表2：語形変化

日本語	奄美語 (諸鈍)	沖縄語 (今帰仁)	宮古語 (大神)	八重山語 (波照間)	与那国語
月(つき)	tɨ̞ki	ɕitɕi:	ksks	sɨkën	t'i:
重い(おも)	ʔupsam	ʔubu:ɕeŋ	iʋkam	mbusahaŋ	insaŋ
草(くさ)	kʰusa	kʰusa:	ffa	ɸutsa	ts'a:

4.3 多様性の原因

　本土の状況と比べて琉球列島の言語多様性は大きく、言語だけでなく、民族・人類学的にも本土との違いが目立つ。先行住民による影響がその要因で、琉球諸語に基層語(substratum)が存在することがしばしば想定される。つまり、日琉語が琉球列島に入る前に先住民族が定住しており、本土からの移住者が到来してから、その先住民が移住者の言語を取り入れたが、その習得が不完全で先行言語の音韻・語彙・文法の特徴の名残りが新しい言語に加わって、大きな変化の要因となったとする説である。

　しかし結論から言うと、そのようなことは充分可能であっても、琉球列島の歴史比較言語学と考古学・人類学の研究成果に合致せず、蓋然性が非常に低い。たしかに琉球列島がオーストロネシア民族の故郷である台湾に近く[3]、優れた航海技術[4]を持っていたオーストロネシア民族が南琉球に到達していたことは明らかになっている。しかし、オーストロネシア諸語からの借用語等が琉球

---

[3] 与那国島から台湾が時々見える。

[4] 台湾から出発し、フィリピン、インドネシア、ニュージランド、ハワイ、マダガスカルまで植民し、コロンブスの上陸以前にアメリカ大陸に到達していた可能性も大きい。

諸語に認められず、接触があった積極的な証拠が存在しない。

　考古学の観点では、南琉球にオーストロネシア文化の考古学的痕跡が発見されている (Summerhayes and Anderson 2009) が、琉球列島におけるオーストロネシア文化の繁栄は一時的なものに過ぎず、さらに日琉語の担い手の到来時期より数千年古い。例えばオーストロネシア系とされている八重山群島・波照間島の下田原貝塚の遺跡は 4 千 5 百年前に遡るとされているが、日琉語の担い手は「原グスク文化」とともに 10 世紀前後に到来したと推定されている（安里・土肥 1999、高宮 2005、Serafim 2003、Pellard to appear）。

　また、グスク時代以前、北琉球と南琉球は異なる文化圏をなしており交流がなかったと思われる。例えば北琉球には存在した縄文文化が南琉球にはまったく見られず（安里・土肥 1999）、一方北琉球にはオーストロネシア文化の形跡が発見されていない。

　さらに、耕作のなかった先史時代の琉球列島の小さな島々では狩猟採集のみによる生活が困難で、人口がそれほど多くなかったと想定され（高宮 2005）、無人島が多かったと思われる[5]。

　最近の DNA の研究では琉球列島の住民が本土日本人に系統的に近く、オーストロネシア系の台湾原住民とは特別な関係がないことが明らかになっている（Li et al. 2006、Matsukusa et al. 2010）。先住民がいたとしても、移住してきた日琉民族との婚姻は多く行われなかったであろう。

　そもそも、「島」という閉ざされた環境においては動物の進化の速度が早いことが観察される (Millien 2006) のと同様に、接触・基層語の影響を想定しなくても琉球諸語が多様に発達した原因が「島」という環境にあることがわかる。その他に少人数集団による新天地への植民が言語の変化を引き起こすことが明らかになっている (Atkinson et al. 2008)。

　結局、先住民族が琉球列島の一部にいたのは確かであろうが、到来した日琉語の担い手におそらく消滅に追いやられたのか、大きな影響を残すほどの人口がなく完全に吸収されたのだろう。

5. 琉球諸語の研究からの言語学への貢献

　まだ充分研究されていない琉球諸語であるが、言語学に大きく貢献できるこ

---

[5] 上村 (1997) は「先行言語が必ず存在した」と断言しているが、人類学の観点から見ればそう考える必要はない。

とが研究が進むとともに明らかになってきた。琉球諸語はめずらしい特徴を示しており、その報告と分析によって言語の類型論に貢献できる他に、日本語の史的研究を大きく発展させる鍵になるとも言える。

5.1　一般言語学と類型論

　琉球諸語の音韻に関する研究は文法の研究より遥かに数が多く、すでに興味深い成果が出ている。一例だけを挙げると、筆者が2007年より調査している宮古語大神方言（沖縄県宮古島市）の音韻体系が独特で世界の諸言語と比較してもめずらしい特徴を示している。

　まず、子音の数が非常に少なく、/p・t・k・m・n・ɾ・f・s・v/の9個しかない。日本語の標準語や他の宮古方言はおよそ15個くらいはあるが、大神方言が日本列島の中でもっとも子音が少ない。世界の中でも子音が少ない言語と言える。その理由は大神方言では有声阻害音b・d・g・zが無声化し、無声阻害音と合流した結果、子音の数が3分の2に減ってしまったからである。同じ宮古語の池間方言と比較すると大神方言の無声化現象がよくわかる（表3）。

表3：大神方言における無声化

日本語	宮古語 池間方言	宮古語 大神方言
お腹	bata	pata
男	bikiduŋ	pikitum
風	kadʑi	kati
蚊	gadzaŋ	katam
左	çidai	pɯtaɯ

　さらにめずらしいのは子音の連続である。日本語には子音の連続があまりないのに対し、大神方言には子音が三つ以上続く単語が多い。例えば「人」/pstu/、「二日」/fkska/、「引っ張る」/sapsks/のような例である。

　もっともめずらしいのは次の特徴である。普通の言語では母音を中心に単語が構成されるが、大神方言はその原理に反する。すなわち、母音がまったくない、または声帯を振動させて発音される音も一切ない単語がある。これは非常にめずらしい特徴で、世界の中でこのような言語は他にモロッコのベルベル・Tashlhiyt語とカナダのNuxálk（Bella Coola）語とHeiltsuk-Oowekyala語という

例しか報告されておらず、アジアでは他にない。

表４：大神方言における無声語

大神方言	日本語
s:	塵・巣・擦る
f:	櫛・降る・噛みつく・閉める
ks:	乳・釣り針・釣る・来る
kf:	作る
ps:	日・女陰
sks	切る
fks	口・建てる
ksks	月・聞く・着る・突く
psks	引く

5.2　日本語史

　琉球諸語と日本語が共通の祖先から分岐したのはおそらく弥生時代末期ないし古墳時代[6]で、最古の記録を持つ奈良時代の日本語より以前である。したがって、現代の琉球諸語の中に8世紀の日本語の問題を明らかにするデータがある蓋然性が非常に高い。それのみならず、上代以前に日本語から消え去った祖語の特徴が現代琉球諸語に残存している可能性も大きい。

　一例だけを紹介すると、日本語史でもっとも注目されてきた問題である「上代特殊仮名遣い」を琉球諸語の観点から眺めると興味深いことがわかる。周知の通り奈良時代の日本語には二種類（甲類・乙類）のイ列・エ列・オ列音節の区別が存在したが、琉球諸語との対応が一見して不規則に見え、上代語を日琉祖語と同一視する文献中心の従来の国語学では説明が与えられていない。

　しかし、実は上代語の同じ乙類イ列音節でもさらにその交替のパタンによって二種類に分けられる。一部の乙類イ列音節がツキ乙（月）〜ツクヨ甲（月夜）のようにウ列音節と交替するのに対し、キ乙（木）〜コ乙ノ乙ハ（木葉）のようにオ乙列音節と交替するものもある。したがって両者が元々二つの異なる音であったと考えられるが、琉球諸語では両者が区別されている（表5）。つまり、上代日本語ではすでに完全に消えかけており、形跡しか残っていなかった音韻の区別

---

[6] Pellard (to appear)。ただし、琉球祖語の担い手がその後平安時代まで本土にとどまり、10世紀前後に琉球列島へ南下して行ったと思われる。

がいまだに琉球諸語では保たれている。

表5：乙類イの二つの由来

	「月」	「木」
上代	ツキ乙〜ツク	キ乙〜コ乙
諸鈍	ti̥kʔi	kʰiː
今帰仁	çitçiː	kiː
大神	ksks	kiː
石垣	tsi̥ki	kiː
与那国	tʔiː	kʰiː

　その他に係結、「アレ」・「ワレ」という二つの一人称代名詞、主格の「ガ」と「ノ」の区別等、現代標準語から姿を消した古い文法的な特徴が琉球諸語に残存している。語彙の面でも「ト乙ジ」（妻）のような古語や、「イヲ」（魚）・「イメ乙」（夢）・「ウモ」（芋）のような古い語形も琉球諸語に見られる（表6）。

表6：琉球諸語における古態の保存

日本語	奄美語 （諸鈍）	沖縄語 （今帰仁）	宮古語 （大神）	八重山語 （波照間）	与那国語
妻（とじ）	tʰutç	tʰudʑiː	tukɯ	tuŋ	tʰuŋ
魚 イヲ＞ウヲ	ʔjuː	ʔjuː	ɯɯ	juː	iju
夢 イメ＞ユメ	ʔimi̥	ʔimiː	imi	imi	imi
芋 ウモ＞イモ	ʔumu	ʔumuː	mː		unti

6. ことばの多様性を守るために
6.1 「保存」とは
　では、このことばの多様性をどのようにすれば守れるのだろうか。「保存」とはどういうことなのだろうか。ことばを化石化した形で博物館の中で文化遺産として保管することなのか。それとも生きたままで次世代へ継承できるように保護することなのか。それは根本的な問題であるが、次世代へ継承できるように生きたまま保護しないとあまり意味がないと思われる。

6.2 日本の現状
　今は地方のことばの研究が支援されており注目も浴びているものの、保護と

継承に関しては積極的な政策がまだ取られていない[7]。各地方において個人によるそのような活動もしばしば見られるが、大きな規模の政策はまだない。

6.3　保存の方法と実践：学者とコミュニティーの協力

　保存の具体的な方法であるが、危機言語・方言の保存または復興の活動は地元から発信しなければならない。地方のことばは、それを話している人と習いたい人の努力がなければ消滅してしまう。
　言語学者は「我々のことばを救え」と一方的に言われても非常に困るし、逆に言語学者が「あなた達のことばを救ってあげよう」と一方的に活動しようとしても無駄である。言語学者は専門の知識と技術を提供して保存の活動に協力することはできるが、地元の人が熱心にその方言を守ろうとしない限り保存・継承は成功しない。

6.4　言語学者の急務

　多くの場合、伝統的なことばが話せるのは高齢者だけで、今記録しないと今後継承も研究も一切できなくなる。したがって、大至急研究を進めなければならない。目指すべき理想の目標は文法書・辞書・テキスト集という3点セットである。今までのところ日本の危機言語・方言の辞書やテキスト集は、地域によって偏りがあり数も多いとは言えないが、ある程度公開されてきた。しかし、文法書はほとんどなく、ことばの全体像を明らかにしないまま、ある特定の文法事項、またはある事項の地理的な分布を研究するのが主流だった。そのような研究にも当然価値はあるが、それだけではそのことばの全体の姿がわからないし、そのことばを学習することもまったくできない。
　不可欠なのは、各言語・方言の音声と音韻・形態・統語を包括的・体系的に記述した文法書である。琉球諸語の研究が始まってから今100年以上経っているのに、記述文法書がほとんどないということは我々言語学者の反省すべき問題だと思う。ある方言学者が文法の完全な記述は3年・4年では絶対にでき

---

[7]　標準語励行の時代と対照的であるが、意識と態度が変わったのは標準語が広く普及され伝統的な地方の言葉が標準語と対立できる「危険」な存在でなくなった今であるのは示唆が多い。

ないと断言しているが、そのくらいの時間があれば[8]、完全とは言えない[9]かもしれないが、充分立派な文法記述ができると思われる。

7. むすびにかえて

　日本列島は通常考えられる「日本語」という単一言語の国ではなく、多言語社会と考えた方が妥当である。その単一言語の「方言」と従来みなされてきた多くの伝統的なことばは実に多様で、日本語と親戚関係にありながら日本語とは異なる言語と考えるべきものもある。

　日本列島の言語多様性は琉球列島がもっとも大きいが、深刻な消滅の危機にさらされている。著名な言語学者の服部四郎は、40年ほど前にすでにその危機感を持ち、当時の記述研究が不足していたことを無念に思っていた。服部は多様な日本語・琉球諸語の研究が重要であり衰退しつつあると警告しつづけたが、それ以来状況が改善したとはとても言えない。

　2011年3月東日本を襲った大震災は、多く命を奪った他、東北地方の数方言がおそらく大津波とともにこの世から永遠に消え去った。もしこのような震災が琉球列島で起こっていたら、琉球諸語は半滅したであろう。実は同程度の地震と津波が18世紀に、琉球列島を襲ったことを忘れてはならない。1771年にM8の地震とその後の大津波によって八重山地方の人口の3分の1が死亡した。1万人以上の死者とともに、この地域の言語の多様性も波にさらわれてしまった。

　やはり日本の言語学でもっとも緊急でかつ重要なのは今まさに消えようとする本土や琉球列島の危機言語・方言の記述である。

参照文献

安里進・土肥直美 (1999)『沖縄人はどこから来たか：琉球＝沖縄人の期限と成立』沖縄：ボーダーインク．
Atkinson, Quentin D., Andrew Meade, Chris Venditti, Simon J. Greenhill, and Mark Pagel (2008) Languages evolve in punctuational bursts. *Science* 319 (5863): 588.
平山輝男編 (1988)『南琉球の方言基礎語彙』東京：桜楓社．
Krauss, Michael E. (1992) The world's languages in crisis. *Language* 68 (1): 4–10.

---

[8] ちょうど大学院生が博士論文を執筆する時間である。

[9] 完全に記述された言語がそもそもないし、「完全」な記述がはたして可能かどうかが疑問である。

ローレンス　ウェイン（2006）「沖縄方言群の下位区分について」『沖縄文化』40（2/100）: 101–118.
Li, Shi-Lin, Toshimichi Yamamoto, Takashi Yoshimoto, Rieko Uchihi, Masaki Mizutani, Yukihide Kurimoto, Katsushi Tokunaga, Feng Jin, Yoshinao Katsumata, and Naruya Saitou（2006）Phylogenetic relationship of the populations within and around Japan using 105 short tandem repeat polymorphic loci. *Human Genetics* 118（6）: 695–707.
Matsukusa, Hirotaka, Hiroki Oota, Kuniaki Haneji, Takashi Toma, Shoji Kawamura, and Hajime Ishida（2010）A genetic analysis of the Sakishima islanders reveals no relationship with Taiwan aborigines but shared ancestry with Ainu and main-island Japanese. *American Journal of Physical Anthropology* 142（2）: 211–223.
Millien, Virginie（2006）Morphological evolution is accelerated among island mammals. *PLoS Biol* 4（10）: e321, 09.
宮城信勇（2003）『石垣方言辞典』沖縄：沖縄タイムス社．
仲宗根政善（1983）『沖縄今帰仁方言辞典』東京：角川書店．
大城健（1972）「語彙統計学（言語年代学）的方法による琉球方言の研究」服部四郎先生定年退官記念論文集編集委員会編『現代言語学』533–558. 東京：三省堂．
Pellard, Thomas（2009）Ōgami: Éléments de description d'un parler du Sud des Ryūkyū. Ph.D. dissertation, École des hautes études en sciences sociales.
Pellard, Thomas（to appear）The linguistic archaeology of the Ryukyu Islands. In Patrick Heinrich, Shinshō Miyara, and Michinori Shimoji eds., *Handbook of the Ryukyuan languages*, Mouton de Gruyter.
Serafim, Leon A.（2003）When and from where did the Japonic language enter the Ryukyus? アレキサンダー・ボビン，長田俊樹編『日本語系統論の現在』463–476. 京都：国際日本文化研究センター．
Summerhayes, Glenn R. and Atholl Anderson（2009）An Austronesian presence in southern Japan: Early occupation in the Yaeyama Islands. *Bulletin of the Indo-Pacific Prehistory Association* 29: 76–91.
高宮広土（2005）『島の先史学：パラダイスではなかった沖縄諸島の先史時代』沖縄：ボーダーインク．
上村幸雄（1997）「琉球列島の言語：総説」亀井孝・河野六郎・千野栄一編『言語学大辞典セレクション　日本列島の言語』311–354. 東京：三省堂．

第 2 部 第 1 章

ドゥナン（与那国）語の言語使用

山田 真寛、トマ・ペラール

1. 与那国島概説 [1]

　ドゥナン（与那国）語 [2] は与那国島（沖縄県八重山郡与那国町）で話されている琉球諸語の一つである。琉球諸語は北琉球諸語と南琉球諸語に大きく二分され、南琉球諸語はさらに宮古諸語、広域八重山諸語に分けられる。ドゥナン語の分類には諸説存在するが、八重山諸語とともに広域八重山諸語に分類されると考えられる（ローレンス 2008、Pellard 2009, to appear）。

　与那国島は東経約 123 度、北緯約 24 度、台湾と石垣島の中間に位置する面積約 30km^2 の東西に長い楕円形の日本最西端の島である（国土地理院ウェブページより、http://www.gsi.go.jp/KOKUJYOHO/CENTER/kendata/okinawa_heso.htm、最終アクセス日 2013 年 5 月 13 日）。祖納（そない：とぅまいむら）、比川（ひがわ：んでぃむら）、久部良（くぶら：ドゥナン語同名）の三つの集落が、それぞれ島の北東岸、中央南岸、西岸にある。久部良は島外からの移住者が多い集落で、ドゥナン語話者の大部分は祖納と比川に居住している。祖納と久部良は約 7km、比川は他の集落から約 5km 離れており、各集落を結ぶ道路および

---

[1] 本稿は筆者が「危機的な状況にある言語・方言の実態に関する調査研究事業報告書」（国立国語研究所、一部木部暢子、下地賀代子と共著）として報告したものをもとにしている。本稿執筆にあたり、与那国町教育委員会、与那国中学校、また多くの与那国島民の方にご協力いただいた。心より感謝申し上げる。

[2] UNESCO の消滅危機言語として登録されている言語名は Yonaguni であるが、本稿では話者が自分たちの言語を指す時に用いる「どぅなん - むぬい（与那国 - 言葉）」にしたがって、ドゥナン語と呼ぶ。

島を一周する舗装道路（一部は県道 216, 217 号）がある。祖納と久部良には比較的大きな港があり、与那国空港が祖納と久部良を結ぶ道路のほぼ中間にあり、役場などの行政機関は祖納にある。小学校は各集落に一つずつ、中学校は祖納と久部良に一つずつある。

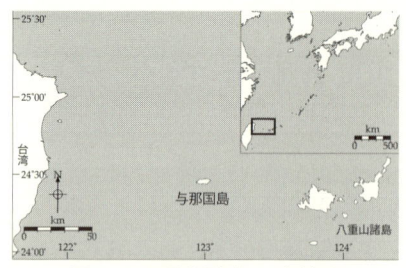

図1：八重山諸島、台湾と与那国島の位置関係

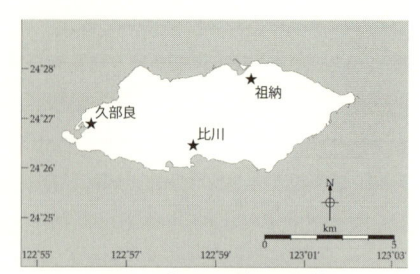

図2：与那国島の集落

琉球諸語が話されている他の島の状況とは異なり、祖納および比川で話されている方言は相互理解が可能であり、管見の限りでは若干の語彙的差異をのぞき大きな差はないようである。よって本稿では両方言を総称してドゥナン語とし、主に祖納集落における言語使用を報告する。

2. ドゥナン語話者数

与那国町の「人口および世帯数調表　平成 25 年 1 月」によって各集落の人口が、「年齢別人口集計表　平成 25 年 1 月 30 日処理」によって与那国町全体の年齢別人口がわかる。ドゥナン語を日常的に使用する者は 50 歳代後半の島出身者に限られ、それより若い世代で日常的に方言を使用する者はほとんどいない[3]。集落ごとの年代別人口はわからないため、以下の仮定に基づいてドゥナン語の話者数を算出すると、2013 年 1 月末現在で 405 人となり、祖納と比川の人口の約 38%、与那国町全体の約 26% となる。

ドゥナン語話者算出に関する仮定
　　i)　ドゥナン語話者は祖納・比川集落の 55 歳以上の住民全員とする。

---

[3] 異なる年代の島民による学校の同窓生や先輩後輩の方言使用感覚に基づく情報であるが、これまで聞き取り調査に協力いただいた方全員がほぼこの感覚に一致している。

ii) 島外からの移住者の多い久部良集落の住民と祖納・比川集落の55歳未満の住民は全員ドゥナン語話者ではないとする。

祖納・比川集落にも島外からの移住者がいるが、久部良集落にもある程度話者がいるため、この仮定に基づいて算出された話者人口はある程度実際の数字に近いものと思われる。なお、沖縄本島や日本本土などにも多くの話者が存在するが、家族で移住している場合をのぞきドゥナン語を使用している可能性は低く、ここでは与那国島在住の話者に限って報告する。

ドゥナン語話者の算出
(55歳以上人口[4]の割合)×(祖納＋比川集落の人口)＝ドゥナン語話者数
$(134 + 199 + 141 + 101 + 13) / 1560 \times (958 + 117)$　　＝ 588/1560 × 1075
　　　　　　　　　　　　　　　　　　　　　　　　　　＝ 0.377 × 1075
　　　　　　　　　　　　　　　　　　　　　　　　　　＝ 405（人）

与那国島の特徴として、40歳代半ばより若い世代に島外から嫁いだ女性が多くいることがあげられる。このような異なる言語の話者間による婚姻は、家庭内での方言使用率低下の一因となる。ドゥナン語は他の南琉球諸語とも相互理解が不可能なため、異なる言語を話す夫婦間では現代日本語共通語が用いられている。子どもたちは家庭外でもドゥナン語に触れる機会が極端に少ないため、このような家庭の子どもは日本語共通語のみを母語とすることになるのである。

　離島に散見される若年層の島外流出は与那国町にも見られるが、原因の一つとして島に高校がないことがあげられる。また与那国町人口動態を見ると、3月から4月にかけての転出が多く、島全体の転出者の数は高校進学者数よりもはるかに多い。これは子どもの高校進学を機に家族そろって島外へ転出するためとの見方もある（田中 2011: 7）。総じて与那国町の人口は減少傾向にあり、したがって現在全体の約3割程度を占めるドゥナン語話者人口も減少傾向にある。後述するように、ドゥナン語話者は中高齢者に限られ、若年層への言語伝承は途絶えている。

4　計算式中の数字はそれぞれ55–60歳、61–70歳、71–80歳、81–90歳、91–100歳の人数。

3. 教育

　ドゥナン語話者は全員現代日本語共通語とのバイリンガルであり、1960年代の調査報告（平山・中本1964など）には「日本語共通語を流暢に話す方」といった記述があるが、現在では90歳代の話者も現代日本語共通語のみでの会話にまったく不自由はない。与那国町教育委員会によると、昭和40年代（1960年代）頃まで方言札による共通語教育が行われ、学校でのドゥナン語使用が禁止されていた。また、戦時中は日本語共通語話者が理解できないドゥナン語を使用することが軍事的理由により禁止されていた。

　現在与那国町のすべての教育機関で使用されている言語は現代日本語共通語のみであり、ドゥナン語使用は奨励されていない。祖納集落には与那国保育所、与那国幼稚園、与那国小学校および与那国中学校があるが、ドゥナン語教育が授業の一環として行われているのは与那国中学校のみである。ここでは同校のドゥナン語教育について概観する。

　与那国中学校のドゥナン語教育は2009年から六コースある総合学習の一つ「方言コース」としてはじまった（2010年度、2011年度の選択者は全学年合わせて三名（全校生徒約50名））。方言コースでは地域コミュニティーから一名ドゥナン語話者を講師として招き、ドゥナン語による演劇を11月初旬の総合学習発表会に向けて週二時間練習することを主な目的とし、生徒によっては日常会話や単語などの習得も行っている。講師は毎年祖納集落の各部落（東、西、島中の三つ）持ち回りで、2009年度と2011年度は東部落、2010年度は西部落から講師を招いた。東部落には伝統芸能の一つである狂言が残っており、伝承者が手書きした狂言台本がドゥナン語で書かれているため2009年度と2011年度は狂言の一つを演劇として行った。一方西部落では狂言伝承が途絶えたため、2010年度は『南東昔話業書10　与那国島の昔話』（岩瀬他1983）より「32　難題蔵較べ（語り手、目差ウナリ）」（pp. 148–150）を題材にした方言による演劇を練習した。

　総合学習方言コースは、ドゥナン語の習得を目的とした語学教育の授業ではなく、ドゥナン語の演劇を練習するコースである。講師は台詞一つ一つの大まかな意味を説明し、単語や形態素などの説明はほぼ行わない。教師の中にはドゥナン語教育を指導する者がおらず、またドゥナン語習得用の文法書や教科書もない。しかし、方言コースを選択した生徒の祖父母の中には、生徒が家庭で身の回りのものの方言名を頻繁に聞くようになったと語っている者もいる。

総合学習方言コースはドゥナン語習得は目的とされていないが、ドゥナン語に興味を持つきっかけになっているという側面もある。

4. 言語の保存・伝承・記述

　地域コミュニティーによる言語の保存・伝承活動などは行われていないが、ドゥナン語話者による言語記述がいくつか存在する。またドゥナン語が用いられる伝統芸能では、「座」と呼ばれる組織による伝統芸能の伝承の一部として、言語資料（口頭伝承を含む）が保存・伝承されている（祖納集落の座については田中 2011 参照）。また年間約 40 回行われている大小の祭祀の祈りの言葉も一部ドゥナン語で読まれるため、祭祀の伝承とともにドゥナン語による祈りの言葉も保存・伝承されている。しかしどちらの場合も、台詞、歌詞の伝承が主なため、日常会話としての言語使用が次世代に伝承されているわけではない。田中（2011）の報告によると、祭祀を担当する司またはその補佐役もドゥナン語話者同様減少しており、現在与那国町在住の司はおらず、石垣へ嫁いだ司一名が大きな祭祀のときのみ与那国へ戻ってきている。小さな祭祀は各部落の公民館館長および公民館役員が司の代理を立てながら運営しているので、司の減少がそのまま祭祀の減少に直結しているわけではないが、今後の祭祀運営が危ぶまれている。また祭祀運営にとって重要な座の構成員も減少傾向にあり、したがってある種の言語伝承を含む伝統芸能の伝承も危ぶまれている。しかし、地域コミュニティーによって三線の教本などが作成され自費出版されている他、与那国町工芸館において草木染から機織りまでの与那国花織の伝承、池間苗氏個人による与那国民俗資料館など、伝統文化保存の取り組みは地域の中でむしろ積極的に行われている。これらの活動に関わっている島民は、みなドゥナン語の保存・伝承にも関心を持ち、筆者の言語調査のデータ提供者も含まれている。現在ドゥナン語の保存・伝承活動は行われていないが、伝統文化の一部として、今後しかるべき企画があればそういった活動が地域コミュニティーの中で行われることは期待できる。

　地域コミュニティーによる言語資料として、与那国民俗資料館館長の池間苗氏による『与那国ことば辞典』（池間 1998）と『与那国語辞典』（池間 2003）があげられる。それぞれドゥナン語−現代日本語共通語、現代日本語共通語

−ドゥナン語の語彙集[5,6]である。また、出版物ではないが、東部落狂言座元師匠による 16 の狂言台本の書き起こしがある。与那国町教育委員会が作成した『与那国島の植物』（与那国町教育委員会 1995）には島に自生する植物の和名、学名に加えてドゥナン語名が記載されている。

　これら地域コミュニティーによる資料は、日本語の平仮名と片仮名で書かれているが、確立された書記法が存在しないため、それぞれ独自の書記法を使用している。現代日本語共通語の正書法では表記されない（または音素として存在しない）いわゆる喉頭化音や軟口蓋鼻音（鼻濁音）などは、『与那国ことば辞典』（池間 1998）と『与那国語辞典』（池間 2003）では独自の表記が概ね一貫して使用されているため、言語学者による再建が可能である。狂言台本と『与那国島の植物』（与那国町教育委員会 1995）では喉頭化音などの音が現代日本語共通語の似ている音と区別されていない。『南東昔話業書 10　与那国島の昔話』（岩瀬他 1983）は地域コミュニティーによる編集ではないが、ドゥナン語話者が物語の語り手として参加している。ドゥナン語の語りを現代日本語共通語の平仮名と、漢字に読み仮名をふったもので表記しており、ドゥナン語特有の音は表記されていないが、約 200 ページに渡り 57 の物語が現代日本語共通語訳とともに記録されている。形態素ごとの訳は付されておらず、現代日本語共通語訳は意訳である。

　発音記号を用いた談話の書き起こし・形態素ごとの訳・現代日本語共通語訳の資料として平山・中本（1964）、加治工（2004）がある。加治工（2004）では約 25 ページの談話のアクセント標記付きの文字化およびその解説が収録されている[7]。平山・中本（1964）には短い談話資料と発音・アクセントが録音されたソノシートが付録されている。また『全国方言資料全十二巻』（日本放送協会 1999）は 1968 年に記録された談話資料を発音記号と逐語訳で文字化し、音声データとともに CD-ROM として出版されている。言語学的記述として、平山・中本（1964）、法政大学沖縄文化研究所（1987a, b）、平山（1988）、高橋（1997）、伊豆山（2002）、Izuyama（2012）、上野（2009, 2010a, 2010b）、Yamada,

---

5　語彙数は明記されていない。また動詞の活用形が別々に採録されているため正確な語彙数は数えられないが、およそ 6,000 〜 10,000 語程度ある。

6　語彙集はこの他に高橋（1975）、吉本編（1981）、法政大学沖縄文化研究所（1987a, b）がある。高橋（1975）は簡単な文法記述も含む。

7　本文によると音声・映像資料も存在するようであるが未確認。

Pellard, and Shimoji (to appear) などがあるが、これらはドゥナン語の全体像を記述する参照文法とは呼べない。詳細は山田・ペラール・下地 (本書) 参照。

5. 消滅危機の程度

以下では UNESCO の "Language Vitality and Endangerment" (UNESCO Ad Hoc Expert Group on Endangered Languages 2003) に沿って、ドゥナン語の消滅危機度を評価する。UNESCO は日本国内に 8 つの消滅危機言語を認定し、ドゥナン語はその一つに認定されている。Language Vitality Assessment (言語の体力測定) に従って、以下、筆者が行った調査に基づいての評価と、それぞれの項目に関する補足を報告する。なお、点数評価のない項目 II. Absolute number of speakers (母語話者数) は上で報告したのでここでは省略する。

I. その言語がどの程度次の世代に伝承されているか (ドゥナン語：2–3)
 5. 子どもたちを含むすべての世代でその言語が使用されている。
 4. その言語はすべての子どもたちが、一定の限られた場面で使用している。
 3. その言語は親の世代以上で使用されており、子どもたちは使用していない。
 2. その言語は祖父母の世代以上で使用されており、親、子の世代は使用していない。
 1. その言語は曾祖父母以上の世代で使用されており、ほとんどの話者は使用していない。
 0. その言語を使用するものはいない。

ドゥナン語話者を 55 歳以上とすると (脚注 3 参照)、この世代の子どもは 20 歳代以上のため、この世代は「親の世代」に近い「祖父母の世代」と言える。UNESCO のウェブページでは 2 の評価が与えられている (http://www.unesco.org/culture/languages-atlas/index.php, 最終アクセス日 2013 年 7 月 1 日)。

III. コミュニティー全体に占める話者の割合 (ドゥナン語：2)
 5. 全員がその言語を使用している。
 4. ほぼ全員がその言語を使用している。

3. その言語を使用している者が大半を占める。
2. その言語を使用している者は少数派である。
1. その言語を使用するものはほとんどいない。
0. 誰もその言語を使用していない。

先に仮定・算出したとおり、ドゥナン語話者を 55 歳以上とすると祖納と比川の住民のうち約 38% が話者となる。しかし彼らも全員現代日本語共通語とのバイリンガルであり、ドゥナン語を日常的に使用しない者とは現代日本語共通語で会話する。ドゥナン語を話しはしなくても聞いて理解する世代との会話でも、しばしば現代日本語共通語、もしくは現代日本語共通語にドゥナン語語彙が混じったものを用いることが多い。

本稿は与那国町在住のドゥナン語話者のみについての報告であり、与那国町から転出している話者は把握していない。集団で移住した先でドゥナン語話者コミュニティーが形成されている可能性も否定できないが、未確認である。

IV. どのような場面でその言語が使用されているか（ドゥナン語：2–3）
5. その言語はすべての場面で、すべての目的のために使用されている。
4. 二つ以上の言語が、すべての場面ですべての目的のために使用されている。
3. その言語は家庭では使用されているが、支配的言語が家庭でも使われ始めている。
2. その言語は限られた場面、いくつかの目的のために使用されている。
1. その言語はごく限られた場面で使用されるだけで、機能的に使用されることはほとんどない。
0. その言語はどんな場面のどんな目的のためにも使用されていない。

UNESCO の基準にはうまく当てはまらないが、言語使用は主に家庭内や 55 歳以上の住民同士の日常会話に限られる。当該年齢の住民でも、ドゥナン語を頻繁に使用しない者がいれば支配的言語、つまり現代日本語共通語を用いる。狂言などドゥナン語を使用する伝統芸能や祭祀といった、形式的に保存・伝承されている言語使用の場面も存在する。ここでいう形式的とは、日常会話など新しい表現を含む生産的な言語使用ではなく、保存されている文面を、暗唱す

る、もしくはそのまま読む場面を形容するものである。

V. 伝統的な場面以外で新たにその言語が使用されている場面がどの程度あるか（ドゥナン語：0）
 5. その言語は新たに生活に加わったどんな場面でも使用されている。
 4. その言語は新たに生活に加わったほとんどの場面で使用されている。
 3. その言語は新たに生活に加わった多くの場面で使用されている。
 2. その言語は新たに生活に加わったいくつかの場面で使用されている。
 1. その言語は新たに生活に加わった場面ではほとんど使用されていない。
 0. その言語は新たに生活に加わった場面では使用されていない。

　ドゥナン語によるテレビ・ラジオ放送などは存在せず、公的な場面では現代日本語共通語しか使われていない。また確立された書記法が存在しないため、新聞・文芸などドゥナン語による新たな生産も行われていない。話者の間では、ドゥナン語は日常会話に使用するものであり、文字にして何かを書くという考えが薄い。祭祀の祈りは昔から伝承されている決まったものであるはずだが、狂言など伝統芸能の中で新しい作品が作られる可能性もあり、今後の調査が必要である。

VI. 教育に利用されうる言語資料がどの程度あるか（ドゥナン語：2）
 5. 確立された書記法と、伝統的な文法記述、辞書、文字資料、文学が存在する。行政、教育で使われる書き言葉がある。
 4. 文字資料が存在し、子どもたちは学校で言語使用を学んでいる。行政の書き言葉では言語は使用されていない。
 3. 文字資料が存在し、子どもたちは学校でそれに触れる機会がある。言語使用は推奨されてはいない。
 2. 文字資料は存在するが、コミュニティー内の限られた者にしか利用されていない。あるものにとって文字使用は象徴的意味を持つことがある。言語使用は学校教育には取り入れられていない。
 1. 書記法が存在することは知られている。それで書かれた文字資料がいくつかある。

0. 書記法は存在しない。

　先に述べたように、ドゥナン語を書き記す者はあっても、それぞれ独自の書記法を利用している。池間 (1998, 2003) は、ドゥナン語特有の音もほぼ一貫して表記しているが、与那国町教育委員会 (1995) や岩瀬他 (1983) などのように、特有の音素も書き分けられていないものも多い。語彙集は日本語の平仮名と片仮名を用いた表記のため日本語を解するものしか利用できないが、日本語話者であれば発音記号など特別な訓練を必要とすることなく利用でき、実際に与那国中学校の方言コースでも利用されている。言語学者によって記録された談話資料 (平山・中本 1964、加治工 2004) はそのまま利用可能であり、岩瀬他 (1983) の民話資料は、池間 (1998, 2003) や法政大学沖縄文化研究所 (1987a, b) の語彙集によって元の発音を復元すれば利用することができる。

VII. 国の言語政策 (明示的、非明示的態度を問わず)(ドゥナン語：2)
   5. 国内のすべての言語が保護されている。
   4. その言語は保護されているが、主に家庭など限られた場面で使用され、公的には使用されない。
   3. その言語に関する保護政策は施行されていない。公的場面では支配的言語が使用される。
   2. 政府は支配的言語の使用を勧めている。その言語に関する保護政策は施行されていない。
   1. 支配的言語のみが公的に使用され、その言語は保護や認知すらされていない。
   0. その言語の使用が禁止されている。

　おそらくドゥナン語は UNESCO のレポートによって初めて国に消滅危機言語として認知されたと言えるだろう。以前行われていたような使用禁止政策は現在行われていないが、保護政策や使用の推奨なども行われていない。日本語は公用語として明示的に認められてはいないが、公共教育はすべて現代日本語共通語で行われている。

VIII. コミュニティー内での言語に対する態度 (ドゥナン語：2–3)

5. 全員がその言語を大切にし、使用が推奨されることを望んでいる。
4. ほとんどの者がその言語が次世代にも使われることを支持している。
3. 多くの者がその言語が次世代にも使われることを支持している。その他の者は無関心であるか、その言語が使用されなくなることを望んでいる。
2. その言語が次世代にも使われることを支持している者もいる。その他の者は無関心であるか、その言語が使用されなくなることを望んでいる。
1. その言語が次世代にも使われることを支持している者は少数しかいない。その他の者は無関心であるか、その言語が使用されなくなることを望んでいる。
0. その言語が使用されなくなることに関心がある者はいない。すべてのものが支配的言語の使用を望んでいる。

コミュニティー内の感情の評価なので大規模なアンケート調査などなしには判断できないが、ドゥナン語は現代日本語共通語や他の琉球諸方言と大きく異なるという感覚を話者は持っている。禁止政策によって強制された「方言（＝ドゥナン語）は悪いもの」という感覚は薄れている。若い世代は全員現代日本語共通語のモノリンガルとなっているため、以前のようにドゥナン語を唯一の使用言語とすると進学や就職で苦労する、というような心配をする者はいない。逆に現在の親世代は、ドゥナン語を理解はするが話すことができない者が多いため、彼らの子どもがドゥナン語を理解することすら不可能なことを残念に思っている者も多い。またドゥナン語話者である祖父母世代は、伝統芸能のように言語も保存・伝承されることを望んでいるものが多い。しかし先に述べた一部の例外をのぞいて、保存・伝承に対して具体的なことはなされていないのが現状である。

IX. 言語記述の量と質（ドゥナン語：2）
5. わかりやすい文法記述と文字資料が多く存在し言語資料が常に生産されている。高い質の録音、録画資料が存在する。
4. よい文法記述が一つある他にも、文法資料、辞書、文字資料、文学、それに定期的に更新される日常言語使用の資料が存在する。一定の質

の録音、録画資料が存在する。
3. 一定の文法資料、辞書、文字資料が存在しうるが、日常言語使用の資料はない。録音、録画資料は、質の高いものも低いものもあり、文字化されているものやされていないものもある。
2. 限られた言語学的目的に利用可能な簡単な文法記述、語彙集、文字資料が存在するが、総括的なものはない。録音、録画資料は、質の高いものも低いものもあり、文字化されているものやされていないものもある。
1. 簡単な文法記述、短い語彙集、断片的な文字資料がいくつか存在するのみ。録音・録画資料は存在しないか、利用不可能、もしくはまったく文字化されていない。
0. 言語記述は存在しない。

文法の記述に関しては、音韻、アクセントの記述の他、動詞形態論の記述などがある（平山・中本 1964、内間 1980、加治工 1980 など）。これらの記述は、ドゥナン語を現代日本語の方言とみなし、現代日本語共通語との違いはどこか、という視点で書かれており、ドゥナン語そのものの言語体系を純粋に記述するものはほとんど存在しない。言語学、言語教育に利用可能な、統語や意味の側面などを含むドゥナン語全体を記述する参照文法は存在せず、ドゥナン語を個別の言語体系として記述したものは平山 (1988)、Izuyama (2012)、Yamada, Pellard, and Shimoji (to appear) などの簡易文法にとどまる。しかし語彙集や録音資料は先にあげたように、いくつか存在する。

以上の評価結果をまとめ、平均すると以下のようになる。

I. 言語がどの程度次の世代に伝承されているか　　　　　評価：2–3
III. コミュニティー全体に占める話者の割合　　　　　　評価：2
IV. どのような場面で言語が使用されているか　　　　　評価：2–3
V. 伝統的な場面以外で新たに言語が使用されている場面が　評価：0
　 どの程度あるか
VI. 教育に利用されうる言語資料がどの程度あるか　　　　評価：2
VII. 国の言語政策（明示的、非明示的態度を問わず）　　　評価：2

VIII. コミュニティー内での言語に対する態度	評価：2–3
IX. 言語記述の量と質	評価：2

ドゥナン語評価点平均：1.75 〜 2.125

最も楽観的に評価した場合でも、UNESCO の評価基準によるドゥナン語の評価点平均は2ポイント程度となり、ドゥナン語は消滅の危機に瀕していることが明確である。

6. まとめ

　ドゥナン語には日本語の歴史を考える上でも、また一般言語学的観点から見ても、非常に興味深い現象が数多く観察されるが、これらの記述・分析はほとんど行われておらず、ドゥナン語の全体像を知りうるような文法書も存在しない。話者人口の減少、世代間伝承の断絶、地域コミュニティー内での保存・伝承活動の少なさなどから総合的に評価すると、近い将来消滅する可能性が極めて高い。

　地域コミュニティーで行われている祭祀と伝統芸能の保存・伝承の中に、ドゥナン語による祈りの言葉や狂言の台詞、唄の歌詞などが含まれている。これらの伝承が存続すれば、ドゥナン語のテキストが後世に残されることになる。しかし与那国中学校で行われている方言コースと同様、これらは生産的な言語使用の場面ではないので、方言の形式的な使用が若年層に伝承されたとしても、ドゥナン語に関する言語知識が伝承されるわけではない。なぜならこれらの文面は音の羅列と全体の意味の単なる記録であり、人間言語の特徴である有限の音・意味の対から無限の言語表現を生成するという創造性を含む活動ではないからである。

　話者の中には、伝統文化の保存という意識のもと、ドゥナン語の保存・伝承を望む者も多くおり、確立された書記法が存在しない中、独自の書記法により語彙集やテキストを作成している者もいる。地域コミュニティーの希望があれば、彼らと外部専門家との協力によって、ドゥナン語を保存・伝承し、消滅の危機を回避することは現時点では不可能ではないと思われる。

参照文献

平山輝男（1988）『南琉球の方言基礎語彙』東京：桜楓社．
平山輝男・中本正智（1964）『琉球与那国方言の研究』東京：東京堂．
法政大学沖縄文化研究所（1987a）『琉球の方言 11　八重山・与那国島』東京：法政大学沖縄文化研究所．
法政大学沖縄文化研究所（1987b）『琉球の方言 12　八重山・与那国島』東京：法政大学沖縄文化研究所．
池間苗著，池間龍一・池間龍三編（1998）『与那国ことば辞典』私家版．
池間苗著，池間龍一・池間龍三編（2003）『与那国語辞典』私家版．
岩瀬博・富里康子・松浪久子・長浜洋子（1983）『南東昔話業書 10　与那国島の昔話』京都：同朋社．
伊豆山敦子（2002）「琉球八重山（与那国）方言の文法基礎研究」真田信治編『消滅に瀕した方言語法の緊急調査研究（2）』A4-012. 99–135. 大阪：大阪学院大学．
Izuyama, Atsuko（2012）Yonaguni. In Nicolas Tranter ed., *The languages of Japan and Korea*, 412–457. London: Routledge.
加治工真市（1980）「与那国方言の史的研究」黒潮文化の会編『黒潮の民俗・文化・言語』491–516. 東京：角川書店．
加治工真市（2004）「与那国方言について：与那国島の伝統文化調査研究報告書」『沖縄芸術の科学』16: 17–74. 沖縄県立芸術大学附属研究所．
ローレンス・ウェイン（2008）「与那国方言の系統的位置」『琉球の方言』32: 59–67.
日本放送協会（1999）『CD-ROM 版全国方言資料全十二巻』日本放送出版協会．
Pellard, Thomas（2009）Ōgami: Éléments de description d'un parler du Sud des Ryūkyū. Ph.D. dissertation, École des hautes études en sciences sociales.
Pellard, Thomas（2010）Ōgami (Miyako Ryukyuan). In Michinori Shimoji and Thomas Pellard eds., *An introduction to Ryukyuan languages,* 113–166. Tokyo: ILCAA.
Shimoji, Michinori and Thomas Pellard eds.,（2010）*An introduction to Ryukyuan languages*. Tokyo: ILCAA.
高橋俊三（1975）「沖縄県八重山郡与那国町の方言の生活語彙」藤原与一編『方言研究叢書 4』159–217. 東京：三弥井書店．
高橋俊三（1997）「与那国方言」亀井孝・河野六郎・千野栄一編『言語学大辞典セレクション　日本列島の言語』413–422. 東京：三省堂．
田中聡子（2011）『与那国島祖納の祭祀組織の現状』卒業論文．琉球大学．（2011 年沖縄民俗学会 1 月例会発表論文　沖縄県立芸術大学）
内間直仁（1980）「与那国方言の活用とその成立」黒潮文化の会編『黒潮の民俗・文化・言語』447–490. 東京：角川書店．
UNESCO Ad Hoc Expert Group on Endangered Languages（2003）Language Vitality and Endangerment. Document submitted to the International Expert Meeting on UNESCO Programme Safeguarding of Endangered Languages, Paris, March 10–12, 2003. [http://www.unesco.org/culture/ich/doc/src/00120-EN.pdf 最終アクセス日 2011 年 2 月 2 日]

上野善道(2009)「琉球与那国方言のアクセント資料(1)」『琉球の方言』34: 1–30.
上野善道(2010a)「与那国方言のアクセントと世代間変化」上野善道(監修)『日本語研究の12章』504–516. 東京：明治書院.
上野善道(2010b)「与那国方言動詞活用のアクセント資料(2)」『国立国語研究所論集』34: 135–164.
Yamada, Masahiro, Thomas Pellard, and Michinori Shimoji (to appear) A grammar sketch of Dunan (Yonaguni-Ryukyuan). In Patrick Heinrich, Shinsho Miyara, and Michinori Shimoji eds., *Handbook of the Ryukyuan languages*. Berlin: Mouton de Gruyter.
与那国町教育委員会(1995)『与那国島の植物』私家版.
吉本政吉編(1981)『いつまでも残したい与那国(どなん)のことば』私家版.

第2部 第2章

宮古池間方言における言語衰退過程の考察
話者の体験談を通して

岩崎 勝一・大野 剛

1. はじめに[1]

　本稿では、沖縄宮古島（南琉球）で話される池間方言が、消滅の危機に瀕するようになった経緯を、話者の体験談を通して考察する。また話者と体験談を共有するという研究方法が、正確な言語記述につながることを確認し、これを他の消滅の危機に瀕している言語の記述研究にも適用することを提唱する。

　ユネスコのホームページ *Atlas of the World's Languages in Danger*（Moseley 2010）では、言語の状態を「安全な状態」から「すでに絶滅した状態」を含む6段階に分類しており、それによると、琉球諸語のうち宮古、沖縄、国頭、奄美の四言語は「確実に消滅状態に移行している言語」に、また与那国、八重山の二言語は「消滅が避けられない状態に達している言語」にそれぞれ分類され、それらの認定基準は以下の通りとなっている[2]。

---

[1] この研究には宮古島市池間島、西原地区、佐良浜地区の皆さんに様々な形でご協力をいただいた。心から感謝の意を表したい。また本稿執筆に当たり真次由佳さんから多くの助言をいただいたことも付しお礼を述べたい。この研究は以下の機関から様々な形の援助を受けて行われた：国際交流基金、UCLA Terasaki Center for Japanese Studies、UCLA Asia Institute、UCLA Academic Senate、University of Alberta Killam Research Fund、University of Alberta, Faculty of Arts and Department of East Asian Studies.

[2] 本稿ではユネスコ（Moseley 2010）、Shimoji and Pellard eds.（2010）、Lewis ed.（2009）などの分類に従い、琉球言語を沖縄語、八重山語、宮古語などからなる言語群と考え、それぞれの言語は幾つかの方言で構成されているものと見なす。

確実に消滅状態に移行している言語(Definitely Endangered)
子供が家庭内で母語として習得しなくなった言語

消滅が避けられない状態に達している言語(Critically Endangered)
最年少話者が祖父母かそれより年配の世代で、それらの話者も日常生活の一部あるいは時々しか使っていない言語

　本稿で考察する池間方言は宮古語に属し、宮古島北部に位置する池間島を含む地域で現在も話されている[3]。しかし両親世代はすでに池間方言を使用しておらず、自由にこの言葉を話せる話者は60歳(祖父母)以上の世代だと一般的に考えられている。つまり池間方言は、ユネスコ(Moseley 2010)が報告した「確実に消滅状態に移行している言語」から、現在「消滅が避けられない状態に達している言語」へと移行していることになる。しかし、このような一般認識とは相反する研究報告もみられる。例えばHeinrichは、2005年から2006年にかけて琉球の数箇所において、話し手が自分の夫・妻、子供、両親、祖父母、隣人、同僚といった違ったタイプの相手に対してどのような言葉を使うかという調査を行ったが、その結果、宮古、奄美、与那国では沖縄、八重山に比べて方言の使用が多いと報告している[4]。また、このHeinrichの調査をもとにして書かれたFija他(2009)は、これらの三地域で言語移行が穏やかな理由は同一のものではないとし、各地の固有な歴史的背景や生活環境など様々な要因を考察している。それによると与那国では、隔離された小さな地域社会で育まれる強い連帯意識が、言語の衰退を遅らせていると考えられる。また奄美は、明治時代から鹿児島県に属し、一般に日本の一部と見なされていたため強い言

---

[3] 宮古語は、池間方言の他に幾つかの方言によって構成されており、宮古語に関する先行研究では、宮古島中心部の平良において話される方言が研究対象となる傾向がみられる(柴田1980、Izuyama 2002、ネフスキー 2005)。池間方言に関しては、語彙、音声学、音韻論、形態論、統語論に関する基本的な研究がある(平山編1983、名嘉真1992、Hayashi 2010)。さらに、最新の研究として林由華の京都大学博士論文(2013)がある。

[4] Heinrichの調査結果を見ると、ユネスコの報告では消滅が避けられない状態に達していると判定されていた与那国語が、実はその衰退度がそれほど高くないことが分かる。またそれとは逆に、消滅状態に移行していると考えられていた沖縄語が、実は比較的衰退度が高いことも明らかである。池間方言に関しては、琉球大学のかりまたしげひさ氏が私見で、他の宮古語方言と比べるとまだ「健康」であるのではないかと述べている。

弾圧は行われず、島の言葉と日本語の共立が歴史的に確立されていたことや、他の島では 1972 年の本土復帰後、就職などを理由に早急な日本語の習得が二者択一的に求められたのに比べ、奄美では本土復帰（1953 年）が早かったため、時間をかけて過渡期を経ることができたことなどが、近年の方言の衰退を遅らせる要因になったのではないかと論じられている。宮古に関しては、島内での移住の欠如や自給自足農業の持続などが穏やかな言語移行につながった可能性があると示唆しながらも、詳細は詳しいフィールドワークを待たなければならないと結んでいる。「島内移住の欠如」および「自給自足農業の持続」に関しては将来の研究を待つことにし、本稿では Fija 他（2009）が言及するところの「詳しいフィールドワーク」を行った結果明らかになった幾つかの要因を紹介する[5]。

前述のユネスコの示す「確実に消滅状態に移行している言語」や「消滅が避けられない状態に達している言語」などの区別は、言語の状態を大まかに捉え比較する手段としては有効なものの、各言語における特有の事情を考慮するには不十分である。この点を踏まえ、言語がいかにして衰退していくかを見るに当たり、ユネスコはさらに次の六つの要因を考慮している（UNESCO Ad Hoc Expert Group on Endangered Languages 2003）[6]。

1) 世代間における言語継承
2) その言語を話す話者数
3) 話者数の地域内全人口に対する割合
4) 言語使用場面
5) 新しいメディアとの関わり
6) 言語習得のための教材および文字・書き言葉の存在

これらの要因は複雑に絡み合いながら言語生活に影響を及ぼすため、この報告書にもあるように、一つ一つを個別に調査しその言語の「健康度」を計るこ

---

[5] ここで「島内移住の欠如」に関して、以下に述べるように、池間島から伊良部島、宮古島への分村という移住があった事実を指摘しておきたい。

[6] ユネスコはこの他に言語衰退度を測る基準として、消滅の危機に瀕している言語に対する有力言語話者の態度やその言語がどの程度まで記述されているかなども考慮に入れるべきだとしている。

とはできない。本稿では話者の言語生活に関する体験談をもとに、上記のユネスコの基準をさらに綿密に吟味しながら、現在の池間方言の言語事情を探り、どのような過程を経て現在にたどり着いたのか、言語が衰退していく過程の裏にはどのような要因が隠されていたのか、話者はそれをどのように体験してきたのかを検証する。

2. 池間集落

　宮古島本島は、沖縄本島から南西に約270キロメートル、台湾の北東約290キロメートルに位置する。池間方言は、宮古島本島の北に位置する面積約2.83 km^2、人口736人（2010年）の池間島に由来している。この島は現在、全長1,425mの池間大橋によって宮古島本島と結ばれているが、1992年の橋開通以前は、本島との交通には船に頼るしかなかった。産業としては、1970年代まではカツオ漁が栄えたが、現在はその面影はない。

　現在池間方言は、この池間島をはじめ三つの集落で話されている。第二の集落は宮古島北部に位置する人口1,034人（2010年）の西原であるが、ここは池間島の人口増大に伴い、1874年に分村によって形成された集落である。第三の集落は宮古島本島の西に横たわる伊良部島の東部に位置する人口3,264人（2010年）の佐良浜である。この集落は西原より歴史が長く、300年程前に確立されている。現在も宮古島から伊良部島への交通は船に頼っているが、2014年開通を目指し架橋工事が現在進行中である。これら三集落の主産業は、サトウキビ栽培と漁業である。三集落の住民達は、分離後長い年月が経過しているにも関わらず、自らを「池間民族」と称し、宮古島や伊良部島にある他の集落とは別の確固たるアイデンティティーを保っている。この背景には、池間方言が他の宮古方言とはかなり違っているという意識が、住民達の間にあることがあげられる。我々の研究チーム[7]は2006年より主に池間島と西原で調査を続けているが、最近になって佐良浜での調査も開始している。

　2009年に開始した今回の調査に先立って、我々は先行研究および自らの事前観察をもとに、池間方言の言語事情をおおむね以下のように捉えていた。まず80歳以上の話者は、日本語（以下共通語）より宮古語池間方言（以下池間方言）を得意とするものの、全員共通語がある程度使え、池間方言しか使えない

---

[7] 研究チームはアメリカ、カナダ、日本の研究者によって構成されている。

話者は存在しない。60歳から80歳の間の話者は、池間方言と共通語[8]の二言語が話せ、状況によってこの二つの言語コードを比較的自由に使い分けることができる。40歳から60歳の間では、池間方言を聞いて理解する能力はかなり高いが、40歳以下（特に20歳以下）になると、共通語しか使えない。この中の幾つかについては確証が得られたものの、調査の結果、修正を施さなければならない点も出てきた。それについては順次触れていくことにする。

2010年の統計（宮古島市 2010）によると、池間方言地域の人口における子供の占める割合は低く、小中学校に通学する児童・生徒の数は、人口のわずか8%にしか及ばない。以下にそれぞれの集落の小中学生の数を示す。

表1：池間方言地域における小中学生の人口

	小学生	中学生	小中学生合計	全人口	小中学生の全人口に占める割合
池間	24	18	42	736	5.7%
西原	67	45	112	1,034	10.8%
佐良浜	163	93	256	3,264	7.8%
合計	254	156	410	5,034	8.1%

これに比べ高齢者の割合は非常に高く、2005年の統計では、65歳以上の人口は三集落平均で33%となっている。各集落別では、池間49.5%、西原37.2%、佐良浜29.5%となっている。これらの人口統計は、若い世代への文化および言語の継承が難しい状況にあることを示唆している。しかし本稿では、将来の文化、言語継承の可能性を推測するのではなく、現在における話者達の池間方言の能力を見極め、またこのような状況に移行してきた要因を話者の体験談を通して探っていくことを趣旨とする。

3. 体験談を通しての言語衰退過程の考察

本研究は、以下に引用するHimmelmannの定義をもとに、消滅の危機に瀕している言語に属する一方言を総合的に記述することを最終目的とする池間プロジェクトの一環として行われた。

---

[8] 沖縄各地では共通語とその地域の言語による新言語種が発達しつつある。沖縄本島では、伝統的な言語種を「ウチナーグチ」、新言語種を「ウチナーヤマトグチ」として区別している。

> A language documentation … aims at the record of *the linguistic practices and traditions of a speech community*　　　　　　　　(Himmelmann 2002: 9)
> (言語ドキュメンテーションとは、その言語が話されているコミュニティの言語使用および言語伝統を記録することである)

　この定義に沿った、コミュニティに基盤をおいた言語ドキュメンテーションを行うには、少数の話者に頼り言語を記録する伝統的な方法は適さない。そこで我々は、できるだけ多くの人達を対象に、池間方言がコミュニティ全体の中でどのように使われてきたか、彼らの言語生活、つまり二言語使用能力、言語選択、言語混用、場面による言語の使い分け、教育方針への感想などについて詳細なインタビュー調査を続けている。本稿では、その中でも次の二点に焦点を当てて考えてみようと思う。

　a)　池間方言の衰退度(年齢別の方言使用能力の把握)
　b)　言語移行を促進する要因、およびそれが実際どのように池間方言の衰退に影響を与えてきたか

　我々はまずアンケート調査により年齢、出生地、居住地、家族構成、幼少時代に世話をしてくれた人、学校教育、職業、生活環境、新聞、ラジオ、テレビなどの言語メディア、その他の言語使用状況に関する情報を収集しようと試みた。これは、この社会言語学でよく使われる方法を使えば、短時間で多くの情報をコミュニティのより多くの人達から集められると考えたからである。しかし調査を始めてまもなく、この方法が必ずしも我々の目的には適さないということが明確になった。それは質問事項が過去数十年にわたる個人的な言語使用に関するものであるのに対し、言語使用は基本的には無意識に行われているという事実に起因する。特にどのような場面でどの言語を使用したかというような二言語間の選択に関する質問に回答することは容易なことではない。そのため質問に答える際、話者達には記憶をゆっくりとたどる必要が生じ、短期間で行われるはずだったアンケート調査が自然にインタビュー形式へと移行することが頻繁にみられた。この事実を踏まえ、我々は調査方法としてインタビュー形式を積極的に取り入れることにし、研究に協力してくれた人達には会話を通して自分の体験談を語ってもらい、我々はLabov(1984: 32–42)のいうところ

の「熱心な聞き役」にまわり情報を集めることにした。

インタビュー中心に修正した調査方法では、まず前述のような基本的な質問から会話を始め、話者が体験談を始めた場合、彼らに会話の流れを任せることにした。そのうえで、体験談の途中で折を見ながら、足りない情報を聞き出す質問をしていった。このように多くの話者からの情報を蓄積していくうちに、次第に言語が衰退していく過程が明確になってきたため、調査を進める過程で新しい質問を追加したり、あるいは機会を改めて同じ話者に数回にわたる追加調査をしたり、関連のある他の話者に改めてインタビューをお願いしたりするなど、よりよいインタビュー方法を適時推敲していった。また実際のインタビュー形態も状況によって変化し、我々が一人の話者と会見する場合は、主に共通語が使われたが、インタビューの場に数人の池間話者がいる場合は、話者の間で池間方言を使用するということも頻繁に観察された。

もちろんこのような情報収集方法は、アンケート調査に比べ非常に時間のかかるものである。しかし、話者がインタビューの最中に、一度答えた質問の答えを、少し経ってから自己修正することもよく観察され、そのため、言語使用状況の詳しく正確な情報が収集できたと思う。また、アンケート調査では見逃しがちな個人の体験と現在の池間方言の状況を同時に見比べることが可能となり、それによって言語が衰退してきている要因とその過程を理解する大きな手がかりが得られたと思う。

以下の報告は、2009年に行われた39歳から69歳までの合計23人の人達を対象にしたインタビューによるものである（内訳は池間島11人、西原12人。男女別では男12人、女11人）。一つのインタビューは最低で45分かけて行われたが、さらに上述の理由から追加インタビューを後日行うこともあった。またこれらのインタビュー以外にも、情報の確認のため簡単な聞き取り調査を行ったが、これには佐良浜の話者も含めた25人に参加してもらった。なお、本稿内の年齢は、全て2009年当時のものである。

4. 言語衰退の要因

本節では、今回の研究で明らかになった言語衰退の要因の考察を行うが、それぞれの要因を他の要因から明確に切り離して語ることは容易ではない。また当然のことながら、話者はそれぞれ独自の人生経験をしており、複数の要因の関わり方はそれぞれの話者で違ってくる。しかし、体験談を聞くという作業を

繰り返していく中で様々な要因がどのように影響し合い言語衰退につながってきたかという過程が、次第に明らかになっていった。なお本稿では、話者の言語使用能力 (fluency) がしばしば言及されるが、これは「年配の話者複数人による認定」と「共通語を混ぜることなく池間方言を使用する能力」の二点によって規定した。

4.1 教育

　教育とは常に、政府の言語政策を具現化する場である。沖縄では「標準語」が明治政府によって制定される以前の 1880 年代から、教師への「東京語」指導が行われていた。この事実からも伺えるように、沖縄では中央政府の言語政策は広く受け入れられ、学校内での方言の使用禁止まで唱えられるほどであった (外間 1971: 80)。我々のインタビューに協力してくださった話者が共通語に初めて接するのは、集落内の幼稚園へ通い始めてからである。つまりそれは、彼らが 5 歳になった頃から、幼稚園では同じ集落出身の先生が使う共通語を聞き、家庭では池間方言を使用するという二重言語生活を行っていたということを示唆する。協力者の中で最年長者は 1939 年生まれだが、この方も幼稚園へ通っていたことから推測すると、幼稚園保育はすでに戦中には存在していたと思われる[9]。我々の知る限り、インタビューに応じた全員が幼稚園に通っており、彼らは全員、戦後、集落内の小学校、中学校へと進学している。つまり幼稚園に始まり長期間にわたり、二重言語生活が続いたわけである。

　さて戦後、日本政府は政策として国民の教育を中心にすえて近代化を目指し、この政策は米国からの日本復帰を望んでいた沖縄の人達からも強い賛同を得、沖縄における教育熱心な態勢を育んでいく[10]。そしてここで特筆すべきことは、当時その教育の場で使用されたのが「方言札」であったという事実である (外間 1971: 59、井谷 2006、近藤編 2008)[11]。

---

[9] 日本で初の幼稚園は、1875 年に京都で開設されている。

[10] 沖縄のアメリカ統治は、1951 年に署名されたサンフランシスコ条約によって翌年から実施された。以降県民の本土復帰への希望が次第にたかまり、71 年に日米間で返還協定が調印され、72 年に返還に至った。

[11] 「方言札」が最初に使用されたのは 20 世紀初頭、明治時代であるとされている。戦前、戦中、戦後の「方言札」は、学校や地域で奨励された「方言撲滅運動」の一環であり、共通語を使う家庭を賞賛したり、生徒に当番として他の生徒の言語使用を監視させたりもした。

「方言札」は、大きな物では横20 cm、縦40 cm、小さな物では縦5 cm、横6 cm（井谷2006: 31–32）ほどの、木またはボール紙で作られた板状の物で、時には赤く色が塗られ、その上に「方言札」あるいは「方言使用者」などと書かれていた。この「方言札」は、主に小学校で使われており、方言を使用した生徒は、他の生徒が方言を発するまでこの札を首からかけていなければならなかった。しかしこの慣習は統一されて行われたものではなく、実際の使用は現場の教師によってまちまちであったようである。インタビューに協力してくださった人達の中には、生徒の間での「方言札」の取り交わしを楽しんでいたと記憶する人もいるが、多くの人はこの札をもらうことに抵抗があったと証言している[12]。

　この慣習が子供の心に何らかの影響を与えただろうということは疑いの余地もない。しかしこれを奨励した教師、保護者、地域指導者の立場からすると、おそらく子供の将来を思ってのことだったのであろうという観察が話者から指摘された。つまり「方言札」は教育機関のトップダウンの政策ではなく、過去に「罰札」という風習を持つ沖縄で、日本復帰という未来を抱えた特殊な時期に復活した、ローカルな政策だったと考えられる。さらに、戦時中および移民先で、方言話者への偏見があったという歴史上の体験を踏まえ、やむなく「方言札」が使用されたという複雑な背景も理解しなければならない[13]。また、1960年代以降は、本土での経済復興に伴い、方言を捨て、本土で通用する共通語に精通しなければならないという強い意志が若者の間で広まったようである。このように沖縄でみられた共通語への言語移行は、恐怖心、言語コンプレックス、社会の一員として認められたいという気持ち、さらに自分の地位の向上など、様々な要因が複雑に絡み合って起こった現象といえる。

東北地方でも「方言札」の使用があったという証言もあるが、これは確認されておらず（井谷2006）、今のところ「方言札」の使用は、沖縄だけであったと見てよいだろう。またこの罰則は、古くから沖縄各地で行われていた「罰札」がもとになっているとみられる（井谷2006: 8, 186）。

[12]　何人かの話者は、自分が札をもらうと他の生徒の足を踏んだり、後ろから背中を叩いたりして「あがい（痛い）！」と方言で叫ばせ、札を渡したと証言している。

[13]　方言使用者は、戦時中にはスパイ容疑をかけられたり（屋嘉比2007: 161）、ハワイや南米などの移民先では、日本の他地域からの移民に言葉の違いによって軽蔑されたという報告もある（外間1971: 83）。

「方言札」は、池間島では1920年にはすでに使われていたようであるが[14]、1960年代の半ばまでには使用されなくなったという証言が数人の話者から得られた。池間島のYさん（女性）は1961年あるいは1962年に小学校に通い始めたが、「方言札」を経験している。しかし1966年に小学校に入学したFさん（男性）は経験していない。また、西原においては、Iさん（男性）は1957年に小学校に入学したが「方言札」を経験しており、1962年に入学したSSさん（男性）は経験していないと報告している[15]。

以上の情報を総合すると次のような経緯が推定される。少なくとも1960年代前半から半ば頃までは、子供は小学校に入学するまで日常的に池間方言を使っていた。そのため小学校では、地域的に「方言札」を含めた強い言語統制を導入し共通語への言語移行が推進されることとなる。その結果、子供達は1960年代半ば以降、次第に共通語が使えるようになっていく[16]。そしてその成果を踏まえ、子供の将来に対して保護者や教師が抱いていた不安が次第にやわらぎ、「方言札」の使用が消滅していったと考えられる。これはさらに2009年の時点で、一般的に50歳以下の人は流暢に池間方言が話せないという事実とも合致する。このことからも、1960年代が言語移行に関しては重要な時期であったことは間違いないと考えられる。

4.2 テレビの影響

「方言札」が一般的に使用されなくなった1960年代前半あるいは半ば以

---

[14] この池間島に関する情報は、2009年の調査の協力者である伊良波盛男氏に紹介を受けた年配の女性の証言にもとづいている。また井谷（2006: 42）によると、近藤（1999: 49）が西原地区にある西辺小学校で1930年から40年にかけて「方言札」が使用された記録があることをつきとめている。

[15] この「方言札」消滅の時期は、井谷の調査とも合致する（2006: 161）。井谷は、この「方言札」消滅が沖縄のアイデンティティー確立の時期と一致するとしている。しかし、そうであるなら方言使用を奨励する運動が起こってもよいと思われるが、現実には、逆にその後も共通語が沖縄の言葉に取って代わっていった。

[16] しかしこれは1960年代中期以降生徒が常に共通語・標準語を使っていたということではない。この頃でも黒板に「標準語励行」などと書いてあったり、生徒間で言葉使いを監視させていたという証言を得ている。ある女性は1970年代、学級委員選挙で、当選した際には「標準語」を奨励するというスローガンを掲げたという。また「方言札」が消滅した後も方言を使用すると教室の後に立たされたり、床に座らされたり、胸をつねられたりすることがあったようである。

降、池間方言から共通語への言語移行の主な要因は、テレビに取って代わられたようである。池間方言の衰退は、現在50歳ぐらいの人達から明確に観察されるが、このことは宮古のテレビ放送の開始が1960年代後半である事実と一致する。（テレビ放送の開始は池間では1967年、西原ではそれより2、3年前と推定される。）テレビは当然、最初から全ての家庭にあったわけではないが、放送そのものはすぐに池間の島民の目に触れることになる。というのは、テレビがあることを自慢するためか、あるいは最新技術を他の島民と共有するためか、その根拠は明確ではないが、テレビを持つ家庭では、一般に画面を通りに面して設置し外から番組が見えるようにしていたからである。つまり2010年において50歳になった池間出身者達は、遅くとも小学校一年生以降はテレビを定期的に見ていたことになる。テレビは少数言語の破滅につながることから、「文化への毒ガス」（Krauss 1992: 6）などと呼ばれるが、沖縄の離れ小島にもその影響は多大にあったようである。

4.3 誰に育てられたか

　現地の人達と話をしていてよく聞くのは、「おじい・おばあ」（祖父母）、特に「おばあ」に育てられた人は方言が流暢に話せるということである。今回のインタビューの協力者の多くも、この一般論に同調する傾向がみられた。確かに、我々が方言が流暢であると見なした話者達の何人か（例えばNさん（男62歳）、Oさん（女61歳）、Mさん（女56歳）、Kさん（女54歳））は、実際おじいやおばあに育てられている。しかし、反例も多々見られた。例えばAさん（男69歳）は、おじいやおばあではなく両親に育てられたが方言が流暢であり、他の話者からもその定評を得ている。これにはもちろん、Aさんが、我々が今回インタビューした中でもかなり年配の方で、おじいやおばあに育てられたかどうかということに関わりなく方言を流暢に話す年代に属していることが一因となっていると考えられる。一方、おじいやおばあに育てられたYさん（女53歳）とSさん（女44歳）は、一般論に反して方言がそれほど流暢ではないが、これはこの二人が一般に方言が流暢に話せる年代以下であるということに起因している可能性がある。中でもSさんとのインタビューにおいては、彼女の父親が八重山出身で、宮古語とは相互理解が不可能な八重山語の話者であったため、家庭内のコミュニケーションが共通語を中心に行われていたという事実が浮かび上がってきた。

以上のような観察は、子供の頃に「おじい・おばあ」に育てられたかということだけではなく、過去にどのような話者達との関係を中心とした言語生活を送ってきたのかということが、現在における各自の方言の流暢さを説明するうえで重要な要因であることを示唆している。これはまさに個人のライフスタイルに関する問題である。この要因について、次のセクションで引き続き考察する。

4.4　ライフスタイル

　今回のインタビューに協力してくださった人達の中に、おじいやおばあに育てられたわけでもなく、さらに47歳から55歳と比較的若い年齢にも関わらず池間方言を流暢に話す話者が四人いる。特にこのうちの二人は、今回インタビューした中で一番若い話者である。ここでは、この四人に焦点を当ててライフスタイルと池間方言の流暢さの関係を探ってみたいと思う。

　Gさん（男55歳）は、地域の高校卒業後18歳で仕事のため東京に上京したが、最初共通語を話すことにかなりの苦労があったと証言している[17]。その理由は、Gさんが宮古水産高校という水産関係の高校を卒業したことと深く関わっているようである。この高校は宮古島にあったが、水産業の盛んな池間、佐良浜、西原からの（特に男子）生徒が多数おり、校内では池間方言がかなり盛んに話されていたらしい。Gさんは高校を卒業し、仕事で東京に出た際、生まれて初めて共通語を日常的に話さなければいけない状況におかれたようだ[18]。もう一人の流暢な方言話者であるSSさん（男53歳）も同水産高校出身で、方言を日常的に使っていた同校での経験を報告している。

　Fさん（男49歳）の場合、宮古高校という別の高校を卒業後、沖縄で大学に進むのだが、沖縄では池間方言話者が集まる「溜まり場」的な環境で生活をしていたようである。

---

[17] 前述のNさん（男62歳）も大学入学で沖縄に移り、似たような言語経験をしたと語っている。

[18] GさんもNさん（男62歳）も、特に小中学校の共通語教育を通して、高校卒業時点ですでに、宮古風あるいは池間風の共通語をある程度は話せるようになっていたはずである。しかしそれらのタイプの共通語は、そのころから40年程経た現在においても、日本本土で話されている共通語とはかなり違っている。Gさんが報告する、共通語を話すのに苦労したというのは、東京で話されている共通語を上手く話せなかったことだと我々は理解している。

一番若い話者のTSさん（男47歳）の話はさらに興味深い。他の三人と同様、TSさんもおじいやおばあに育てられたわけではないのだが、父親が大工の棟梁であったため、小さい時から家に弟子達がたくさん出入りし、その人達と池間方言を日常的に使用する環境で育ったようである。TSさんはその後、17歳から23歳の間、日本本土で過ごすことになるが、この時もやはり池間方言を話す親戚と共に生活をしていたと述べている。これら方言使用を中心とした生活環境が現在における方言の流暢さにつながっているようである。

このように、比較的若い年代の話者達の経験談から、単におじいやおばあに育てられたかどうかというよりも、実際どういうライフスタイルで生活してきたのか、つまりどういう言語生活を送ってきたのかというもっと包括的な要因が、池間方言の流暢さと直接つながっていることが明らかになってきた。

4.5　男女差

上記の四人の話者達の年齢は47歳から55歳であり、一般にいわれる方言を話せる最低年齢（60歳）と比べてかなり若い。これに反し4.3で紹介した同年代の女性二人（44歳と53歳）は、おじいやおばあに育てられたにも関わらず、方言が流暢ではない。4.4ではこの違いをライフスタイルの差に起因すると示唆したが、ここでは男女差も方言の流暢さに関わっているという可能性に焦点を当てる。

まず学校内では、女子生徒に比べ、男子生徒が決まりを破って方言を使うことがよくあったという事実が幾つものインタビューの中で明らかになった。さらに男子の中には高校進学後でさえも池間方言を使い続ける生徒がおり、そのため高校卒業後、沖縄や日本本土に移って共通語を日常的に使わなければならない環境におかれた時に、かなり苦労することになったという経験談はすでに4.4で述べた通りである。しかし、同じような体験を経験したかという問いに対して、我々のインタビューの女性協力者達は、特に同調しなかった。

このような方言使用の男女差は、現在も続いているようである。例えば前セクションで述べたTSさん（男47歳）は、「あぐ」[19]と呼ばれる同級生グループの集まりの中で、今でも男性メンバーは方言で話すが、女性メンバーは方言を

---

[19] 「あぐ」とは同級生の意味であるが、池間方言のコミュニティでは子供の時から「あぐ」仲間と一緒に寝泊りしたりして共に過ごす習慣があった。

話さないと報告している。他の何人もが同様の報告をしており、男性であるということと方言を使うということにかなりはっきりした相関関係があり、それが社会的ステレオタイプを形成するまでになっているようである。このことは、前述の方言が流暢なFさん（男49歳）がインタビュー内でした「方言だと女性らしくない」というコメントに集約されている。

最後にここで我々が最近出会った、伊良部島佐良浜の三人の中学生について述べたい。この三人はインタビュー当時12歳と13歳であったが、驚くことに方言がかなり流暢に話せるようであった[20]。実際どの程度流暢に方言が話せるのかは、現時点ではまだはっきりしないが、面白いことにこの生徒達は全員男子で、さらに放課後（校外で）は佐良浜の漁師達とかなりの時間を一緒に過ごしているようである。これは、男女差、さらに上述のライフスタイルが、彼らの方言の流暢さと関わっていることを示唆する。

このように今回の調査では、男性に比べ女性の方が、池間方言から社会的優位に立つ共通語への移行が早いということが観察された。これはある社会においては女性の方が男性より言語が示す社会階層の違いに敏感であるというTrudgill (1974: 93) の観察と一致する。また Harrison (2007: 97) の報告にある、Monchak (モンゴル語の一つ) のコミュニティにおいては若い男性が女性よりコミュニティの言葉を頻繁かつ流暢に話すという状況とも酷似している。

4.6 社会行事・宗教行事

池間、西原、佐良浜の三つのコミュニティは、宗教行事を含む集落の行事が多いことで知られている。これらの行事は、集落が主催する公式の行事から規模の小さい個人的な集まりまで様々あり、コミュニティ・レベルにおける宗教集団主催によるもの、老人クラブ主催によるもの、「あぐ」達によって運営されるものと多種多様である。これらの行事や集まりの場では、池間方言の使用が奨励あるいは義務づけられており、行事に参加し方言を使用することによって、集落さらには「池間民族」への帰属感を高めているようである。今回のインタビューを通して、また実際にこれら各種の行事に多数参加してみて、これらの大小、公私の行事や集まりが、方言の持続に大きく影響を与えている可能性があると我々は感じる。

---

[20] この三人の他にも池間方言がある程度喋れる生徒がいる可能性は高い。

もちろん集落の全員がこれらの行事に参加するわけではないし、参加・不参加は、先に述べた個人のライフスタイルとも関わっているといえる。しかし、義務感や義理という動機によって、集落のかなりのメンバーがこれらの行事に参加しているというのが我々の印象である。興味深いことに、これらの行事は池間島よりも比較的新しいコミュニティである西原と佐良浜でまだ盛んに行われており、さらにこの事実は、方言使用が池間島よりも西原と佐良浜でより盛んであるとする地元の人達の印象とも一致する[21]。つまり、これは文化と言語の保持の深い関わり合いを示唆するものである。

　最後に、前述の方言が使える佐良浜の三人の中学生に少し話を戻すと、彼らはミャークヅツと呼ばれる集落あげての行事においても、大人の男性達による踊りに誘われ共に踊ることが確認されている。このような観察からも、方言の流暢さがライフスタイル、男女差、宗教、集落の行事などと深く関わっていることが推測される。

5.　さいごに

　池間プロジェクトの最終目的は、Himmelmann(2002: 9)が定義するところの言語使用・言語伝統の記録であり、その目的の達成のためには、池間コミュニティ全体からの情報収集が必要不可欠である。それゆえ、本研究で使用した、コミュニティのメンバーから体験談を聞き出すという手法は、プロジェクトを進めていくうえでの大きな一歩になったと自負している。

　アンケート調査が、研究者が事前に選択した項目に関してのみ情報を集める傾向があるのに対し、インタビュー調査は、幼稚園から始まる過去の教育環境、テレビの影響、育て親、男女差、ライフスタイルなど、池間方言の現状に至るまでの様々な要因を網羅することを可能とした。実際、年齢が60歳以下では池間方言は流暢に話せないという一般の認識に反し、コミュニティの人達と一対一で話すことで、実際には40歳後半から50歳代の話者が存在するこ

---

[21]　他集落に比べて佐良浜で方言がより保持されているのには次の理由が考えられる。1) 佐良浜は伊良部島にあり、この地域における政治・商業の中心である宮古島にある西原や、宮古島と橋でつながっている池間と違い孤立している。2) 佐良浜の人口(3,264人)は池間(736人)や西原(1,034人)に比べて格段に大きい。3) さらに、佐良浜に住む池間島からの移民グループは、伊良部島の他の方言を話すグループと比べて一番人口が多く、伊良部島の人口の過半数を占める。

とも明らかになってきた。

　インタビューを通して個人的に会話をすることの利点は、彼らの体験談を共有することにより、スピーチ・コミュニティ全体の言語使用状況や文化の記録が可能になったことばかりではない。会話を通して逐次様々な情報が得られることで、我々研究者は、今後のプロジェクトを進めていくうえでどのようなデータを収集するべきか、どの話者に話を聞くべきかなどという問題に対し、自分達だけで模索することなく、コミュニティの協力や情報提供をもとに決めていくことができた。それぞれのコミュニティの固有性を考えると、言語使用・言語伝統の記録には、内部の人達との協議を通して得られるインプットがいかに大切な財産であるか、その必要性を実感した。

　最後に、本研究を進めるに当たり、当初の計画に反して経験談を聞き出すというインタビュー形式を取ったからこそ分かった、重要かつ予想外ともいえる発見が幾つかあるので、これを次の三点にまとめ、本稿を閉じることにする。

a) 信頼関係：経験談を通して個人的に会話したことで、コミュニティの人達と以前以上に近い関係を築くことができた。当然ではあるが、人間関係は会話をすることによって築き上げられる。そのため、コミュニティの人達の個人的な経験談を聞くことで会話が弾み、そこから信頼関係が生まれることになったわけである。これは池間方言を記録するという目的上、必要不可欠なステップである。

b) プロジェクトの目的の理解：インタビューを通して、我々が話者達のことを少しずつではあるがより深く理解していったのと同様に、我々が研究者としてどのようなことに興味があるのか、さらにはプロジェクトの目的が何であるのかということに、コミュニティの人達からもより深い理解を得ることができた。これは我々の質問が、池間方言の過去と現在の言語使用に関することなので、一般の人達にも理解しやすいという事実も影響していると思われる。しかし同時に、時間をかけてやり取りをするという行為を経て、被験者として質問に答えるという一方的な人間関係ではなく、お互いを分かり合おうとする人間関係が築けたことが大きく影響していると考えられる。これは、フィールドワークを行う最終目的が何であっても、音韻や文構造などの言語学的な質問から始めるのではなく、最初は我々が

取ったようなインタビュー形式で始めるのが効果的であることを示唆している。

c) 興味の促進：一般的にインタビューに応じてくれた人達は、我々に経験談を話すことで、自分の現在や過去における体験、特に言語使用に関して興味が沸いたように思われる。中には自分の体験について家族や友達と話し、その後新たに思い出したことを別の機会に話してくれた人もいる。「話す」という普通の行為が研究対象になったことで、今後も彼らなりにそのことについて考え、コミュニティ内で話し合うことが、広い意味で池間方言の記録にもつながるという事実を理解してもらい、それを通して池間方言の記録へも興味が向いていくことを願ってやまない。

参照文献

Fija, Bairon, Matthias Brenzinger, and Patrick Heinrich（2009）The Ryukyus and the new, but endangered, languages of Japan. *The Asia-Pacific Journal: Japan Focus* 3138.
Harrison, David K.（2007）*When languages die*. Oxford: Oxford University Press.
Hayashi, Yuka（2010）Ikema (Miyako Ryukyuan). In Michinori Shimoji and Thomas Pellard eds., *An introduction to Ryukyuan languages*, 167–188. Tokyo: ILCAA.
林由華（2013）「南琉球宮古語池間方言の文法」京都大学大学院文学研究科博士論文．
Himmelmann, Nikolaus P.（2002）Documentary and descriptive linguistics. Unpublished manuscript.
平山輝男編（1983）『琉球宮古諸島方言基礎語彙の総合的研究』東京：桜楓社．
井谷泰彦（2006）『沖縄の方言札：さまよえる沖縄の言葉をめぐる論考』沖縄：ボーダーインク．
Izuyama, Atsuko（2002）A study on the grammar of Miyako Hirara dialect of Luchuan. In Shinji Sanada ed., *Grammatical aspects of endangered dialects in Japan (1)*, 35–97. Tokyo: Endangered Languages of the Pacific Rim.
近藤健一郎（1999）「近代沖縄における方言札（3）」『愛知県立大学文学部論集（児童教育学科編）』48．
近藤健一郎編（2008）『方言札』東京：社会評論社．
Krauss, Michael（1992）The world's languages in crisis. *Language* 68: 4–10.
Labov, William（1984）Field methods of the project on linguistic change and variation. In John Baugh and Joel Sherzer eds., *Language in use*, 28–53. New Jersey: Prentice Hall.
Lewis, M. Paul ed.,（2009）*Ethnologue: Languages of the world, 16th edition*. Dallas: SIL International. Online version: http://www.ethnologue.com/
宮古島市（2010）「統計みやこじま」http://www.city.miyakojima.lg.jp/site/view/contview.jsp?

cateid=29&id=437&page=1
Moseley, Christopher ed.（2010）*Atlas of the world's languages in danger, 3rd edition.* Paris: UNESCO Publishing. Online version: http://www.unesco.org/culture/en/endangeredlanguages/atlas
名嘉真三成（1992）『琉球方言の古層』東京：第一書房.
ネフスキー　ニコライ（2005）『宮古方言ノート』沖縄：沖縄県平良市教育委員会.
柴田武（1980）「沖縄宮古語の語彙体系」『月刊言語』9: 1–12.
Shimoji, Michinori and Thomas Pellard eds.（2010）*An introduction to Ryukyuan languages.* Tokyo: ILCAA.
外間守善（1971）『沖縄の言語史』東京：法政大学出版局.
Trudgill, Peter（1974）*Sociolinguistics.* London: Penguin.
UNESCO Ad Hoc Expert Group on Endangered Languages.（2003）Language vitality and endangerment. Document submitted to the *International Expert Meeting on UNESCO Programme Safeguarding of Endangered Languages.* Paris, 10–12 March 2003.
屋嘉比収（2007）「「日本語」「日本民族」の編成でいかに翻弄されたか：沖縄の郷土史家・島袋全発の軌跡」古川ちかし他編『台湾、韓国、沖縄で日本語は何をしたのか：言語支配のもたらすもの』155–173. 東京：三元社.

第2部 第3章

村落祭祀の継承に関する一考察
宮古島西原の「ミャークヅツ」を事例に

平井 芽阿里

1. はじめに：男たちのミャークヅツ

　長年研究や調査を続けていると、時として驚くべき光景に出逢うことがある。それは、整然とひとつひとつ丁寧に並べられた供物の美しさであったり、確かに同じ日本ではありながら、全く聞き取ることのできない言語であったりする。ある時、南の島の神様の行事に参加させていただけることになった。指定された時間に指定された場所へ赴くと、そこにはおびただしいほどの正装姿の中年男性が集まっていた。皆一様に、赤黒く焼けた肌に白いシャツを着て、黒いジャケットをはおっている。ざっと300名以上はいるであろう男性たちの中には、女性や子どもの姿は一人として見当たらない。司会らしき男性がマイクを持ち言葉を発するも、単語の一つすら理解できず思わず困惑したのを覚えている。

　奄美、沖縄、宮古、八重山諸島を含む南西諸島の各地には「御嶽（うたき）」という神々の聖なる森があり、神々を祀るための各種儀礼が執り行われている。この日、沖縄県宮古島の西原で行われていたのは、厳しい租税の奉納に由来する豊年、大漁を祈願する「ミャークヅツ」という行事であった。男性たちが集まっていたのは、ナカマ御嶽という名称の聖地である。ミャークヅツに参加する男性たちのほとんどは、傍目には早朝から日が暮れるまで、ただただ共に酒を飲み交わしているだけのように見えなくもない。しかし実際には、彼らはミャークヅツという村の行事への参加を通して西原の一員となり、礼儀作法やしきたり、神々との繋がりや祈り方、普段は全く話さないような方言も含め、実践として体得していくのである。

2. 研究背景と本稿の目的

　西原には一定の年齢に達した男女から年齢階梯的に構成される「ナナムイ」という祭祀組織がある。ナナムイは主に女性を中心として、年間45回以上の村落単位の儀礼を執り行う。ミャークヅツの中心的な担い手は、このナナムイに所属している男性神役（かみやく）である。神役は、女性と男性の集団に分かれ、主に女性を中心として、村落単位の儀礼である「村落祭祀（そんらくさいし）」を行う。

　近年、南西諸島各地で村落祭祀の存続が危ぶまれ、同時に村落祭祀の場で歌われる神聖な神歌、供物の配置、神々の祀り方や祈り方、儀礼の際に使用される方言などの継承が困難となっている。西原でも、2000年以降、女性神役の候補者不足など深刻な問題を抱えており、地域社会が守り継いだ「伝統」に意図的な「改変」を加えることによって、時代に適応した新たな村落祭祀の行方を模索している。このような状況の中、「女性のナナムイは衰退しても、男性のナナムイは残る」とする男性側からの意見がある。さらに、最終手段として、それまで女性が担っていた村落祭祀を男性が担う可能性も話し合われている（平井 2007: 363–367）。現に、宮古諸島の池間のように、女性主体の村落祭祀が何度も中断する中、男性主体の村落祭祀は滞ることなく行われてきた事例もある。また、後に詳しく述べるが、それまで女性が担っていた村落祭祀を男性（区長）が引き継ぐ形や（笠原 1991: 10–12）、女性神役の不在によって、「男性のみの祭事という変則的な状態」を生じた事例も報告されている（大胡 1993: 163）。

　南西諸島では、これまで神々の前では女性優位の原理が根強くあることが一つの大きな特徴であった（比嘉 1987: 76–78）。伊藤は、「女性原理の優越という思想が存続するかぎり」沖縄の民俗宗教には構造的変化は起こらないだろうと述べている（伊藤 1980: 317）。女性神役が担ってきた村落祭祀を男性が担うことは理念的には可能である。しかしながら、村落祭祀の中心的な担い手が女性から男性へと「改変」された時、儀礼の構造や世界観には当然何らかの変化や新たな意味の付加が生じるといえる。現時点で必要なのは、変容過程で何が継承され、何が継承されなくなるのかといった過程を、村落祭祀の構造や実践に即して考察することではないだろうか。

　そこで本稿では、西原で主に男性を中心に行われるミャークヅツを事例とし、まず村落祭祀における男性神役と女性神役の役割を明らかにする。次に

ミャークヅツの儀礼構造を分析することによって、村落祭祀の担い手が女性から男性へと変化した時に生じる変容から、村落祭祀の継承と今後の展望について考察することを目的とする[1]。

3. 祭祀組織と神役の役割

　西原は、1874 (明治7) 年、池間と佐良浜からの移住者によって成立した集落である。池間から分村する際には、池間最大の聖地から神々をも引き継ぎ、ウパルズ御嶽として祀っている。西原では、ウパルズ御嶽を中心として、10ヵ所の御嶽とかつて村の番所が置かれていた旧公民館、港、浜などでナナムイの主な村落祭祀を行っている。また、西原は東西南北、四つの支部に分かれており、この支部を「サトゥ (里)」ともいう (平井 2012: 40–43)。

　先述した通り、西原在住または西原出身の男女は一定年齢になると、ナナムイに加入することが本来は義務づけられている。本稿では現在の西原の神役の認識に従い、加入を「入学」、退役することを「卒業」、そして新しい加入者を「新入生」、退役する者を「卒業生」と表記する。まず女性について述べると、女性は数え46歳になると原則としてナナムイに入学し、数え55歳で卒業する。卒業までの10年間、ナナムイヌンマ (ナナムイの母) として村落祭祀を担う。女性神役の中から、さらに、最高指導者としてのウーンマをはじめとする、アーグスンマ、ナカバイ、アーグスンマヌトゥム、ウーンマヌトゥムという名称の女性神役を「神クジ」[2]という特別な籤引きで選出する。この5名はハナヌンマとも称される。ハナヌンマの中でも、ナカバイ、アーグスンマヌトゥム、ウーンマヌトゥムの3名は新入生から毎年選出される。そのため、新入生の入学が見込めない2005年以降はこの3名が不在である[3]。

　これに対し、男性は数え50歳になる年にナナムイに入学し、数え56歳で卒業する。1967年頃までは、男性も47歳で入学したが、「若い」という理由か

---

[1] 本稿では村落祭祀の場で継承される様々な知識にも留意するため、儀礼の手順等についてやや詳しく述べることとする。なお、本稿は2009年に発表した論文「宮古諸島西原のミャークヅツ：担い手の役割からみる村落祭祀構造」(『沖縄民俗研究』27 沖縄民俗学会) に加筆・修正を加えたものである。

[2] 神クジとは、御嶽内で実践されるものであり、結果は全て「神々による選出」を意味するなど通常のクジ引きとは異なると認識されている。

[3] なお、女性神役組織の詳細、および任期等を「改変」した現在の祭祀組織の状況については、他で述べている (平井 2012)。

ら今の年齢となったという (平良市史編さん委員会編 1989: 417)。ナナムイに入学した男性を通常ニガイウヤ (願い親)、ナナムイオジー、オジーなどと呼ぶ[4]。組織は年齢階梯的に構成されている。男性の新入生はミャークヅツを境に入学し、12月29日に行われるシーブと呼ばれる行事においてナナムイを卒業する[5]。新入生をウイイディウヤ (初出親)、インジャウウヤ (入学親)、ズートゥイウヤ (魚取り親)、卒業生をインギョーウヤ (卒業親、隠居親) ともいう[6]。また年上のことをスジャウヤ (先輩)、年下をウットゥウヤ (弟親) とも呼ぶ。

　他にナナムイには、ヒューイトリャ (ヒューイトイオバー) として、村落祭祀の日取りを決定する女性の存在がいる。またナナムイとは別に、「里神のニガインマ (願い母)」がいる。里神のニガインマは、ナナムイをすでに卒業した女性たちから神クジで選出され、ウーンマ、アーグスンマ (ナカンマ)、ウーンマヌトゥム、アーグスンマヌトゥムの計4名で構成されている[7]。里神のニガインマは、支部ごとに御嶽の神々を祀っており、年4回から6回程度の里祭祀である「里神ニガイ」を執り行う[8]。

　ところで、従来は適齢に達した西原出身者がいわば「自動的に」入学してきたナナムイも、女性の場合においては2000年以降、入学には本人の承諾が必要となり、神役を「拒否」するという選択が地域にも容認されるようになった。そのため、女性を中心として展開される村落祭祀の維持、祭祀組織自体の存続が困難となっている。しかし、男性の場合は適齢期になるとともにその多くが、半ば「自動的に」ナナムイに入学するといってもよい。それはニガイウヤが自治組織の中では「健永会」として存在し、ニガイウヤになることが健永会の役員になることでもあるためである。ニガイウヤには、学年ごとに会長1

---

[4] 西原では、孫がいなくても、ナナムイに加入した女性は全て「オバー」、男性は全て「オジー」と呼ばれるようになる。

[5] 以前は、シーブ (歳暮) は毎年12月27日に行われていたが、2005年に29日に変更となった。理由としては、シーブには沖縄本島や県外各地から男性神役が参加するため、正月まで滞在できるよう「仕事納めの日」の翌日にしたということである。

[6] 上原の論文では、ミャークヅツから6年目で退役するためインギョーウヤ (隠居親) を6年生としている (上原 1991: 189)。本稿では現在の西原のニガイウヤの認識——「ナナムイだから7年間、7年生まで務める」——に従い、7年生をインギョーウヤとする。

[7] ここに示した里神のニガインマは、名称は同じだが、先述したナナムイのハナヌンマとは異なる存在である。

[8] ここでのニガイとは、祈願や祈願を行うことを意味する言葉である。

名、副会長 1 名、書記 1 名がいる。

　ニガイウヤの主な役割は、年間 45 回以上行われるナナムイの村落祭祀に定期的に参加することであり、その任期は 7 年間となっている。ナナムイの村落祭祀のうちニガイウヤが参加するのは、ウチャナクニガイ、ウチャナクヌカサンブンニガイ、ヒューイ、六月ニガイ、ミャークヅツ、シーブの年間 6 回である。

　この中でウチャナクニガイ、ウチャナクヌカサンブンニガイ、ヒューイ、六月ニガイは女性神役が中心となる村落祭祀である。またシーブは神々に対する儀礼というより、卒業式といった行事的側面が色濃い。これに対し、ミャークヅツはニガイウヤが主体となって行われる唯一の村落祭祀である。

　ミャークヅツでは、ニガイウヤにも様々な役割がある。まず 5 年生から、マスムイウヤが選出される。マスムイウヤとは後述する「マスムイ儀礼」を担うニガイウヤのことであり、クジや話し合いによって選出される。2 年生からはハタムツウヤがクジによって選出される。西原には「西原部落会旗」、「日の丸」、「健永会旗」、「自治会旗」、「五穀豊穣旗」という五つの旗があり、大切に保管されている。ミャークヅツの 2 日目に、パレードとして全ての旗を担ぎ集落を練り歩く。ハタムツウヤとは旗を担ぎ、守る役目を持つニガイウヤである。どの旗を担ぐのかは、会議で決定する。また、その年ナナムイに入学する者を新入生とし、1 年生とは区別する。6 年生は 5 年生に対しマスムイの指導を行う。1 年生は酒やつまみを用意する係であり、それを指導するのが 3 年生の役割である。そのため、3 年生を指導部ともいう。

4. 村落祭祀の現状

　先にも触れたように、西原では 2000 年以降、ナナムイへの入学を仕事などを理由に断る女性が増加し、人数不足からナナムイの存続が困難となってきている（平井 2012: 222–226）。しかし図 1 を見ても明らかなように、男性神役は 2012 年 3 月現在でも、一定以上の入学がある。

　このような状況の中、西原では、現役の女性神役やニガイウヤ、すでにナナムイを経験した者、また 20 代から 30 代の男女によって、ナナムイの今後について頻繁に話し合われている。話し合いは、自治組織などを中心として正式な会議の場を設けることもあるものの、どちらかといえば普段の生活の中で、飲み会、運動会など人の集まるところでの話題、という意味合いが強い。しばしば女性は女性だけ、男性は男性のみで話し合われるため、意見が二つに分か

れることが多い。そこで、ここでは現役の女性神役と、ナナムイを卒業したばかりの女性たちから出された可能性と、現役のニガイウヤによる提案について見ていくことにする[9]。

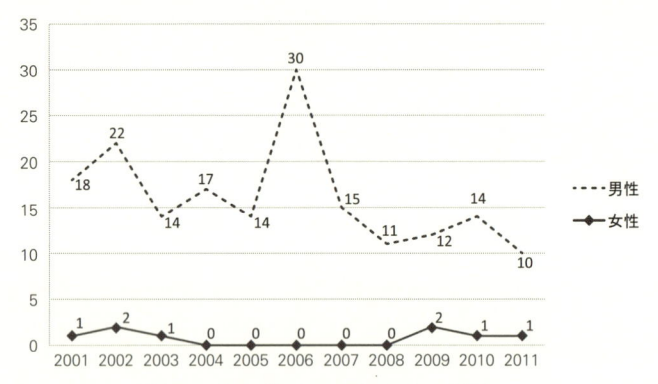

図1　祭祀集団への加入者の推移

※ 2001年から2011年に至るまでの男性と女性の推移。いずれも2004年から2011年の調査で得たデータに基づいている。男性に関しては追加や途中退役などもあるため、必ずしも固定数とは限らない。

女性側からよくいわれるのは「新たな村落祭祀の可能性」である。本来神前で行うことにはいかなる「改変」も加えてはならないという禁忌がある。それにもかかわらず、西原では日取りや時間帯、御嶽に一晩以上泊まり込み祈願を行う「籠り」の廃止など、「改変」を加えることで神役不足の問題に適応してきた。しかし、村落祭祀の数、供物の配置や神歌の内容、神役の役割などは厳密に守っている（平井 2012: 235–241）。「新たな村落祭祀の可能性」とは、神役の人数から年齢、日程や村落祭祀の回数にいたるまで、全てを組み直すというものである。

これに対し、男性側からよくいわれるのは「男性神役によるナナムイの存続」である。これは、それまで女性神役が行ってきた村落祭祀の手順等に「改変」を加えることなく、男性がそのまま引き継ぐ形、あるいは「改変」を加えた後、積極的に男性が関わるというものである。女性神役に比べ、男性は人数も多く、交代制で行えば可能だとする男性側の意見がある。

あえて述べるまでもなく、これらの意見が西原の総意であるというわけでは

---

[9] 女性神役の直接的な候補者となり入学を拒否した40代女性の多くは、ナナムイの話題を極力避ける傾向にある。

ない。特に、男性側からの主張には、「オジーは御嶽のことはわからない」、「男が御嶽のことをできるわけがない」という女性側の意見がつきものである。そこで、なぜ「男が御嶽のことをできるわけがない」といった意見が出るのか、ミャークヅツを事例とし、男性神役と女性神役の役割を明らかにすることから始めたい。

5. ミャークヅツに見るニガイウヤ
5.1 ミャークヅツの由来と概要

ミャークヅツは毎年、その年の「甲午」の日が3回目に回ってくる日をアラ日とし、ンナカヌ日、アトヌ日、ブートイヌ日と4日間かけて行われる。甲午の日は、池間では「ツーヌンマヌイ」といい、「ツー」は母乳、「ンマ」は母を意味することから、枯れることのない母乳が豊年を連想させたのではないかと伝承されている。ミャークヅツの由来は、次の通りである。琉球が薩摩によって征服されて以来、厳しい租税の取り立てがあり、中でも宮古・八重山の収穫は厳しかったという。18世紀中頃、池間は租税の重みや不作続きで苦しんでいたが、「仲保屋の主」という人物が池間の支配者に赴任した年から豊作が続いた。島の人たちは、豊作と島全体の喜びは「仲保屋の主」のおかげだと記念して一大行事を起こしたのがミャークヅツの始まりだとされている（赤嶺 2003: 5）。しかしながら、200年にわたる歴史を持つミャークヅツも、開始から10数年後になると次第に中だるみ状態となる。この時、ある婦人が息子を亡くした。埋葬してある墓地に通い続けるも、美しかった姿は月日が経つに従い醜く、恐ろしく変わり果てた。婦人は、「生きている間に楽しく愉快に過ごして一生を送った方が人間の幸福である」と訴え続け、再び賑わいを取り戻したという話もある（前泊 1983: 23–24）。

ミャークヅツはよく「宮古節」、「宮古月」という当て字が使用される。これに対し、ミャークを「楽しむ」という意味で捉える見解や（野口 1972: 199）、「現世」や「浮き世」とするものもある（笠原 1996: 544）。ミャークヅツは、池間島を発祥とし、分村した西原、佐良浜地区でも受け継がれている。

5.2 ミャークヅツの前日とアラ日

次に、西原のミャークヅツを事例とし、具体的な内容を見ていくこととす

る[10]。ミャークヅツは本来4日間行われていたが、現在では少しずつ簡略化されていることもあり、本稿ではアラ日とンナカヌ日を中心に述べる。アラ日は午前と午後の部に分けて行われる。午前の部では開会式や挨拶を行い、午後の部では、ナカマ御嶽でンナカヌ日のリハーサルを行う。ンナカヌ日も午前と午後の部があり、午前の部では「マスムイ」と呼ばれる儀礼を行う。そして新入生たちによる大漁の報告をした後、午後の部では、パレードと奉納相撲、そしてクイチャーを行う[11]。アトヌ日とブートイヌ日には、女性たちによるクイチャーとカラオケ大会などが行われている。

5.2.1 ウタキヌソージ

　ミャークヅツを行うのは、ナカマ御嶽である。ナカマ御嶽にはナイカニガウチャウヌスホヤグミ（帳簿の神）やバカバウガンヌツヌスホヤグミ（生命の神）を始めとして、複数の神々が祀られている。御嶽の手前と奥とに2ヵ所、イビと呼ばれる神聖な領域があり、奥のイビは主に女性神役による村落祭祀で使用する。ミャークヅツでは手前のイビにある祠と祠の前にあるフヤー（小屋）と呼ばれるコンクリートの建物、そしてナカマ御嶽の前にある舗道を使用する。ミャークヅツ開催時には車が通ることのないように配慮がなされている。
　ナカマ御嶽は、東支部の里神でもある。そのため、ミャークヅツの前日か数日前に、東支部の里神のニガインマであるウーンマがナカマ御嶽の手前のイビで「ミャークヅツヌソージ」祈願を行う。祈願には、ニガイウヤの新入生も参加をする。これは、御嶽の掃除をし、ミャークヅツの日程などを神々に報告する儀礼である。なお、村落祭祀でも里神単位で行う神行事でも、儀礼の前には必ず「ソージ」として、御嶽の掃除と神々へのニガイの報告をする。ウーンマは祠に火をつけた線香を供え、御嶽の神々に「11月11日からミャークヅツが始まります。今日はそのための掃除を、ニガイウヤの新入生たちが行います。また、12日にはマスムイをします。よろしくお願いします」という内容を方言で報告する。線香に火がついている間に、新入生も座ってイビの祠に手を合わせる。その後、ナカマ御嶽を掃除し、小屋に5本の旗を奉納する。

---

[10] ここに記述するのは、主に2004年11月に行ったミャークヅツに関する調査によるものである。2006年9月、2008年10月、2011年10月にも補充調査を行った。

[11] クイチャーとは宮古諸島の民俗芸能であり、皆で円を作り踊ることである（波照間 2008: 180–181）。

5.2.2　午前の部

　ミャークヅツに参加するのは、1年生から7年生までの現役のニガイウヤに加え、祭祀組織をすでに卒業した「ガバオジー」と呼ばれる男性である。また西原出身で他都道府県在住のニガイウヤやガバオジーたちも、東京、名古屋、大阪、沖縄本島などから参加し、総勢300名ほどの男性がナカマ御嶽に集合する。ニガイウヤとガバオジーに加え、自治会長、字長、議員、班長も参加する。班長とは、西原在住の20代から30代の男性から毎年選出され、村落祭祀の手伝いなどをする者のことである。

　次にニガイウヤの役割を学年ごとに見ていくことにする。まず1年生は、アラ日の午前5時過ぎからナカマ御嶽に集まり、先輩のニガイウヤやガバオジーたちを迎えるための諸準備を行う。諸準備には酒の購入や「ミルク酒」の用意も含まれる。ミルク酒とは男性が参加する村落祭祀にのみ用いられる酒であり[12]、西原の池間酒造産の「ニコニコ太郎」という銘柄の泡盛に通称「わしミルク」と呼ばれる加糖練乳を混ぜ作る。酒の消費量はミャークヅツのアラ日の午前中だけでも泡盛100升以上となる。泡盛は直径1メートルのポリバケツに注ぎ込み、練乳を混ぜ、柄杓を用いて空の一升瓶に移し、ムシロに1本ずつ置いていく。またフチャバンと呼ばれる湯呑み茶碗を丁寧に洗ってから人数分並べる。なお、この時の費用は班長が事前に1人100円ずつ各家から回収している。現金や泡盛、タオルなど多くの寄付もある。1年生と班長が準備に追われる頃、2年生から7年生までのニガイウヤは、家で出発の準備をしている。ニガイウヤは村落祭祀に参加する際、つまり神前においては常に正装し、髪も整える。この時、5年生のマスムイウヤと2年生のハタムツウヤ、他に字長、自治会長、議員は胸に赤い花をかたどったリボンをつける（平井 2012: 119–125）。

　ニガイウヤたちは、各自ウサイも準備する。ウサイとは宮古諸島の方言で「おかず」、「おつまみ」を意味する（与那覇 2003: 73）。ウサイには、時に「弁当」という意味も含まれる。ウサイは妻が用意してくれるものであり、海のものを入れるのが決まりである。中身はイラブチャーやマグロなどの魚の刺身や、酢鯖、あるいは自ら海に潜り取ってきたクモ貝、シャコ貝など多種多様で

---

[12]　かつて、池間、佐良浜、西原では粟のンツ（神酒）を使用していたが、作るのに手間がかかるという理由でミルク酒を用いるようになった。ミルク酒の由来は「胃に良い」、「白濁した色が粟のンツに似ている」などがある。なお、ミルク酒の由来は池間にある（平良市史編さん委員会編 1989: 226）。

ある。ニガイウヤは7時半過ぎに家を出て、ナカマ御嶽に集まる。ニガイウヤとガバオジーは、それぞれ指定の席に座る。指定といっても席が区切られているわけではなく、暗黙の了解で年齢順に座っていく。席は、ナカマ御嶽を正面とし、右側はガバオジー、左側には、御嶽に遠い方から2年生、3年生、4年生、5年生が座り、6年生と7年生のみ向かい合う形で御嶽の中に座る。フヤーの中には74歳以上が座る。それぞれが席につくと、開会の儀が表1のプログラムに沿って執り行われる。

表1　ミャークヅツプログラム（アラ日）

| 平成16年度（11月11日アラ日） |
| 西原部落ミャークヅツ行事　プログラム（午前の部） |
| 1　開会のことば |
| 2　西原部落字会長の挨拶 |
| 3　西原みどり会会長の挨拶 |
| 4　西原自治会長挨拶 |
| 5　マスムイウヤの紹介（代表挨拶） |
| 6　ハタムツウヤの紹介（代表挨拶） |
| 7　ミャークヅツの由来の説明 |
| 8　平良市議会議員の挨拶 |
| 9　高齢者代表挨拶 |
| 10　ナナムイニガイウヤ代表挨拶 |
| 11　会計報告 |
| 12　閉会のことば（明日の報告） |

※本稿で使用する「プログラム」は全て西原自治会から提供していただいたものである。掲載した「プログラム」のニガイウヤの役職や名称に関する漢字表記は全てカタカナで統一した。また、「プログラム」に掲載されている「部落」という言葉は「ムラ」といった意味を含み、西原住民の認識に従ってそのまま使用した。その他表記等も原文通り表記している。

1の「開会のことば」は、「シュウタマイ、ウヤタマイ、カギミャークヅツチャムカイサマイ、オメデトウゴザイマス（ガバオジーの皆様、ニガイウヤの皆様、美しきミャークヅツを迎えることができ、おめでとうございます）」というように始まる。他の村落祭祀の場でもそうであるように、神前での正式な話し方として、西原では方言が使用される。挨拶の際には、先輩が後輩の湯のみ茶碗に酒を注いで飲ませる。後輩は先輩からの酒は決して断らず、一気に飲み干す。

　プログラム2から4までの字長、みどり会会長、自治会長の挨拶が終わる

と、5と6のマスムイウヤ、ハタムツウヤの紹介が行われ、次に7のミャーク
ヅツの紹介として、航海安全、五穀豊穣、健康祈願であること、その成功を願
うとともに西原の一致団結を図るものであるといった内容の説明がある。議員
や高齢者代表の挨拶が終わると、7年生の代表がミャークヅツの成功を祈る。
この時、全員が立ち上がって整列し、乾杯し閉会とする。プログラムの行程は
休憩を挟みながら、2時間程度で終わる。

　午前の部が終わっても、1年生は後片付けに追われることとなる。男性が参
加する村落祭祀の多くでは、1年生の席は用意されておらず、午前の部でも御
嶽の前にある空き地で休む間もなく酒のつぎ足しなどの作業に追われている。
早朝から座る暇もないほど忙しく動き回っている1年生ではあるものの、全て
に関し「ナラスジャウジャヒ　フィサマティ（ご指導お願いいたします）」と
いう姿勢で先輩から何でも教わり、尽くさなければならないと認識している。
また手伝いとして参加している班長は、ニガイウヤではないため正装姿ではな
く、席も用意されていない。班長も午前の部の間は空き地に待機し、プログラ
ムを配布するなど、男性が参加する村落祭祀では、神前における上下関係が厳
しく設定されている[13]。

　なお、アラ日には16時頃ハナヌンマやウーンマの親戚の女性、字長の妻な
どがジャーガマという広場に集まり、1時間程度クイチャーを踊る。

5.2.3　夜の部

　1年生は17時過ぎから再度ナカマ御嶽に集まり、夜の部の準備を行う。夜の
部はナカマ御嶽のフヤーの中でのみ行う。まず中にムシロを敷く。ナカマ御嶽
の周囲には特に外灯もないため、簡易電気を設置しておき、蚊取り線香にも五
つほど火をつけ、先輩たちの居心地に細心の注意をはらう。午前の部と同様、
ミルク酒と湯呑み茶碗も用意し、夜のウサイ（おかず）も用意する。2004年の
ウサイは西原の石嶺豆腐店の手作り島豆腐の上に宮古島産のイカの塩辛を乗せた
ものと宮古島産の落花生を茹でたものであり、これらを50名分用意する。

　17時半になると、2年生と3年生はナカマ御嶽のフヤーに入って待機す
る。フヤーに入る前には舗道と御嶽の境界付近で座り、手を合わせて御嶽の

---

[13]　村落祭祀の最中は、兄弟であっても名前で相手を呼んではならず、「先輩」「後輩」とい
うように呼ぶ事などにも表れている。ただし、同学年の者は学歴や職業に関係なく「神様の前
ではみんな平等」といった考え方がある。

神々に向かって何度も頭をさげた後、靴を脱いでから入る。夜の部は、新入生、1年生、2年生、3年生そして字長、自治会長、議員のみが参加する。そして1年生から3年生はフヤーの中に一晩籠る。この籠りの目的は、「旗を守るため」であると考えられている。

表2　ミャークヅツプログラム（アラ日・夜の部）

平成16年度（11月11日アラ日） 西原部落ミャークヅツ行事　プログラム（夜の部）
1　インジャウウヤたちの入場（1年生代表が案内）
2　インジャウウヤたちの持ってきた願い酒を神様に供えさせる 　　字長・自治会長がやる／字長の指示で手を合わせる
3　インジャウウヤの代表挨拶（申年）
4　インジャウウヤの自己紹介
5　ウサイの準備 　　2年生、1年生代表はインジャウウヤたちにほうびをあげる
6　字長、自治会長の順に挨拶
7　指導部（3年生）会長の歓迎の挨拶
8　インジャウウヤたちの持ってきた酒を字長、自治会長が振る舞う
9　乾杯の挨拶をし、お開きとする
10　字長、自治会長、見送り御礼（退席）
11　インジャウウヤ見送り 　　二次会　酒を飲み交わす／余興：2年生代表・1年生代表
※着替え時間 　　1年生（12時から1時） 　　2年生（1時から2時） 　　3年生（2時から3時）

　それぞれが指定の場所に座った後、1年生もウサイを持ってフヤーの中へ入る。中では、ナカマ御嶽手前のイビにある祠を正面とし、左側に1年生、右側に2年生と3年生が向かい合う形で座り、中央には祠を背に左から議員、自治会長、字長が座る。1年生の司会進行係が、表2のプログラムに沿ってアラ日の夜の部を行う。
　18時40分頃、新入生であるインジャウウヤが正装し入場する。新入生は祠を正面とし、字長たちと向かい合う形で入口に立ったまま整列する。新入生の代表が持ってきた泡盛の一升瓶2本を字長に渡す。字長、自治会長、議員と新入生の代表は祠の前に敷いてあるムシロに正座し、祠に置いてある四つの湯

呑み茶碗にそれぞれ酒を注ぎ入れる。4名が手を合わせ、字長がミャークヅツの成功を声に出して祈ると、ニガイウヤたちも正座し、手を合わせて無言で祈る。新入生は立ったまま祈る。この時、線香などは使用しない。その後字長、自治会長、議員の3名もフチャバンに注いだ酒を飲む。次に新入生の代表がマイクを持って挨拶をし、新入生が順に自己紹介をする。

　新入生代表の挨拶や自己紹介は、翌日のンナカヌ日において行う挨拶のリハーサルである。挨拶や自己紹介の内容は全て決められている。新入生はこれを暗記する必要があり、決して間違えてはならないとされている。そのため新入生はミャークヅツの何日も前から方言での自己紹介の練習を行っている。

■インジャウウヤ代表挨拶

　　シュータマイ、ウヤタマイ、カギミャークヅッチャ　ンカイサマイ、オメデトウゴザイマス。
　　平成(16)年度ヌ、キューヌ　カギヒカズン昭和(31)年生(申)ドゥイドーソーヌ　インジャウウヤティ　イラバイドゥ　マジャコーンカイ　イキーミーティガー、マジャコーヌ　ナカン　ホーンミッズゥヌ、ウルーバ　アグターンーナヒー（　船名　＊＊＊　丸）ンカイ、アンナ　ツミーイキー　ガニーミーテガー　ヒトッフンナ（　魚の数　）マンギ　トライユーバ、ニーカラ　バカスガミ、スゥガリーッタイバ、ヤビトゥ　ンーナヒー　ミャリーフィーサマティ。

　それぞれ（　）の中には年度、生まれ年、干支、船名、魚の数などを入れ読みあげる。要約すると、平成16年の昭和31年生、申年の同窓生が入学をする報告と真謝港で取ってきた魚を召し上がって下さい、といった内容である。

■自己紹介

　　シュータマイ、ウヤタマイ、カギミャークヅッチャ、ンカイサマイ、オメデトウゴザイマス。
　　バヌーギャー、（　）ティドゥ　アイバ、ヤビトゥ　ンーナヒー、ナラースジャウッジャヒー　フィーサマティ。

この時（　）には、例えば「正彦と良子の長男の勇栄」といったように、両親の名前をいってから自分の名前を入れる。この年の新入生は申年（昭和31年）生まれの計14名であり、リハーサルとはいえ緊張した面持ちで、声だけでなく、マイクを持つ手も震えていた。しかし、先輩たちから温かい声援が飛び交い、挨拶の後は一人ずつ先輩から注がれた酒を飲む。先輩が立つと皆立って整列をし、乾杯をして酒を飲んだ後新入生もその場に座る。

　20時を過ぎる頃、1979年にヒットした千昌夫の「北国の春」を全員で熱唱し、字長たちの正面の空きスペースで各自踊る[14]。手拍子をし、談笑しながら酒を飲み交わし、15分ほど歌い踊ると字長が乾杯をし、全員で拍手をしながら新入生の退場を見送る。続いて字長、自治会長、議員も退場する。

　1年生から3年生までは残り、「宮古月の綾語」を全員で何度も歌いながら踊る。

■宮古月の綾語

　　一　宮古月や島ならしんみやいばよー
　　　　うーやきーゆなうーらしよー
　　二　宮古月やたるがど根立たいがよー
　　　　うーやきーゆなうーらしよー
　　三　仲保屋の池間主がはだんどよー
　　　　うーやきーゆなうーらしよー
　　四　大祐ばいてーだーゆーばい主やいばよー
　　　　うーやきーゆなうーらしよー
　　五　八、九月ぬつーぬうなのいやいらぶどよー
　　　　うーやきーゆなうーらしよー
　　六　まーす取やた合い取りやだ取りまいよー
　　　　うーやきーゆなうーらしよー
　　七　七日まい八日まーいあすばでよー
　　　　うーやきーゆなうーらしよー

14　なぜ「北国の春」を歌うのかは不明である。

酒を飲んで踊り、1時から2時ごろにかけて交替で風呂に入りに行き、正装して戻ってくる。また交替で仮眠しながら旗を守り、翌朝4時過ぎに来るマスムイウヤを待つ。

5.3 ンナカヌ日
5.3.1 マスムイ

先にも触れたように、ナカマ御嶽には複数の神々が祀られており、その中に「ナイカニガウチャウヌスホヤグミ」という神の存在がある[15]。この神は「帳簿の神」であり、西原出身者は、帳簿の神が持つ帳面に名前が記載されると信じられている。マスムイとは、帳簿の神に西原住民であることを登録する儀礼である。マスムイでは、前年のミャークヅツ以降に生まれた全ての新生児が登録される。登録の範囲は、西原出身の者が西原で産んだ子、他都道府県出身者が西原で産んだ子、西原出身の男性との間に他都道府県で産まれた子である。なお、男女の新生児を神に報告することをダツマスともいう。他に、西原出身者が西原以外に住んでいることの報告をするタビマスがある。このダツマスとタビマスを行うのが、マスムイ儀礼である。

マスムイは5年生から選出されたマスムイウヤによって行われる。マスムイウヤの選出方法は、基本的にはクジによる選出であり、話し合いで決められることもある。決定後は先輩のニガイウヤ、字長、そしてナナムイの最高指導者であるウーンマに報告する。マスムイウヤは7名選出される。マスムイでは新生児の登録を男性と女性に分け、支部ごとに行う。そのため、それぞれのマスムイウヤがいる。まず男性の報告を受けるのは、ビキマスである。ビキマスは、東の東支部1名、東の西支部1名の計2名選出される。次に女性の報告を受けるのは、ミーマスである。ミーマスも、西の東支部1名、西の西支部1名の計2名が選出される。これ以外に受付を行うのが、サントイウヤである。サントイウヤは、西原内の書記を担当するミィーンマリ(新生)ダツマスと、沖縄本島内、沖縄県内、県外の書記を担当するタビマス、そして案内係の3名である[16]。このように、マスムイはビキマス2名、ミーマス2名、サントイウヤの3名の計7名で行われる。

---

[15] 「ウフナイカニガウチャウヌしフヤグミ」と表記することもある(上原1987: 511)。本稿では、女性神役の間で使用される帳面の神名表記に従う。

[16] ここでのダツマス、タビマスは、それぞれの役職を示す言葉としても使用されている。

表3 ミャークヅツプログラム（ンナカヌ日・マスムイ）

平成16年度（11月12日ンナカヌ日） 西原部落ミャークヅツ行事　プログラム		
1	マスムイ開始	午前5時
2	マスムイ中間報告	午前6時30分
3	マスムイ終了	午前7時
4	朝食を済ませて	午前8時集合

　では次に、マスムイの詳しい行程について述べる。マスムイは、表3の日程に沿って行われる。マスムイは、ナカマ御嶽で行う。5時前にはナカマ御嶽に人が集まり始める。新生児等の登録をするのは、多くが女性である。必ずしも出産した本人というわけではなく、母親や父親、義父母、祖父母、姉妹や兄弟、叔父や叔母などが来ることもある。まず受付を通り、ダツマスの人は新生児の名前と両親の名前を直接記入するか、名前を書いたメモを渡し受付の人が記入する。また生まれた月日、長男（長女）か次男（次女）か、といったことも報告する。タビマスの人も同様に名前を記入する。タビマスの人はナカマ御嶽の奥のイビの方角を向いて座り、祈る。次に手前のイビの祠の四つのフチャバンに持ってきた酒の一部を注ぎ入れる。受付の横に設置してあるタビマスのンツガマ（甕）にも酒の一部を注ぎ入れる。ダツマスの人は、家からバカス（神壺）と湯呑み茶碗を二つ盆にのせ、風呂敷などで包んだものを持参してくる。バカスのない家では、一升瓶をバカスの代わりに持ってくる。

　新生児の性別ごとにそれぞれのダツマスのところへ行く。マスムイウヤは男性、女性ごとに分かれ机を挟む形で2名ずつ椅子に座り待機している。机の上には黒い盆が置いてあり、新生児の報告をする人が来ると立ち上がる。報告者はマスムイウヤの盆に家から持ってきたフチャバンを並べ、バカスからの酒を注ぐ。マスムイウヤは両手で盆を持ち、顔ぐらいの位置まで上げ、男性の場合は「ビクガ　ハナ　スマヌ　ハナ　トゥユマセ」、女性の場合は「ミドゥン　ハナ　トゥユマセ　ミュートゥヒー　ソウイナウレ」と歌う。フヤーの中にいる男性たちも続いて同様に歌う。その後盆を机の下にさげ、フチャバンの酒に口をつけ「カサナイマイ　カサナイマイ　オメデトウゴザイマス」という。報告者が再度酒を注ぎ、再度上に持ち上げ先ほどの歌を歌う。そしてまたフチャバンに口をつける。報告者はバカスの酒をマスムイウヤの横のンツガマに注ぎ、イビに祈って終了である。帰る時には受付から生魚（ムロアジ）を2匹分

村落祭祀の継承に関する一考察 | 143

けてもらう。この魚は、昔は海に潜って網で取っていたが、現在では購入している。なお、ダツマス、タビマスの両方行う人は、2回に分けて行う必要があるため、バカスの酒を一旦家に帰り入れ替えてから、再度来るか2名に別れて来る。

　ニガイウヤがマスムイを行う頃、ウーンマの家でもマスムイの報告を行う。ウーンマの家はウーンマが任期を終えるまで、「神の家」として認識され、特別な意味を持つ[17]。ウーンマの家では朝4時頃から、マスムイニガイの準備を行う。ウーンマはまず、家のウカマガン（火の神）、とマウガン（個人の守護神）に火をつけた線香を供え、「今日はミャークヅツのマスムイ報告がありますので、よろしくお願いします」と報告をする。次に、畳の上にカギダタミというムシロを敷く。カギダタミの上には、カンヌブンという供え盆を置く。カンヌブンとは木製でできた盆、あるいは盆に供物を乗せた状態のことを指す。マスムイのカンヌブンには、バカスと、欠けていないフチャバンを二つ置く。カギダタミとカンヌブン、バカスなどは、ナナムイの村落祭祀で女性神役が使用する神道具の一つでもある。特に、カンヌブンは、男性のニガイウヤが使用する黒い盆とは明確に区別される。カンヌブンの用意が終わると、神衣装に着替え待機する。

　ナカマ御嶽でマスムイを終えた女性たちは、次にウーンマの家に向かう。ウーンマの家にマスムイの酒を届けると、ウーンマがその酒をカンヌブンのバカスとフチャバンに注ぐ。この時、新生児の住所と名前、生まれた日、親の名前などを神々に報告する。線香は予め使用したので、ここでは使わない。

　ナカマ御嶽とウーンマの家でのマスムイは、6時半過ぎまで、約2時間程度行う。しかし近年では、ナナムイに入学しない女性が増加し、ナカマ御嶽でのマスムイ後、ウーンマの家に寄ることを知らない女性が多いという。そのため、ウーンマの家で直接マスムイ報告をする者は年々減っている。

　2004年のマスムイ報告によると、西原で生まれた新生児は10名であり、宮古、沖縄本島、八重山、本土では27名の計37名であった。またタビマスの報告は64戸372名となった。マスムイの儀礼が行われている間、ナカマ御嶽の前ではプログラムに沿ってンナカヌ日「午前の部」が始まっている。

---

[17]　ウーンマの家では大声を出すことや夫婦喧嘩などの禁忌がある。ナナムイの村落祭祀でもしばしばウーンマの家で祈願を行う。

5.3.2 午前の部

表4　ミャークヅツプログラム（ンナカヌ日・午前の部）

平成16年度（11月12日ンナカヌ日・午前の部） 西原部落ミャークヅツ行事　プログラム	
1	開会のことば
2	字長挨拶
3	マスムイ報告
	報告後（ハナヌンマたち迎え）
4	インジャウウヤ代表挨拶・自己紹介
5	表彰
6	乾杯のおんど
7	連絡事項

　マスムイウヤは朝食、休憩を取り、8時頃にナカマ御嶽に集合する。8時20分から30分の間に、5年生全員でウーンマの家までハナヌンマを迎えに行く。先に述べたように、ハナヌンマは本来5名であるが、2004年はウーンマヌトゥムとアーグスンマヌトゥムは不在であった。ハナヌンマは8時頃からウーンマの家に集まり、ニガイウヤの5年生が来るまで待つ。この時、ウーンマの家に入ることを許されるのは、マスムイウヤの7名だけである。ハナヌンマは村落祭祀の時とは別の着物（絣の着物）を着用し、髪を結い、正装した状態でマスムイウヤを迎え入れる。この時の座順は通常祈願をする方角を正面とし、背を向ける形で右からウーンマ、アーグスンマ、ナカバイ、ヒューイトリャの順に座る。机を挟み、マスムイウヤは立ったまま整列し、深々とお辞儀をする。机には、刺身15名分、茶菓子、飲み物など、ハナヌンマがアラ日に準備したものを並べる。その後、マスムイウヤがナカマ御嶽から持ってきた酒とマスムイ報告の名簿をウーンマに渡す。ナカバイからマスムイウヤにサカズキを回し、その年のマスムイの人数を会計がウーンマに報告する。ハナヌンマは生まれた子を神々に報告し、祝福する。線香は使用しない。新生児の祝いとしてグデンブー、四つ竹、モーヤーといった種類の踊りをし、最後に全員でカチャーシーを踊る。この後、マスムイウヤがナカマ御嶽までハナヌンマを案内する。

　9時半頃、日傘をさしたウーンマを先頭に[18]、アーグスンマ、ナカバイの順に

---

[18]　ウーンマは任期中、太陽の光を浴びてはいけないという禁忌がある。ウーンマが日光を浴びると干魃になるといわれている。

村落祭祀の継承に関する一考察 | 145

ナカマ御嶽の手前のイビに入り、事前に敷いてあるムシロの上に座る。座順は祠を正面とし、右からウーンマ、アーグスンマ、ナカバイ、そして本来座るべきウーンマヌトゥムとアーグスンマヌトゥムの代理として、健永会会長の順に座る。祠を背にハナヌンマと向かい合う形でマスムイウヤ7名が座る。そして、まずサカズキを交わす。「供え盆」として、ナナブンナナウサイ（ナナタティウサイ）、つまり一つの盆に7種類（飲み物を含む）のウサイを載せた盆をマスムイウヤがハナヌンマ全員に捧げる。通常、ムロアジ2匹、刺身一種類、魚の身の味噌汁（シームヌ）、ジュース3本の7品目である。サカズキは、最初はフチャバンを一つ使用し、ウーンマからナカバイまで、マスムイの会長から順に飲み交わす。次に別の酒を別のフチャバン二つで2名ずつ飲み交わす。この時、ニガイウヤからウーンマへの盆の出し方、その際に唱える言葉などは、次に示す「ナカマ御嶽内での願い順」として、事細かく決まり、慎重に行われる。

■ナカマ御嶽内での願い順

 1 ウーンマオバーから順に参加者に差し上げる。
  「ミャークヅツヌフチャバンザケ、カミーフィーサマティ」
  「カサナイマイ、カサナイマイ、カミーフィーサマティ」

 2 二人一組でウーンマオバーから順に全員に差し上げる。
  「メオトゥチャバンザケ、カミーフィーサマティ」
  「カサナイマイ、カサナイマイ、カミーフィーサマティ」

 3 ナナタティウサイ準備
  全部で12名分
  黒い盆12コ、焼き魚24コ、刺身12コ、
  シームヌ12コ、ジュース1人3本12組
  ムシロ8枚、塩4コ、酒2本

供え物はその場では食さず、ビニール袋に入れて持ち帰る。サカズキを交わし、初めてマスムイが終了となる。ハナヌンマはそのまま御嶽を去り、ウーン

マの家に戻る。マスムイウヤは所定の場所に戻って座る。
　一方、午前7時半頃、新入生であるインジャウウヤは、新公民館の前の舗道に集合している。ンナカヌ日には、前日に削ったネムの木（合歓木）にグルクンなどの魚300匹以上を積んだ段ボールをさげ、先輩のニガイウヤに届ける。その後、アラ日の夜の部、小屋で練習した通りに方言で自己紹介をする。自己紹介が終わると、続いて午後の部に入る。午後の部は表5に示したプログラムに沿って行われる。

5.3.3　午後の部

　ニガイウヤは昼食を済ませた後、14時前にナカマ御嶽に集合する。まずナカマ御嶽前の空き地で大きな円を作る形でクイチャーを踊る。しばらく踊った後、ハタムツウヤがそれぞれ指定の旗を電線に注意しながら空高く上げ、集落の中を巡行する。ハタムツウヤは、旗を地面に何度も叩きつける。パトカーが出動し、徐行しながら先頭を走り、その後をマスムイウヤ、ハタムツウヤ、7年生から1年生まで学年順に「宮古月の綾語」を歌いながら進む。マスムイウヤのうち1名はニガイウヤの供え盆を運び、1名はその隣でバカスを抱えながら歩く。1年生の後ろからは軽トラックの荷台部分に6名の年長者がサンシンを弾きながら座り、その後ろに年長者たちが続く。道の途中では、正装し頭にタオルを巻いた女性たちが「日の丸」の扇子を仰ぎながらニガイウヤを迎え、ウパルズ御嶽の前の道ではハナヌンマが迎える。そのまま集落を練り歩き、広場（ジャーガマ）まで、およそ40分程度パレードを行う。

　15時過ぎに広場に到着し、中央部分に旗を立てる。予め敷いてあるムシロの上に、ウーンマ、アーグスンマ、ナカバイ、ヒューイトリャが座り、ナカバイは黒い盆にサカズキを二つ小皿に載せたものと塩、米を準備し、供える。ハナヌンマは旗が立ててあるところまで移動し、アーグスンマが旗の根元部分にダイサカズキからの酒を3度供える。線香は使用しない。ニガイの所用時間は15分程度であり、それが一通り終わると次に相撲を行う。相撲の後は、旗を囲むように円陣を作り、ハナヌンマを中心にウーンマの親戚の女性や字長の妻らがクイチャーを踊る。字長や自治会長、男性も加わり、15名ほどで3曲ほど踊る。字長の万歳三唱の後、皆全ての旗に触れてから解散する。旗に触ることによって、神々からの恩恵があると信じられている。以上がミャークヅツのアラ日とンナカヌ日の概要である。

表5　ミャークヅツプログラム（ンナカヌ日・午後の部）

平成16年度（11月12日ンナカヌ日・午後の部） 西原部落ミャークヅツ行事　プログラム
1　集合　　　　午後2時
2　練習　　　　午後2時
3　パレード　　午後3時
4　ジャーガマに到着
5　ハタムツウヤたちの旗立て　　ハナヌンマたちと酒を供える、塩まき
6　字長挨拶
7　平成16年度マスムイウヤ、ハタムツウヤ紹介　　三味線、太鼓の紹介
8　ウットゥウヤたちの奉納角刀
9　全員によるクイチャー踊り
10　万歳三唱（字長）

写真1　ニガイウヤ

写真2　新入生

写真3　ナナタティウサイ

写真4　酒を飲み交わす

写真5　ナカマ御嶽前

写真6　パレード

写真7　ハタムツウヤ

写真8　ハタムツウヤ

写真9　パレード

写真10　ニガイウヤを迎える女性神役

6. 考察

　これまで南西諸島では、姉妹であるオナリが兄弟を守護するといったオナリ神信仰に基づき、神々により近い存在である女性たちの手によって村落祭祀が行われてきたという特徴がある（仲松 1992: 302–304）。また、神々の前では女性が中心となり、男性は補佐的役割を行うことが多いともいわれてきた[19]。し

---

[19] 沖縄本島北部地域、多良間、八重山地方の来訪神儀礼など男性神役が補佐的役割でない儀礼もある。

かし、女性神役の不在によって生じた祭祀組織の動揺に際し、沖縄本島の玉城村仲村渠のように、男性を中心とした組織の形成、さらには祭の本質としての祈りをも男性が執行する点についても指摘されている（高江洲 1994: 75）。また冒頭でも触れた伊平屋島の我喜屋では、神役の後継者不在により、区長が年間55 回もの村落祭祀（の一部分）を引き継いだ。区長は区長としての仕事のみならず、「女性神役が主に負っていた祭祀の実施面だけでなく、ノロや女性神役としての祈願者としての役割をも同時に受け持つ必要がある」のである（笠原 1991: 10–12）[20]。このように、村落祭祀の変容に伴い、担い手が女性から男性へと変化することも否めない状況の中、村落祭祀の構造や世界観はいかに変容していくのか、西原を事例に考えてみる。

6.1 ミャークヅツに見る男性の役割

本稿では、ミャークヅツにおけるニガイウヤの役割について述べてきた。祭祀組織に入学する男性の集団は学年ごとに上下関係があり、それは座順や役割にも明確に表れている。西原の男性は、ナナムイを通して縦社会や礼儀作法を学ぶといえる。佐々木は、神役を特徴づける諸要素として、①神役名称、②人数、③性別、④任期、⑤儀礼上の役割、⑥神役となる前提条件、⑦選出方法、⑧継承式の方法、⑨行動規制、⑩拝所への帰属を主なものとして挙げている（佐々木 1980: 166）。佐々木の指摘に従って、西原における神役を分類したのが表 6 である。表 6 を見ると、ニガイウヤも「男性神役」と規定することができよう[21]。実際に、ニガイウヤは女性神役が中心となって行う村落祭祀に参加するだけでなく、ミャークヅツでは、特定のニガイウヤがマスムイウヤやハタムツウヤとして司祭者的な役割を果たすなど、宗教的機能も有している祭祀集団でもある。

次に、女性神役と男性神役の差異について考察する。両者が明らかに異なるのは、③の性別、⑤の儀礼上の役割、そして⑧の継承式の方法と⑨の行動規制の部分である。⑤の儀礼上の役割として、女性が主体となるナナムイの村落祭

---

[20] ノロとは奄美・沖縄諸島で村落祭祀を司る女性祭祀の長である（高梨 2008: 404–406）。

[21] 本稿では、ナナムイに入学した男性をニガイウヤと記述してきた。それは、例え学術的に「祭祀組織」と見なした集団に加入しているからといって、その成員が直ちに司祭者、あるいは神役となるかというと、そうではないケースもあるためである。そのため、このような神役を特徴づける諸要素からの検討が必要であると考える。

祀では、ニガイウヤは御嶽に集合し、ウーンマが神々に供えた酒を共に飲み交わすことが主な役割である[22]。⑧の継承に関しては、ニガイウヤが特に個人的に引き継ぐ神道具などはない。⑨の行動規制については、女性神役については、例えばウーンマを始めとするハナヌンマは基本的には葬儀に参加することはできず、ハナヌンマ以外であっても49日が明けるまでは御嶽に入ることはできないといった、上位の神役であるほど厳しい規制がある。また、⑩に関しては、西原ではマスムイを通して御嶽の神々に氏名を登録するため、神役でなくとも自動的に拝所に帰属していることになる。

表6　神役の諸要素

		ニガイウヤ	ナナムイヌンマ
①	神役名称	ニガイウヤ	ナナムイヌンマ
②	人数	130名（2004年度）	25名（2004年度）
③	性別	男性	女性
④	任期	7年	10年
⑤	儀礼上の役割	村落祭祀に参加　ミャークヅツの担い手	村落祭祀の担い手
⑥	神役となる前提条件	男性　西原出身・西原在住　年齢（50歳）	女性　西原在住　年齢（46歳）
⑦	選出方法	マスムイウヤとハタムツウヤ：クジと話し合い	ハナヌンマ：神クジ
⑧	継承式の方法		神衣装、神具の継承　帳面の受け渡し
⑨	行動規制		死への穢れ
⑩	拝所への帰属	マスムイ	マスムイ

※佐々木の神役を特徴づける諸要素を参考とし（佐々木 1980: 166）、西原を事例に作成したものである。

　しかしすでに述べたように、ミャークヅツは男性が主体となって行う唯一の村落祭祀である。ミャークヅツでは、ニガイウヤの中から、マスムイウヤ、ハタムツウヤが選出される。マスムイウヤは、ナカマ御嶽の神々に酒を供え、西原の新生児の登録を行うという役目を持つ。また、ハタムツウヤは、旗を守るために、小屋の中で一晩の「籠り」を行う。そして、マスムイの時、籠りの

---

[22] 六月ニガイでは、ニガイウヤからビキムヌシーという神役が1名選出される。六月ニガイにおいては、主祭者ともなる（上原 1991: 188）。

時、そして旗を掲げながら集落を練り歩くパレードの時には、黒い盆にバカスとフチャバンを乗せた、いわゆる「ニガイウヤの供え盆」を使用する。西原の他の村落祭祀では、女性神役がニガイウヤに酒を振る舞うのに対し、ミャークヅツではマスムイウヤがウーンマを含む5名の女性神役に酒を振る舞う。またハナヌンマのみがナカマ御嶽へ行き、他の女性神役はパレードの際にニガイウヤを迎えるだけで、ナカマ御嶽へは行かない。これらのことから、ミャークヅツにおいては、ニガイウヤがナナムイの司祭者としての役割を担い、どちらかといえば女性神役が補佐的役割をしているかのようにも見えなくもない。

そこで、次にミャークヅツではニガイウヤが司祭者となるのか、ミャークヅツの構造分析から、検討を加えてみる。

6.2 ミャークヅツの構造分析

表7には、ミャークヅツ開始時から、アラ日、ンナカヌ日終了時までを日程、時間、場所、参加者、目的ごとにまとめた。なお、司祭者としての役割を果たすか否かについて、本稿では線香と供え盆の使用といった点に留意し分類した。線香を使用する際には●印を、線香は使用しないが、供え盆を使用する際には、カンヌブンの使用については◎印を、ニガイウヤの供え盆は○印を記入した。

表7に分類すると、まずミャークヅツの開始前には、里神のウーンマが線香を供え、ナカマ御嶽の神々にミャークヅツの日程を伝えている。これは、ミャークヅツはアラ日からではなく、ミャークヅツのソージの日から始まっていることを示している。ミャークヅツが里神のウーンマによって始まることに関連し、次のような記述がある。池間ではミャークヅツは女性神役によるウパルズ御嶽での祈願から始まる（新里 1998: 37–38）。また、池間ではミャークヅツのンナカヌ日は、ウパルズ御嶽への参拝が可能となり、女性神役の不在中も、御嶽は開放されていた（奥濱 1997: 36）。さらに、佐良浜でも女性神役によるミャークヅツの報告祈願がある（大川 1974: 134–135）。

表7　儀礼構造

日程	時間	場所	参加者	目的	線香
ウタキの ソージ	午前	ナカマ御嶽	里神のウーンマ	神々へミャークヅツ開始の報告	●
			里神のウーンマ 新入生・班長	御嶽の掃除	
アラ日	午前の部	ナカマ御嶽	ニガイウヤ	挨拶	
アラ日	午後の部	ナカマ御嶽のフヤー	○字長・自治会長・議員	神々に酒を供える	
			ハタムツウヤ 1年生・3年生	旗を守るため一晩籠る	
			新入生	リハーサル	
ンナカヌ日	早朝	ナカマ御嶽	○マスムイウヤ	マスムイ報告	
	早朝	ウーンマの家	◎ウーンマ	ウカマガン、マウガンにミャークヅツのマスムイ報告	●
	午前の部	ナカマ御嶽	ニガイウヤ ガバオジー	マスムイ報告 新入生挨拶	
		ウーンマの家	○マスムイウヤ	ウーンマにマスムイ報告をし、ハナヌンマをナカマ御嶽まで案内する	
			ハナヌンマ	マスムイの祝いのサカズキと踊りをする	
		ナカマ御嶽	○マスムイウヤ ハナヌンマ 健永会会長	ハナヌンマにナナタテナナウサイを捧げサカズキを交わす	
	午後の部	ナカマ御嶽から集落内	○ハタムツウヤ ニガイウヤ ガバオジー	パレード	
			ハナヌンマ ナナムイヌンマ	ニガイウヤを迎え誘導する	
			集落の人全て		
		ジャーガマ	ハタムツウヤ	旗をたてる	
			○ハナヌンマ	旗にサカズキとシオを供える	
			ニガイウヤ	奉納相撲	
			ハナヌンマ ガバオバー	クイチャーを踊る	

西原では現在、ミャークヅツにウパルズ御嶽での祈願は行っていない。1971 年のウーンマによる記録では、ミャークヅツの際、ウパルズ御嶽で歌う神歌の記録がある[23]。また、平良市史の 1985 年の調査では、女性神役がウパルズ御嶽に御願をした後、ナカマ御嶽へ行くとの記述がある（平良市史編さん委員会編 1989: 417）。これに対し、1995 年のナカバイの記録には、ウパルズ御嶽での祈願についての記載がない。そのため、もともとウパルズ御嶽で行っていた祈願が次第に里神のニガインマが行っている祈願と同化したとも考えられなくもない。この点についてはさらなる検討を加える必要があるものの、ここで重要なのはミャークヅツが女性神役によって開始されることである。
　次に、アラ日はニガイウヤの挨拶によって始まり、一晩の籠りを行った翌朝マスムイを行う。マスムイの日には、ウーンマの家でウーンマが自らのウカマガンとマウガンに線香を供え、ミャークヅツの開始をウカマガンとマウガンを通し神々に伝える。そして、マスムイの報告も同様にウカマガンとマウガンを通して行われる。この時重視すべきは、線香を使用するかしないか、といった点である。ニガイウヤは、ナカマ御嶽の祠に対し、フチャバンに酒を注ぎ祈りながらも、線香は使用しない。また女性神役が御嶽に一晩籠る時には必ず線香を使用するのに対し、フヤーの中では男性は線香を使用していないのである。
　西原の村落祭祀では、線香は重要な神道具の一種である。西原の女性はナナムイに入学後、まず各御嶽の種類と神名を覚える。そして、御嶽と神々ごとに異なる線香の数え方を正確に学ばなければならない。線香は、祈りを神々に届けるだけでなく、自らの存在、つまり人数を神々に伝える意味もあり、家族や身内の祈願を行う時には、1 名につき 1 本、2 名の時は 3 本、不足のないようさらに 3 本、というように数える。御嶽に入る時には女性神役の許可が必要であるが、これは御嶽に入ること（人数）を線香の数で神々に伝えてもらうためである[24]。
　では、ニガイウヤの使用する酒では神々に自らの存在を示すことはできないのであろうか。これを女性神役が個人的に使用する神道具である、カミガマと

---

[23] この記録は、1971 年に伝承の困難さを悟った当時のウーンマが、後代への伝承を助ける目的を持って残したものを、宮古島市祥雲寺の岡本恵昭氏が「西原村の民俗資料」としてまとめたものである。本稿の執筆にあたり、特別に提供していただいた。

[24] なお、村落祭祀の種類によっては、例えば水に関する神や祈願については、火をつけない線香を使用することもある。

いう神壺から考えて見る。カミガマは先祖代々受け継がれ、ユークイやツガマニガイといった村落祭祀において、ンツ（神酒）を入れ芭蕉の葉で蓋をし、塩で清めてから使用するものである。カミガマは、ウパルズ御嶽のイビに、アーグスンマが塩をまいた後に並べる。並べ方は祠を正面とし、右からハナヌンマを先頭として、学年ごとに並べる。ウパルズ御嶽の神々は、このカミガマの数で女性神役の参加人数を数えるといわれている。しかし、女性神役たちは村落祭祀でカミガマを使用する時にも、カミガマの分の線香を予め数え、御嶽に持参しているのである。

それでは、ニガイウヤが使用する「供え盆」はいかなる意味を持つのだろうか。ニガイウヤの供え盆は、黒い盆にバカスとフチャバンを乗せたものである。これに対し、ウーンマが使用するのは、カンヌブン（神の盆）という木製の盆であり、それにバカスとフチャバンを載せたものである。女性神役が中心となる村落祭祀では、必ずカンヌブンを使用する。カンヌブンは、ウーンマを始めとするハナヌンマ、女性神役のみが手を触れることを許されている神道具でもある。

以上のような理由から、西原では神々への祈願は女性神役によって正確に数えた線香とカンヌブンを始めとする神道具を使用し、女性を通すことによって可能であると考えられていることがわかる。男性主体のミャークヅツではありながら、女性による祈願と男性によるマスムイが融合した村落祭祀であり、男性主体であることは、必ずしも男性が司祭者となることを意味しない。そのため、地域の女性たち、特にナナムイを経験した女性たちからは、「男が御嶽のことをできるわけがない」といった意見が出ることになる。

さらに、ミャークヅツにおける男女の役割として、西原における「メオトゥ（夫婦・対）」の観念について述べておかなければならない。分村元の池間では、村落祭祀や里、家、個人単位の祈願において三つのサカズキを使用する。三つのサカズキは手前に二つ、奥に一つを丸い盆の上に置いて１組とする。これは竈石に由来し、手前の二つのうち右が屋敷神（火の神）、左が守護神、奥の一つが自然（太陽）神のサカズキを意味する（前泊 1996: 12–13）。

これに対し、西原では二つのサカズキを丸い盆や皿に載せたものを１組として使用する。西原では、対になり酒を飲み交わすことを、「メオトゥフチャバンザケ（夫婦大茶碗酒）」という（上原 2000: 323）。ナカマ御嶽において、マスムイウヤがハナヌンマに酒を振る舞う時にも「メオトゥチャバンザケ、カミィ

フィサマティ」と唱えている。西原には個人の守護神であるマウを「メオトゥマウ」として夫婦で祀る習慣や、ウーンマ選出の唯一の条件が夫婦健在であることなど、至るところにメオトゥの観念がある。

　このような「メオトゥ（夫婦・対）」の観念を含むミャークヅツの構造分析については、ニガイウヤが参加する他の村落祭祀も踏まえ、マスムイや神座、男性の「籠り」の分析だけでなく、池間や佐良浜との比較からさらなる考察が必要である[25]。しかしながら、ミャークヅツを見る限りにおいても、女性神役と男性神役は性別ごとに役割があり、いずれか一方がかけても成立しない構造になっているといえる。

　現時点においては、神役不足によって改変せざるを得ない部分もありながら、女性優位の原理、男性と女性双方の役割は厳密に守られているといってよいであろう。しかし、全てを組み直す過程において、それらが失われる可能性も十分にある。つまり、「男性によるナナムイの存続」は、理念的には可能であるものの、それが現実となれば、神前における女性優位、「メオトゥ」の構造、象徴性の崩壊はまぬがれないということになる。形式的であっても継続すればよいのか、それは全て神々の意志に沿いながら、実践されていくのだといえる。

謝辞

　本稿の執筆にあたり、長年の調査を許して下さった西原の神々と皆様へ心より感謝申し上げます。また、貴重な資料を提供して下さった皆様、ご助言下さった皆様を含むナナムイのアパラギオジーターとオバーターへ、末筆ながら記して深く感謝申し上げます。

参照文献

赤嶺政信（2002）「久高島　男と女の民俗誌・序論」記念論集刊行会編『琉球・アジアの民俗と歴史：比嘉政夫教授退官記念論集』177–221. 沖縄：榕樹書林.
赤嶺貞行編（2003）『池間系民族の古き伝統文化　西原の輝くミャークヅツ』自主製本.
波照間永吉（2008）「クイチャー」渡邊欣雄他編『沖縄民俗辞典』180–181. 東京：吉川弘文館.
比嘉政夫（1987）『女性優位と男系原理：沖縄の民俗社会構造』東京：凱風社.
比嘉政夫（1991）「沖縄の村落と神がみ」植松明石編『環中国海の民俗と文化　第二巻　神々の祭祀』228–256. 東京：凱風社.
平井芽阿里（2007）「消えゆく村落祭祀：改変と保守という選択にみる継続の要因」『次世

---

[25] 村落祭祀における男女を軸にした研究として、久高島を事例とした赤嶺の研究や（赤嶺 2002: 200–201）、比嘉による男性の「籠り」に関する記述も重要である（比嘉 1991: 237–241）。

代人文社會研究』3: 359–377. 韓日次世代學術 FORUM.
平井芽阿里（2009）「宮古諸島西原のミャークヅツ：担い手の役割からみる村落祭祀構造」『沖縄民俗研究』27: 41–67. 沖縄民俗学会.
平井芽阿里（2012）『宮古の神々と聖なる森』沖縄：新典社.
平良市史編さん委員会編（1989）『平良市史第七巻資料編 5 民俗・歌謡』平良市教育委員会.
伊藤幹治（1980）『沖縄の宗教人類学』東京：弘文堂.
笠原政治（1991）「神役制の崩壊した村：伊平屋島・我喜屋の事例から」『南島史学』37: 1–19. 南島史学会.
笠原政治（1996）「〈池間民族〉考　宮古島嶼文化の個性と文化的個性の強調」『沖縄文化研究　法政大学沖縄文化研究所紀要』22: 497–565. 法政大学沖縄文化研究所.
前泊廣美（1996）『ミャークヅツ　初出親のための手引き（本）』沖縄：HOST・M 企画.
前泊徳正（1983）「池間島のミャークヅツ」沖縄県教育庁文化課編『沖縄県文化財調査報告書第 45 集　宮古の民俗芸能』23–26. 沖縄：沖縄県教育委員会.
仲松弥秀（1992）「琉球弧の信仰」谷川健一編『海と列島文化　第 6 巻　琉球弧の世界』299–326. 東京：小学館.
野口武徳（1972）『沖縄池間島民俗誌』東京：未来社.
奥濱幸子（1997）『暮らしと祈り：琉球弧・宮古諸島の祭祀世界』沖縄：ニライ社.
大胡修（1993）「宝島の祭祀組織の構造と変化：神役組織を中心として」村武精一・大胡欽一編『蒲生正男教授追悼論文集　社会人類学からみた日本』155–176. 東京：河出書房.
大川恵良（1974）『伊良部郷土誌』私家版.
佐々木伸一（1980）「宮古島の部落祭祀」『民族学研究』45（2）: 160–185. 日本民族学会.
新里幸昭（1998）「池間島の年中行事と神歌」『沖縄学（沖縄学研究所紀要）』2（1-2）: 27–44. 沖縄学研究所.
高江洲敦子（1994）「男性と祭り：神々を演じる男たち」『沖縄民俗研究』14: 57–77. 沖縄民俗学会.
高梨一美（2008）「ヌル」渡邊欣雄他編『沖縄民俗辞典』404–406. 東京：吉川弘文館.
上原孝三（1987）「歌謡と神名の関連について：宮古島・西原の事例から」琉球方言研究クラブ三〇周年記念会編『琉球方言論叢』505–519. 沖縄：琉球方言論叢刊行委員会.
上原孝三（1991）「祭りにみえる境界　宮古のスマウサラ儀礼を中心に」赤坂憲雄編『〈叢書・史層を掘る〉I 方法としての境界』172–216. 東京：新曜社.
上原孝三（2000）「宮古島西原の「竜宮願い」：供犠としての豚」『東北学』3: 310–334. 東北芸術工科大学東北文化研究センター.
与那覇ユヌス編（2003）『宮古スマフツ辞典』私家版.

第2部 第4章

宮古池間方言の現在

林 由華

1. はじめに

　奄美大島から与那国島まで連なる琉球列島において話される琉球諸語は、現在既に若年層が継承していない危機言語である。しかし、ひとくちに危機言語といっても、その言語の状態は危機の度合いや社会的状況などによりそれぞれ異なっている。本稿は、琉球諸語の一つである宮古語池間方言の現在の言語の状態を、危機言語の記述・記録の観点から具体的に見ていくものである。

　天災あるいは人災によってすべての話者が一時に失われてしまう場合を除き、言語の消失は、別の言語への置き換え（シフト）とともに起こる。琉球諸語においては、1879年の琉球処分により琉球王国が日本に組み入れられ、20世紀初頭から日本語へのシフトがはじまった。日本語化は、それまで日本とは全く別の歴史を歩んでいた琉球地域において、日本への同化政策の重要課題として、まずは教育の場からはじめられた。そして次第に主要な世代間の言語継承の場である家庭内も日本語化していき、現在ではもう若年層は固有の琉球諸語を話すことだけでなく聞いて理解することもできなくなっている。

　このような琉球諸語全体における日本語化の現状や経緯の様相については、東江編（1983）、永田（1996）、石原（2010）、ハインリッヒ（2010）などでそれぞれ異なる視点から言及されている。また、Iwasaki and Ono（2009）[1]では、そのうちの宮古語池間方言の現在の話者の状態とシフトの様相を扱っており、宮古語における言語使用を最小の方言単位で丁寧に調査・研究することによって

---

[1] 日本語版が「宮古池間方言における言語衰退過程の考察：話者の体験談を通して」として本書に掲載されている。

示したものとなっている。個別方言の現状については、ほかにも、UNESCO (2003)による言語の危機度の測定法を用いたいくつかの方言（喜界島、多良間、与那国）の危機段階とその内実について書かれた木部ほか (2011) がある[2]。本稿では、これらの先行研究を踏まえつつ、筆者の調査経験と照らし合わせながら、現在池間方言が話者コミュニティーの中でどのように存在しているのか、誰によってどのような場で用いられているのかについてまとめる。筆者は 2006 年から池間方言を中心とした宮古島の長期滞在調査を行っているが、これまでの調査は流暢な話者を対象とした文法調査が中心である。本稿で扱うような社会言語学的情報については、調査経験を通して経験的に得られたものが主であり、十分に考慮されたサンプリング、コントロールされた調査や定量的手法によるものではない。客観的データとは言えない部分も多いが、地域ごとの詳細な報告があまりない中で、琉球諸語の各地の言語状況の実態と言語シフトの様相を正確に把握していくための一ステップとはなるであろうと考える。特に、筆者自身が調査を続けるにしたがって認識するようになったことを中心に述べていきたい。また、それを通して、危機言語である池間方言について、現在得られる言語データの性質や、今後どのような調査・記録活動が可能であるかについて考察することも、目的の一つである。

　本稿ではまず、2 節で琉球諸語一般あるいは宮古語、池間方言に関する基礎的な情報を提示した後、3 節で池間方言の話者の現状について述べる。4 節では、他地域との違いについて簡単に触れ、続く 5 節でまとめとする。

2. 池間方言の概要
2.1 地理・歴史的背景
2.1.1 池間方言の話される場所

　琉球諸語は、かつての琉球王国の領域である琉球列島で話されている言語である[3]。宮古島以南は、琉球列島の中でも特に先島諸島と呼ばれ、沖縄本島

---

[2] このほか、本節執筆段階では触れることができなかったが、ハインリッヒ (2011) に、最近の琉球諸語における社会学言語学的調査・研究についてまとまっており、本節の内容とも強い関係がある。

[3] 「琉球列島」という言葉は、用いる人・分野によってその範囲が多少変わることがあるが、本稿では琉球王国の領域であった奄美大島以南の島々を指して琉球列島とする。

以北の島々とは先史の文化も異なっている[4]。宮古諸島は、現在の宮古島市（宮古島、池間島、大神島、来間島、伊良部島、下地島）および多良間村（多良間島、水納島）から成り立つ[5]。池間方言は、この宮古諸島に含まれる沖縄県宮古島市の3地域（池間島・佐良浜・西原）で話されている宮古語の一方言である。

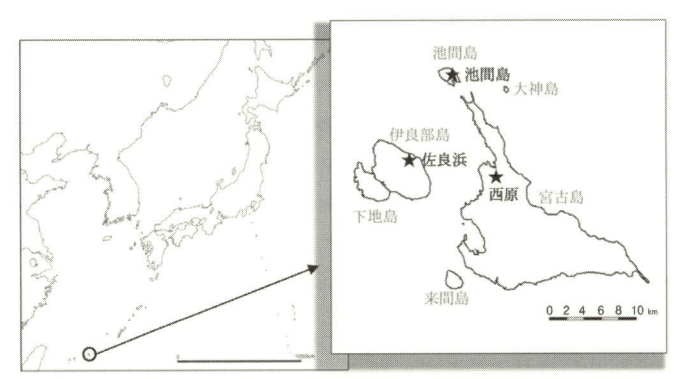

図1：沖縄県宮古島市内の池間島・佐良浜・西原の位置

2.1.2 宮古島市の概要

　宮古島市は、総面積 204.56km^2 で、東京都の 10% ほどの大きさである。地形は概ね平坦で、山岳部はほとんどなく、市の総面積の半分以上は耕地である。高温多湿な亜熱帯海岸性気候に属し、冬季も比較的暖かく、年間を通じて寒暖の差が小さい。産業は、サトウキビを中心とする農業が主たるもので、そのほか漁業や、最近では観光産業なども盛んになっている。宮古島本島から池間島、来間島には橋がかかっており、車など陸の交通手段でも自由に行き来できる。伊良部島への橋は現在建設中で、現時点では 2014 年に完成予定である。

　宮古島市の人口は、およそ 5 万 5 千人である（平成 23 年時点）。他の離島と同様過疎化が進んでいるが、宮古島市全体として過疎地域の要件を満たしているわけではなく、市街地（平良）へ人口が集中しており、周辺地では過疎と

---

[4] 宮古島から東京への距離は約 2,040km、沖縄本島からは約 300km ほどである。この先島と沖縄本島を隔てる距離は、カムチャッカ半島からニューギニア島に至るまでの、太平洋の西側に連なる島嶼間で最も長いものであり、南北の所属する文化圏の違いを物語っていると言える。

[5] なお、宮古諸島の行政区が現在の宮古島市および多良間村となったのは 2005 年のことであり、沖縄県置県から 2005 年までは複数の市村から成る宮古郡としてひとつの行政区画を成していた。

なっている。宮古島市内には大学はなく働き口も少ないため、就職や進学のために、少なくとも一旦は島を出る人が多く、20代前後の人口が他の年代に比べて特に少なくなっている。宮古・多良間ともに高齢化社会ではあるが、全国平均よりは高齢化率が低い。しかし、これについても若い人は市街地に集中し、周辺地域では高齢化が深刻である。また出生率については全国平均よりはるかに高い[6]。

2.1.3 宮古の歴史概略[7]

前述したように、宮古諸島を含む先島諸島は、先史においては北琉球とも異なる文化圏に属し、異なる歴史を歩んでいた。宮古諸島に人が住みだしたのは、およそ2500年ほど前である[8]。無土器文化で、貝斧の形状から、オーストロネシアの文化圏に属していたと考えられている。しかし、この文化は1800年ほど前に消滅し、それを担っていた人々と現在の居住者の連続性はないと見られている。

その後、12～13世紀にも人が住んでいた形跡があるが、現在につながる居住者たちの集落が形成されたのは、14世紀になってからである[9]。14世紀の末には、宮古全体の支配者が現れ、沖縄本島に勢力を持っていた中山への朝貢を開始した[10]。これより、15世紀に統一される琉球王国に組み込まれていくことになる。17世紀初頭に琉球王国が薩摩藩に侵略され、実質支配を受けるようになってからは、南琉球地域には人頭税と呼ばれる厳しい税が課され、民衆の生活を苦しめていた。この人頭税は、19世紀末の日本政府の誕生後に琉球王国が（鹿児島県の一部とされた奄美を除き）行政上沖縄県となった以降も、旧慣温存政策によってしばらく続いていた。15歳以上50歳未満のすべての人に課され

---

[6] 宮古島市HP内「統計みやこじま」(http://www.city.miyakojima.lg.jp/gyosei/toukei/toukei.html)による。

[7] ここでは、14世紀までの歴史を下地 (2012)、それ以降からの歴史を仲宗根 (1997) によってまとめている。

[8] 2011年にマーク・ハドソン（西九州大学）らによって宮古島北部の遺跡から約4200年前のものと測定されるサザエの蓋が発見されており、これより以前に人が住んでいた可能性も高くなっている。

[9] この時流入した人々がジャポニック系言語話者であったと考えられる。

[10] この時沖縄の中山王に宮古から遣いが送られたが、言葉が通じず、王に与えられた泊屋敷に滞在し3年目にしてようやく通じるようになったと言われている。

ていたこの税は、集落ごとに納税の連帯責任があり、個人の自由な移住が禁止されたため、集落の相互の往来もほとんどない閉鎖社会が二百数十年にわたって続いていたとされる。島民らの運動により 1903 年にようやくこの制度が撤廃され、その後日本の一部としての社会が少しずつ形成されていった。太平洋戦争では、アメリカ軍の上陸はなかったものの、駐屯していた三万余の日本軍への奉仕活動、空襲があった。1945 年の終戦後、琉球のアメリカ統治の間も、それまで宮古の行政をとりしきっていた宮古支庁は名称を変えながら機能しつづけ、祖国復帰運動の中で教育も日本の教科書を使って行われた。そして 1972 年日本への復帰以降、改めて日本の一部としての道を歩むことになった。

2.1.4　池間方言使用地域の概要 [11]

池間方言は宮古島市にある池間島、佐良浜、西原の 3 地域で話されている（位置については図 1 の地図を参照）。佐良浜は 18 世紀半ばごろ、西原は 1874 年に、池間島から分村してできた地域である [12]。この 3 地域出身者は「池間民族」として連帯感を持っており、分村後長い年月を経た今でも、ほぼ同じ言語を共有していると考えられている。

池間島は人頭税の廃止後の明治末期からカツオ漁で栄え、強い経済基盤を持った。カツオ節製造業のために日本本土から技術者が来ていたり、周辺地域から出稼ぎが来ていたりと、小さな島でありながら外からも多くの人が集まっていた。その後徐々に池間島での漁業は衰退していくが、佐良浜の漁港は現在も高い漁獲量がある [13]。佐良浜、西原は、池間島から伝統行事や神事などを含む文化を受け継いでおり、集落単位の神事が現在に至るまで続いている。

人口は平成 2010 年時点で池間島 711 人、佐良浜 3179 人、西原 979 人だが、毎年減少傾向にあり、どの地域でも高齢化が進んでいる [14]。

---

[11] ここでは、前半部を笠原 (2008)、後半部を川上 (2001) によってまとめている。

[12] 琉球王朝時代には新しい耕地の開発を目的とした分村がたびたび行われており、人口の多い池間島はその供給源であったという。佐良浜は耕地を求めた人の自由移住が中心、西原は強制移住によるものという説もある（笠原 2008 参照）。

[13] 一方、西原では、産業としての漁業が大きく発展するということはなく、現在も農業が中心である。

[14] 宮古島市 HP 内「統計みやこじま」(http://www.city.miyakojima.lg.jp/gyosei/toukei/toukei.html) による。

2.2　言語の系統と多様性

　琉球諸語は、奄美語・沖縄語・宮古語・八重山語・与那国語の5つの互いに通じない言語から成っている。日本語と祖先を同じくし、途中で分岐した姉妹語群である。Pellard (forthcoming) による言語の系統関係を琉球列島の地図上にマッピングすると、図2のようになる。

図2：日本語と琉球諸語の関係

　琉球祖語と日本祖語の分岐時期については、紀元前2世紀〜紀元後10世紀くらいの幅広い中で諸説ある。日本祖語と分岐した琉球祖語は、その話者の移動とともに、さらにまた分岐していった。一度分岐すれば、それぞれが個別の言語変化を起こし、別の言葉として変容していく。分岐の時期が早いほど互いに異なっていると考えることができる。

　奄美語、沖縄語、宮古語、八重山語、与那国語のそれぞれの語はさらにその中に多様な方言を含む。宮古諸島で話される宮古語においても、集落ごとに方言が異なっている。狩俣 (1992) によれば、宮古語の方言は大きくいって宮古島本島方言、大神島方言、池間島方言、伊良部島方言、多良間島方言の5つに分けられるとされるが、明治以前に成立した集落は38あり[15]、そのそれぞれが多少の差はあっても異なっている可能性はある。

　宮古語の中の方言同士でも、話の内容やスピードによってはすぐに理解でき

---

[15]　宮古島市史編さん室資料による。

ないこともあるようだが、基本的に意思の疎通は可能である[16]。
　また、1節でも述べたように、明治維新後からは、徐々に日本語にその場を譲っていっている状態にある。沖縄本島を中心とした言語教育政策の展開や日本語化の様相については、外間(1963)、東江編(1983)などに詳しい。

3.　池間方言話者の現在

　本節では、池間方言の話者コミュニティーにおいて、池間方言の言語能力・知識をどのような年齢層がどれだけ持っていると言えるのか、池間方言が誰によってどのような時に用いられているのかという実態を整理する。以降、より一般的な言語シフトの話をする際には、琉球諸語を「地域語」、日本語を「優勢な言語」と呼ぶことがある。

　危機言語においては、その話者や話者数を特定するのに困難を伴う[17]。話者のコミュニティー内には、日常的にその言語を用い、流暢に話すことのできる話者だけでなく、聞いて理解できるが話すことができないメンバー、その言語だけの会話は聞き取ることもままならないメンバーも存在する。Grinevald and Bert(2011)などの危機言語における話者の分類では、このようなある言語の話されるコミュニティーに属している人全体を「話者」と扱い、その言語の能力やその他のパラメータに従って分類し、危機言語における話者のあり方のダイナミズムを捉えている[18]。ここでは、Grinevald and Bert(2011)の用語を用い、当該言語の言語能力に従って分類した話者の種類をそれぞれ以下(a～c)のように呼ぶ[19]。

---

[16] 宮古島から遠く離れた多良間島や水納島の言語は、宮古島周辺の話者にはよく分からないとも言われることもある。

[17] Iwasaki and Ono(2009)でも、調査開始当初の流暢な話者の下限年齢の推測を訂正している。

[18] Grinevald and Bert(2011)による話者の種類はこれら以外にもあるが、ここでは言語能力ベースの分類のみを用いている。

[19] このような話者の分類はここであげた永田(1996)やハインリッヒ(2010)などでなされているが、年代ベースの名称となっている(ハインリッヒ：上世代、中世代、若い世代)。それぞれの能力に対応する話者の年代は各地域で同じとは限らないこと、また年代で区切るのが難しい場合もあることがあり、ここでは能力をベースとした名称を用いている。

(a) 流暢な話者（fluent speaker）
その言語を聞き、話す十分な運用能力を持っている話者。

(b) 准話者（semi-speaker）
その言語を聞いて理解することはできるが、話す能力に制限がある話者。ある程度流暢に話すことのできる話者から、ほとんど話せない話者も含む。

(c) 末期話者（terminal speaker）
その言語の知識が非常に限られており、基本的に聞いたり話したりすることができない話者。

これらの言語能力は、通常、成長過程で個人がどれだけその言語に晒され、使用してきたかで決定され、ある程度は年代ごとに区切ることができる。

本節では、池間方言の3種類の「話者」それぞれについて、池間方言の言語能力や池間方言との関わりを述べていく。また、これまでの筆者の調査地は西原が中心であったため、筆者自身の情報は西原に関するものが中心である。また、話者のうちには島外の在住者も多いが、その島外話者コミュニティーについては現時点では直接的に扱えていない。

3.1 流暢な話者
3.1.1 誰が流暢な話者なのか

危機言語の状況では、話者コミュニティー内すべての人についてよく知っている場合でもない限り、どれくらいの人が流暢に話すことができるかというのはすぐには分からない[20]。ただし、通常十分な運用能力を持った流暢な話者は、典型的には幼少期に母語としてその言語を獲得しており[21]、家庭や集落内（話者コミュニティー内）での生活語がたいてい土地の言葉で行われていた時期に幼

---

[20] 話者自身による自己の言語能力判断でも、例えば「より古い世代が用いるような池間方言の語彙を知らない」ということが「池間方言を知らない、使えない」という表現と結びつくことなどもある。

[21] 上村（1992）でも指摘されているように、例外的に、方言がつかわれる職場を持つ職業に就いた場合など、幼少期を過ぎてから獲得することもあるようである。

少期を過ごした人々が、現在の流暢な話者となる母語話者であると考えられる。このため、一定の年代以前に生まれた人であればだいたいが流暢な話者であるということは予想できる。しかしその時期も簡単に割り出せるわけではなく、個人差も少なからず認められる。

　Iwasaki and Ono(2009)は、コミュニティー内で池間方言が話せる人、話せない人を分ける詳細な年代と要因を調査し、言語が継承されなくなった経緯について考察している。話せる人と話せない人が混じり合っていると考えられる年齢帯の、複数の話者へのインタビューの形で、過去と現在の体験について複数の話者にじっくり語ってもらう独特の手法をとり(ライフ・ナラティブ・アプローチ)、個々人の環境を詳細に引き出している。その語り手が流暢な話者と言えるのかについては、話者の自己意識を問うのではなく、明確に流暢な話者だと言える年長の話者の判断によっている。

　Iwasaki and Ono(2009)の調査によれば、池間方言においては男性の話者について、少なくとも1955年生まれくらいまでは、ほぼ流暢な話者と言える年代に含まれるとされる。一般的に言語シフトは女性から進んでいくと言われるが(Trudgill 2004)、他の琉球地域や池間方言も例外ではなく、女性のほうが早くから日本語にシフトしている。Iwasaki and Onoでもはっきりした数字は出していないが、流暢な話者を男性と同様1955年以前生と設定することはできず、その年代は多くが准話者に属する可能性も高い[22]。

　また、例外的に若い話者について言えば、Iwasaki and Onoで調査された話者の中だけでも、1960年頃生まれの流暢な話者がいるほか、非常に特殊な例と考えられるが、1970年代生まれや、1990年代生まれの流暢な話者もいる。個人差を生む要因についてここでは詳細に見ないが、3.1.3節で多少言及する。

3.1.2　池間方言の話される場

　一つの地域で複数言語が使用されている場合、通常、場(言語使用領域)によってどちらの言語を使うかが習慣化されている。おおまかに言えば、地域語

---

[22]　ただし、このような場合、幼少期にいったん言語を習得したが、その後用いなくなったため能力の低下が起こった可能性も十分考えられる。このため、女性について流暢な話者の下限年齢も、個人差や集落差が大きい可能性がある。筆者も予想がたつほどの例を持たないが、3地域のうち池間島でよりこの傾向が見られるという印象がある。筆者の知る中では、池間島出身で1950年頃の生まれであっても准話者の女性がいる。

は私的な場、優勢な言語は公的な場で使われるとされる。また、話し相手がどんな人かという面も、ここに含む。

ここでは、より具体的に、西原の例について述べたい[23]。以下、永田（1996）で示されている地域語を使う条件に沿って使用の場を見ていく。

a. 旧方言（ここでいう地域語）を第一言語としている同士であるか
b. くだけた場であるか　　　　　　　　　　　　　　（永田 1996: 146）

aは、集落内で言えば、話者が幼少期から地域語での会話を続けてきている知り合いが中心である。ただし、池間方言が第一言語ではない（母語話者でない）が、話者によって聞いて理解できると分かっている場合にも、池間方言が用いられる。これは、比較的年齢の高い准話者を中心に、ある程度若くても、意味を理解していることが話者によって習慣的に分かっている場合にあてはまる。また、聞き手が知らない人の場合も、年齢などから池間方言（宮古語）を理解しそうだと判断されれば使用されると考えられる。宮古語内では方言間の意思疎通が可能であるため、一定上の年齢であれば、異なった方言であっても宮古語を用いて話しかけるのが見かけられるが[24]、集落内の知り合いかどうか、方言が異なるかどうかがどのくらい言語の選択に関わるのかはよく分かっていない。また、自分より若い人や集落外の人に向けての池間方言の使用は、個人や年代の違いによっても大きいと考えられる。bは、節頭で述べた「私的な場」であり、aに次ぐ条件としてあげられている。西原の場合、これは必ずしもあてはまらない場合もある。つまり、ある程度公的な場と言える場でも、池間方言が用いられる場合がある。

「私的な場」の代表である家庭は、言語の世代間継承の場として重要である。琉球諸語において特に子供への話しかけに地域語が用いられなくなり、言語が継承されなくなっているということは、以前から様々に指摘されてきてい

---

[23] 1節で述べたように、宮古島市では周辺地域の高齢化が進んでおり、西原も例外ではない。しかし、集落内には保育園、幼稚園、小中学校があり、比較的子供を見ることの多い集落である。ただし、車で10分程度の市街地に親世代と住み、通っている子供たちも多い。

[24] 初対面であっても、宮古の人かどうかは地域の人にはだいたい分かるようである。また、一昔前までは、知らない人でも顔や雰囲気でどの集落の出身かかなり正確に分かったという。

る[25]。ただし、若年層に対して使わないということが、家庭で使われないということを意味するわけではなく、地域語が分かる相手であれば、通常家庭内では池間方言が用いられる。そのほか、集落内での高齢者同士の日常会話も、池間方言でなされている。このように、流暢な話者のみの会話の場合は、たいがいの場で池間方言が選択されると考えられる。例えば、ある程度「公的な場」と見なせる集落内の話し合いなどでも、その条件を満たしていれば方言で行われると考えられる。

　西原は、老人会の活動が活発であり、グループに分かれた活動のほか、あらたまった全体の集会も定期的に開催されている。そのような場での司会進行やスピーチでもやはり、主に池間方言が用いられる。他の琉球地域と同様高齢者は大事にされるが、高齢者だけの集まりでも、その中で年齢の高い者に敬意が払われる。そのような中で、日本語でスピーチするのは、「先輩方に失礼である」という感覚があるという。逆に、特に高齢のグループに入る話者の場合には、日本語を用いたスピーチをすることも多く、公的な場と優勢な言語の結びつきは観察される。しかし、先輩に対しては池間方言のほうが日本語より丁寧であるという感覚は、方言は私的なくだけた場でより用いられやすいという性格付けからは逸脱するものであると言える[26]。

　それ以外の「公的な場」と言えば、例えば小中学校での講話の機会や、集落外でのイベント、職場や役所でのやりとりなどが考えられるが、それらの場合はまず方言を理解しない人が場に想定されるため、「公的な場」かどうかが要因になっているかどうかは判断できない。また、地域固有の公的な場としては、神事がある。老人会が60歳以上での入会であるのに対し、神事の中心的な担い手は46〜57歳の女性と48〜55歳の男性であるが、儀礼は池間方言でなされる。

　これらのことから、「公的な場かどうか」という基準が状況をうまく説明する

---

[25] ただし、親から子への話しかけが必ずしも話す能力を保証するわけではない。バイリンガル環境では、家庭内で親が話しかける言語と子供が返す言語が異なるのはしばしば見られることである。

[26] 琉球諸語にも日本語同様敬語が存在するが、地域の縦のつながりの薄まりとともに、若い話者たちが敬語を使えなくなっているという傾向がある。池間方言でも、敬語がうまく使えないという意識を持っている話者は少なくない。普段の生活では敬語でなくても気軽に話せるが、同じ相手でも公的な場では敬語で話す必要があると考えられる可能性があり、その場合方言の中でも場によるスタイル選択の意識があるということになる。

ものではなく、日本語化が進む以前からある場かどうか、その場の聞き手が池間方言を理解する人だけで構成されているかというほうが妥当かもしれない。

ただし、ここで「池間方言が選択されている」とはいっても、コードミキシング（複数言語を混ぜて用いる）やコードスイッチング（言語の切替）により日本語の要素が入る可能性は、特に若い話者を中心に十分ある。また、若い話者ほど日本語が浸透しており、特に場に高齢者がいない場合には、上記で池間方言が選択されるとした状況でも、日本語が選択されることもある。

3.1.3　流暢な話者たちの中での言語の差

言語は世代を経て変化するということは、どの言語にも言えることである。特に言語シフトの状況では、優勢な言語からの影響などで、変化は急激なものとなる[27]。その結果、流暢な話者が高齢者だけであっても、その中での言語の違いが少なからず認められるのが常である。本稿で用いた Grinevald and Bert (2011) による話者の分類の中でも、流暢な話者をさらに「年長の流暢な話者 (old fluent speaker)」と「若い流暢な話者 (young fluent speaker)」に分け、その言語の違いに言及している[28]。筆者の文法調査の経験からも、年長の流暢な話者と若い流暢な話者の違いは観察された。実際にはもちろん、老若の 2 つのカテゴリー境界がはっきりしていたり、完全に年齢というパラメータだけで区別できるわけではないが、差があることを示すための用語として「年長の」「若い」を用いている。

通常、ある言語の文法を調べる場合、その土地に生まれ育ち、在外経験がなく、ほかの言語との接触ができるだけない話者を対象とすることが理想とされる。しかし、言語の危機度によってはそのような話者を見つけることはほぼ不可能と言え、実際の話者たちの言語生活は、日常的に複数言語に触れるものになっていることが常である。宮古語においては、かなり高齢ではあっても現在はまだその理想に近い話者も存在しており、伝統的な池間方言の調査であれば

---

[27] 伊波 (1975) では、沖縄本島の都市部の言語について、投稿当時 (1930 年) にはすでに、「破産しかけて」おり、「今の若いものが操ってゐる沖縄口 (沖縄の言葉) を、六七十位の老人が了解することができない」と言っている (括弧内は筆者注)。

[28] Grinevald and Bert (2011) は、多くの場合、年長の流暢な話者は若い流暢な話者における言語の異なりを許容しているとする。池間方言でもそうであれば、話せる・話せないの判断においては、これらの異なりはあまり問題にされていないと考えられる。

そのような話者に調査をお願いするのが望ましいだろう。しかし、さらに時間が経過すれば、どれだけ古い言語を保持しているのかについて、一般的な条件では割り出せない可能性もでてくると考えられる。例えば、Iwasaki and Ono (2009) では、例外的に年齢の低い流暢な話者の環境を調査し、言語の保持に在外歴が必ずしもマイナス要因になっているわけではないことを示している。かえって島外にいる時のほうが意識して家庭内で池間方言を用いているという場合や、島外の複数箇所にある池間方言話者のコミュニティーに属している場合などもある。このような場合には、在外生活においても日常的に池間方言に触れ、使用する機会を失わず、池間方言は保たれる。また、しばしばとりあげられる学歴などについても同様に、言語の消失が進んだ状態では個人差を超える大きな要因にはならない可能性も高い[29]。3.1.1 節でも述べたように、言語の獲得、保持は、その言語を聞き話す環境がどれだけあるかということと深く関わっている。言語シフトにより徐々に地域語使用の場がなくなっていく過程で、どれだけそのような環境を持てるかは、個人のライフスタイルによるところが大きい。

　年長の流暢な話者と若い流暢な話者の言語の違いの詳細についてはまだ断片的にしか分かっていないが、言語現象の多岐にわたって細かな違いが現れている。分かりやすい例としては、語彙について、若い話者ほど日本語に置き換わっているものが多い。日本語語彙への置き換えは現在の年長の話者たちにも言えることだが[30]、若い話者の場合、そもそも池間方言での形を習得していないこともある。日本語から借用された語があれば、それを使用すれば事足りるので、両方を覚える必要性、機会はあまりないのだろう。また、琉球に限らずどの地域にも言えることだが、その地域語が話されていた背景文化に存在しない概念やものの名前には、文化の流入とともに優勢な言語が用いられ、その一方でその背景文化自体が消失していく。この場合は、固有の文化の消失とともにその中で用いられていた語彙も消失する。文法調査だけでなく、語彙の収集も急務である。

　日本本土とはかなり異なる生活を送っていた琉球地域の文化が、明治維新の旧慣温存以降、また 1972 年のアメリカからの復帰以降に相当急激な変化を迎

---

[29] 通常、最終学歴の低さと地域語の保持率は相関すると考えられている。
[30] いわゆるコードミキシングの場合もあるが、池間方言での形をあまり用いなくなっている場合も多い。

えたことは、想像に難くない。宮古語使用地域も、現在の流暢な話者たちの幼少期とは全く異なった生活形態になっている。昔の生活の様子について池間方言で語られる際内容を正確に理解するためには、言語そのものだけでなく文化的背景の知識も必要となる。

3.2 准話者

　このカテゴリーに属する話者は、コミュニケーションに支障のない程度の聞く能力を持つ一方、話す能力については限られている話者で、危機言語を特徴付けるものと言える。その話す能力は、くだけた場での簡単な会話程度なら流暢に行えるようなものから、全く話せないものまで幅広い[31]。3.1.2 節で述べたように、流暢な話者は流暢な話者の間だけでなく、聞く能力がある者に対しても池間方言を使用する。これは、池間方言が話される場の中には准話者も含まれているということである。

　准話者の多くは、成長過程で家庭内や地域社会で池間方言に触れる機会を持ちつつも、自ら使用はしなかったパターンであると考えられる。また、幼少期に母語として獲得したが、なんらかの要因で使用をやめ、話せなくなっている話者もここに含まれる。この話者の成長過程では既に親との会話や同世代間の会話など、生活の場の大半において日本語が使用されるようになっていると考えられ、どれだけ池間方言に接する機会があったかは個人の環境（周囲の大人の言語の選択の仕方）によって大きく左右されるため、准話者の下限年齢には流暢な話者以上に年齢より個人差が大きいと考えられる。おそらく、1970 年代以前の生まれであればある程度この能力を持っていると考えられるが、定かではない。

　准話者は多くの場合、実際に話す機会をあまり持たず、そのために池間方言の流暢な話者たちと同じような音調システムを獲得していない。西原では、2007 年に宮古高校校長（当時）仲間博之氏の脚本による方言歌劇『西原村立て』を上演した。内容は、池間島から西原へ分村した当時の様子を、伝統行事や遊びなども交えて再現したものである。その中には、流暢な話者以外の若い出演者もあり、台本を元に池間方言で演じた。しかし、台本通りに読んでも、

---

[31] Grinevald and Bert (2011) では、聞く能力も含めてその言語に関する知識は限られていても、話者たちの社会に入り込んでおり、地域語の話される状況においても社会文化的に適切な振る舞いができる場合も、この准話者に含むとしている。

プロソディー(いわゆるイントネーションやアクセントと言われるもの)が池間方言とは異なり、流暢な話者たちがそのずれを楽しんだということがあった[32]。

3.3 末期話者

末期話者は、池間方言のコミュニティーに属してはいるが、実用レベルで会話を聞いたり自ら使用したりする能力を持たない話者たちである。流暢な話者たちの会話に触れる機会があまりない者のほか、ある程度は習得したが、その後全く使わなくなりごく限られた知識しか残っていない者も含まれる。

この話者たちに特筆すべきことは、「実際の池間方言についてよく知らない」ということである。一部のフレーズや語彙は分かっていることが多いが、日常で触れる機会があまりなく、通常の言語獲得のように、流暢な話者たちによる会話を通しての直接的な習得はごく限られている。典型的には、集落内に住まず、親世代と別の地域(市街地)に住む、子世代があげられる。しばしば末期話者たちが最もよく触れる地域語のソースは、マスメディアなどの情報媒体を通したものであることもあり、それが市街地など池間方言以外の方言だったとしても、区別をつけることができない。このように、末期話者の持つ地域語の知識は、必ずしも池間方言のものとは言えないことが予想される。

これに関連して、永田(1996)も若年層の話す言葉について次のように指摘している。

> …若年層を中心に琉球の中心地那覇の新方言の進入の様子が見られる。琉球内でも交流することが多くなり、中心地の新方言が各地に伝播していることを裏付けている。(中略)若年層では新方言の基盤である各地旧方言を獲得しておらず、中心地の新方言の導入に抵抗がないのであろうと思われる。　　　　　　　　　　　　　　　　　　　(永田 1996: 105)

永田のいう「新方言」とは、本稿では地域語に影響を受けた日本語、「旧方言」は地域語を指す。この「中心地のことばが各地で用いられる」という現象は、前述したような経緯で、宮古語内のレベルでも起こっていると考えられる。地域語に直接触れる機会がないために、方言間の違いの存在も含めたその

---

[32] 若年層の発音は、宮古語のどこの方言ともつかないもので、「ナナ(七、たくさんのという意味合い)スマ(集落)ムヌイ(言葉)」と言われている。

言語知識をあまり持っていない。このため、末期話者が「自分は（池間）方言を話している」と表現する場合には、日本語をベースとして語彙の一部に地域語を用いるということであったり、それも市街地方言の形であることもあり、流暢な話者や准話者の意識とは大きく異なっていると考えられる。

3.4 それぞれの話者についてのまとめ

　流暢な話者たちは減ってきてはいるが、池間方言の話される場は未だ活発である。地域語が抑圧されていた時代と異なり、逆に推奨されるようになってから再活性した可能性もあるが、宮古諸島における地域語抑圧の効果がどれだけのものだったのかはまだ明らかでない。また、できるだけ日本語からの影響が少ない時代の池間方言を調査するためには早ければ早いほうがよいことはいうまでもないが、現在の若い流暢な話者たちが健在のうちであれば池間方言の文法調査の可能性は閉じられていない。

　流暢な話者だけでなく、准話者も、池間方言使用の場の重要なメンバーである。言語使用の場がどのように変わっていったのかを明らかにするためには、准話者についての調査も欠かせないであろう。また、准話者については、しばしば言語記録・復興においてリーディングロールをとる存在として指摘される。言語の現状からすれば復興も不可能ではない。実際にそれが成されるかどうかは、准話者たちにとって地域語がどのような存在であるのかによると言えるだろう。

　末期話者は池間方言の使用の場のメンバーではない。また多様な方言が高い密度で存在している琉球諸語にあっては、末期話者の段階ではその方言差は失われていくものと考えられる。

　これらの話者においては、それぞれ「（池間）方言」として意識している対象が大分異なっていると予想される。流暢な話者たちの中では、より古い世代の伝統的な方言、准話者の中では、流暢な話者たちの話す言葉、末期話者たちの中では、宮古語すらも超えて、テレビなどのメディアを通して触れる沖縄の言葉を地域の言葉と捉えるようになっている部分があることも考えられる。また、本稿では直接的に扱っていないが、話者たちが「日本語」として話している言語にも、大きな質の違いがある。高齢層では地域語からの影響が強いものとなっているが、若くなるに従って地域語の要素は大分薄くなる。言語意識の

調査には、そのような大きな質の差を考慮する必要があるだろう[33]。

　言語が失われていく中で、流暢な話者たちの文法調査の緊急性、必要性が強調されている。その重要性はいうまでもないが、准話者や末期話者の状態の研究もまた今しかできない重要なものであると言える。宮古語における准話者や末期話者についての研究には中島ほか（2012）などがあるが、全体としてあまり進んでいない。また、それぞれの話者たちについての調査から、時代ごとの言語の状況を構築していけば、どのようにシフトが起こるかについての厳密なケーススタディーとなるだろう。

　また、3.1.2節では言及していないが、危機言語の言語使用の場を検討する際には、新しく生活に加わった場にどれくらいその言語が使われているかも問題となる。ラジオやテレビ、新聞、インターネットなどの媒体が代表的と言える。特別なケースを除いて、書かれる言語は基本的に日本語であると言えるが[34]、近年池間島出身の人たちによる池間方言で書かれた書物（『島に生きて：奇跡を見た男たち』伊計文雄・上里武・吉浜朝栄・本村満、自費出版）や、西原の花城千枝子氏による方言絵本なども作製されている[35]。また、宮古島で

---

[33] また、ハインリッヒ（2010）では地域語と日本語の接触によって発生した「混合語」を各地域の調査の際に設定しているが、本稿ではそのカテゴリーを設定していない。沖縄本島では早くからシフトが進んでいたが、ある段階で地域語へのシフトの鈍化、地域語への回帰がみられ、その際に地域語と日本語との中間的特徴を持つ言語（ウチナーヤマトゥグチ）が定着したとみられている。本永（1984）では、大戦前にかなり厳正に行われていた標準語教育が戦後緩和し、そのためかえってウチナーヤマトゥグチのような「地域共通語」が強く定着してしまったと指摘している。かなり地域語が失われたところでシフトが鈍化したため、完全な地域語でなく、混合言語と呼べるようなものが形成されたと考えられる。宮古語においても地域語から影響を受けた日本語が話されるが、混合言語が発達したと言えるレベルではないだろう。シフトが起こるのが遅かったとされる宮古語においては（永田1996、ハインリッヒ2010）、地域語がかなり残っている状態で、より日本語へのアクセスがしやすくなった時期に本格的にシフトが起こり、日本語と地域語の中間的な混合言語が発達するような期間はなかったと考えられる。これが、本稿でハインリッヒ（2010）にあるような「混合語」を想定しない理由である。コードミキシング・スイッチングが多少はあっても、流暢な話者たちにとってどちらをベースに話しているのかは比較的はっきりしていると予想している。（それが正しいかどうかは今後の検証の必要がある。）

[34] これは書き言葉の性質のほか、表記システムを持たず表記の習慣がないことも理由のひとつであると考えられる。

[35] 花城千枝子氏の方言絵本は、本書でも紹介されている電子博物館で閲覧可能であるほか、本書にも収録されている。

は、高齢者向けの農業に関する番組を地域語でやっていたりもするが、池間方言ではなく、市街地の方言（平良方言）をベースとしている。池間方言に限らず、宮古語ということであれば、インターネットによるメールマガジン内での使用（宮古島メールマガジン「くまから・かまから」http://km22.web.fc2.com/）なども認められる。また、方言記録、活性化のための動きとしては、方言大会、子供による郷土の民話大会、地区ごとの語彙集の編纂（城辺、伊良部島など）などもある。

4. 地域間の違いについて

　ここまで見てきた池間方言の状況が、宮古語すべての方言について言えるというわけではない。特に、宮古語の中でも、宮古諸島以外からも含めた人口流入の多い市街地においては、いち早く地域語の使用の場や話者が縮小し、池間方言とは状況が大きく異なっていると考えられる。都市部と周辺部の言語使用状況の異なりは、東江編（1983）でも指摘されており、外部からの居住者が多く生活が急激に変化した都市部においては、地域語の消失も早いとされている[36]。宮古語のサンプルとして特に日本語化の進んでいる市街地（平良）を選択するのは宮古語全体の状態を知るには適切でないだろう。特に西原や佐良浜はまた、集落内の年中行事が盛んに行われている地域で、個人の慶弔事も含めると流暢な話者を中心として多くの人が参加する集まりが非常に多く、他地域より地域語使用が活発である可能性も高い。

　永田（1996）やハインリッヒ（2010）などでは、宮古語は他の琉球諸語と比べても比較的よく使用されているとしている。これに関しては、ハインリッヒ（2010）では（奄美語と共に）宮古語の言語シフトが弱かったと推論されるとしているが（ハインリッヒ 2010: 164）、詳細については今後の研究が待たれる分野である[37]。

5. まとめ

　本稿では、西原を中心とした池間方言の現在の状況について、特にこれまで

---

[36] とくに沖縄本島の中心地については、早くから細かい方言差が失われてしまったことが、上村（1992）やハインリッヒ（2010）にも示されている。

[37] 奄美では「トン普通語」と呼ばれる中間言語が意識されている点が宮古とは異なるなど、注33で指摘した内容と合わせて、シフトの仕方の違いも予想される。

の言語バリエーションの分析の枠組みでは捉えづらいと考えられる部分について指摘してきた。冒頭でも述べたように、本稿の筆者による情報は客観的なプロセスを用いて計画的に収集されたものではなく、極端に言えば「印象」論でしかない部分もあり、間違いも含まれているかもしれない。繰り返しになるが、これは実証的研究のための予備的考察と位置づけることをここでも述べておく。

　話者は減っていても、まだ池間方言、宮古語は、活発に使用されていると言える。ここで精力的に活動できれば、かなり豊かな言語記録を残せる可能性がある。近年の記録言語学 (documentary linguistics) の方法論でも強調されているように、それには、言語の専門家だけでなく、社会文化背景などを記録するための他分野の専門家や、当然ながら話者たちの協力が欠かせない。そのための試みとして、本書でも紹介されている「電子博物館プロジェクト」（田窪行則教授（京都大学）主導）がある。このプロジェクトでは、地域語をその文化とともに保存、公開するとともに、研究者以外の人も含めた多くの人が記録に参加できるシステムの構築を目指している。また、「琉球諸語表記法プロジェクト」（2011年〜トヨタ財団助成プロジェクト、代表：小川晋史氏（国立国語研究所））では、宮古語も含めた琉球諸語すべての方言の表記が可能な表記法の開発と、流布のための準備を行っている。もしそれを用いて現在の流暢な話者の皆さんに表記の習慣が持たれれば、すばらしい言語の記録になることは間違いない。

参照文献

東江平之編（1983）『沖縄における言語生活および言語能力に関する比較・測定的研究』沖縄：沖縄言語心理研究会.

Grinevald, Colette and Michel Bert (2011) Speakers and communities. In Peter K. Austin and Julia Sallabank eds., *The Cambridge handbook of endangered languages*, 45–65. Cambridge: Cambridge University Press.

ハインリッヒ　パトリック（2010）「琉球列島における言語シフト」パトリック・ハインリッヒ、松尾慎編『東アジアにおける言語復興：中国・台湾・沖縄を焦点に』151–177. 東京：東方書店.

ハインリッヒ　パトリック（2011）「琉球諸語に関する社会言語学研究」『日本語の研究』7: 112–118.

外間守善（1963）「沖縄の言語教育史」『沖縄タイムス』1963年6月14日〜27日.

伊波普猷（1975）「琉球と大和口」服部四郎・仲宗根政善・外間守善編（1975）『伊波普猷

全集 第8巻』457–459. 東京：平凡社.(『文芸春秋』8-3 (1930) からの再掲)

石原昌英 (2010)「琉球語の存続性と危機度：逆行的言語シフトは可能か」パトリック・ハインリッヒ，松尾慎編『東アジアにおける言語復興：中国・台湾・沖縄を焦点に』111–149. 東京：東方書店.

Iwasaki, Shoichi and Tsuyoshi Ono (2009) A life narrative approach for language documentation: The case of Ikema. Paper read at Workshop on Ryukyuan Languages and Linguistic Research (Oct. 23–25, 2009, UCLA, Los Angeles, USA).(日本語版は「宮古池間方言における言語衰退過程の考察：話者の体験談を通して」として本書に掲載)

笠原政治 (2008)『＜池間民族＞考：ある沖縄の島びとたちが描く文化の自画像をめぐって』東京：風響社.

狩俣繁久 (1992)「宮古方言」亀井孝ほか編『言語学大辞典 (世界言語編)』下-2, 848–863. 東京：三省堂.

川上哲也 (2001)『んすむら』(私家版).

木部暢子・三井はるみ・下地賀代子・盛思超・北原次郎太・山田真寛 (2011)『危機的な状況にある言語・方言の実態に関する調査研究事業　報告書』(文化庁委託事業) 東京：国立国語研究所.

本永守靖 (1984)「南島方言と国語教育」『講座方言学 10　沖縄・奄美の方言』363–386. 東京：国書刊行会.

永田高志 (1996)『琉球で生まれた共通語』東京：おうふう.

中島由美・徳永晶子・諸岡大悟 (2012)「宮古群島若年層による方言音声認識の実態：老人 (ウイプストゥ) と若者 (バカムヌ) の間」木部暢子編『消滅危機方言の調査・保存のための総合的研究　南琉球宮古方言調査報告書』国立国語研究所共同研究報告書，127–146. 東京：国立国語研究所.

仲宗根將二 (1997)『宮古風土記 (上・下)』沖縄：ひるぎ社.

Pellard, Thomas (forthcoming) The linguistic archaeology of the Ryūkyū islands. In Patrick Heinrich, Shinsho Miyara, and Michinori Shimoji eds., *Handbook of the Ryukyuan languages*. Berlin: Mouton de Gruyter.

下地和宏 (2012)「『宮古人』を考える」宮古の自然と文化を考える会編『宮古の自然と文化　第3集：躍動する宮古の島々』143–159. 沖縄：新星出版.

Trudgill, Peter (2004) *Sociolinguistics: An introduction to language and society*. London: Penguin Books.

上村幸雄 (1992)「総説 (琉球語)」亀井孝ほか編『言語学大事典』829–848. 東京：三省堂.

UNESCO (2003) Language vitality and endangerment. Document submitted to the International Expert Meeting on UNESCO Programme Safeguarding of Endangered Languages (Paris, 10–12 March 2003) (http://www.unesco.org/culture/ich/doc/src/00120-EN.pdf)

第2部 第5章

言語と文化の記録をもとにした学術コンテンツ作成の試み
宮古島西原地区を事例に

元木 環

1. はじめに

　2008年、京都大学ではグローバルCOEプログラム「親密圏と公共圏の再編成をめざすアジア拠点」が採択され、そのうちの一つの研究プロジェクトとして「宮古島西原地区を中心とした南琉球の言語・文化の調査、記録、保存、および維持—デジタル博物館作成の試み」（代表：田窪行則）が実施されることとなった。対象となる沖縄県宮古島市西原地区では、このグローバルCOEプログラムが採択される以前より調査・研究が行われており、プロジェクト開始時には、すでに西原地区を中心とした池間方言の談話資料——100時間以上の映像と500時間以上の音声の一次データが収集されていた。また、西原地区では、地域住民自身によって地域の文化的コンテンツが作成されるなど、言語を継承するための活動に関心が高く、公民館や保育園などの教育機関、老人会などの関係者を始めとする地域住民の方々から研究活動にも協力を得られていた。そのため、研究代表者らは、「ことばと文化の"電子博物館"を構築し、これらの一次データを収集・保存・提示（公開）・活用することで、危機言語と文化の保存と継承に寄与できるのではないか」という構想を持っていた。

　一方、筆者が所属している京都大学学術情報メディアセンターでは、2002年よりコンテンツ作成室という部署を試行的に設置し、大学における共同利用[1]という枠組みで、共同研究あるいは支援サービスとして、コンテンツ作成

---

[1] 日本において、ある大学の拠点施設、大型研究設備、特殊な支援サービスを全国の高等教育研究機関の研究者が、所属大学の枠を越えて利用できるように提供する仕組み。文部科学省が学術研究の発展のために整備している。

と支援を行っている。コンテンツ作成室では、学術コンテンツを、「大学や研究機関、研究者の活動により生み出された資料や成果をリソースとした教育や研究、社会連携など学術活動に広く利活用するためのもの」と捉え、学外の制作会社などに発注しにくい内容や何らかの課題を抱える案件、何らかの新規性を求めている案件を主な支援対象としている。コンテンツ作成室に常駐するスタッフは、芸術系大学で映像制作やビジュアルデザイン、メディアデザインに関する専門教育を修めたバックグラウンドを持ち、高等教育機関の教職員や研究者と協働して、コンテンツやその作成過程に求められる潜在的なニーズやシーズ、解決方法を探り、ビジュアルデザイン、イラストレーション、映像写真撮影・編集などの手法を用いた各種情報メディアによるコンテンツを作成する。日本では、いわゆる総合大学において芸術やデザイン実践の教育課程を設置している機関はきわめて少ないため、同じ組織内の構成員同士で、ビジュアルデザインにも注力した学術コンテンツ作成を継続的に実践している例は、これまでのところほとんどない。

　本稿では、本プロジェクトにおいて行われた、言語学者の研究者とコンテンツ作成室に所属するデザイナーやアーティスト、そして地域の研究協力者との協働による学術コンテンツの作成事例をもとに、その過程で起こった課題と反応について整理するとともに、危機言語の記録と継承に、学術コンテンツ作成が寄与できる役割とその可能性について考察する。

2.　危機言語や文化に関する記録と保存、コンテンツ化の状況

　言語学においては、1990年代末頃より言語ドキュメンテーション研究と呼ばれる研究領域が定義されている。中山 (2009) によると、言語ドキュメンテーション研究の目的は、「個別の言語に関して、長期間にわたって幅広い範囲の活動に活用することが出来る記録 (一次データ) を体系的、包括的に蓄積すること」であり、その背景は「言語ドキュメンテーション研究は、記述研究の中でもとりわけ消滅の危機に瀕する言語 (いわゆる危機言語) に関わる研究活動の中から発達してきた」とある。言語「記述」(description) に対して言語「記録」(documentation) と呼ばれ、研究者を対象に、映像などにより言語を「記録」する、技術面も含むスキルアップのためのワークショップも、言語学関連の研究機関などで開催されている。近年、PCの普及によりメディアデータの取り扱いが簡便になったほか、AV機器の低価格化と高品質化、バッテリーや記録メ

モリの長時間記録への対応などハードウェア面の進歩は著しい。これらの状況も後押しとなり、危機言語の分野に限らず、研究者自身が研究調査の記録や研究のエビデンスのために、ビデオカメラやICレコーダーなどを使用して映像・音声データを取得することは、すでに一般化しているといえるだろう。たとえば、文化人類学研究においては、研究成果自体である民族誌を、研究者自身が映像で記述するような映像人類学とされる分野も出現している（宮坂2011、分翼2010）。広義の地域研究において、コンテンツ化できる品質を持ったかなりの量の一次データがすでに存在し、今後も増大すると考えられる。

　危機言語ドキュメンテーションという文脈で、一次データを保存、蓄積し、インターネットを利用して公開する動きとしては、ロンドン大学東洋アフリカ研究学院（SOAS）による"The Hans Rausing Endangered Languages Project（HRELP）"[2]があり、大規模なデジタルアーカイブより、すでに多くのデータや関連する資料、コンテンツを収集、公開している。日本においては、いくつかの共同利用拠点となる研究機関、たとえば東京外国語大学アジア・アフリカ言語文化研究所（AA研）、国立国語研究所、国立民族学博物館には、いくつかのデータベースなどへのリンク集であるポータルページがある。多くはその言語の研究者や研究グループが所属している研究機関において、それぞれの研究者が手弁当で作成したようなデータベース（関連するコンテンツを含む）が公開されている状況で、ビジュアルデザインに配慮したものや、一次データをもとにしたコンテンツの存在はあまり見られない。また、作成公開されてから4、5年以上とくにシステムが更新されていないものも多く、公開しているデータと公開システムの維持や更新に苦慮されていることがしのばれる。

　コンテンツ化については、地域文化振興の側面から作成されたものがある。たとえば、2002年度に、沖縄県が内閣府と経済産業省の先導のもとに行った沖縄デジタルアーカイブ整備事業で作成された「Wonder沖縄」（現在は閉鎖）や「琉球文化アーカイブ」（沖縄県立総合教育センター）、「方言ってなんだろう？」（財団法人奄美文化財団）などがあげられる。これらは、作成された時代に応じてビジュアルデザインにも配慮されており、非専門家でなくても興味を持てるような工夫がされているが、いずれもデータや画像、映像資料、解説

---

[2] The Hans Rausing Endangered Languages Project（The School of Oriental and African Studies, The University of London）: http://www.hrelp.org/

などの出典については、一対一で明記されておらず、研究機関と同じく、作成公開されてから数年経つと、システムもコンテンツも更新されていないという問題点が見られる。

　更新性は、インターネットという変化の激しいプロトコルに基づいたメディアである以上、同時代的に抱えている問題であるし、資料やデータの出典の欠如についても、広告やエンターテイメント系、一般的な情報提供系の映像制作やWeb制作においては、伝達する内容が複雑になることを避けるために、出典をわかりやすく書き添えないことが正しい選択の場合もある。しかし、研究機関や研究者が作成する危機言語に関するコンテンツは、学術コミュニティにも、非専門家や地域住民にも利用されることを目的とするため、一次データや情報の出典を辿ることを可能なものにするべきであろう。

　また、地域研究におけるフィールドワークの問題点として、研究者が調査対象者（地域住民）へ調査意図を伝達することの必要性、調査結果を地域住民へ還元することの困難さについても随所で指摘されている（安渓2008）。

　こうしたことから、危機言語や文化に関する記録と保存におけるコンテンツは、学術的な利用に耐え、かつ非専門家にも伝わるような表現で、資源として活用でき、技術的な側面においても永続的な更新性に配慮されたものであることが必要と考えられる。

3. コンテンツ作成：必要な要素とコンテキストの抽出

　前節で述べた状況から、本電子博物館は、研究者自身がデータやコンテンツを更新可能なプラットフォーム（拡張性と更新性が高いシステム）として存在し、地域に関わる研究・調査・活動事例が集まるハブ、あるいは地域住民が有効に活用する場となり、かつ言語学習の場としても機能することを目指している。そこへ展示されるコンテンツのモデルとして、1) 談話の映像や音声といった一次データを元にしたものを作成すること、2) 言語学的な関心以外に文化に興味を持つ人や地域住民が興味を持つように、言葉と文化の記録としての価値が高いと考えられる地域の儀礼についてのコンテンツを作成すること、3) 地域住民の持っている言語作品をコンテンツにすること、の3つの観点からコンテンツを作成することが考えられた。

　コンテンツ作成において、言語ドキュメンテーションとして記録された映像や音声などの一次データは、それそのものだけでは断片的な資料でしかない。

たとえば希少な言語の話者の映像であっても、それが幅広い層の人に関心を与え、何かを伝えるコンテンツになるには、適切なメディアを選択して、言葉の意味や発音表記、あるいは地域や文化に関する背景知識など、さまざまな記述やメタデータを包括的な言語資源として組み合わせ、表現を考える必要がある。コンテンツ作成の導入時には、一次データを持っている研究者や地域の研究協力者では、関係がないと考えてしまうデータも有効な資源となる可能性があるため、作成を担当するデザイナーやアーティスト（以下、制作者と称する）が、コンテンツの作成過程で尋ねて、探索する場合がある。メディアのデータは、基本的に不可逆的な性質を持っているが、コンテンツの正確性と永続性に配慮するために、一次データとして制作者に渡されたものは、一番品質のよい、あるいはサイズの大きい、情報を欠損、変更していない、可能な限りオリジナルに近いデータであるか確認をする場合もある。

　コンテンツを設計する前には、コンテンツに求められる役割や目的のほかに、地域の特徴、研究コミュニティにおける特性や研究的に「正しい−正しくない」のしきい値や表記上配慮が必要な箇所などを把握し、同様の目的やデータをもとにした先行事例の有無や、また同じ地域での他の研究調査や作品制作などの有無についても、調査を行う必要がある。これらの提示された資料を観察し、文献や渡されたもの以外の資料も収集観察し、同時に研究者にヒアリング、質問をすることを通じて、理解を深め、資料と表現方法を鑑みながら、コンテンツの設計案を組み立てていく。

　また、これらの調査から、コンテンツの設計案に必要不可欠な要素である、コンテンツにまつわるコンテキストが抽出されると考えられる。コンテキストは、コンテンツを作成する・伝える側（この場合はコンテンツの作成を発起する研究者や地域の研究協力者）に存在し、伝えられる側（この場合は、作成されたコンテンツを閲覧・視聴、利活用する幅広い層）にも存在する。作成する・伝える側における基本的な状況、経緯を汲み取り、伝えられる側は、どのような背景を持つどのような人（誰）が、どのような環境（空間）で、どのような時間やタイミングや回数（時間）で、このコンテンツと触れるのかということを想定することが重要である。

　これらのコンテキストは、コンテンツ設計案の作成や、コンテンツの作成過程において、内容や表現、メディアなどさまざまな選択をする際に、重要な指針として働くことになる（図1）。出来る限り、このコンテキストは作成前にテ

テキストにするなど、研究者と研究協力者、制作者間で共有しておくことが望ましい。

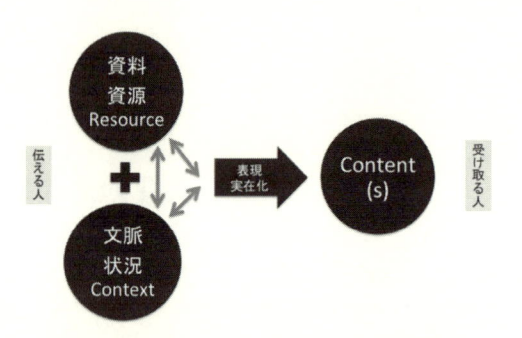

図1：学術コンテンツ作成に必要な要素

　なお、本プロジェクトで作成したコンテンツの作成過程を振り返り、抽出していた作成する・伝える側のコンテキストを次にあげる。
1) 使用した一次データまで遡れること
　　（できるだけ一次データをそのまま利用することが望ましい）
2) 文法や音韻・形態といった言語学的関心に基づいた記述を同時に使うこと
3) 言語学的関心に基づく記述の表記・表現は、研究に即したある妥当な統一的な規則を場合によっては生成し、それに依拠すること
4) その言語・文化に関心のある市民、言語学研究者、言語学以外の研究者、地域コミュニティ内の幅広い世代の人、それぞれが興味を持てる表現かつ魅力を持つこと
　　（それぞれの興味で見てもらえる、注釈を集められる、不快感を与えない）
5) 地域コミュニティの言語維持、言語学習の支援に寄与できること
6) さまざまな環境で、それぞれに応じた閲覧・視聴が可能なメディアであること
　　（PCやインターネットの利用環境を持たなくても閲覧・視聴が可能なこと）
7) 長期保存と永続的利用が可能なデータ形式であること
　　（技術革新があっても変換可能であること）

4. コンテンツ作成：概要と作成の過程、その課題

本プロジェクトで作成した3つのコンテンツのモデルの事例は、次のとおりである。

1) 談話の映像や音声といった一次データをもとにした作成事例：
   字幕付き映像コンテンツ
2) 地域の儀礼についての作成事例：
   西原地区の豊年祭（ミャークヅツ）の映像コンテンツ
3) 地域の言語作品をコンテンツ化した事例：
   方言創作童話のコンテンツ化（紙芝居、絵本、冊子、CD、動画）
   「カナルおばーぬゆがたい　みまむいぶすぬ　はなす（見守り星の話）」
   「っふぁ　そうだてぃ　じゃんぬ　はなす（子育てジュゴンの話）」

これらの概要と作成過程の概略、その主な課題について報告する。

4.1 談話の映像や音声といった一次データをもとにした作成事例：
   字幕付き映像コンテンツ

4.1.1　コンテンツの概要と制作意図

本電子博物館では、収蔵された一次データをもとに、さまざまな研究者が、それぞれの専門的な視点による「展示」をするという行為を通じて、コンテキストの再構築が行われ、注釈などの情報付加が起こり、メタデータが自然に充実する仕掛けをコンセプトの一つとしている。研究者に、誰でも見ることのできる公共的なサイバースペースに「展示」するという意識を持ってもらうことで、データに非専門家（あるいは異分野の研究者）にもわかるような注釈をつける動機付けにつながるとも考えられている。たとえば、展示された映像コンテンツ中の談話に、言語学者が付与した訳や文法、音韻、形態といった言語学研究に基づいた記述を文化人類学、社会学の研究者が利用する、あるいは談話の中に登場する儀礼について、文化人類学、社会学の研究者が付与した儀礼行為の意味に関する記述を言語学者が利用する、などということになれば、互いの学問の質的向上につながると考えられる。とくに、談話映像に、ことばの発音や話の内容が、その言語の専門家でなくても理解できる記述があれば、興味を持ってコンテンツを閲覧・視聴する人は増えるはずであると考えられた。そこで談話の映像や音声といった一次データを含む包括的な言語資源を元にして、発話や訳が字幕となり、映像と同時に電子博物館で再生されるようなコン

テンツを作成することにした(図2)。

　ただし、字幕付き映像コンテンツを作成するには、映像編集ソフトウェアの利用とデータを Web サイトへアップロードすることが必要であるため、手間とソフトウェアの準備や習得が必要になる。これを改善するため、最終的には電子博物館のコンセプト同様に、研究者自身が、特別なソフトウェアを用いずに日々の研究過程で自動的にコンテンツを生成できることを目標とした[3]。

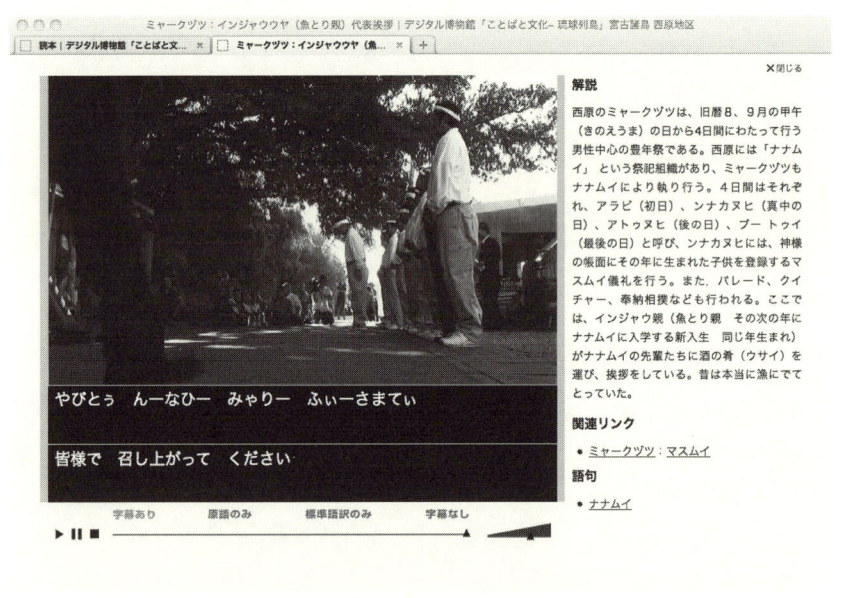

図2：字幕付き映像コンテンツの例

4.1.2　役割分担
・言語学研究者（一次映像データ選択、字幕テキストデータ（書き起こしと訳）作成、表示時間情報作成、用語解説テキスト作成、表記方法考案、校正）
・制作者（映像音声編集、映像データフォーマット変換）

---

[3] アノテーションを付与するためのソフトウェア（ELAN）で作成したテキストと時間情報を、字幕データ（XML 形式）に自動変換するプログラムを作成した。電子博物館を更新するコンテンツマネージメントシステム（CMS）を通じて、自動変換した字幕データをアップロードすれば、コンテンツを生成することができる。しかしまだ完全なシステムとしては完成していない。詳細は元木ほか（2010）を参照のこと。

・制作者（ページレイアウト、Web ページデザイン、Web ページコーディング）
・制作者（Web プログラム、映像ビューアー作成）
・制作者（絵地図作成）

4.1.3　制作工程

制作の流れの概略を次の図に示す（図3）。

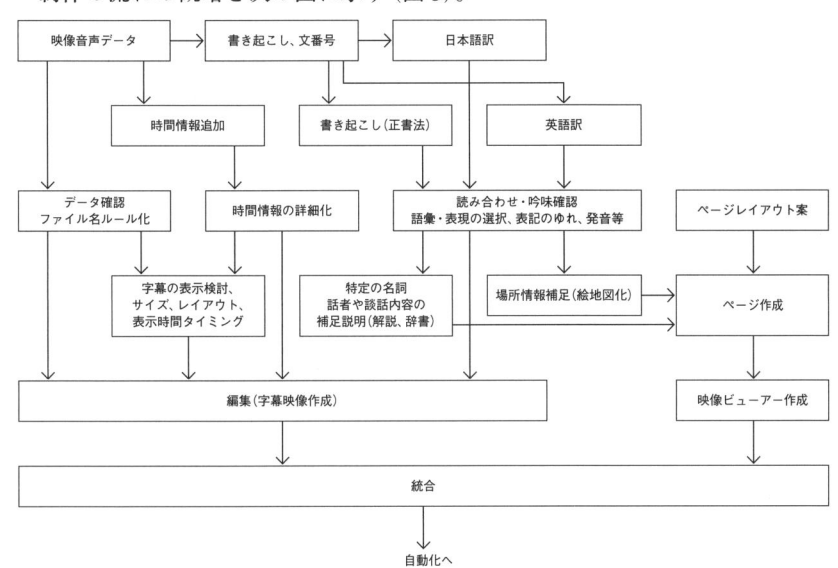

図3：字幕付き映像コンテンツ作成のフロー

4.1.4　課題や反応

　字幕付き映像のデモンストレーションでは、話の内容がわかるということで好評であったため、このようなコンテンツが簡便に生成できるようになればよいが、コンテンツの作成自動化に関しては現在も課題がある。たとえば、データの生成や電子博物館へのアップロードが、誰でもできるようにするには、いまだ簡便かつ安定したシステムでなく、他の研究者にツールを広めるところまで至っていないこと、また、自動化すると、必ずコンテンツの閲覧・視聴にインターネットが必要になるため、環境の整わない地域に持っていって見せることができない状況であることなどである。これらは技術的な問題であるが、まだよい解決策を見出せていない。

4.2 地域の儀礼についての作成事例：
西原地区の豊年祭（ミャークヅツ）の映像コンテンツ
4.2.1 コンテンツの概要と制作意図

祭祀行事は、その儀礼の際の挨拶等で、方言が使われていることや、文化的な関心から興味を持つ人が多いと考えられており、プロジェクト当初から撮影や公開が可能な範囲を映像コンテンツとして作成したいという構想があった。そこで、地域の方々に相談をしながら、撮影したものは地域に還元することを念頭におき、平成20（2008）年度の豊年祭（ミャークヅツ）についての撮影と映像コンテンツの作成を行った。祭祀行事ということもあり、撮影の許可や確認をどこにどのように得るべきか、また撮影方法に関しても細心の配慮が必要である。そもそも、地域に依頼されていない撮影を行うには、必要なさまざまな情報（開催場所や時間、行為の意味や、配慮すべきこと、禁止事項、執行体制や、他の撮影者の有無、どの部分を撮影すべきなのか等）を得て、地域の方々との信頼関係を築くことが大変重要である。しかし、制作者らは、プロジェクトに加わった最初の年で、地域の基本的な情報を把握しておらず、研究者ともうまく情報交換や意思疎通をはかることができず、万全の準備をして撮影に望むことはできなかったといえる。撮影後の編集などの作成過程において、何回も話し合いなどのコミュニケーションを重ね、コンテンツに求める役割や作成方法、方針、役割分担などを固めることができた。ある程度の荒編集が済んだ工程で、西原地区の老人会、自治組織の長（字長）と公民館館長および職員、そして祭祀を司る祭祀組織の方々へ映像のチェックを受け、反映させた結果を最終的な完成とした。完成した映像コンテンツは、祭祀の概略を時系列で追えるような50分ほどにまとめたDVDビデオコンテンツ、儀礼の挨拶の部分を短く切り出した電子博物館の学習用映像コンテンツ、編集に使わなかった部分も含めたアーカイブ用未編集映像DVDコンテンツの3種類である。祭祀組織の方々の指導を受け、西原地区の神様にも報告することができ、地域に具体的に還元した最初のコンテンツの例となった。再度地域の方々や祭祀組織の方々に指導を仰ぎ、この書籍にも祭祀概略のビデオコンテンツを付属することができた。具体的な内容についてはそれを参考にしていただきたい。

4.2.2 役割分担
・言語学研究者（収録手配現地コーディネート、作成用資料収集、構成案

チェック、解説資料準備、テロップテキストデータ作成、報告連絡)
- 民俗学研究者(構成案チェック、解説資料準備、テロップテキストデータ作成、報告連絡アドバイス)
- 制作者(収録機材準備、ロケハン、映像撮影、映像データキャプチャ・整理、構成提案、映像音声編集、チェック用データ作成、映像データ変換、DVD オーサリング)
- 制作者(収録機材管理、バッテリー・記録メディア準備、ロケハン、録音、音声データ整理)
- 制作者(収録手配現地コーディネート補佐、作成用資料収集、ロケハン、資料画像撮影、撮影録音サポート、構成案チェック、映像チェック、報告資料作成、報告連絡)
- 制作者(映像データ変換、電子博物館掲載)

※当日の撮影は、言語学研究者 1 名と、制作者 3 名で主に担当した。のちの制作においては、言語学研究者 2 名と民族学研究者 1 名を含み、それぞれの制作者が各自の担当の部分を進めた。また、構成や編集のチェックは研究者と制作者のチームで何度か行い、地域の研究協力者にもチェックを依頼した。

4.2.3 制作工程

制作の流れの概略を次の図に示す(図 4)。

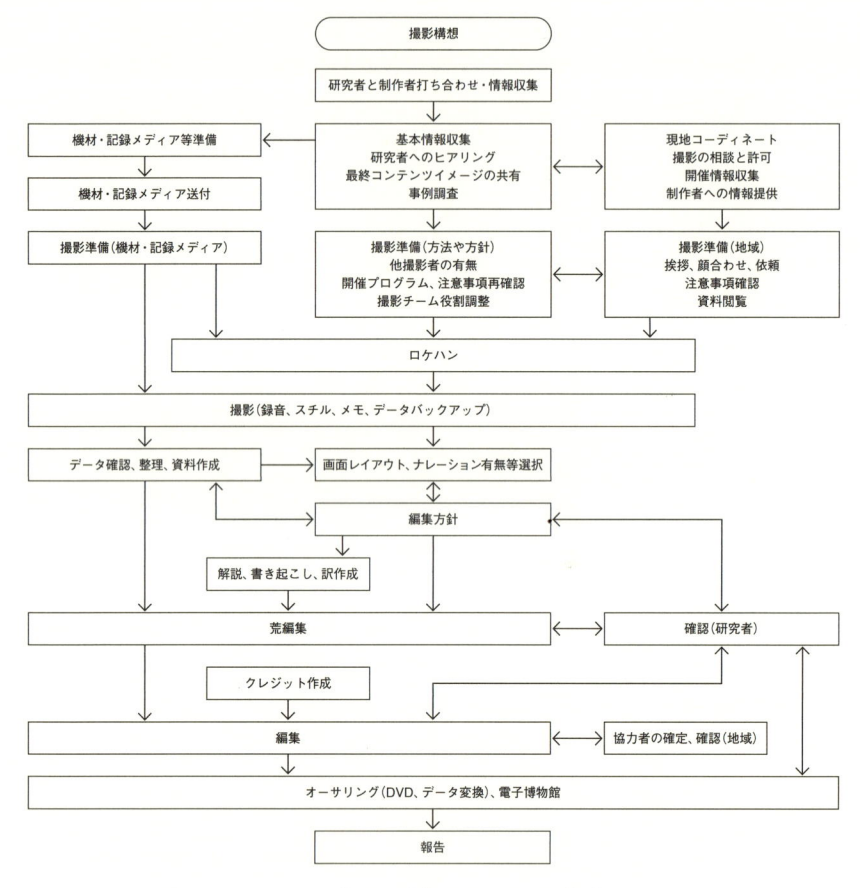

図4：ミャークヅツの映像コンテンツ作成のフロー

4.2.4 課題や反応

　主に、撮影に際して、制作に必要充分な事前情報が得られなかったことが課題となった。初めて地域に入る際に、経験のある研究者からのサポートが不十分と感じられた点である。具体的に起きたことをいくつかあげる。
・撮影には、その場で目立ちにくく、失礼のない服装で臨むことが基本であるが、そういった映像業界の作法のようなものは、研究者には理解されておらず、急に現地で、男性は黒のスラックスと白いワイシャツ、ネクタイ、女性はベージュのパンツと白系のブラウスの購入が必要になった。

・他の撮影者に撮影するのかと牽制された。ひたすら低姿勢で乗り切るが、そもそもどういった方なのかがわからず、対応に往生した。また、撮影に関連する禁止事項や留意すべき作法をどこに(誰に)確認すればよいか不明瞭で、映像・音声収録者が相当な緊張を強いられた。
・撮影前に、どのような目的で撮影をすればよいか、研究者に尋ねても決まらなかった。撮影できる範囲は限られているため、必ず撮影が必要な場面とその対象をあらかじめ共有しておく必要がある。目的によって、同じ場面でも、全体の配置がわかるカットがよいのか、手の仕草がわかるカットがよいのかなどによって撮影方法が大きく異なる。「まず撮影をする」「撮影できたもので考える」ということでは、撮影するチャンスがほかにない場合、たとえ目的の対象を直接に撮影できなくても、その場で代替の表現を考えることもできず制作者は困る。

ただし、これらの問題については、具体的に撮影の場を経験されたことや必要性や役割分担を話し合った結果、理解がすすみ、目的について、踏み込んで話すことが可能になり、地域の方への確認や連絡を的確に担っていただけるようになった。

これは、制作者から、必要性を感じてもらう手だてを取れなかったことにも起因すると考えられる。

完成したコンテンツは、「(来年回ってくる役目の)参考になる」などというコメントも聞かれ、地域の中の各家庭に、DVDがまわっているということを伺っている。

4.3 地域の(研究協力者の)言語作品をコンテンツ化した事例：
方言創作童話のコンテンツ化(紙芝居、絵本、冊子、CD、動画)
「カナルおばーぬゆがたい　みまむいぶすぬ　はなす(見守り星の話)」
「っふぁ　そぅだてぃ　じゃんぬ　はなす(子育てジュゴンの話)」

4.3.1 コンテンツの概要と制作意図

もともと、言語学研究者が、調査の過程で、研究協力者(話者)である地域の保育園園長が温めていた童話があることを知ったことがきっかけで、方言と日本語のバイリンガル絵本(方言による読み語りのCD付き)を作成するという構想があった。親世代が、祖父母世代に力を借りながら、子どもへ読み聞かせをするために、方言を練習し、子ども(孫)はその方言を楽しみながら聞き

取ることで、三(四)世代(祖父母、父母、子ども、孫)二言語(方言、日本語)による子育てと言語の伝承が起きるのではないかという企画である。その構想、企画を具現化することを引き継ぐ形で、コンテンツ化を始めた。童話のお話は存在したので、コンテンツ化にあたっては、童話の原稿に絵等の視覚的な要素を追加すること、語りを録音すること、絵本などの印刷物あるいは何らかのメディアのデザインを作成することを行った。童話に添える絵は、写真や映像で残っていない風景があり、絵に描き起こすことで言葉が使われていた時代背景を想起させる必要があったため、話者へのインタビュー調査と資料等の調査から、構図や下絵を段階的につくり、それを見せながらインタビューし、詳細を作画していくという方法をとった。録音については、話者が緊張せずに自然な語りとなるように、職場である保育園で録音する方法を検討した。童話のお話の原稿は原本のお話のスタイルを活かしつつ、自然な発話になるよう複数の話者と研究者、制作者で何度も対面で読み合わせ、「語彙・表現の選択」「表記のゆれ」「発音」などを吟味、確認して、印刷物と録音の原稿になる資料の作成を行った(図5)。とくに、方言の表記については、話者はそれぞれの印象によって表記しており、同じ話者の書いた文中でも統一されていない場合がある。また、自分が発話していることと、表記が異なっていることも(逆も)ある。この地区での方言の正書法は、地域住民も使えるようひらがなによって研究(作成)途中であったため、童話コンテンツの作成の過程でも、言語学研究者と話者の協働で作成された。このため、資料の改訂は大きなものだけで10回(みまむいぶすぬはなす)と15回(っふぁそうだてぃじゃんぬはなす)を数えている。こうしてこのコンテンツは、作成した資料や絵、音声データから、読み語り練習のための音読しやすいデザインの紙芝居、絵本、読み聞かせ練習用冊子など各種印刷物と、それに付属するCD、あるいは電子博物館用映像コンテンツの形態にまとめられた(図6)。音読のしやすさへの配慮として、各種印刷物は文字のサイズやフォント選択のほか、改行やページ割りなどが吟味された。今回の本の付属DVDには、電子博物館用映像コンテンツが収録されているので、内容についてはこちらを参考にしていただきたい。

言語と文化の記録をもとにした学術コンテンツ作成の試み　│　191

シーンNo.	場面設定	絵について ★の数→かかる時間の目安		西addr口	日本語	コメント欄：文章について
0	表紙	追加【★★★】	0	カナルおばーぬゆがたい　みまむいぶすぬはなす	カナルおばあのゆがたり　見守り星の話	
1	果成おばあが縁側に座り、庭のテリハボクの木を見上げている		1	カナルおばーや、やどぅらふつがまんどぅ、きゅうさ　とぅくっとがまーひー　みーみーっちゃーん　ぴーがまー　ひーゆーい。	カナルおばあは、えんがわで、今日も静かに朴を見ながらすわっています。	
			2	みなかめ　ほとぅやらうぎいーや、はーゆ　しゃーしーてい　ゆらひー、カナルおばーんかい　すだす　かでぃがまう　うぐいゅーた	庭の大きなテリハボクの木が、葉っぱたちをサワサワゆらして、カナルおばあに涼しすずしい風をとどけています。	
			3	「かぬいい…、ほうやらうぎいー。」	「あのね…、大きなテリハボクの木よ。」	
			4	「くや、んみゃ　カナルが　むぬー　あいすきやきてぃがー、ひとうい　ゆーがまーすまい　なまらないん。」	「ほら、カナルが言い始めたら、一日中でも、とまらないよ。」	
			5	「カナがまでぃー　あっじゃいーうちい　いみかいきゃぬめ　くとうーうやいだいひー　うたいがー、きゅうがい　ぱが　いきゃあまい　きー－ゆーる　いら、ほうやらうぎいー。」	「今、カナルちゃんとよばれていた小さいころのことを、思い出していたよ。今日も、昔話を聞けるかい、ね、テリハボクよ。」	
			6	「んーでぃ、おばー　だ　ラモーり　にゃーん　あっじ、ばー　はなうす　つぶ　ほうかんむ　するぱまい　くとぅー　にゃーんぱよ。」	「ええ、どうぞ。思いのままお話してね。わたしは、話を聞く他に何もすることがないのだから。」	
			7	「かいぬ　くとぅよ。」	「こんなことだよ。」	
2	夕飯の支度をする家族の風景	追加【★★★】	8	ぱが　かぬもんな、ぱが　いつつぬ　とぅきゃんどぅ、てぃんかい　ぬーりー　はりーにーゃーん。	私の母もんな、私が五才のころ、病気で天国へ行ってしまいました。	
			9	おとーや、つふぁがみぬみちゃーいまい　うたいば　かまらさひー－たーなまい　うらいっだん。	おとうは、残された子どもたち三人のために、悲しんでばかりもいられませんでした。	
			10	うぬひーから、おとーや　いんたーな　あらだ、むぬ－にーまあ　らいしまい、さうすまい、かーちゃんが　ひーうたい　くとー　んーな　ほとぅがー　ならうだん。	その日から、魚取りの仕事の他に、子どもたちの食事作りやせんたくやそうじなど、母ちゃんがやっていたことを、全部やらなければなりません。	
			11	ゆいき　とぅきゃんな、おとーや　みなかん　むっさ　すきー　ゆいぎゃーふぃーいー。	夕飯の時には、おとうは、庭にしるもいいって、ご飯を食べっけさせて	むっす→むっさ
			12	つっちぬ　ゆーんな　つっちぬ　あかひりー、ほうすめゆーんな　ほうすぬ　あかひりー、ふぃーいーでぃ。	お月様が出ている夜は月明かりで、お星さまが出ている夜は星明かりで、食べさせていたのです。	
			13	ゆいや　ふぁうつちゃーん、やらーびがまんみー　きゅーっちゃー　くとぅ、おとーんかい　うながたまた　あっじーうたい。	夕飯を食べながら、子どもたち、今日一日のできごとをかわりばんこに、おとうに話していたようです。	
			14	おとーや、やらびがまんみ　はなっす　つぶぬど　ふかさすむぬ　あったい　やうかん。	おとうは、子どもたちの話を聞くのが楽しみのようでした。	
3	大浦のあたりの浜辺で3人が貝を拾っている		15	カナルが　やーつ、カナサが　んーつ、アカルが　いつつぬ　ときゅどう　あたい。	カナルが八才、カナサ六才、アカル五才の時のことです。	
			16	カナール、おとーんかい　つきんふぃいがまー　ひー　カナスと　アカルー　いんだい　さーりゃーうたい。	カナルは、おとうにないしょで、カナサとアカルをつれて、海にいきました。	
			17	かーちゃんとう　ひとぅみ　ちゅっらふぁい　ふぁうたい　しなぬみ　んつがまーぶ　ふぁいーぶすかいていうど、しながまう　とうりふたいるたいうしゃ。	母ちゃんと一緒に作った貝のみそ汁を食べたくなって、貝を取ろうと思ったのです。	
			18	いんな、んしゃたーひーまい　すーやっしどうーたい。	海は、遠くまで潮がひいていました。	

図５：作成途中の資料

図６：方言創作童話のコンテンツ

4.3.2 役割分担
- 言語学研究者（構想、作画調査音声データ選択・確認、読み合わせ、語彙表現、発音、表記吟味選択統一化、解説等執筆、凡例作成、校正）
- 研究協力者（話者・作話者）（読み合わせ、語彙表現、発音、表記吟味選択、読み語り）
- 研究協力者（話者）（読み合わせ、語彙表現、発音、表記吟味選択）
- 制作者（録音、音声データ整理・選択、音声データ整音）
- 制作者（作画調査、構図資料作成、下絵作成、作画、データ化、画像処理）
- 制作者（印刷物デザイン、タイトル文字デザイン、DTPデータ作成、入稿）
- 制作者（全体ディレクション、作画調査、構成検討、読み合わせ、表記検討、校正）
- 制作者（電子博物館用映像コンテンツ作成、電子博物館アップロード）

4.3.3 制作工程
制作の流れの概略を次の図に示す（図7）。

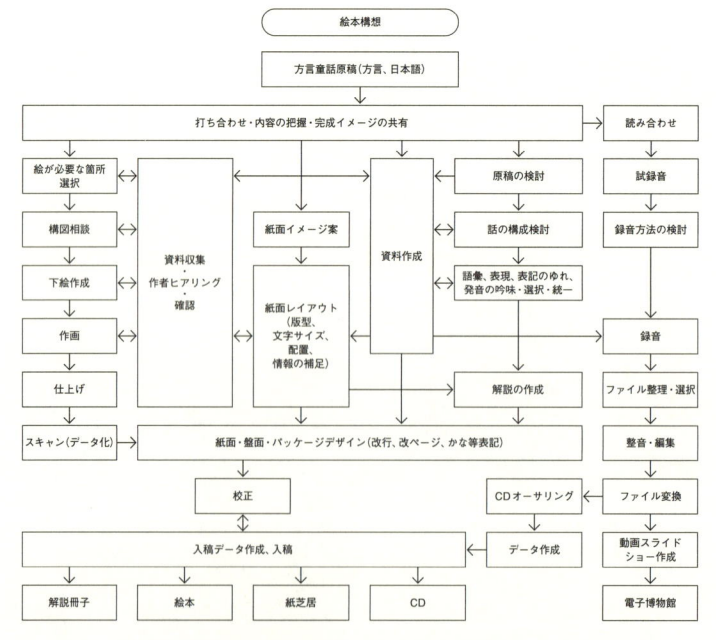

図7：方言創作童話のコンテンツ作成フロー

4.3.4 課題や反応

　お話の場面に絵がついていること、そして、その絵が地域の原風景に近いということが、圧倒的な魅力であると地域からの反響があった。また、別の危機言語の研究者も、言語学ではない地域研究の研究者らからも、「作話と絵の協創を続けるべきである、別の地域でもやってほしい」というコメントがきかれた。また、印刷物という形態は、頒布することが容易で、環境を選びにくいため、扱いやすさが好評のようである。

　課題としては、一つ目の童話（みまむいぶすぬはなす）においては、絵を希望される箇所を優先し、絵1枚あたりの文の量が均等ではなく、絵本という形態を選択することが困難であったため、紙芝居という形で（文は別の冊子に切り離し）作成したことがあげられる。これも、絵が大きく好評ではあったが、持ち運び性や読み聞かせの際に紙芝居を持つ手に負担がかかるため、絵本の方が使いよいとの意見があったため、次の童話からは、話の文量と絵の枚数を整えて、A4サイズの絵本として作成した。

　また、原稿（資料）を完成させるまでに読み合わせを重ねたため、かなりの見直しや更新が必要であり、録音後に原稿が変更してしまう箇所が多数あった。しかしこれは、扱っている研究分野の性質上、よりよいものを作成するには必要なプロセスであるため、読み合わせや録音のタイミング、間違いを発見しやすい資料形態についての工夫など対応が必要と考えられる。

5. まとめ

　各コンテンツの作成を振り返り、前節で出された課題と反応を整理すると、その課題の起因は、次のように分類、考察される。

・学術的な正確性の担保への（制作者の）理解に起因するもの
　（制作者は、どこに正確／不正確の境界があるのかを充分に探りながら表現を考えることが求められる。また、研究者からそれらを引き出す時間と工夫が必要である。）
・メディアリテラシーの認識の違いに起因するもの
　（制作者は、経験から完成形態を無意識のうちにいくらか選択をせばめていく。コンテンツの作成やメディアの性質などは、理論的に示しにくく、相互理解も確認しにくいことであるため、なぜこのような段階を経て作成を進めるのか、依頼した役割や情報提供が何に関与することになるのか、相互理解

のための方法を常に考える必要がある。)
・ポータブル性に起因するもの
（持ち運びが可能なものは普及しやすい。とくに、言語の継承に寄与するということであれば、さまざまな環境に人が持ち運ぶことを考慮することは必須である。）

　危機言語のデータをもとにした学術コンテンツは、学術的に正しいとの注釈や訳などを付与するほか、一次データのコンテキストに潜む要素を適切な調査に基づいて表現することで、魅力は増し、具現化されることで、地域住民にも非専門家にも関心を持って、活用してもらえる可能性が充分にあると考えられる。
　学術コンテンツの作成あるいは制作者は、その過程に必要な、人と人とのコミュニケーションギャップとも呼べる課題に留意しながら、作成に取り組むことが求められるのではないだろうか。

謝辞

　本研究・コンテンツ作成は、京都大学グローバル COE プログラム「親密圏と公共圏の再編成をめざすアジア拠点」、ならびに京都大学学術情報メディアセンター「コンテンツ作成共同研究」によって実施されたものである。とくに田窪行則先生、仲間博之先生、花城千枝子先生、車田千種氏、林由華氏、平井芽阿里氏、そして京都大学学術情報メディアセンターのスタッフである（また当時スタッフであった）岩倉正司氏、上田寛人氏、高橋三紀子氏、永田奈緒美氏、増本泰斗氏、宮部誠人氏らの技術と協働、熱意がなければできなかった実践であることを申し添えます。また、快く撮影やフィールドワーク、インタビューを許してくださった西原地区のみなさまをはじめ、このプロジェクトに関わってくださったたくさんの方々に深く感謝いたします。

参照文献

安渓遊地（2008）『調査されるという迷惑：フィールドに出る前に読んでおく本』神戸：みずのわ出版.
分藤大翼（2010）「文化研究における映像の活用法：映像人類学の近年の展開について」岡田浩樹・定延利之編『可能性としての文化情報リテラシー』29–41. 東京：ひつじ書房.
宮坂敬造（2011）「映像人類学の理論と実践、その新たな展開の現在：デジタル映像技術の革新と新しい世紀の映像人類学の課題」荒井一寛・岩谷彩子・葛西賢太編『映像にやどる宗教、宗教をうつす映像』247–273. 東京：せりか書房.
元木環・上田寛人・宮部誠人・河原達也・林由華・田窪行則（2010）「文化と言語の維持保存に貢献するためのデジタル博物館の試み：トランスクリプションデータを流用

する字幕映像生成システムの提案」2010（1）: 1–6. 情報処理学会研究報告.

中山俊秀（2009）「新時代の記述言語学＜上＞：つながる言語記録にむけて」『月刊言語』38（7）: 66–73.

沖縄県立総合教育センター（2005）「琉球文化アーカイブ」http://rca.open.ed.jp/（2013年5月1日取得）

東京外国語大学アジア・アフリカ言語文化研究所（2010）「online 研究資源」http://www.aa.tufs.ac.jp/ja/projects/on-line/（2013年5月1日取得）

財団法人奄美文化財団（2009）「方言ってなんだろう？」http://hougen-gakushu.net/（2013年5月1日取得）

第 3 部 第 1 章

琉球語宮古池間方言の談話資料

林 由華

1. はじめに[1]

　本稿では、琉球語宮古諸方言（以下池間方言とする）に含まれる池間方言の談話資料及び簡易文法を提示する。談話資料については、筆者自身が収録した談話の書起しにグロスと訳を付している。簡易文法は談話資料解釈のための補助的資料として、形態論記述及び機能語のリストを中心としている。

2. 池間方言の概要

　池間方言は、沖縄県宮古島市内の 3 地域（池間島とその分村集落である宮古本島西原地区・伊良部島佐良浜地区）で話されている、琉球語宮古方言群に属する方言である。本稿では、このうち西原地区で収集した資料、調査結果を示している。

　池間方言が含まれる琉球列島の諸方言は、消滅の危機に瀕した言語である。池間方言を日常的に使用するのは主に 60 歳以上の高齢者であり、話者はすべ

---

[1] 本稿は、『地球研言語記述論集 1』（大西正幸・稲垣和也編、2009 年）に掲載された論文を、最低限の修正のみで再掲載したものである。本書に掲載した同著者の別の論文（「宮古池間方言の現在」）とことなっている箇所もあることをご了承いただきたい。
　また、本稿における調査（2007 ～ 2008 年）に際しては、以下の研究費補助を受けている。
■平成 18–22 年度日本学術振興会科学研究費基盤研究（A）「推論機構の言語的実現とその解釈メカニズムに関する研究」（研究代表者：田窪行則、課題番号：19102012）
■平成 20–21 年度日本学術振興会科学研究費補助金「琉球語宮古方言群の調査・記述：記述の少ない危機言語の記録・保存と基礎的研究」
■京都大学 GCOE プログラム「親密圏と公共圏の再編成をめざすアジア拠点」

て日本語とのバイリンガルである。また、若い世代には継承されていない。現在の池間方言話者数は約 2,000 人と推定される。

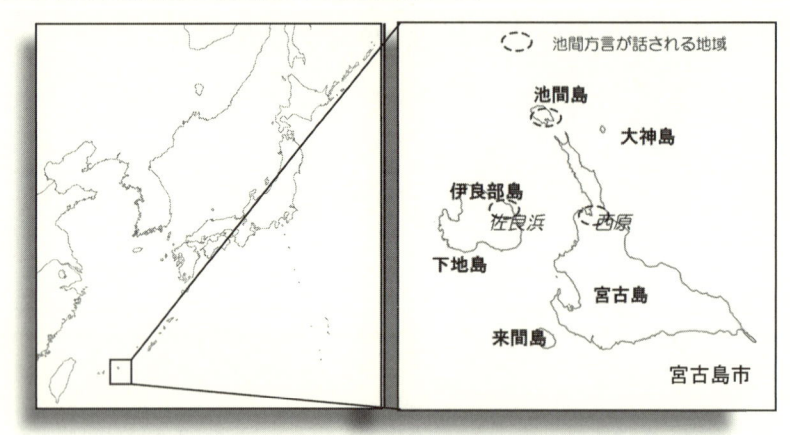

図1：沖縄県宮古島市　池間方言の話されている地域

3. 簡易文法

ここでは、本稿の談話資料解釈のための補助的資料として、形態論記述及び機能語のリストを中心とした簡易な文法記述を行う。

3.1 音素・音素配列と表記
3.1.1 音素
筆者の設定による正書法で用いている表記にしたがって音素をリストアップする。

子音
閉鎖音　　　p, b, t, d, c [ts~tɕ], k, g
摩擦音　　　f, v, s, z, h
鼻音　　　　m, n [n~ɲ/n~ŋ~ɴ], h [m̥/n̥~m̥/n̥]
弾音　　　　r
接近音　　　w, y

母音
i/ii, (e/ee), a/aa, (o/oo), u/uu, ɨ/ɨɨ

3.1.2 音素配列

 1. $(C_1)(C_2)(y)V(V)(C_3)$
 2. NN　　　　　　　　（：鼻音長子音）

- 母音のリストの()内、(e/ee)及び(o/oo)については、長母音は主に文末助詞、副詞など、また短母音は借用語など限られた語だけに現れる。
- nはオンセットになった場合[n~ɲ]とコーダになった場合[n~ŋ~ɴ]とで、音価がことなる。また、音素配列表の初頭子音連続C_1C_2のC_1の位置に立った場合は、調音点は後続のC_2に準じる。また、m, nは、C_2の位置でのみ対立し、それ以外のC_1やC_3、NNにおいては相補分布する。ただし、表記上はこの相補分布する環境にある音声的なm/nの違いも書き分けることとする。
- 鼻音としてあげている音素h [m̥/n̥~m̥/n̥] は、表記上hを用いているが、オンセットとなる摩擦音のhとは別の音素である。初頭子音連続のC_1のみに現れ、鼻音ではあるが音素配列2のNNに立つこともできない。
- 音素配列1について
  - 語末のコーダC_3になれるものはnのみである[2]。
  - 初頭子音連続C_1C_2としては、重子音（tt, cc, kk, ff, vv, ss, zz, mm, nn）及び部分重子音（鼻音が初頭の場合の、mb, nt, nk, ng, mf, ns, nzなど）が現れる。また鼻音としてあげている音素h [m̥/n̥~m̥/n̥] は、初頭子音連続のC_1のみに現れ、C_2としてはm, nのみが立ちうる。

3.2 形態・統語的特徴

品詞として、名詞、形容詞[3]、動詞、副詞、助詞（句助詞・文助詞）、間投詞が認められる。基本語順はSOVであり、語根に接辞が膠着的に後接していく方法を主要な形態法としている。付属語も自立語に後続する形で現れる。

以下では、文の中心的要素となる名詞、形容詞、動詞の形態・統語的特徴、

---

[2] 基底で語末子音にmを持っている語は存在し、単独形ではnと中和するが、助詞の付加によりオンセットとなった際にmとしての音価が現れる。ただし、これは話者によってことなり、特に若年層では基底の語末子音はすべてnになっている。
例）midum=a →老年層の一部）midumma, 若年層）midunna
[3] 池間方言において形容詞を品詞として立てるかどうかについては議論の余地がある。詳細は後述する。

及び助詞のリストを提示する。特に複雑な内部構造を持つ動詞についてはその他のものより詳しく述べる。また、形態論の単純な名詞については、主にサブカテゴリとなる閉じた語類のリストをあげる。

3.2.1 名詞

単独もしくは格などを表す句助詞をともなって項となる。また、単独もしくはコピュラ[4]を後部にともなって述部となる。指小辞、複数辞などの派生接辞を持つ[5]。

派生接辞：-gama（指小辞），-mmi（複数），-ta（複数），-nagi（曖昧）[6]

名詞のサブカテゴリとしての閉じた（closed）語類には、代名詞、指示詞、再帰名詞、疑問詞などがあげられる。このうち指示詞や疑問詞などは副詞的にふるまう語も含まれるが、ここで共にリストアップする。

3.2.1.1 代名詞

表1：代名詞

	単数	複数
1人称	ban[7]	banti[8]
2人称	vva	vvadu/vvaru

※3人称には、指示詞を用いる。

---

[4] コピュラは非過去テンスの場合は現れないが、その他さまざまな屈折の担い手として現れる。動詞 ai「ある」に対応する語がコピュラとして文法化されており、屈折は動詞に準じる。詳細は付録2の表番号18を参照。

[5] これ以外に、副詞的にふるまう語をつくる -nai「〜とも、みんな」（ex. futai-nai「2人とも」, nnna-nai「みんな、全部」）、-naa「〜ずつ」などの接辞がある。

[6] 場所名詞に付いて「〜あたり」という意味を表したり、例示・列挙に用いる場合もある。

[7] 1人称単数の形式は、後続する助詞によって異形態を持つ。次に列記する。それぞれの助詞については、助詞の節を参照。

主題	対格	与格	方向格
baa	banuu	banun/ban	banunkai/bankai

[8] banti（1PL）は除外（exclusive）の1人称複数表現と考えられ、包括的（inclusive）な1人称複数を表す duu（→再帰名詞）と使い分けている可能性がある。

3.2.1.2 指示詞

表2：指示詞1

	ku-系	u-系	ka-系
もの／人（3人称）	kui	ui	kai
場所	kuma	uma	kama
連体形	kunu	unu	kanu

※近称には ku-/u-系が用いられ、遠称には ka-系が用いられる[9]。
　照応には u-系を用いるが、それ以外の ku-系と u-系の使い分けは未詳。

　また、kui, ui, kai に助詞である主題標識（=a）、対格標識（=u）が接続する場合には、語幹が変化する。

表3：指示詞2

	ku-系	u-系	ka-系
=a が付いた場合	kuraa/kuryaa	uraa/uryaa	karaa/karyaa
=u が付いた場合	kuruu/kuryuu	uruu/uryuu	karuu/karyuu

3.2.1.3 再帰名詞

　再帰名詞として、nara, una, duu があげられる。
　una については、=ga（属格／主格）付きのみで出てくる。nara=ga との違いは明らかでないが、一部の固定された表現に用いられる。duu は包括的（inclusive）な1人称複数を表すと考えられる。

3.2.1.4 疑問詞

表4：疑問詞

いつ	ici	どんな／どうやって	naubai
どこ	izɨ/nzya		
だれ	taru	いくつ	ifuci
なに	nau	どれくらい	ikassa
どれ	idi	どうして	nauyahii

※naubai は名詞的にも副詞的にも用いられる。

---

[9] 副詞的にふるまう指示詞についてはことなる体系を持っており、a-系と ka-系の2項対立となる。この場合、照応には a-系が用いられる。
　　a-系：ai, ansii/ancii「そのように」　ka-系：kai, kansii/kancii「このように」
また、名詞修飾する場合には、この副詞的な形式に属格標識の =nu をつけて用いる。（ai=nu, ansi=nu「そんな」など。）ai については、談話標識（フィラー）としてもしばしば用いられる。

3.2.2 形容詞[10]

述部、名詞及び動詞の修飾要素となる。それぞれの機能を果たす場合について、複数の形態を持つ。以下、その際に用いられる形式を列挙する。

1) 述部として – 三つの形態：語根、[語根]-*munu*、[語根]-*kai*
2) 名詞修飾要素として – 二つ：語根、[語根]-*kai*
3) 動詞修飾要素として – 一つ：[語根]-*fu*

1) について

- [語根]-*munu*、[語根]-*kai* の場合で、機能がことなる[11]。また、[語根]-*munu* は名詞述語に準じてコピュラをとることができ、[語根]-*kai* は動詞述語に準じ、-*kai* は動詞と同様に屈折する[12]。
- 語根だけで現れるのは、語根が3モーラ以上の語のみ。また、語根だけで現れたときとそれ以外の二つの機能的な違いは未詳。

2) について

- 語根のみで名詞を修飾した場合は限定修飾、[語根]-*kai* で修飾した場合は非限定修飾となる。

3) について

- 動詞を修飾するとしているが、共起できる動詞はごく限られている。現段階で確認できている限りでは *nai*「なる」*nasi*「〜にする」など

---

[10] 形容詞について、宮古諸方言全般に見られる重複(reduplication)による形態法を、池間方言は持っていない。近隣方言の伊良部方言においては、この重複によってつくられる語形のみを形容詞とし、その他(ここで接辞 -*munu*, -*kai* ,-*fu* が付加されているとしている形)についてはものの性質を表す意味を持つ語幹(property concept stems)が複合や派生などによって名詞、動詞、副詞になっているとする議論がある(Shimoji 2008)。池間方言において形容詞を動詞や名詞などと同等のカテゴリとしての品詞に加えることの妥当性については、今後詳細な議論が必要である。

[11] これらの機能の違いは情報構造上のものと考えられる。述部となる[語根]-*kai* は、焦点標識の *du* をともなった項を持ちうるが、[語根]-*munu* の場合はそうではない。同様の現象を持つ近隣方言の記述でも、Koloskova and Ohori (2008) に詳しい議論がある。

[12] -*kai* の屈折については付録2の表17を参照。

の動詞と共起して変化の結果を表し、副詞に見られるように様態を表すことはない。
- 存在動詞 nyaan「ない」と共起し、無標な形容詞述語文の否定の構文をつくる。
  例：mmaffa nyaan（おいしい-fu=TOP1 ない）「おいしくない」

3.2.3　動詞

　語幹から屈折形態（inflected form）をつくり、文の述部となる。屈折形態には、主節の主動詞として現れる形（定動詞）と接続節をつくる形（副動詞）がある。それぞれ、語基（語幹（＋語基母音））[13] に屈折接辞が後接して屈折形態がつくられる。

　それぞれの語彙は、大まかに言って、語基が変化しないタイプ（第 1 類動詞）と変化するタイプ（第 2 類動詞）の 2 種類に分けられる。

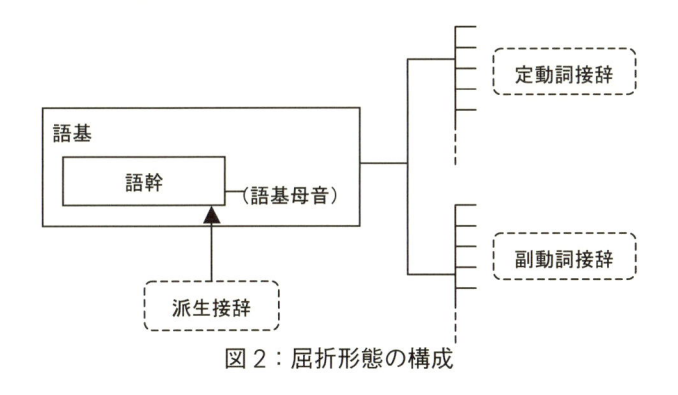

図 2：屈折形態の構成

ここでは、まず、第 1 類・第 2 類動詞ともに共通の屈折接辞のリストをあげ、

---

[13] 語基は語幹＋語基母音、もしくは語幹のみで形成され、必ずしも語基母音を必要としない。用語としては、下地（2008）の基本語幹と拡張語幹を合わせたものにあたる。語基はまた、いわゆる日本語の学校文法における「活用形」にあたるが、ここでは動詞に後続する接辞類（ここで定動詞接辞、副動詞接辞と呼んでいるもの）を動詞の一部と考え、動詞が文中に現れうる形をとるまでの接辞付加も含めて屈折（活用）と捉えているため、この用語は用いていない。（このような分析については、下地 2008 などの一連の伊良部方言に関する論考、風間 1992 の日本語についての論考などを参考にしている。）学校文法における「活用」の範囲で起こっている変化については、ここでは第 2 類動詞の語基内の変化として記述している。

それぞれの動詞の屈折形態が担うカテゴリを示す。その後大きく分けて2種類となる語基のパターン、及び派生接辞を含めた語幹と語基のつくりを示す。第2類動詞の語基の詳細及び語彙ごとの語基の変化表については、付録2に収録している。

以下、動詞の例を出す際には、すべて非過去形の屈折形態で提示する。

3.2.3.1 定動詞接辞

表5：定動詞接辞

	機能ラベル	接辞	例	
			第1類 *idi-i*「出る」	第2類 *kuz-i*「漕ぐ」
1	示唆	-baa	idi-baa	kug-a-baa
2	意思	-di	idi-di	kug-a-di
3	否定意思1	-zyaan	idi-zyaan	kug-a-zyaan
4	否定	-n	idi-n	kug-a-n
5	否定・過去	-ddan	idi-ddan	kug-a-ddan
6	命令[14]	1) -ru/ 2) -φ [15]	idi-ru	kug-i-φ
7	非過去	1) -i[16]/ 2) -φ	idi-i	kuz-i-φ
8	過去	-tai	idi-tai	kuz-i-tai
9	未来	-gamata	idi-gamata	kuz-i-gamata
10	禁止	-na	idi(-i)-na[17]	kuz-i-na
11	否定意思2	-nnai	mii-nnai	kuz-i-nnai

一部の機能の訳及び解説
1 　示唆：「〜すればいい」「〜したほうがいい」などの話者の判断を表す
2 　意思：動作主の意思的行為を表す
3 　否定意思1：2の否定形

---

[14] この形態のみに付く形式。-ba, -hai などがあり、命令のやわらげ、強調に用いられる。

[15] 4.2節のグロスとしては、-φ は表示していない。

[16] 語幹が既に母音連続（長母音を含む）で終わっており、-i が付いた結果母音が三つ続く場合は、この -i は削除される。(*mii-i-> mii*「見て」の場合など。)

[17] (-i) については、ある場合もない場合も許容される。

9　未来：確定的な未来の出来事を表す[18]
11　否定意思2：話者の否定的意思を表す ex) *kuz-ɨ-nnai*「漕ぐものか」

ここで、これ以上接辞が後続しない形であるもの（*-baa, -gamata, -na, -nnai*）とそうでないものがあり（*-di, -zyaan, -n, -ddan, -ru/-ɸ, -i/-ɸ, -tai*）、後者については接続節をつくる形式がさらに後接する。詳細は同節内で後述する。
　また、可能の接辞の付いた語基のみに付いて定動詞をつくる動詞接辞 *-dimmaa*[19] などもある。

3.2.3.2　副動詞接辞

表6：副動詞接辞

	機能ラベル	接辞	例 第1類 *idi-i*「出る」	第2類 *kuz-ɨ*「漕ぐ」
1	譲歩	*-mmai/-ban*[20]	*idi-mmai/-ban*	*kug-a-mmai/-ban*
2	否定継起	*-da*	*idi-da*	*kug-a-da*
3	否定条件	*-dakaa*	*idi-dakaa*	*kug-a-dakaa*
4	継起1	*-ɸ*	*idi*	*kug-i*
5	継起2	*-i*	*idi-i*[21]	*kug-i-i*
6	付帯	*-utui*	*idi-utui*	*kug-i-utui*
7	同時	*-ccyaan*	*idi-ccyaan*	*kuz-ɨ-ccyaan*
8	即時	*-tuu*	*idi-tuu*	*kuz-ɨ-tuu*
9	条件	*-tigaa*	*idi-tigaa*	*kuz-ɨ-tigaa*

日本語対訳と解説
1　譲歩：「〜ても」
2　否定継起：「〜しないで」
3　否定条件：「〜しないと」

---

[18] 未来以外にも、話者が確信的に言える事柄に対して用いることもある。
[19]「〜できるものか」という反語の意味になる。
[20] *-mmai, -ban* の他に、*-bammai* という形式もあり、これは *-ban* に助詞の *=mai* が付いた形である可能性がある。
[21] 語幹が既に母音連続（長母音を含む）で終わっており、*-i* が付いた結果母音が三つ続く場合は、この *-i* は削除される。（*mii-i* > *mii*「見て」の場合など）

4　継起1:「〜し」
5　継起2:「〜して」（4との違いは未詳[22]）
6　付帯:「〜していて」
7　同時:「〜しながら」
8　即時:「〜すると」
9　条件:「〜たら」

3.2.3.3　その他の接続節をつくる形式（逆接、順接／理由）

前述したように、副動詞接辞の他に、定動詞（主としてテンスをとった定動詞群）に後接し、接続節をつくる形式がある[23]。

- *-suga*（逆接「〜けど」）
  -zyaan, -n, -ddan, -i/-ɸ, -tai について逆接を表す。
- *-ba*[24]（条件／理由「〜から」）
  -di[25], *-zyaan, -n-ddan, -i/-ɸ, -tai* について条件／理由を表す。どの接辞に付くかによってことなる形態を持つ。（以下、: の右側がそれぞれの接辞の持つ異形態を表す。）

    -di: -ssiba,
    -zyaan: -ba/-niba,
    -n: -ba/-niba,
    -i/-ɸ: -ba,
    -tai: -ba
- *-kyaa*（「〜時」）
  -i/-ɸ（非過去）について、「〜する／した時」という意味を表す。

---

[22] 4.2節の談話資料におけるグロスでは、この継起1と継起2を区別していない。

[23] 一部の屈折形態（*-suga* 接続における *-gamata, -di* など）については、これらの節接続表現を用いる場合に、コピュラを用いる。例：*idi-gamata yai-suga*（出る*-gamata* COP*-suga*）

[24] *-ba* はその他の副動詞接辞のように直接 a 語基に接続するものもまれに見られるが、*-i/ɸ*（非過去）に接続した場合とで、現在は機能的な区別を持っていない。かつての区別が失われ、非過去形態へ接続した形式に合流したものと考えられる。（ex. *kug-a-ba, kuz-i-ba*）

[25] *-ddya(a)* という理由形式があり（ex. *ika-ddya*「行くので」）、*-di* に何らかの形態素が後接したものと考えられるが、それがどのような形態素なのかは未詳。

3.2.3.4　語基の構成と派生接辞
●語基の構成

　語基の構成は、動詞語彙によって語幹のみの場合（第1類動詞）と語幹＋語基母音から成る場合（第2類動詞）があり、本稿ではその区別にしたがって動詞を第1類動詞、第2類動詞に分けている。第1類動詞は語幹末音としてiを持っている（i母音語幹）が、それ以外はすべて第2類動詞に属し、母音終わりの語幹（母音語幹）、子音終わりの語幹（子音語幹）両方が存在する。

表7：第1類動詞と第2類動詞の語幹の違い

第1類動詞	i母音語幹
第2類動詞	それ以外（母音語幹、子音語幹ともに含む）

　第2類動詞については、屈折の体系に語基の変化が含まれる。つまり、どの屈折接辞が付くかで語基の形がことなる場合や、また、屈折接辞をともなわず（あるいはゼロ要素）、語基の違いのみで機能対立を表す場合もある（命令、非過去など）。語基の変化は語基母音の違い及び語幹末子音の変化・脱落によって表される。第2類動詞においては、屈折は語彙ごとにことなる語基部分のやや融合的な（fusional）変化の方法[26]と、接辞部分の膠着的な（agglutinative）方法の両方を用いているといってよい。

　第2類動詞の語幹と語基の数は、それぞれの動詞の持つ語幹末音の種類によってことなる。最も多いのは二つの語幹とそこに語基母音を付加してつくられる三つの語基を持つもので、次の表8のようになっている。

---

[26]　前述のとおり、学校文法の「活用形」にあたる。

表8：語基の種類と対応する屈折カテゴリ

語基の種類	例：kuzi「漕ぐ」	後接する屈折接辞	
		定動詞接辞	副動詞接辞
a 語基	kug-a	-baa（示唆）	-mmai/ban（譲歩）
		-di（意思）	-da（否定継起）
		-zyaan（否定意思1）	-dakaa（否定条件）
		-n（否定）	
		-ddan（否定・過去）	
i 語基	kug-i	-φ（命令）	-φ（継起1）
			-i（継起2）
			-utui（付帯）
i/u 語基	kuz-i	-φ（名詞形）	-ccyaan（同時）
		-φ（非過去）	-tuu（即時）
		-tai（過去）	-tigaa（条件）
		-gamata（未来）	
		-na（禁止）	
		-nnai（否定意思2）	

表中の i/u 語基については、語幹末音にしたがってどちらになるかが決まる[27]。動詞ごとのバリエーションについての詳細は付録2を参照のこと。

● 派生接辞

動詞派生接辞は語根に後接して新しい語幹をつくる。派生接辞は三つ認められ、それぞれの担うカテゴリは、使役／受動・可能／尊敬である。第1類か第2類かによってことなる形態を持ち、また派生でつくられた語幹が第1類・第2類のどちらになるかも、接辞によってことなる。

---

[27] 三つの語幹を持つ一部の動詞は、i 語基と u 語基の両方を持っている。環境によってはこの i/u 語基母音は削除されるため、i/u 語基を持たない語彙もある。また、i/u/i 語基がどの屈折形式と結びつくかについては、話者によって明確でない場合や、話者ごとにゆれる場合がある。

表9：派生接辞

機能	接する語幹の種類		接した後の語幹のタイプ
	第1類	第2類	
使役	-ssas	-as	⟶ 第2類
	-simi	-(asi)mi[28]	⟶ 第1類
受動・可能[29]	-rai	-ai	⟶ 第1類
尊敬	-sama	-ama	⟶ 第2類（不規則語幹）[30]

例：使役：*idi-ssas-i*「出させる」*kug-as-i*「漕がせる」
　　受動・可能：*idi-rai*「出られる」*kug-ai*「漕げる」
　　尊敬：*idi-samai*「出なさる」*kug-amai*「漕ぎなさる」

3.2.4 助詞

名詞・形容詞・動詞に後続して現れる付属語を合わせて助詞と呼び、そのうち出現位置を語～句レベルで定義できるものを句助詞、文レベルで定義できるものを文助詞とする。

3.2.4.1 句助詞

主に項となる名詞や複合動詞の前部要素などに付き、格や情報構造などを表す。以下、最も近い機能を持つ日本語の訳と機能とともにリストアップする。また、下記の一部のB群の助詞は一部のA群の助詞に後接でき、一部のC群の助詞は一部のB群の助詞に後接できる。

---

[28] -(asi)mii については、主に語彙的に -as を含む動詞をさらに使役化する場合に用いる（*ukasi*「起こす」→ *uk-asimii*、*idasi*「出す」→ *id-asimii* など）。それ以外にも、祈りの文句や敬語を使うシーンでは、-as や -ssas の代わりに用いられることがある。

[29] 可能の表現は、派生接辞を用いて表現するより、迂言的方法で表されることが多い。(=*du si*)

[30] 付録2の変化表を参照。

表 10：句助詞

A	=bakaai	「〜ばかり」			
	=taan/taana	「〜だけ」			
B	=ga, =nu[31]	「が」（主格／属格）	=kara	「から」（奪格）
	=u	「を」（対格）	=hii	「で」（具格）
	=n	「に」（与格）	=tu	「と」（共格）
	=nkai	「へ」（方向格 1）	=ncikyaa	「より」（比較）
	=nki	「へ」（方向格 2）	=zyaan	「さえ」
	=taahii	「まで」（限界格）		
C	=tum/tunma	「さえ」		
	=mai	「も」（並列）		
	=a[32]	「は」（主題 1）[33]		
	=du	（焦点）		
	=gyaa	（主題 2）[34]		

---

[31] 人名・指示詞・疑問詞・一部の親族名称などに =ga を用い、その他は =nu を用いる。

[32] この =a 及び対格標識の =u が後接した時には、一部の環境で形態音素交替が起る（下記表参照）。

=a の場合				=u の場合			
接する語の末尾	付加後の形	例		接する語の末尾	付加後の形	例	
-Ca	Caa	vva あなた	→ vvaa	-Ca	Cau	vva	→ vvau
-Ci	Cyaa	saki 酒	→ sakyaa	-Ci	Cyuu	saki	→ sakyuu
-Cu	-Cuu	maasu 塩	→ maasuu	-Cu	-Cuu	maasu	→ maasuu
-(C)VV	-(C)VVya	kyuu 今日	→ kyuuya	-(C)VV	-(C)VVyu	kyuu	→ kyuuyu
-n	-nna	in 犬	→ inna	-n	innu	in	→ innu
-CI	-CCa	usI 牛	→ ussa	-CI	-CCu	usI	→ ussu
-fu	-ffa	taufu 豆腐	→ tauffa	-fu	-ffu	taufu	→ tauffu

[33] 本稿では助詞 =a についてはすべて TOP1（主題）のグロスを付しているが、同じ形式が接続節内で目的語や対象主語（theme）に付く標識として現れることもあり、これらは主題標識とは呼び難い。伊良部方言でも同様の現象が見られ、Shimoji(2008) や下地（2009）では対格標識として現れるものを、主節に現れる主題標識とは区別して second accusative（対格 2）と呼んでいる。これらを区別するべきか、または同一形態素が環境の違いで別の機能を持っているとして統一的に説明できるかどうかは、今後の課題とする。（伊良部方言における second accusative の詳細については、Shimoji 2008 を参照のこと。）

[34] =gyaa は、近隣方言で対格専用の主題標識として現れるもの（=ba）に対応していると考えられ、ほとんどの場合対格標識の =u に後続して現れる。しかし、対格と共起しないケースもあり（4.2 節の [24] 参照）、現れうる環境や機能についてはさらなる調査を要する。

3.2.4.2　文助詞

文末に現れ、さまざまなモダリティを表す。大まかに対人モーダルか対命題モーダルに分けられ、両者は共起することができる。また、対人モーダル同士でも共起できるものもあり、述語からの近さという点で階層構造になっている。それぞれの文助詞の詳細な使い分けの記述は今後の課題とするが、対訳と承接関係を含めて表 11 に示す。

表 11：文助詞

対命題モーダル	対人モーダル
	=tindo, =cya「〜だそうだ、〜って」
	=do「〜よ」
	=saami「〜でしょう」
	=i「〜ね」
=hazi「〜だろう」	=sa「〜よ」 }=yo「〜よ」 }=i「〜ね」
	=dara「〜なんだよ」
	=yo「〜よ」
	=darassu「〜でしょう」
=ga「〜か」（WH 疑問）	
=na「〜か」（Yes-No 疑問）	
=byaa(n)「〜かな」	(=TOP)=da[35]
	=suudai(suude)「〜じゃないか」

4. 談話資料
4.1　書起し資料について

音声データからの書起しは、IU（イントネーション・ユニット）によって区切っている。IU とはポーズ、イントネーションのパターン、ピッチの動き、母音の引き伸ばしなどを総合的に捉えて認識できる話し言葉の単位であり（Du Bois et al. 1992）、話し言葉、談話の構造を分析する際に有用である[36]。

本稿での書起し資料は、次の四つの行から成っている。

---

[35] 必ず主題標識と共起し、「〜（について）は？」とたずねる意味になる。

[36] IU は短いものは単語及び「句」のレベル、長いものは書き言葉の「節」や「文」のレベルに相当することもある。IU を分析単位として池間方言の談話標識を分析したものに、川田他 (2009) がある。

最上段：語ごとに分かち書きをしたもの。本稿簡易文法において品詞として
とりあげたものは基本的にすべて分かち書きの対象としているが、
音韻的に融合を起こしているものについては分かち書きせず、分析
的な形を2段目に示す。
　　　　＜用いている記号＞
　　　　//　　　メジャーIU境界
　　　　/　　　　マイナーIU境界
　　　　,　　　　マイナーIU境界に準じる可能性のある小さい切れ目[37]
　　　　<x..x>　聞き取り不能箇所
　　　　[ ]　　　言い間違い
　　　　@　　　笑い声
2段目：最上段について分析的な形を代表形で示したもの。
　　　　接辞境界：-,　接語境界：=,　複合語内部の要素境界：+
3段目：グロス（形態素解説）。略号一覧は付録1を参照。
4段目：日本語対訳
その他注意：
● 各行は紙面の都合で区切られ、必ずしもIU境界と一致しているとは限らない。番号は参照用に振っている。
● 本稿掲載にあたって、頻発しオーバーラップするバックチャネル（相槌）を削除するという編集を行っている。
● 表記法は本稿3節を参照のこと。
● 動詞の語基部分は語幹と語基母音に分けられる場合もあるが、資料中では語基内の構造は示していない。（語基の詳細は3節及び付録2を参照。）

---

[37] このような三つの分け方が標準的であるわけではないが、IU境界決定作業の過程として付けているものを、IU境界となる可能性のある箇所を表示するためにそのまま残している。

4.2 資料（資料名：hooraimai）

1920年生まれの女性（F）と1951年生まれの男性（M）の2人による対話。メインのスピーカーは女性で、昔食べた食べ物と、そのつくり方、食べ方、材料をどう入手したかという話をしている。

[1] M: *zyuugoyanna/ nau ti ai,*
zyuugoya=n=a nau =ti ai
十五夜=DAT=TOP1 何 QUOT いう.NPST
十五夜には、なんというか

[2] *unu fukyagi ti nu munuu gyaa naugara//*
unu fukyagi[38] =ti =nu munu=u =gyaa naugara
その 団子 QUOT GN/NM もの=ACC TOP2 DSC
その、フキャギというものを

[3] *nau ti du ai// fukyagyaa/ haasa nii uramaitaa//*
nau =ti =du ai fukyagi=a haasa nii ur-amai-tai
何 QUOT FOC いう 団子=TOP1 たくさん 煮る.SEQ CONT-HON-PST
なんというか、フキャギはたくさん煮ていらっしゃったのか

[4] F: *unna ira//*
un=a ira
その時=TOP1 DSC
その時はね

[5] *nkyaanna yagumi fau munu ataiba//*
nkyaan=a yagumi fau munu a-tai-ba
昔=TOP1 とても 食べる.NPST もの COP-PST-CSL
昔はみんなとてもたくさん食べていたから

[6] *taukaa hii issyona nii du utai yo//*
taukaa =hii is-syo-na nii =du u-tai yo
1人 INS 1-升-ずつ 煮る.SEQ FOC CONT-PST SFP
1人あたり1升ずつ煮ていたよ

---

38 餅に黒小豆をつけた団子様のもの。

[7] M: *hoo//*
         hoo
         RESP
         ほう

[8] F: *taukaa   hii   is-syo-na   i//*
         taukaa   hii   is-syo-na   =i
         1人   INS   1-升-ずつ   SFP
         1人あたり1升ずつね

[9] M: *aa   uraa   ifuka   bakaai   faiuramaitaiba//*
         DSC   ur=a   ifu-ka   =bakaai   fai+ur[39]-amai-tai-ba[40]
         ああ   それ=TOP1   何-日   くらい   食べる.SEQ+CONT-HON-PST-CSL
         ああ、それは何日くらい食べていらっしゃったのですか

[10] F: *kai   du   ira   sarahii   i/*
         kai   =du   ira   sarahii   =i
         このように FOC   DSC   晒す.SEQ   SFP
         こんなふうにして天日干しにしてね

[11] F: *sarahii   kaakasɨgama   huutui   ira//*
         sarahii   kaakasɨ-gama   huu-utui   ira
         晒す.SEQ   乾かす-DIM   する.SEQ-CRCM DSC
         天日干しにして軽く乾かして、

[12]   *mmmu   niitiaa   ii//*
         mm=u   nii-tigaa   =i
         芋=ACC   煮る-COND   SFP
         芋を煮たら

[13]   *ui   ga   hanan   kansi   mbusɨgamaa   hii,*
         ui   =ga   hana=n   kansi   mbusɨ-gama=a   hii
         それ NM/GM   上=DAT   このように   蒸す-DIM=TOP1   する.SEQ
         その上にこんなふうに蒸して

---

[39] アスペクトを表すのに補助動詞 *+ui, +ai, +nyaan* が用いられるが、これはそれぞれ存在動詞「いる」「ある」「ない」を表す語彙が文法化されたものである。

[40] *-ba*(CSL) は典型的には理由節をつくるが、疑問詞疑問文の結びとしても用いられる。

[14]   *asɨtigaa   ii//*
       asɨ-tigaa   =i
       する-COND   SFP
       そうするとね

[15]   *icɨ   taahii   mai   faaiutai   dara//*
       icɨ   =taahii   =mai   fa-ai+u-tai   =dara
       いつ   LMT   も   食べる-PT/PS+CONT-PST SFP
       いつまでも食べられていたんだよ

[16] M: *hoo//*
        hoo
        RESP
        ほう

[17]   *ui   ga   <x.x>   unu   tukyanna   mmya,*
       ui   =ga   <x.x>   unu   tukya=n=a   mmya
       それ   GN/NM   その   時=DAT=TOP1   DSC
       それが、そのときには

[18]   *hiticɨ   futaacɨ   faiya   mmya,*
       hiticɨ   futaacɨ   fai=a   mmya
       一つ   二つ   食べる=TOP1   DSC
       一つ二つ食べたら

[19]   *biturii   duusuga   du   i//*
       bituri-i   =du+ui-suga   =du   =i
       お腹いっぱいになる-SEQ   FOC+CONT.NPST-AC   FOC   SFP
       お腹いっぱいになっているけど

[20]   *sidain   kansi   yoonna   fautigaa,*
       sidain   kansi   yoonna   fau-tigaa
       次第に   こんなふうに   ゆっくり   食べる-COND
       こんなふうにゆっくり食べていたら

[21]   *ui   ga   mmakarii   faiutaiba   du//*
       ui   =ga   mma-kari-i   fai+u-tai-ba   =du
       それ   GN/NM おいしい-VA-SEQ 食べる.SEQ+CONT-PST-CSL FOC
       それがおいしくて食べられるので

[22]　　taukaa　hii　　is-syonau　　gyaa　　niiutai　　　　　dara//
　　　　taukaa　hii　　is-syo-na=u　=gyaa　nii+u-tai　　　　=dara
　　　　1人　　INS　　1升-ずつ=ACC　TOP2　煮る.SEQ+CONT-PST　SFP
　　　　1人1升ずつ煮ていたんだよ

[23] M:　ifuka　　bakaai　　mata　mociutaiba//
　　　　ifu-ka　=bakaai　　mata　moci+u-tai-ba
　　　　何-日　　くらい　　また　もつ.SEQ+CONT-PST-CSL
　　　　何日くらいもっていたのでしょう

[24] F:　aa　　mmya　tuka　　gyaa　　mutii　　duu　　　　i//
　　　　aa　　mmya　tu-ka　=gyaa　muti-i　=du+ui　　　=i
　　　　ああ　もう　10-日　TOP2　もつ-SEQ　FOC+CONT.NPST　SFP
　　　　ああもう十日はもっているよ

[25] M:　hoo//
　　　　hoo
　　　　RESP
　　　　ほう

[26] F:　hai//
　　　　hai
　　　　RESP
　　　　はい

[27] M:　ai　[ni,]　mmnabi　　nu　　　aaginkai
　　　　ai　　　　mm+nabi　=nu　　aagi=nkai
　　　　そのように　芋鍋　　　GN/NM　上=ALL
　　　　そうやって芋鍋の上に

[28]　　nuuhuutai　　　　　　ti　　　nu　　　baa//
　　　　nuuhuu+u-tai　　　　=ti　　=nu　　baa
　　　　載せる.SEQ+CONT-PST　QUOT　GN/NM　わけ
　　　　載せていたというわけ

[29] F:　mm　nu,　　mm　nu　　　hanankai　mai,　nuusigamaa　　hii//
　　　　mm　=nu　　mm　=nu　　hana=nkai　=mai　nuusi-gama=a　hii
　　　　芋　　GN/NM　芋　　GN/NM　上=ALL　　も　　載せる-DIM=TOP1　する.SEQ
　　　　芋の、芋の上にも載せて

[30] *naugara niiyai mm nu hanan*
naugara nii+ai mm =nu hana=n
DSC 煮る.SEQ+RES.NPST 芋 GN/NM 上=DAT
なんというか、煮た芋の上に

[31] *kansi asɨba du mmya,*
kansi asɨ-ba =du mmya
このように する.NPST-CSL FOC DSC
こうしてやって

[32] *kaakigama=a huuba uruu//*
kaaki-gama=a huu-ba ur=u
乾く-DIM=TOP1 する.NPST-CSL それ=ACC
乾いているから、それを

[33] *nuusɨtigaa mmya mucɨɨ ti mmya//*
nuusɨ-tigaa mmya mucɨɨ =ti mmya
載せる-COND DSC OMP QUOT DSC
載せたらもうもちっとなって

[34] *yapafu naiba faaiutai dara//*
yapa-fu nai-ba fa-ai+u-tai =dara
柔らかい-AA なる.NPST-CSL 食べる-PT/PS.SEQ+CONT-PST SFP
柔らかくなるから食べられていたんだよ

[35] *ai nu munuu du,*
ai =nu munu=u =du
そのように GN/NM もの=ACC FOC
そういうものを

[36] *inkai mai zzataa mutiikii mai*
in=nkai =mai zza-ta=a muti+iki-i =mai
海=ALL も 父-PL=TOP1 持つ.SEQ+行く-SEQ も
海にもお父さんたちは持っていって

[37] *faiutaiba du*
fai+u-tai-ba =du
食べる.SEQ+CONT-PST-CSL FOC
食べていたので

[38] M: *mbuhiyaa munuu i//*
  mbuhi+ai munu=u =i
  蒸す.SEQ+RES.NPST もの=ACC SFP
  蒸してあるものをね

[39] F: *mbuhiyai munu//*
  mbuhi+ai munu
  蒸す+RES.NPST もの
  蒸してあるもの

[40] *muitu ira// zyautuu du ataisuga nnama umuutigaa//*
  muitu ira zyautuu =du a-tai-suga nnama umuu-tigaa
  とても DSC いい FOC COP-PST-AC 今 思う-COND
  とてもねえ、よかったけど、今思ったら

[41] *yana fau munu atai yo// @@@ taukaa hii//*
  yana fau munu a-tai =yo @@@ taukaa =hii
  とても 食べる もの COP-PST SFP 1人 INS
  とてもよく食べていたよ、1人で

[42] M: *uraa mocigome du ata//*
  ur=a mocigome =du a-tai
  それ=TOP1 もち米 FOC COP-PST
  それはもち米だったんですか

[43] F: *mocigome, aran, hooraimai//*
  mocigome ara-n hooraimai
  もち米 COP-NEG 蓬莱米
  もち米じゃない、蓬莱米

[44] M: *hooraimai//*
  hooraimai
  蓬莱米
  蓬莱米

[45] F: *nkyaan nu hooraimai, ai mai ira//*
  nkyaan =nu hooraimai ai =mai ira
  昔 GN/NM 蓬莱米 そんな も DSC
  昔の蓬莱米、そんなものもね

[46]　*simaziita　kara　du　simaziita　ga　　du*
　　　simazɨɨ-ta =kara =du simazɨɨ-ta =ga　=du
　　　島尻-PL　　ABL　 FOC　島尻-PL　GN/NM FOC
　　　島尻の人たちから、島尻の人たちが

[47]　*is-syona　nisyona　mucifuuba　　　　i//*
　　　is-syo-na　ni-syo-na　muci+fuu-ba　　=i
　　　1-升-ずつ　2-升-ずつ　持つ.SEQ+来る.NPST-CSL　SFP
　　　1升ずつ2升ずつ持ってくるので

[48]　*uryaa　maciutui　du　naugara　kaiutai　　　dara//*
　　　ur=a　　maci-utui =du naugara　kai+u-tai　　=dara
　　　それ=TOP1　待つ-CRCM　FOC　DSC　　買う.SEQ+CONT-PST　SFP
　　　それを待って買っていたんだよ

[49] M:　*macyuu/　　　unu/*
　　　　maci+ui　　　unu
　　　　待つ.SEQ+CONT.NPST　その
　　　　待っていて、その

[50]　*simaziita　una　ga　cyuffuu　　　　mai　ti　nu　baa//*
　　　simazɨɨ-ta una =ga cyuffi+ui　　　　mai =ti =nu　baa
　　　島尻-PL　REFL　GN/NM　つくる.SEQ+CONT.NPST　米　QUOT　GN/NM　わけ
　　　島尻の人たちが自分たちでつくっている米というわけ

[51] F:　*una　ga　cyuffiiyui　　　maiu　du　i//*
　　　　una =ga　cyuffi-i+ui　　　mai=u =du =i
　　　　REFL　GN/NM　つくる-SEQ+CONT.NPST　米=ACC　FOC　SFP
　　　　自分たちがつくっている米をね

[52]　*vvaddi　　ai　　　ira,*
　　　vva-di=ti　ai　　　ira,
　　　売る-VOL=QUOT　そのように　DSC
　　　売ろうと、そうやって

[53]　*zyuugoya　batanna　vvaddi　　ai　　　ira//*
　　　zyuugoya　bata=n=a　vva-di=ti　ai　　　ira
　　　十五夜　頃=DAT=TOP1　売る-VOL=QUOT　そのように　DSC
　　　十五夜の頃に売ろうと、そうやってね

[54] *muitu miciga   mai   yuciga   mai*
     muitu mi-ciga⁴¹ =mai yu-ciga =mai
     とても 3-升   も   4-升   も
     3升も4升も

[55] *mucifuu   hitummi   mai   ai//   mmyahi   mai*
     muci+fuu   hitu-mmi   =mai   ai   mmyahi   =mai
     持つ+来る.NPST 人-PL   も   ある.NPST   もっと   も
     mucifuu   hitu,
     muci+fuu   hitu
     持つ+来る.NPST 人
     持ってくる人たちもいる　もっと持ってくる人は

[56] *uruu   gyaa   kamii   du   mmya*
     ur=u   =gyaa   kami-i   =du   mmya
     それ=ACC TOP2   頭に載せる-SEQ   FOC   DSC
     それを頭に載せて

[57] *mucifuu   dara   <x..x>//*
     muci+fuu   =dara   <x..x>
     持つ.SEQ+来る.NPST   SFP
     持って来るんだよ

[58] M: *cikaiyuu   munu//*
        cik-ai+ui   munu
        搗く-PT/PS.SEQ+CONT.NPST   もの
        搗いてあるもの

[59] F: *faaddi   huu   maiyu   i//*
        faa-di=ti   huu   mai=u   =i
        食べる-VOL=QUOT する.SEQ 米=ACC   SFP
        食べるように用意されている米をね

[60] *ssabii/*
     ssabi-i
     汚れをとり除く-SEQ
     精米して

---

⁴¹ ciga は1升マス。ここでは助数詞的に用いている。

[61]　　ssabii　　　　　kireen　　　　ti　　hiiyai　　　　　maiyu　i//
　　　　ssabi-i　　　　 kiree-n　　　=ti　 hii+ai　　　　　 mai=u　=i
　　　　汚れをとり除く-SEQ きれい=DAT QUOT する.SEQ+RES.NPST 米=ACC SFP
　　　　精米してきれいにしてある米をね

[62]　　uraa　　mati　　du,　kaiutaisuga//
　　　　ur=a　　mati-i　=du　kai+u-tai-suga
　　　　それ=TOP1 待つ-SEQ FOC 買う+CONT-PST-AC
　　　　それを待って買っていたけれど

[63]　　mmyahi nu　　 hitummya　　naubai du　　huutaigagara/　ssan//
　　　　mmyahi =nu　　hitu-mmi=a　 naubai =du　 huu-tai-ga-gara　ssa-n
　　　　さらに　GN/NM　人-PL=TOP1　どんな　FOC　する-PST-CMPL-やら 知る-NEG
　　　　他の人はどんなふうにしていたかわからない

[64]　　hooraimai　du　ata//
　　　　hooraimai =du　a-tai
　　　　蓬莱米　　FOC　COP-PST
　　　　蓬莱米だった

[65] M:　ai　mmya　taukaa　hii　is-syona　ti　　asɨtigaa/
　　　　 ai　mmya　taukaa　hii　is-syo-na　=ti　asɨ-tigaa
　　　　 DSC　DSC　1人　　INS　1升-ずつ　QUOT　する-COND
　　　　 ほら、1人1升ずつといったら

[66]　　mmnabi　mmnabi　mmya//
　　　　mm+nabi mm+nabi mmya
　　　　芋鍋　　芋鍋　　DSC
　　　　芋鍋、

[67] F:　futa　nabi//
　　　　 futa- nabi
　　　　 二　 鍋
　　　　 ふた鍋

[68] M:　futa　nabi//
　　　　 futa- nabi
　　　　 二　 鍋
　　　　 ふた鍋

[69] F: *nndi//*
　　　　nndi
　　　　RESP
　　　　そう

[70] M: *nn//*
　　　　nn
　　　　RESP
　　　　うん

[71] F: *sɨtumuti/ mucɨ　　yau　niin　dara//*
　　　　sɨtumuti　mucɨ　　yau　nii-n　=dara
　　　　朝　　　もつ.NPST　よう　煮る-?　SFP
　　　　朝、もつように煮るんだよ

[72] M: *nn//*
　　　　nn
　　　　RESP
　　　　うん

[73] F: *mata hiimaa　　mata yusarabi nu　　nabi ti　　niin　dara//*
　　　　mata hiima=a　 mata yusarabi =nu　 nabi =ti　 nii-n　=dara
　　　　また　昼間=TOP1　また　夕方　　　GN/NM　鍋　　QUOT　煮る-?　SFP
　　　　また昼間は夕方のための鍋として煮るんだよ

[74] M: *nn//*
　　　　nn
　　　　RESP
　　　　うん

[75] F: *yusarabigata niitigaa　　aitti　nabin　ucɨkiutui　du//*
　　　　yusarabi-kata nii-tigaa　aitti　nabi=n　ucɨki-utui　=du
　　　　夜方　　　　　煮る-COND　そして　鍋=DAT　置く-CRCM　FOC
　　　　夜煮たら今度は鍋に置いておいて

[76]　　 *sonomama mbusɨgamaa　　hii*
　　　　sonomama mbusɨ-gama=a　 hii
　　　　そのまま　蒸す-DIM=TOP1　する.SEQ
　　　　そのまま軽く蒸して

[77] *acya nu sɨtumuti taahii ukkiutui du//*
acya =nu sɨtumuti =taahii ucɨki-utui =du
明日 GN/NM 朝 LMT 置く-CRCM FOC
明日の朝まで置いておいて

[78] *naugara faiutaiba*
naugara fai+u-tai-ba
DSC 食べる.SEQ+CONT-PST-CSL
食べていたので

[79] *unu mbusɨ munu mata mmyahi du mmakatai dara//*
unu mbusɨ munu mata mmyahi =du mma-ka-tai =dara
その 蒸す もの また もっと FOC おいしい-VA-PST SFP
その蒸したものはまたさらにおいしかったんだよ

[80] *nabin acya sɨtumuti taahii ukkii huu munu*
nabi=n acya sɨtumuti =taahii ucɨki-i huu munu
鍋=DAT 明日 朝 LMT 置く-SEQ する.SEQ もの
鍋に明日の朝まで置いておいたものは

[81] *mmai du atai dara/ tokubecɨ//*
mmai =du a-tai =dara tokubecɨ
おいしい FOC COP-PST SFP 特別
おいしかったんだよ、特別

[82] *ai du hii faiutai do*
ai =du hii fai+u-tai =do
そのように FOC する.SEQ 食べる.SEQ+CONT-PST SFP
そうやって食べていたよ

[83] *simazɨita ga [mm..] maiu du ira// kaiutaa/*
simazɨi-ta =ga [mm..] mai=u =du ira kai+u-tai
島尻-PL GN/NM 米=ACC FOC DSC 買う.SEQ+CONT-PST
島尻の人たちの米をね、買っていた

[84] *kuma gyaa maiya arii*
kuma =gyaa mai=a ari-i
ここ TOP2 米=TOP1 ある-SEQ
ここは米もあって

[85] *taaya   arii   du   utaiba   i//*
     taa=a   ari-i   =du   u-tai-ba   =i
     田=TOP1 ある-SEQ FOC   CONT-PST-CSL   SFP
     田んぼもあったからね

[86] *una   ga   munuu   du   hiiutaisuga   du,*
     una   =ga   munu=u   =du   hii+u-tai-suga   =du
     REFL   GN/NM もの=ACC   FOC   する.SEQ+CONT-PST-AC   FOC
     自分たちの分はして（つくって）いたけど、

[87] *ssibaran   uikyaa   mmya/*
     ssibara=n   ui-kyaa   mmya
     北側（うしろ）の家=DAT いる.NPST-時 DSC
     うしろの家（話者の実家）に居た時は

[88] *simazɨɨ   kara   nu   munuu   du//*
     simazɨɨ   =kara   =nu   munu=u   =du
     島尻   ABL   GN/NM   もの=ACC   FOC
     島尻からのものを

[89] *muyu   mai   nana   mai   nu   ningin   ataiba//*
     muyu   =mai   nana   =mai   =nu   ningin   a-tai-ba
     6   も   7   も   GN/NM   人   COP-PST-CSL
     6, 7人も人がいたから

[90] *ai   mai   mmya,   mmyahi   mai   du   atai   hazɨ//*
     ai   =mai   mmya   mmyahi   =mai   =du   a-tai   =hazɨ
     そのようだ も   DSC   もっと   も   FOC   COP-PST   INFR
     そうだね、もっとたくさんいただろう

[91] *yarabimmi   nu   yaa,   yaa   nu   hitu   ataiba//*
     yarabi-mmi   =nu   yaa   yaa   =nu   hitu   a-tai-ba
     子ども-PL   GN/NM   8   8   GN/NM   人   COP-PST-CSL
     子どもたちが8人もいたから

[92] *aa   mmya   tucɨgau   kai*
     aa   mmya   tu-cɨga=u   kai-i
     DSC   DSC   10-升=ACC   買う-SEQ
     ああ、10升買って

[93]   nii   du   utai   hazɨ   maanti//
        nii   =du   u-tai   =hazɨ   maanti//
        煮る FOC   CONT-PST   INFR   本当

        煮ていたはず、本当に

[94] M: yarabimmi   nu   yaa   ti   asɨtigaa
        yarabi-mmi =nu   yaa =ti   asɨ-tigaa
        子ども-PL   GN/NM   8   QUOT   する-COND

        子どもたちが8人といったら

[95] M: niinyaata   ga   yaa   nu   hanasɨ//
        niinyaa-ta =ga   yaa =nu   hanasɨ
        ニーニャー-PL GN/NM 家   GN/NM 話

        ニーニャー[42]の家の話

[96] F: hai   mmya, yarabi aikyaa   ira//
        hai   mmya yarabi ai-kyaa   ira
        RESP   DSC   子ども   COP.NPST-時   DSC

        はい、子どもの頃はね

[97] M: aa   yarabi aikyaa   nu   hanasɨ ti   nu   baa   i//
        aa   yarabi ai-kyaa   =nu   hanasɨ =ti   =nu   baa =i
        DSC   子ども COP.NPST-時 GN/NM 話   QUOT GN/NM わけ   SFP

        ああ子どもの頃の話というわけ

[98] F: uruu   du   mmya mmataa   mmya/ issyona   nii//
        ur=u   =du   mmya mma-ta=a   mmya   is-syo-na nii
        それ=ACC FOC   DSC   母-PL=TOP1   DSC   1-升-ずつ   煮る.SEQ

        それをまたお母さんたちが1升ずつ煮て、

[99] F: makizyaan   ti   mmya   is-syona   nii
        maki-zyaan   =ti   mmya   is-syo-na   nii
        負ける-VOL.NEG   QUOT   DSC   1-升-ずつ   煮る.SEQ

        競って1升ずつ煮て

---

42 屋号名

[100] F: *fiiutai   dara//*
         fii+u-tai   =dara
         くれる+CONT-PST SFP
         あげていたんだよ

[101] M: <x..x> *kuma tti   mai mata mmya yaaninzyuu ippai dara i//*
         <x..x> kuma tti-i   =mai mata mmya yaaninzyuu ippai dara =i
                ここ 来る-SEQ も   また DSC   家族   たくさん SFP SFP
         ここ（嫁ぎ先）に来てもまた家族がいっぱいでしょう

[102] *ai   niiutai   doo//*
      ai   nii+u-tai   =do
      そのように 煮る.SEQ+CONT-PST SFP
      そうやって煮ていたよ

[103] *ai   kumyaa hii   unu dangooya   cyuffii//*
      ai   kumi=a hii   unu dangoo=ya   cyuffi-i
      そのように 組=TOP1 する.SEQ DSC 組=TOP1   つくる-SEQ
      そうやって組をつくって

[104] *uma nu   yaa kuma nu   yaa/*
      uma =nu   yaa kuma =nu   yaa
      そこ GN/NM 家 ここ GN/NM 家
      そこの家ここの家（隣近所）、

[105] *futakiu mai mikiu mai aguu   hii   ai/*
      futa-kiu =mai mi-kiu =mai agu=u   hii   ai
      2-軒   も   3-軒   も   同級生=TOP1 する.SEQ そのように
      2軒も3軒も協力してそうやって

[106] *niiutai   doo*
      nii+u-tai   =do
      煮る+CONT-PST SFP
      煮ていたよ

[107] M: *uraa   unu, zyuugoya nu,   naugara,*
         ur=a   unu zyuugoya =nu   naugara
         それ=TOP1 DSC 十五夜   GN/NM DSC
         それはその十五夜の

[108] M: *unu fukyagi ti　　nu　　munuu*
　　　　unu fukyagi =ti　　=nu　　munu=TOP1
　　　　その　団子　　QUOT　GN/NM　もの
　　　　団子というのは

[109]　　*zuutti　nkyaan/*
　　　　zuutti　nkyaan
　　　　ずっと　昔
　　　　ずっと昔

[110]　　*obaata　　ga　　yarabi　<x..x>　arii　　duu*
　　　　obaa-ta　　=ga　　yarabi　<x..x>　ari-i　　=du+ui
　　　　おばあさん-PL　GN/NM　子ども　　　　　ある-SEQ　FOC=CONT.NPST
　　　　おばあさんたちが子どもの頃からあるのか

[111] F: *ba　ga　ssii　　miitigaa　　hii　du　uta/*
　　　　ba　=ga　ssi-i　　mii-tigaa　　hii　=du　u-tai
　　　　1.SG　GN/NM　知る-SEQ　見る-COND　する.SEQ　FOC　CONT-PST
　　　　私が物心つく前からやっていた

[112]　　*arii　　duu*
　　　　ari-i　　=du+ui
　　　　ある-SEQ　FOC+CONT.NPST
　　　　（十五夜はずっと）ある

[113] M: *haa*
　　　　haa
　　　　RESP
　　　　ははあ

[114] F: *zuutti　mmya　arii　　duu/　　zyuugoyaa*
　　　　zuutti　mmya　ari-i　　=du+ui　　zyuugoya=a
　　　　ずっと　DSC　ある-SEQ　FOC+CONT.NPST　十五夜=TOP1
　　　　ずっとある、十五夜は

[115] M: *atigaa　　nkyaan　kara　nu　　munu　dara*
　　　　atigaa　　nkyaan　=kara　=nu　　munu　=dara
　　　　そうしたら　昔　　ABL　　GN/NM　もの　SFP
　　　　ということは、昔からのものだね

[116] F: nkyaan   kara   nu   munu//
         nkyaan   =kara   =nu   munu
         昔   ABL   GN/NM   もの
         昔からのもの

[117]   zuutti   mmya   arii   duu,   ayahuuba   du
         zuutti   mmya   ari-i   =du+ui   ayahuuba   =du
         ずっと   DSC   ある-SEQ   FOC+CONT.NPST だから   FOC
         ずっとある、だから

[118]   fukyagi   ti   nu   munuu,   nnama   taahii   mai   uyahai
         fukyagi =ti   =nu   munu=u   nnama =taahii   =mai   uyahai
         団子   QUOT   GN/NM   もの=ACC   今   LMT   も   DSC
         団子というのは今までも、ほら

[119] M: nn
         nn
         RESP
         うん

[120] F: namarada   nnnanai,   una   ga   tama   tama
          namara-da   nnnanai   una   =ga   tama   tama
          やめる-NEG   みんな   REFL   GN/NM   分   分
          やめないでみんなそれぞれ自分の分を

[121]   hiicya   yaraban   haasa   yaraban   hii
          hiicya   yara-ban   haasa   yara-ban   hii
          少し   COP-CMPR   たくさん   COP-CMPR   する.SEQ
          家族が多くても少なくても（つくって）

[122]   faiyui   sa
          fai+ui   =sa
          食べる.SEQ+CONT.NPST   SFP
          食べているよ

[123] F: nn
          nn
          RESP
          うん

[124] *zuutti   issyodama   hii   du   utai   doo*
       zuutti   issyo+tama   =hii   =du   u-tai   =do
       ずっと   1升+分   INS   FOC   CONT-PST SFP
       ずっと1升ずつやって(つくって)いたよ

[125] *ai   kuma   tti   mai   <x..x>*
       ai   kuma   tti   =mai   <x..x>
       そのように ここ   来る.SEQ も
       そして(嫁ぎ先)にきても

[126] *kumanna   mmya   una   ga   duu   hii*
       kuma=n=a   mmya   una   =ga   duu   =hii
       ここ=DAT=TOP1 DSC   REFL   GN/NM   自分   INS
       ここには自分たちで

[127] *cyuffiutai   mai   nu   aitaiba   i*
       cyuffi+u-tai   mai   =nu   atai-ba   =i
       つくる+CONT-PST   米   GN/NM   ある-CSL   SFP
       つくっていた米があるから

[128] M: *nn*
        nn
        RESP
        うん

[129] F: *uraa   waigawaiti   cɨkii   ira*
        ur=a   waigawaiti   cɨki-i   ira
        これ=TOP1   一生懸命   搗く-SEQ   SFP
        これを一生懸命搗いて

[130] M: *nn*
        nn
        RESP
        うん

[131] F: *sɨzɨki   mai   guzɨki   mai   cɨkada   uikyaa//*
        sɨzɨ-ki   mai   guzɨ-ki   mai   cɨka-da   ui-kyaa
        40-斤   も   50-斤   も   搗く-NEG   CONT.NPST-時
        40斤も50斤も搗かないと(lit. 搗かないでいる時には)

[132]　　　*naugara/　nii　　　　nu　　　mucyaa　nyaaddan　　doo//*
　　　　　naugara　nii　　　=nu　　muci=a　nyaa-ddan　　=do
　　　　　DSC　　 煮る.NPST　GN/NM　分=TOP1　ない-PST.NEG　SFP
　　　　　煮る分が足りなかったよ

[133]　M:　*aa　　mmya　taukaa　hii　　issyo　ti　　　asitigaa　　mmya*
　　　　　aa　　mmya　taukaa　hii　　issyo　=ti　　asɨ-tigaa　　mmya
　　　　　DSC　 DSC　 1人　　 INS　 1升　 QUOT　する-COND　 DSC
　　　　　1人1升といったら

[134]　M:　*nau　ti　　ai//*
　　　　　nau　=ti　　ai
　　　　　何　 QUOT　いう.NPST
　　　　　なんというか

[135]　　　*issyo　hiiya　　uraa/　　nangin　bakaai　　nu　　　munu　yaiba//*
　　　　　is-syo　hii=a　　ur=a　　nan-gin　=bakaai　=nu　　munu　yai-ba
　　　　　1-升　　INS=TOP1　それ=TOP1　何-斤　　くらい　　　GN/NM　もの　 COP-CSL
　　　　　1升で何斤くらいのものなのでしょう

[136]　F:　*ira　[sɨki]/　sɨzɨki　hii　du　　ira//*
　　　　　ira　[sɨki]　　sɨzɨ-ki　hii　=du　ira
　　　　　DSC　　　　　　40-斤　　INS　FOC　DSC
　　　　　40斤で、ほら

[137]　　　*zɨki　hii　du　ira,　nisyo　bakaai　[cɨkii]　cɨkahiiuta//*
　　　　　zɨ-ki　hii　=du　ira　ni-syo　=bakaai　[cɨkii]　cɨka-hii+u-tai
　　　　　10-斤　INS　FOC　DSC　2升　　ばかり　　　　　搗く-CAUS.SEQ+CONT-PST
　　　　　10斤で2升ばかり搗かせていた

参照文献

Du Bois, John W., Susanna Cumming, Stephan Schuetze-Coburn, and Danae Paolino (1992)
　　Discourse transcription, Santa Barbara papers in linguistics vol.4. Santa Barbara: University of Santa Barbara.
川田拓也・林由華・岩崎勝一・大野剛 (2009)「琉球語宮古池間方言における mmya の談話機能」柴崎礼士郎編『言語文化のクロスロード』111–130. 沖縄：文進印刷.
風間伸次郎 (1992)「接尾型言語の動詞複合体について」宮岡伯人編『北の言語：類型と

歴史』241–260. 東京：三省堂.
Koloskova, Yulia and Toshio Ohori (2008) Pragmatic factors in the development of a switch-adjective language: A case study of the Miyako-Hirara dialect of Ryukyuan. *Studies in Language* 32 (3): 610–636.
下地理則 (2008)「伊良部島方言の動詞屈折形態論」『琉球の方言』32: 69–114.
Shimoji, Michinori (2008) A grammar of Irabu, a southern Ryukyuan language. Ph.D. dissertation, the Australian National University.
下地理則 (2009)「アジア型副動詞の談話機能と形態統語論：琉球語伊良部島方言の継起副動詞」柴崎礼士郎編『言語文化のクロスロード』85–100. 沖縄：文進印刷.

謝辞

　本稿に含めた談話資料の収集、書起しにあたっては、前泊美歌子氏、仲間博之氏、仲間忠氏、赤嶺和子氏にご協力いただいた。その他調査に際して多くの方にお世話になった。また、大西正幸先生はじめ言記述研究会の皆様、田窪行則先生はじめ宮古島池間方言調査班の皆様には、有益なコメントをいただき、また煩雑な草稿の段階から校正を手伝っていただいた。ここにお礼申し上げる。

付録1：略号一覧

1	first person	一人称		GN/NM	genitive/nominative	属格／主格
AA	adverbial adjective	副詞的形容詞接辞		HON	honorific	敬意
				INFR	inferential	推量
ABL	ablative	奪格		INS	instrumental	具格
AC	adversative conjunction	逆接		LMT	limitative	限界格
				NEG	negation	否定
ACC	accusative	対格		NPST	non-past	現在
ALL	allative	向格		OMP	onomatopoeia	オノマトペ
CAUS	causative	使役		PL	plural	複数
CMPR	compromise	譲歩		PST	past	過去
CMPL	complementizer	補文標識		PT/PS	potential/passive	可能／受動
COND	conditional	条件		QUOT	quotative	引用
CONT	continuative	継続		REFL	reflexive	再帰
COP	copula	コピュラ		RES	resultative	結果
CRCM	circomstantial	付帯		RESP	response	応答表現
CSL	causal	理由		SEQ	sequential	継起
DAT	dative	与格		SFP	sentence final particle	文助詞
DIM	diminutive	指小		SG	singular	単数
DSC	discourse marker	談話標識		TOP1	topic1	主題1
FOC	focus	焦点		TOP2	topic2	主題2

VA	verbal adjective	動詞的形容詞接辞	-	接辞境界
			=	接語境界
VOL	volitional	意志	+	複合語内部の要素境界
			?	（未詳）

付録2：第2類動詞の語基

　第2類動詞の語基は、基本的に語幹＋語基母音から成る。本文中でも示したとおり、それぞれの動詞の語幹と語基の数は語幹末音の種類と対応している。語幹は、語幹末子音の変化・脱落により複数形成され、動詞ごとに1～3の語幹を持っている。そこに語基母音が付加され、それぞれの動詞が2～4の語基を持つ。

　ここでは、第2類動詞の語基の構成について述べ、例となる変化表を付する。

　また、ここで示す語幹の変化は共時的な音素交替・脱落によるものでなく、宮古諸方言における他方言との比較、また日本古語との比較によって説明されるものと考えられるが、本稿では池間方言内に見られる音の対応を示すにとどめる。

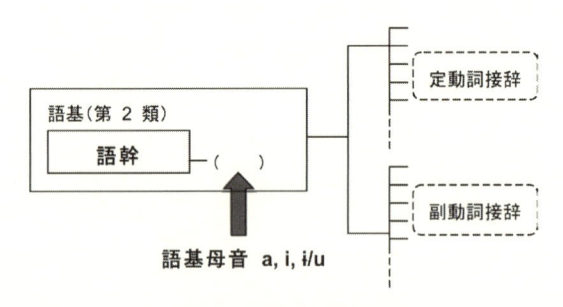

図A：動詞の構成

　語基は、それぞれの動詞の語幹に、その屈折カテゴリに応じた語基母音が付加されることによってつくられる。まず、以下の表において、語彙ごとに1～3つ持っている語幹について、どの屈折カテゴリが同じ語幹／語基を共有するのか見る。

表A：語基の種類と対応する屈折カテゴリ

語幹の区別	語基の種類	例：*kuz-i*「漕ぐ」	後接する屈折接辞	
			定動詞接辞	副動詞接辞
①	a語基	*kug-a*	-*baa*（示唆）	-*mmai/ban*（譲歩）
			-*di*（意思）	-*da*（否定継起）
			-*zyaan*（否定意思1）	-*dakaa*（否定条件）
			-*n*（否定）	
			-*ddan*（否定・過去）	
※	i語基	*kug-i*	-φ（命令）	-φ（継起1）
				-*i*（継起2）
				-*utui*（付帯）
②	i/u語基	*kuz-i*	-φ（非過去／名詞形）	-*ccyaan*（同時）
③			-φ（非過去）	-*tuu*（即時）
			-*tai*（過去）	-*tigaa*（条件）
			-*gamata*（未来）	
			-*na*（禁止）	
			-*nnai*（否定意思2）	

1種類の語幹を持つ動詞は①②③がすべて同じ語幹で現れ、2種類の語幹を持つ動詞は①②／③で別れ、3種類の語幹を持つ動詞は①／②／③すべてことなる語幹が現れる。※については、一部の子音末語幹動詞がこの部分だけ別の語幹を持つ。（①は学校文法における未然形及び連用形、②③は終止・連体形にあたるといえる。）

次に、それぞれの動詞がどのような語幹のバリエーションを持っているか見る。動詞がどのような語幹を持つかは、語幹末子音にしたがって決まる。表Bでは、a語基をとる場合の（表A中①の）語幹末音にしたがって動詞を分類し、それぞれの語幹末音がどのように現れるかを示す。

表 B：語幹末子音の種類と変化

語幹の数	語幹末音の種類	語幹末音の音対応			例：表番号
1	母音語幹	（語幹末音は変化しない）			fau「食べる」：1
	m/n 子音語幹				yum「読む」：2
2	成節的子音語幹（syllabic）	①	②③		
		b	u		tuu「飛ぶ」：3
		v	u		uu「売る」：4
		f	fu		fuu「降る」：5
		r	i		budui「踊る」：6
		z	i		ai「いう」：7
	非成節的子音語幹（non-syllabic）	①	②③	※	
		c	c	t(c)	taci「立つ」：8
		g	z	g	kuzi「漕ぐ」：9
		h	s	h	-si「-させる」：10
3	k 子音語幹	①	②	③	
		k	c	f	kafu「書く」：11

● 上記表に掲載された以外の子音語幹 (p, w, y) は、確認できていない。
● f-fu の対応については、池間方言の音素配列論自体も含めて再考の必要があるが、ここでは暫定的な分析を示す。
● 「成節的子音語幹」については、宮古の他方言においては成節的子音にあたるものが含まれていることから、この名称にしている。（詳細はかりまた 2005、ペラール 2007 などを参照[43]。）
● これらの音素交替は、共時的な音素交替でなく、通時的に説明されるべきであると考えられる。

語基母音は、これらの語幹に下記のルールにしたがって付加される。

語基母音付加時（第 2 類動詞語基形成）のルール
● a 語基母音、i 語基母音は、それぞれ①の語幹に付加する。
● i/u 語基母音は②③の語幹に付加する。このとき、語幹子音が s/c/z のいず

---

[43] かりまたしげひさ (2005)「沖縄県宮古島平良方言のフォネーム」『日本東洋文化論集』11: 67–113. ペラール，トマ (2007)「宮古諸方言の音韻の問題点」第 2 回琉球語ワークショップ (2007/09/09, 京都大学).

れかである場合は i を付加し、それ以外の場合は u を付加する。
● 語幹が既に母音連続で終わっている場合には、語基母音は削除される。
（このため、末子音が母音に変化した共鳴子音語幹の語基は、表面的には u 語基母音を持たないことになる。）

次ページからはこれらの例となる動詞の変化表を示す。

■ 第2類動詞語基の変化表

リストに関するメモ：
● 1–11 までは、表 B「語幹の種類と語幹末子音の変化」にあがっている動詞を順番に並べる。
● 12–18 までは、不規則変化動詞の例をあげる。
    12：-*samai*「- なさる」
    13：*tui*「とる」
    14：*suvvi*「駆ける」
    15：*asi*「する」
    16：*fuu*「来る」
    17：-*kai*（形容詞の動詞的接辞）
    18：-*ai*（コピュラ）
● 一部の成節的子音語幹（f, s, v, z 語幹）に語基母音が付く場合、語幹末子音を重複させる。（表参照。音韻論からの要請といえるが、詳細はここでは述べない。）
● a 語基以外では、どの語基がどの接辞をとるかについて、ゆれのある場合がある。語彙ごとだけでなく、話者ごとにそのゆれが出る場合があるが、ここに掲載した表は 1 人の話者から得られたデータを基にしている。
● 表中の「---」は、当該形式がとり出せていないことを表す。（必ずしもその形式が存在しないということを表すわけではない。）
● 表を区切る破線は、そこで語基の種類が分かれることを示す。上述したように、境界線は語彙ごとにことなる場合もある。

第 2 類動詞語基の変化表

1：「食べる」

語幹	語基	定動詞接辞		副動詞接辞	
fa-	fa-a	-baa	示唆	-mmai/ban	譲歩
		-di	意思	-da	否定・継起
		-zyaan	否定意思 1	-dakaa	否定・条件
		-n	否定		
		-ddan	否定・過去		
	fa-i	-φ	命令	-φ	継起 1
				-i	継起 2
				-utui	付帯
		-φ	非過去（名詞形）		
	fa-u	-φ	非過去	-ccyaan	同時
		-tai	過去	-tuu	即時
		-gamata	未来	-tigaa	条件
		-na	禁止		
		-nnai	否定意思 2		

2：「読む」

語幹	語基	定動詞接辞		副動詞接辞	
yum-	yum-a	-baa	示唆	-mmai/ban	譲歩
		-di	意思	-da	否定継起
		-zyaan	否定意思 1	-dakaa	否定条件
		-n	否定		
		-ddan	否定・過去		
	yum-i	-φ	命令	-φ	継起 1
				-i	継起 2
				-utui	付帯
	yum	-φ	非過去（名詞形）	-ccyaan	同時
		-φ	非過去	-tuu	即時
		-tai	過去	-tigaa	条件
		-gamata	未来		
		-na	禁止		
		-nnai	否定意思 2		

3：「飛ぶ」

語幹	語基	定動詞接辞		副動詞接辞	
tub-	tub-a	-baa	示唆	-mmai/ban	譲歩
		-di	意思	-da	否定継起
		-zyaan	否定意思1	-dakaa	否定条件
		-n	否定		
		-ddan	否定・過去		
	tub-i	-φ	命令	-φ	継起1
				-i	継起2
				-utui	付帯
---	---	-φ	（名詞形）		
tuu-	tuu	-φ	非過去	-ccyaan	同時
		-tai	過去	-tuu	即時
		-gamata	未来	-tigaa	条件
		-na	禁止		
		-nnai	否定意思2		

4：「売る」

語幹	語基	定動詞接辞		副動詞接辞	
v-	v-va	-baa	示唆	-mmai/ban	譲歩
		-di	意思	-da	否定継起
		-zyaan	否定意思1	-dakaa	否定条件
		-n	否定		
		-ddan	否定・過去		
	v-vi	-φ	命令	-φ	継起1
				-i	継起2
				-utui	付帯
		-φ	（名詞形）		
u-	u-u	-φ	非過去	-ccyaan	同時
		-tai	過去	-tuu	即時
		-gamata	未来	-tigaa	条件
		-na	禁止		
		-nnai	否定意思2		

5：「降る」

語幹	語基	定動詞接辞		副動詞接辞	
f-	f-fa	-baa	示唆	-mmai/ban	譲歩
		-di	意思	-da	否定継起
		-zyaan	否定意思1	-dakaa	否定条件
		-n	否定		
		-ddan	否定・過去		
	f-fi	-φ	命令	-φ	継起1
				-i	継起2
				-utui	付帯
fu-u	fu-u	-φ	（名詞形）		
		-φ	非過去	-ccyaan	同時
		-tai	過去	-tuu	即時
		-gamata	未来	-tigaa	条件
		-na	禁止		
		-nnai	否定意思2		

6：「踊る」

語幹	語基	定動詞接辞		副動詞接辞	
budur-	budur-a	-baa	示唆	-mmai/ban	譲歩
		-di	意思	-da	否定継起
		-zyaan	否定意思1	-dakaa	否定条件
		-n	否定		
		-ddan	否定・過去		
	budur-i	-φ	命令	-φ	継起1
				-i	継起2
				-utui	付帯
budui-	budui	-φ	（名詞形）	-ccyaan	同時
		-φ	非過去	-tuu	即時
		-tai	過去	-tigaa	条件
		-gamata	未来		
		-na	禁止		
		-nnai	否定意思2		

7：「いう」

語幹	語基	定動詞接辞		副動詞接辞	
az-	az-zya	-baa	示唆	-mmai/ban	譲歩
		-di	意思	-da	否定継起
		-zyaan	否定意思1	-dakaa	否定条件
		-n	否定		
		-ddan	否定・過去		
	az-zi	-φ	命令	-φ	継起1
				-i	継起2
				-utui	付帯
	---	-φ	（名詞形）		
ai-	ai	-φ	非過去	-ccyaan	同時
		-tai	過去	-tuu	即時
		-gamata	未来	-tigaa	条件
		-na	禁止		
		-nnai	否定意思2		

8：「立つ」

語幹	語基	定動詞接辞		副動詞接辞	
tac-	tac-ya	-baa	示唆	-mmai/ban	譲歩
		-di	意思	-da	否定継起
		-zyaan	否定意思1	-dakaa	否定条件
		-n	否定		
		-ddan	否定・過去		
tat-/tac-	tat-i/tac-i	-φ	命令	-φ	継起1
				-i	継起2
				-utui	付帯
tac-	tac-i	-φ	（名詞形）	-ccyaan	同時
		-φ	非過去	-tuu	即時
		-tai	過去	-tigaa	条件
		-gamata	未来		
		-na	禁止		
		-nnai	否定意思2		

9：「漕ぐ」

語幹	語基	定動詞接辞		副動詞接辞	
kug-	kug-a	-baa	示唆	-mmai/ban	譲歩
		-di	意思	-da	否定継起
		-zyaan	否定意思1	-dakaa	否定条件
		-n	否定		
		-ddan	否定・過去		
	kug-i	-φ	命令	-φ	継起1
				-i	継起2
				-utui	付帯
kuz-	kuz-ɨ	-φ	(名詞形)	-ccyaan	同時
		-φ	非過去	-tuu	即時
		-tai	過去	-tigaa	条件
		-gamata	未来		
		-na	禁止		
		-nnai	否定意思2		

10：「-させる」

(語幹)	(語基)	定動詞接辞		副動詞接辞	
-ah	-aha	-baa	示唆	-mmai/ban	譲歩
		-di	意思	-da	否定継起
		-zyaan	否定意思1	-dakaa	否定条件
		-n	否定		
		-ddan	否定・過去		
-as	-as	-i	命令	-φ	継起1
-ah	-ah-i			-i	継起2
				-utui	付帯
---	---	-φ	(名詞形)		
-as	-as-ɨ	-φ	非過去	-ccyaan	同時
		-tai	過去	-tuu	即時
		-gamata	未来	-tigaa	条件
		-na	禁止		
		-nnai	否定意思2		

11：「歩く」

語幹	語基	定動詞接辞		副動詞接辞	
kak-	kak-a	-baa	示唆	-mmai/ban	譲歩
		-di	意思	-da	否定継起
		-zyaan	否定意思1	-dakaa	否定条件
		-n	否定		
		-ddan	否定・過去		
	kaki-i	-φ	命令	-φ	継起1
				-i	継起2
				-utui	付帯
kac-	kac-ɨ	-φ	非過去（名詞形）	-ccyaan	同時
kaf-	kaf-u	-φ	非過去	-tuu	即時
		-tai	過去	-tigaa	条件
		-gamata	未来		
		-na	禁止		
		-nnai	否定意思2		

12：「-なさる」

（語幹）	（語基）	定動詞接辞		副動詞接辞	
-sama-	-sama	-baa	示唆	-mmai/ban	譲歩
		-di	意思	-da	否定継起
		-zyaan	否定意思1	-dakaa	否定条件
		-n	否定		
		-ddan	否定・過去		
		-ti	命令		
				-φ	継起1
				-i	継起2
				-utui	付帯
---	---	-φ	（名詞形）		
	-sama-i	-φ	非過去	-ccyaan	同時
		-tai	過去	-tuu	即時
		-gamata	未来	-tigaa	条件
		-na	禁止		
		-nnai	否定意思2		

13:「とる」

語幹	語基	定動詞接辞		副動詞接辞	
tur-	tur-a	-baa	示唆	-mmai/ban	譲歩
		-di	意思	-da	否定継起
		-zyaan	否定意思1	-dakaa	否定条件
		-n	否定		
		-ddan	否定・過去		
tui-	tui	-φ	命令	-φ	継起1
				-i	継起2
				-utui	付帯
		-φ	非過去(名詞形)	-ccyaan	同時
		-φ	非過去	-tuu	即時
		-tai	過去	-tigaa	条件
		-gamata	未来		
		-na	禁止		
		-nnai	否定意思2		

14:「駆ける」

語幹	語基	定動詞接辞		副動詞接辞	
suv-	suv-va	-baa	示唆	-mmai/ban	譲歩
		-di	意思	-da	否定継起
		-zyaan	否定意思1	-dakaa	否定条件
		-n	否定		
		-ddan	否定・過去		
	suv-vi	-φ	命令	-φ	継起1
	---	-φ	(名詞形)		
		-φ	非過去	-i	継起2
		-tai	過去	-utui	付帯
		-gamata	未来	-ccyaan	同時
		-na	禁止	-tuu	即時
		-nnai	否定意思2	-tigaa	条件

15：「する」

語幹	語基	定動詞接辞		副動詞接辞	
h-	h-u	-baa	示唆	-mmai/ban	譲歩
		-di	意思	-da	否定継起
		-zyaan	否定意思1	-dakaa	否定条件
		-n	否定		
		-ddan	否定・過去		
as-	as-su	-φ	命令		
h-	h-i			-φ	継起1
				-i	継起2
				-utui	付帯
---	---	-φ	（名詞形）		
as-	as-ɨ	-φ	非過去	-ccyaan	同時
		-tai	過去	-tuu	即時
		-gamata	未来	-tigaa	条件
		-na	禁止		
		-nnai	否定意思2		

16：「来る」

語幹	語基	定動詞接辞		副動詞接辞	
ku-	ku-u	-baa	示唆	-mmai/ban	譲歩
		-di	意思	-da	否定継起
		-zyaan	否定意思1	-dakaa	否定条件
		-n	否定		
		-ddan	否定・過去		
		-φ	命令		
tt-	tt-i			-φ	継起1
				-i	継起2
				-utui	付帯
	---	-φ	（名詞形）		
fu-	fu-u	-φ	非過去	-ccyaan	同時
t-	t	-tai	過去	-tuu	即時
fu-	fu-u	-gamata	未来	-tigaa	条件
		-na	禁止		
		-nnai	否定意思2		

17: 形容詞接辞

（語幹）	（語基）	定動詞接辞		副動詞接辞		
-kar-	---	-baa	示唆	---	-mmai/ban	譲歩
	---	-di	意思	---	-da	否定継起
	---	-zyaan	否定意思1	-kara	-dakaa	否定条件
	---	-n	否定			
	---	-ddan	否定・過去			
	---	-ru	命令	---	-φ	継起1
				---	-i	継起2
				---	-utui	付帯
	---	-φ	非過去（名詞形）			
-kai-	-kai	-φ	非過去	---	-ccyaan	同時
	-ka	-tai	過去	---	-tuu	即時
	---	-gamata	未来	-kai	-tigaa	条件
	---	-na	禁止			
	---	-nnai	否定意思2			

18:（コピュラ）

語幹	語基	定動詞接辞		副動詞接辞		
ar-/yar-	---	-baa	示唆	yar-a	-mmai/ban	譲歩
	---	-di	意思	ar-a	-da	否定継起
	---	-zyaan	否定意思1	ar-a	-dakaa	否定条件
	ar-a	-n	否定			
	ar-a	-ddan	否定・過去			
	---	-φ	命令			
				---	-φ	継起1
				---	-i	継起2
				---	-utui	付帯
	---	-φ	（名詞形）			
	ai	-φ	非過去	---	-ccyaan	同時
	a	-tai	過去	---	-tuu	即時
	---	-gamata	未来	ya	-tigaa	条件
	---	-na	禁止			
	---	-nnai	否定意思2			

第3部 第2章
奄美語喜界島上嘉鉄(きかいじまかみかてつ)方言の談話資料

白田 理人

1. はじめに

　奄美語喜界島方言(以下喜界島方言)は、鹿児島県大島郡喜界町で話されている、琉球諸語に属する方言である。喜界島には30余の集落があり、語彙面・音韻面・形態面に渡って集落差が見られる。本稿では喜界島方言のうち上嘉鉄集落(方言名 *hatitu* [hàtítù])において話されている地域変種(以下上嘉鉄方言[1])の談話資料を提示する。

　上嘉鉄集落の人口は2012年5月末現在414人[2]であるが、上嘉鉄方言は若い世代には継承されておらず、島内の話者人口はこれより少なく見積もられる。上嘉鉄方言は、接辞・助詞の形式の一部が島内他変種の多くと異なる、といった独自性を示す。

　以下、談話資料に用いた音韻表記について述べた後、上嘉鉄方言の談話資料を提示する。

---

[1] 上嘉鉄方言の概略及び簡易文法については、白田ほか(2011)を参照されたい。ただし、本稿では音韻表記及び接辞・接語の区別について、本巻所収の「奄美語喜界島小野津方言の談話資料」との比較が容易となるよう改めている。

[2] 喜界町役場発行の資料に基づく。

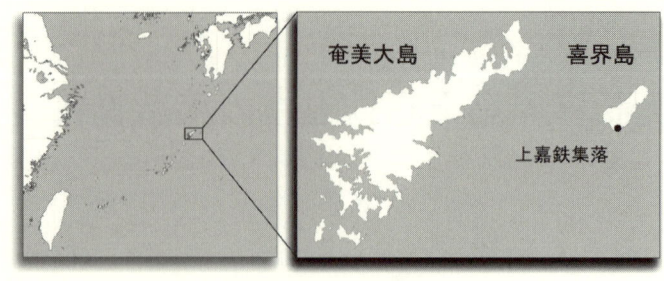

図1：上嘉鉄集落 / 喜界島の位置[3]

2. 音韻表記について

以下に上嘉鉄方言の子音・母音体系と表記を示す。[ ] 内は異音である。なお、( ) 内の音素は分布が借用語などに限られる。

2.1 子音

閉鎖音：(pʔ), b, t[tʰ~t], tʔ, d, k[kʰ~k], kʔ, g
破擦音：(ts), tɕ
摩擦音：s[s~ɕ][4], (z[z~dz]), z[z~dz], h[ɸ~ç~h][5]
鼻音：m, n, ŋ
弾音：r
接近音：w, j

2.2 母音

i, e, a, o, u

2.3 本稿で便宜的に用いる音韻表記

p'=/pʔ/, t'=/tʔ/, k'=/kʔ/, c=/ts/, č=/tɕ/, ž=/z/, g=/g/, r=/r/

---

[3] 国土地理院発行の地図データをもとに Thomas Pellard 氏が作成した地図を編集して用いている。

[4] /s/ は /i/（及び /j/）の前で口蓋化して歯茎硬口蓋音で実現する。

[5] /h/ は /i/（及び /j/）の前で [ç]、/u/ の前で [ɸ] で実現する。

3. 談話資料について

　本節で記述する談話は、2011年3月に収録された上嘉鉄（上嘉鉄中[6]）出身の70代女性Aと40代女性Bの会話の一部である。子供の頃の遊びについて、主にBがAに問いかけ、Aが話している。編集の便宜上、途中部分を割愛し、I・IIに分けて示す。Iはまりつきが、IIは遊びに使う道具が主な話題となっている。

　一行目に本稿が採用している表記法による音韻表記と形態素境界、二行目に形態素ごとのグロス[7]、三行目に日本語訳例を記している。二行目は形態素ごとに統一したグロスを付記しており、当該文脈での用法と異なる場合がある。グロスの略記については巻末を参照されたい。言いよどみや、発話ターンの交替などで発話が途切れた箇所は…で示している。

I

[1]　A:　*mukasi=nu asubi=nu　　kutu s-in=nja*
　　　　昔=GEN/NOM 遊び=GEN/NOM FN　する-NPST=YNQ
　　　　昔の遊びのこと（話に）する？

[2]　B:　*en　sir-oo=ka*
　　　　そう　する-INT=DUB
　　　　そうしようか

[3]　A:　*mukasee asub-i+kataa anoo terebi=mu neer-an-tan žiki=naren*
　　　　昔.TOP 遊び-NZ+方.TOP DSC テレビ=も　ない-(NEG)-PST 時期=CSL
　　　　昔は、遊び方は、テレビもなかった時期だから

[4]　A:　*tama+bari=jooba ura ahen wa t'učč-en=kara un=ŋa*
　　　　玉+針=ACC　　　ほら　そう　輪　作る-SEQ=ABL それ=GEN/NOM
　　　　naka=en　tama+bari iri-en　soogatu-nčaa
　　　　中=DAT/LOC 玉+針　　入れる-SEQ 正月-やら.TOP
　　　　玉針を、こう、輪を作ってから、その中に玉針を入れて、正月なんかは

---

[6]　上嘉鉄集落は西から順に上嘉鉄西（方言名 *njisi* [nʲìɕí]）・上嘉鉄中（同 *inda* [îndá]）・上嘉鉄東（*uhužoo* [úɸùʑôː]）という三つの区（小字）からなっている。

[7]　否定動詞 *nee* については、（ ）内に NEG と表示している。また、複合語について（lit.…）として逐語的なグロスを付記した箇所がある。

[5] B: wa t'učč-en=tebaa naa žida=en
輪 作る-SEQ=TOP もう 地面=DAT/LOC
輪を作ってっていうと、地面に

[6] A: žida=en
地面=DAT/LOC
地面に

[7] B: žida=en maru kač-i-hu
地面=DAT/LOC 丸 書く-NPST-NZ
地面に丸を書くの？

[8] A: maru=ten umai tama+bari tama=nu hari=jooba iri-in wake
丸=QUOT そこ.ALL 玉+針 玉=GEN/NOM 針=ACC 入れる-NPST FN
丸って、そこに玉針、玉の針を入れるわけ

[9] A: ahensen soogatu nar-iba uri=sen asub-i-ta-hu
CONJ 正月 なる-COND1 それ=INST 遊ぶ-IPF-PST-NZ
そして、正月になるとそれで遊んでいたの

[10] B: uree sjoogacu=daki=nu asub-i=na
それ.TOP 正月=だけ=GEN/NOM 遊ぶ-NZ=YNQ
それは正月だけの遊び？

[11] A: naa in soogatu=nu asub-i ar-an-ti=mu anoo asub-in
もう RESP 正月=GEN/NOM 遊ぶ-NZ COP-NEG-SEQ=も DSC 遊ぶ-NPST
sigutu=nu asub-in mun=nu nen=naren
仕事=GEN/NOM 遊ぶ-NPST FN=GEN/NOM ない.(NEG).NPST=CSL
正月の遊びでなくても、遊ぶことが、遊ぶものがないから

[12] A: terebi mir-in kutu=mu nen-hu ža-hoo
テレビ 見る-NPST FN=も ない.(NEG).NPST-NZ COP.NPST-MOD
テレビを見ることもないんだよ

[13] A: terebi=nu ar-iba=du terebi mir-ar-i-ru jaa
テレビ=GEN/NOM ある-COND1=FOC テレビ 見る-PASS/POT-NPST-FOC SFP
テレビがあればテレビを見られるよね

奄美語喜界島上嘉鉄方言の談話資料 | 249

[14] A: *ennaren naa tama+bari+iri-ee=toka booru uč-en*
CONJ　もう　玉+針+入れる-NZ=とか　　ボール　打つ-SEQ
ičirittoraa=ten　　　　　　　　s-en
イチリットラー（手まり唄の名前）=QUOT　する-SEQ
だから、玉針入れとか、ボールを打ってイチリットラーってして

[15] B: *ičirittoraa　　　　　　　wannaa=mu*
イチリットラー（手まり唄の名前）　EXCL=も
イチリットラー、私たちも

[16] A: *ohon mun=nu　naa ari mukasi=nu asub-i ža-hoo　jaa*
そんな　FN=GEN/NOM　もう　DSC　昔=GEN/NOM　遊ぶ-NZ　COP.NPST-MOD　SFP
そんなのが昔の遊びだよね

[17] B: *anoo ura tama+bari+iri-ee=tebaa en　s-en　　tii=en　　en　jaa...*
DSC　ほら　玉+針+入れる-NZ=TOP　そう　する-SEQ　手-DAT/LOC　そう　SFP
玉針入れっていうと、こうやって手にこう…

[18] A: *tama+bari=jooba ikutu-naa=ten　muč-oor-en*
玉+針=ACC　　　　いくつ-ずつ=QUOT　持つ-CONT-SEQ
玉針をいくつずつって持ちながら

[19] B: *t'aatu=na*
二つ=YNQ
二つ？

[20] A: *wa=kači iri-in　　wake jo*
輪=ALL　入れる-NPST　FN　　SFP
輪に入れるわけよ

[21] A: *ahen s-oor-en*
そう　する-CONT-SEQ
こうしながら

[22] B: *ensibaa uree...*
CONJ　　それ.TOP
そうすると、それは…

[23] A: *onaži basu=kara*
　　　　同じ　場所=ABL
　　　　同じ場所から

[24] A: *ahensen tan=ŋa uhu-ku iri-tan   čoo   naa atoo   ari*
　　　　CONJ　誰=NOM 多い-AVZ 入れる-PST 人.TOP もう 後.TOP DSC
　　　　tur-ar-in   wake jo
　　　　取る-PASS/POT-NPST FN   SFP
　　　　そして、誰か多く入れた人は、後は取れるわけよ

[25] B: *un   tama+bari=jooba   duu=nu   muraw-ar-in   wake*
　　　　その 玉+針=ACC   自分=GEN/NOM もらう-PASS/POT-NPST FN
　　　　その玉針を自分がもらえるわけ？

[26] A: *in   in   ahen ahen ahen s-en   asub-i-tan=ten=doo*
　　　　RESP RESP そう　そう　そう　する-SEQ 遊ぶ-IPF-PST=QUOT=SFP
　　　　ええ、そうそう、そうやって遊んでいたんだよ

[27] B: *hari k'a-in   asub-ee   jaa*
　　　　針　 使う-NPST 遊ぶ-NZ.TOP SFP
　　　　針を使う遊びはね

[28] B: *un=ŋa   ura uree   jappari*
　　　　それ=GEN/NOM　ほら それ.TOP やっぱり
　　　　abuna-han=naren wannaa ina-har-ii=ja   ohon   mun-čaa...
　　　　危ない-VZ.NPST=CSL EXCL 小さい-VZ-NZ=TOP そんな FN-やら.TOP
　　　　やっぱり危ないから、私たちの小さい頃はそういうものは…

[29] A: *nen-ta   jaa*
　　　　ない.(NEG)-PST DSC
　　　　なかったんだね

[30] B: *s-en   mir-an   kedo žitta+uč-ee=ja*
　　　　する-SEQ 見る-NEG.NPST AC   まり+打つ-NZ=TOP
　　　　やったことはないけれど、まりつきは

[31] A: *žitta uč-en   asub-in... asu-dari jaa*
　　　　まり 打つ-SEQ 遊ぶ-NPST   遊ぶ-たり SFP
　　　　まりをついて遊ぶ…遊んだりね

[32] A: ahen en=bakkai=du s-i-ta-ru
そう そう=ばかり=FOC する-IPF-PST-FOC
そうばかりしていた

(―中略―)

II

[33] A: mukasi t'učč-i-tan munoo naa otedama=toka susita=n+narii=nu anoo
昔 作る-IPF-PST FN.TP もう お手玉=とか ソテツ=GEN+実=GEN/NOM DSC
ari=jooba uma=nu njii=nu an doo=nu hukahuka
あれ=ACC そこ=GEN/NOM 棘=GEN/NOM ある.NPST ところ=GEN/NOM OMP
s-on mun tur-en s-en uri=sen anoo žitta t'učč-en
する-CONT.NPST FN 取る-SEQ 来る-SEQ それ=INST DSC まり 作る-SEQ
昔作っていたものはお手玉とか、ソテツの実のあれを、そこの棘のあるところのフカフカしたのを取ってきて、それでまりを作って

[34] A: žitta t'učč-en asub-i+doogoo duunaa=hen t'učč-en
まり 作る-SEQ 遊ぶ-NZ+道具.TOP 自分.PL=INST 作る-SEQ
まりを作って、遊び道具は自分たちで作って

[35] A: jiŋŋaa mata jiŋŋaa ura ahen s-on gusii=sen ahen s-en
男.TOP また 男.TOP ほら そう する-CONT.NPST 棒きれ=INST そう する-SEQ
ihaa=ten
イハー（遊びの名前）=QUOT
男の子はまた、男の子は、こんな棒きれで、こうしてイハーって

[36] B: susitaa=nu an hukahuka s-on mun=hen mammaru
ソテツ=GEN/NOM DSC OMP する-CONT.NPST FN=INST まん丸
t'učč-ibaa ahen ari=na
作る-COND1.TOP そう あれ=YNQ
ソテツのフカフカしたので、まん丸を作ると、あれなの？

[37] B: booru=nji nar-i-hu=na
ボール=DAT/LOC なる-NPST-NZ=YNQ
ボールになるの？

[38] A: booru nar-en uri=sen=du t'učč-en asub-i-ta-ru mukasee
ボール なる-SEQ それ=INST=FOC 作る-SEQ 遊ぶ-IPF-PST-FOC 昔.TOP
ボールになってそれで、作って遊んでいた、昔は

[39] A: iruiru s-on   njii=nu   an=naren   un=ŋa   aida=en
         OMP   する-CONT.NPST   棘=GEN/NOM   ある.NPST=CSL   それ=GEN/NOM   間=DAT/LOC

         t'anaa=en an=naren   jaa
         間=DAT/LOC ある.NPST=CSL   SFP

         するどい棘があるから、その間に、間にあるからね

[40] A: un   munoo hukahuka s-on   munoo
         その FN.TOP OMP   する-CONT.NPST   FN.TOP

         それは、フカフカしたのは

[41] A: uri=jooba k'iree=nji   tur-en   s-en   uri=sen   žitta   t'učč-en
         それ=ACC   きれい=DAT/LOC   取る-SEQ 来る-SEQ それ=INST まり   作る-SEQ

         asub-i-ta-hu=doo
         遊ぶ-IPF-PST-NZ=SFP

         それをきれいに取ってきて、それでまりを作って遊んでいたのよ

[42] A: nuu=mu hoo-in   munoo   misia=mu nen   mun=naren
         何=も   買う-NPST   もの.TOP 店=も   ない.(NEG.)NPST FN=CSL

         hoo-ar-an-hu   jo
         買う-PASS/POT-NEG.NPST-NZ   SFP

         何も買うものは、店もないものだから買えないのよ

[43] B: huneeda taru=ka uri=jooba ura   sin=nji   s-en
         この間   誰=DUB   それ=ACC   ほら 芯=DAT/LOC   する-SEQ

         anoo nuu aree   mari temari...
         DSC   何   あれ.TOP まり 手まり

         この間誰か、それを芯にして、何だっけ、まり、手まり…

[44] A: in   jo
         RESP SFP

         ええ

[45] A: temari=doo
         手まり=SFP

         手まりよ

[46] B: juu t'učč-i-tan=ten   j-in=naren   jaa
         良く 作る-IPF-PST=QUOT   言う-NPST=CSL   SFP

         良く作っていたって言うからね

[47] B:　*anoo   ari   jo*
　　　　 DSC   あれ SFP
　　　　あれよ

[48] A:　*temari=doo   žitta=tebaa*
　　　　手まり=SFP　　まり=TOP
　　　　手まりよ、ジッタっていうのは

[49] B:　*in   in   jo*
　　　　RESP RESP SFP
　　　　ええ

[50] B:　*temari anoo ura suraasa   nuu   aree   anoo sisjuuito=nahen*
　　　　手まり DSC   ほら きれい.AVZ 何   あれ.TOP   DSC   刺繡糸=みたいに
　　　　s-on   mun=jooba mač-en uri=mu s-i-ta-hu=na
　　　　する-CONT.NPST FN=ACC 巻く-SEQ それ=も する-IPF-PST-NZ=YNQ
　　　　手まり、きれいに、何だっけ、刺繡糸みたいなのを巻いて、
　　　　それもしていたの？

[51] B:　*en=mu   s-i-ta-hu=na*
　　　　そう=も する-IPF-PST-NZ=YNQ
　　　　それもしていたの？

[52] A:　*ahenoo   naa   ura   amandee=nu   teegee naa   ippai   benkjoo*
　　　　そう.TOP もう ほら あの辺り=GEN/NOM 大概   もう いっぱい 勉強
　　　　son   ču-nčaa=ja   naa   ohon   densjuu=sen   s-i-tan   haa
　　　　する-CONT.NPST 人-PL=TOP   もう そんな 練習=INST   する-IPF-PST はず
　　　　žan=ŋa
　　　　COP.NPST=AC
　　　　それはあの辺りの、大概たくさん勉強している人たちはそんな練習で
　　　　していたはずだけれど

[53] A:　*wannaa tada ičuu=sen mač-en   naa ičuu=sen mač-en   anoo booru*
　　　　EXCL   ただ 糸=INST   巻く-SEQ もう 糸=INST   巻く-SEQ DSC   ボール
　　　　t'učč-en asub-i-ta-hu   jaa
　　　　作る-SEQ 遊ぶ-IPF-PST-NZ SFP
　　　　私たちはただ糸で巻いて、糸で巻いて、ボールを作って遊んでいたのね

[54] A: ohon　asub-i=bakkai　žaru　　　　jaa
　　　　そんな　遊ぶ-NZ=ばかり　COP.NPST.FOC　SFP
　　　　そんな遊ぶばかりだね

[55] A: nama=nahen　terebi　mi-čari　nuččari=mu　sir-aa
　　　　今=みたいに　テレビ　見る-たり　何かする.たり=も　する-NEG.NPST
　　　　今みたいにテレビを見たり、何かしたりもしない

[56] B: terebi=nu　　　ar-iba　　　žan=ŋa　　jaa
　　　　テレビ=GEN/NOM　ある-COND1　COP.NPST=AC　SFP
　　　　テレビがあればだけれどね

[57] A: terebi=nu　　　nen=naren　　　　　ohon　asub-ee　　nen-hu
　　　　テレビ=GEN/NOM　ない.(NEG).NPST=CSL　そんな　遊ぶ-NZ.TOP　ない.(NEG).NPST-NZ
　　　　ža-hoo
　　　　COP.NPST-MOD
　　　　テレビがないからそんな遊びはないんだよね

[58] A: duunaa=hen　t'uččaah-en　asub-in　kutu=bakkai=du　s-oo-tan=ten
　　　　自分.PL=INST　作り出す-SEQ　遊ぶ-NPST　FN=ばかり=FOC　　する-CONT-PST=QUOT
　　　　自分で作り出して遊ぶことばかりしていたよ

[59] B: jiŋŋa+k'a-nčaa　jiŋŋa+k'a-nčaa=ja...
　　　　男+子-PL　　　　男+子-PL=TOP
　　　　男の子たち、男の子たちは…

[60] A: jiŋŋa+k'a-nčaa=ja　naa　unu　ura　nama　j-in　　　ihaa=toka　　　　　　　jaa
　　　　男+子-PL=TOP　　　もう　DSC　ほら　今　　言う-NPST　イハー(遊びの名前)=とか　SFP
　　　　男の子たちはその今言ったイハーとかね

[61] A: t'učč-en
　　　　作る-SEQ
　　　　作って

[62] B: ihaa=ten　　　　　　　　　munoo...
　　　　イハー(遊びの名前)=QUOT　FN.TOP
　　　　イハーってものは…

[63] A: *ahensen=kara adanji=jooba njii tur-en=katunji uri tokei t'učč-en*
CONJ=ABL　アダン=ACC　棘　取る-SEQ=後で　DSC　時計　作る-SEQ
それからアダンを棘を取った後で時計を作って

[64] A: *uri čari   ahensen uri=jooba mata anoo sikaku t'učč-en*
それ　する.たり CONJ　それ=ACC　また　DSC　四角　作る-SEQ

haži+maas-ar-aa=ten   j-en   unnjen...
風車(lit.風+まわす-PASS/POT-NZ)=QUOT　言う-SEQ　それ.DAT/LOC
それをしたり、そして、それをまた、四角を作って、
ハジマーサラーって言って　それに

[65] B: *kazaguruma ža   jaa*
風車　　　　COP.NPST SFP
風車だね

[66] A: *kazeguruma=nahen s-en   uri=jooba boo unnjen*
風車=みたいに　　　する-SEQ　それ=ACC　棒　それ.DAT/LOC

nagaaha+h-on   boo iri-en   ahensen hasi-ibaa   k'urukuru
長い.AVZ+する-COMT.NPST 棒　入れる-SEQ CONJ　　走る-COND1.TOP　OMP

maar-in=naren ahen sen   asu-dari jaa
まわる-NPST=CSL そう　する-SEQ 遊ぶ-たり SFP
風車みたいにして、それを、棒を、それに、長くした棒を入れて、
そして走ればクルクル回るから、そうやって遊んだりね

[67] A: *naa iroiro   ari*
もう　いろいろ　ある.NPST
いろいろある

[68] A: *ohon asub-i=bakkai jo ura*
そんな 遊ぶ-NZ=ばかり　SFP ほら
そんな遊びばかりよ

[69] B: *ičiban minda-ha-tan munoo*
一番　　楽しい-VZ-PST FN.TOP
一番楽しかったのは

[70] B: *nuu=nu   minda-ha-ti*
何=GEN/NOM 楽しい-VZ-PST
何が楽しかった？

[71] A:　*ičiban minda-ha-tan munoo booru+uč-i　žaroo*
　　　　 一番　 楽しい-VZ-PST　FN.TOP　ボール+打つ-NZ　COP.NPST.INFR
　　　　 一番楽しかったのはボール打ちだろう

[72] B:　*booru*
　　　　 ボール
　　　　 ボール

[73] B:　*uta uta-oor-en=naren jaa*
　　　　 歌　歌う-CONT-SEQ=CSL　SFP
　　　　 歌を歌いながらだからね

[74] A:　*žitta žitta in*
　　　　 まり　まり　RESP
　　　　 まり、まり、ええ

[75] B:　*žitta+uč-ee ža*
　　　　 まり+打つ-NZ　COP.NPST
　　　　 まりつきだ

謝辞

　本稿に収録した談話の採集と書き起こしには、生島常範氏・生島初女氏・廣育子氏の多大なご協力が不可欠であった。ここに心より感謝を表したい。また、筆者による上嘉鉄方言の調査・研究にご協力いただいている多くの方々に、この場を借りて厚く御礼申し上げる。
　本稿に含まれる誤りや不備は、当然ながらすべて筆者の至らなさが原因である。今後も話者の方々及び他の研究者の方々のご協力を得ながら、上嘉鉄方言の記録保存に努めて参りたい。

略号一覧

1	first person	1人称		IPF	imperfective	未完了
ABL	ablative	奪格		LOC	locative	処格
AC	adversative conjunction	逆接		MOD	modal	モーダル
				NEG	negation	否定
ACC	accusative	対格		NOM	nominative	主格
ALL	allative	方向格		NZ	nominalizer	名詞化
AVZ	adverbalizer	副詞化		NPST	non-past	非過去
COND	conditional	条件		OMP	onomatopoeia	オノマトペ
CONJ	conjunction	接続詞		PASS	passive	受動
CONT	continuative	継続		PL	plural	複数
COP	copula	コピュラ		PST	past	過去
CSL	causal	理由		POT	potential	可能
DAT	dative	与格		QUOT	quotative	引用
DSC	discourse marker	談話標識		RESP	response	応答表現
DUB	dubitative	疑念		SEQ	sequential	継起
EXCL	exclusive 'we'	1人称複数除外		SFP	sentence final particle	文末助詞
FOC	focus	焦点		TOP	topic	主題
FN	formal noun	形式名詞		YNQ	yes/no question	真偽疑問
GEN	genitive	属格		VZ	verbalizer	動詞化
INT	intentional	意思		-		接辞境界
INFR	inferential	推量		=		接語境界
INST	instrumental	具格		+		複合語境界

参照文献

白田理人・山田真寛・荻野千砂子・田窪行則 (2011)「琉球語喜界島上嘉鉄方言の談話資料」大西正幸・稲垣和也編『地球研言語記述論集』3: 111–152.

第3部 第3章
奄美語喜界島小野津(きかいじまおのつ)方言の談話資料

白田 理人

1. はじめに [1]

　奄美語喜界島方言(以下喜界島方言)は、鹿児島県大島郡喜界町で話されている、琉球諸語に属する方言である。喜界島には30余の集落があり、語彙面・音韻面・形態面に渡って集落差が見られる。本稿では喜界島方言のうち小野津集落(方言名 unucu [únùtsú])において話されている地域変種(以下小野津方言)を扱い、小野津方言の談話資料を提示する。また、補助的資料として小野津方言の概略的文法記述を示す。データは筆者が国立国語研究所の共同研究プロジェクトとして2010年9月・11月に行われた調査に参加して得たものと、それ以降の筆者による調査[2]で得たものを用いる。

　以下、2節で小野津方言の概略を述べ、3節で概略的文法記述、4節で談話資料を示す。

---

[1] 本稿は国立国語研究所の共同研究プロジェクト(「消滅危機方言の調査・保存のための総合的研究」代表：木部暢子氏)の成果の一部を報告するものである。

[2] 小野津集落出身の90代男性1名、80代女性1名、70代男性1名・女性1名、60代女性1名を調査協力者とした談話収録・書き起こし及び聞き取り調査である。

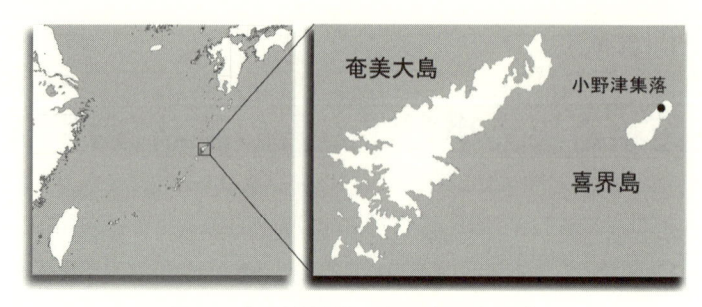

図1：小野津集落／喜界島の位置[3]

2. 小野津方言の概略
2.1 話者
　小野津方言の話者はすべて日本語とのバイリンガルである。日本語へのシフトが進行しており、若い世代には継承されていない[4]。島内の小野津方言／喜界島方言の話者人口は小野津集落／喜界町の人口（2012年5月末現在 392/7,989人）よりも少ない。また、若年層（主に60代以下）と高年層では音韻面及び語彙面に差異が認められる。

2.2 喜界島内の方言差・相互理解性
　喜界島内には33の集落があり（次頁地図参照）、集落間で語彙面・音韻面・形態面に渡る差異がある。北部の小野津・志戸桶（及び佐手久）の諸地域変種は、中舌母音[5]を持つ点で島内他集落の変種と異なるとされてきた[6]（中本

---

[3] 本稿では、国土地理院発行の地図データをもとに Thomas Pellard 氏が作成した地図を適宜加筆・編集して用いている。

[4] ある小野津方言話者によれば小野津方言を運用するのは主に40代後半以上である（ただし、より若い話者もいる）。参考として、2012年5月末現在、喜界町全人口に占める45歳以上の割合は約62.8%である。なお、本稿における人口は喜界町役場発行の資料に基づく。

[5] 本稿では小野津方言に中舌母音を認めない解釈を採っている（3.1節及び注7参照）。本稿の解釈に基づけば、先行研究で「中舌母音がある」とされてきた諸変種と、「中舌母音がない」とされてきた諸変種との間の音韻体系における差異は、前者において前舌母音に先行する軟口蓋音（及び両唇音）の口蓋化／非口蓋化の区別が音韻的であるのに対し、後者ではこの区別が音韻的でない点にあるといえる。なお、共時的な解釈の如何に関わらず、この特徴は改新特徴でないため系統関係の証拠とはならない。

[6] 北部の地域変種に共通する保持特徴として、島内中南部の諸変種において $^*k$ が $^*i$ の前で

1976、上村 1992、木部 2011 など)。島内の変種間は相互理解性がある。

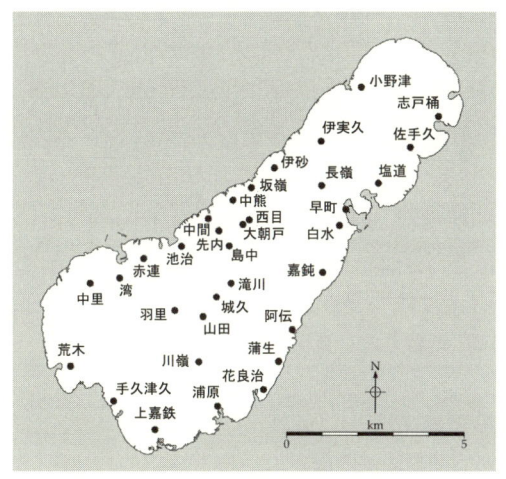

図2：喜界島集落一覧

2.3　先行研究

　喜界島方言の従来の研究では、音韻面の集落差の記述及び共時的・通時的分析が多数をしめてきた。以下に管見ながら小野津方言を対象(の一部)とする先行研究を挙げる。

　まず語彙集として、岩倉 (1941) がある。分節音韻面に関しては、集落間及び日本語との音韻対応と通時的音変化に関する研究として岩倉 (1934)、平山ほか (1966)、中本 (1976, 1987)、大野 (2002, 2003)、木部 (2011) がある。アクセントについては、データ集として上野 (1992, 1994)、上野・西岡 (1993)、木部ほか (2011)、記述的一般化及び解釈を示した上野 (2002a, b)、集落差の共時的分析を示した松森 (1991)、上野・西岡 (1995)、通時的分析を示した松森 (2011) がある。このほか、助詞の形式と文例を示した野原 (2008)、格体系を記述した下地 (2011) がある。形態・統語面の包括的・体系的記述はなされていない。

口蓋化して破擦音 tɕ になるという変化が起きたのに対し、北部ではこの変化が起きていない点がある(岩倉 1934、平山 1966、大野 2003、木部 2011 参照)。

2.4 系統的区分

　琉球諸語の下位区分について、まず沖縄本島と宮古島の間で北と南に大きく分けるのが通説である（上村 1972, 1992、中本 1984、Shimoji 2010 など）。すなわち、北グループは奄美・沖縄地方、南グループは宮古・八重山地方の言語変種が含まれる。先行研究において喜界島方言が上述の北グループに属するという点は一貫している。北グループの下位区分については諸説あり[7]、音韻特徴及び動詞の活用形の一部の類似による方言区画は提示されてきたものの、比較言語学的方法論に基づき改新特徴の共有（shared innovation）と保持特徴の共有（shared retention）を区別して系統的位置づけを論じた先行研究は僅少である。本稿では暫定的に喜界島方言を奄美語に属するものとする。

3. 小野津方言の簡易文法
3.1 分節音表記と音節構造・表記

　以下に小野津方言の子音・母音体系・音節構造と表記を示す。[ ] 内は異音である。

● 子音
閉鎖音：p[pʰ~p͡ɸ~ɸ~p], (pˀ), b, t[tʰ~t], tˀ, d, k[kʰ~k], kˀ, g
破擦音：ts[ts~tɕ]
摩擦音：s[s~ɕ], z[z~dz~ʑ~dʑ], h
鼻音：m, n, ŋ
弾音：r

---

[7] 外間 (1975)・輝 (1982) は、北グループ内の諸方言が並列した区画を提示している。仲宗根 (1961)・中本 (1984) は奄美 (奄美大島・喜界島・徳之島・沖永良部島・与論島) と沖縄の間に区画を設けている。上村 (1972, 1992) はそれぞれの方言で生じた歴史的音韻変化による音韻的特徴と動詞の屈折語尾を根拠に奄美・徳之島、沖永良部・与論・沖縄北部、沖縄中南部に三分しているが、これらは並行的な改新 (あるいは古形の保持) の可能性があり、系統的位置づけの根拠とならない。なお、中本 (1984) は、上述の中舌母音の有無を基準として奄美の下位区分を示し、奄美大島 (北部・南部)・徳之島・喜界島北部を北奄美、喜界島南部・沖永良部島・与論島を南奄美に帰属させている。しかし、この区分は別の音韻特徴 (通時的に日本語東京方言のハ行子音に対応する子音) を基準とした区分とずれが生じることが狩俣 (2000) で指摘されている。また、ローレンス (2011) は比較言語学的手法に基づき、(他の奄美諸方言には見られない) いくつかの不規則な変化による語形の共有を根拠として、中本 (1984) に反論し喜界島諸方言が一つの方言区画を成すと主張している。

接近音：w, j

● 母音[8]
i, e, a, o, u

● 音節構造
$(C_1) (G) V_1 (V_2) (C_2)$

● 本稿で便宜的に用いる音韻表記
p'=/p$^\textrm{?}$/, t'=/t$^\textrm{?}$/, k'=/k$^\textrm{?}$/, g=/g/, c=/ts̠/, r=/ɾ/

- 閉鎖音は、語幹初頭で喉頭化（無気）音（C$^\textrm{?}$）と非喉頭化（有気）音の対立を示す[9]。語幹初頭以外ではこの対立は中和している。
- /p$^\textrm{?}$/ は借用語及びオノマトペに限られる。
- 若年層（主に60代以下）では /p/ は子音連続以外の環境で閉鎖が弱く発音される[10]。
- 歯擦音（/s/, /z/, /ts̠/）は /i/（及び /j/）の前で口蓋化して歯茎硬口蓋音として実現する。
- 若年層と高年層の違いとして、前者では歯擦音の口蓋化・非口蓋化の音

---

[8]　多くの先行研究（平山1966、上村1972, 1992、中本1976、松本2000、大野2002, 2003、木部2011）で小野津方言を含む喜界島北部諸方言には中舌母音があるとされ、木部（2011: 25）では /ɨ/, /ë/ を加えた7母音体系が示されている。しかしながら、この「中舌母音」と前舌母音の違いは、母音自体の調音位置ではなく先行する子音及び子音から母音への渡りにあり、服部（1959: 284）において指摘されているように、直前の子音の非口蓋化／口蓋化の対立と解釈できる。本稿では服部に倣い、他の先行研究で「中舌母音」とされてきた母音を含む音節を /C$_1$i (V) (C$_2$)/ 及び /C$_1$e (V) (C$_2$)/、これと対立する前舌母音を含む音節を /C$_1$ji (V) (C$_2$)/ 及び /C$_1$je (V) (C$_2$)/ と解釈する。

[9]　歴史的には、語頭音が以下に述べる2つの環境で喉頭化する音変化が起きたと考えられている。すなわち狭母音 *i, *u の前（Ex. k$^\textrm{?}$imu<*kimo「肝、心」k$^\textrm{?}$umu<*kumo「雲」）と語頭拍が脱落した場合（Ex. t$^\textrm{?}$ai<*putari「二人」）である（上村1972 など、ただし例は小野津方言から）。

[10]　語中及び奥舌母音の前では摩擦音 [ɸ]、それ以外の環境では破擦音 [pɸ] で発音される傾向がある（Ex. /gipaa/[gìɸâː]「髪留め」/puni/[ɸùní]「舟」/pana/[p͡ɸàná]「花」）。なお高年層でも語中及び奥舌母音の前の /p/ は閉鎖が弱く発音されることがある。

韻的対立があるのに対し、後者は(少なくとも本来語では)この対立がなく、奥舌母音の前には非口蓋化音が、それ以外の環境では口蓋化音が分布する[11]。
- 音節末鼻音は調音点の対立がなく、後続する子音と調音点が同化する。本稿では音節末鼻音について形態素末では /n/ を、それ以外では音声実現に応じて /m/, /n/, /ŋ/ を用いて表記することとする。
- すべての母音において長さが弁別的である。
- 母音連続において、前舌母音から非前舌母音への入り渡りには [j] が、奥舌母音から非奥舌母音への入り渡りには [w] が随意的に挿入される[12]。
- (G)には /j/, /w/ が分布し、それぞれ C_1 を口蓋化／唇音化する。(/w/ の前の C_1 には軟口蓋音のみが分布する[13]。)
- 前舌母音も含め、すべての母音の前で /j/ による C_1 の口蓋化と非口蓋化の対立(/C_1jV…/ 対 /C_1V…/)が弁別的である[14]。非口蓋化両唇音は(奥舌母音の前でのみならず、前舌母音が後続する場合においても)軟口蓋化して実現する[15]。

3.2 形態・統語的特徴

膠着語であり、語幹に接尾辞を付与して語を形成し、句・節に助詞を後接させて統語的・意味的・語用論的標示を行う。名詞に比べ動詞の方が複雑な内部

---

[11] この世代差により、若年層の発話で口蓋化音が、高年層の発話で非口蓋化音が用いられる形式がある。本稿では便宜上、/i/ の前以外の環境の口蓋化歯擦音は子音の直後に /j/ を立てて表記する。若年層と高年層で発音の異なる形式は、3 節では若年層の発話に見られる口蓋化を (j) で示すこととし (Ex. c(j)u「人」: 若年層 /tsju/ [tɕu] ／高年層 /tsu/ [tsu])、4 節ではそれぞれの話者の発話に見られる口蓋化／非口蓋化を反映した表記とする。なお、この世代差は小野津方言内部の音変化では説明できず、他集落方言の影響が考えられるが未詳である。

[12] Ex. /mjiaba/ [mʲí(j)àbá]「見れば」/kʔuasa/ [kʔú(w)àsá]「詳しい」

[13] Ex. /kʔwee/ [k͡pʔêː]~[kʷʔêː]「鍬」/kʔwasi/[k͡pʔàɕí]~[kʷʔàɕí]「菓子」

[14] 前舌母音の前で /j/ による口蓋化と非口蓋化の対立があるのは、両唇閉鎖音・両唇鼻音・歯茎鼻音・軟口蓋閉鎖音・軟口蓋鼻音においてである(歯茎破擦音は /tj/ とは解釈していない)。

[15] 例として /ami/ [àmˠí]「雨」vs. /amji/ [àmʲí]「編む (名詞形)」、/amee/ [àmˠéː]「雨 は」vs. /amjee/ [àmʲéː]「編みは」。小野津方言と同じく前舌母音の前での口蓋化／非口蓋化の区別を持つロシア語でも、非口蓋化子音の軟口蓋化が指摘されている (Trubetzkoy 1969: 52, 130)。

構造を持つ。語順は SOV、修飾部 − 被修飾部であり、従属部標示型の言語である。本稿では主な品詞として名詞・動詞・形容詞・連体詞・接続詞[16]・感動詞・副詞・助詞を設ける。

以下、形態面の記述として名詞・動詞・形容詞形態論及び機能語のリストを示し、統語面の記述として文の構造及び否定・疑問・TAM・態について述べる。

3.2.1　名詞形態論

名詞は、名詞句の主要部になるカテゴリである。名詞語幹に派生接辞が随意的に後接する。

3.2.1.1　名詞接辞

派生接辞として複数（associative plural）を表す -taa, -ŋkjaa「たち」、曖昧・例示を表す -ŋkja, -doo「〜やら、〜なんか」、指小辞の -ŋkwaa、「〜ずつ」を表す -naa がある。

3.2.1.2　代名詞

代名詞には人称代名詞・再帰代名詞がある。以下に語形を挙げる。代名詞には属格助詞 =nu を伴わずに属格を表すものがあり[17]、その語形も合わせて示す。3 人称代名詞については指示代名詞がその機能を兼ねているので指示詞の項目で後述する。

- 1 人称：単数 wan, 単数属格 waa, 包括複数 waakja, 除外複数（及びその属格）wannaa
- 2 人称：単数（及びその属格）daa, 複数 daakja, 複数（及びその属格）dannaa
- 2 人称（敬称）：単数 naamje, 複数 naakja
- 再帰代名詞：単数（及びその属格）duu, 複数（及びその属格）duunaa

---

[16] 副詞 assi「そう」+動詞の活用形が文法化したと考えられる形式が見られる。（Ex. *asisi* < *assi si* そうする -SEQ「そして」）

[17] 親族呼称も属格助詞を伴わずに属格の機能を示す。

3.2.2 動詞形態論

動詞は、屈折し、一般に単独で述語を成せるカテゴリである。語幹と一つ以上の接辞で構成される。

3.2.2.1 動詞の内部構造

本稿では、主節（及び単文）の主動詞として現れうるものを定動詞、定動詞に先行して定動詞を副詞的に修飾する機能を持つ動詞形を副動詞と呼ぶ。動詞の内部構造は概ね以下のように一般化できる。丸括弧内の要素は随意的である。［　］のうち、少なくとも一方のスロットは埋まっていなければならない。

- 定動詞：語幹―（派生接辞）―［否定］―［テンス／ムード］
- 副動詞：語幹―（派生接辞）―（否定接辞）―副動詞接辞

定動詞は単独で、または助詞やコピュラを伴って従属節述語・主節（及び単文の）述語を成す。副動詞は単独で、あるいは助詞を伴って従属節述語を成す[18]。

3.2.2.2 動詞接辞

動詞語幹に直接後接しうる接辞とその機能を以下表1に挙げる。語例として *kam-*「食べる」の活用形を挙げる。非過去／過去の( )内の語形は単独で文末に分布せず、接続助詞、及び文末助詞のうち接語であるものが続く場合に現れる。

語幹に直接後接せず、テンス接辞及び否定接辞に後接する接辞として、定動詞を作る推量「～だろう」の *-roo, -ra*[19] 及び焦点接辞 *-ru*、連体形を作る連体接辞 *-n(u)* がある[20]。動詞語幹に後接して派生（動詞）語幹を作る形式として、受

---

[18] 副動詞には、脱従属化してモダリティに関わる意味を示すものがある。（例として、条件の *-iba* は弱い命令・依頼「～して」を表す。Ex. *kam-iba.* 食べる-COND1「食べて」）

[19] *-roo* は非過去接辞・過去接辞にのみ後接し、*-ra* は過去接辞（及びコピュラ非過去形）にのみ後接する。（なお、否定非過去推量は否定極性の推量助詞 *=mee* で表される。*=mee* は否定過去形にも後接する。Ex. *kam-an=mee* 食べる-NEG.NPST=INFR「食べないだろう」*kam-an-tan=mee* 食べる-NEG-PST=INFR「食べなかっただろう」Cf. *kam-an-ta-roo* 食べる-NEG-PST-INFR「食べなかっただろう」）

[20] テンス接辞及び否定接辞は、さらに接辞が後接する場合、次に述べる異形態を示す：非

身・可能の -ar- 「～される」、使役の -as- 「～させる」などがある。動詞から名詞形を派生させる接辞として、語幹に直接後接する -ji と、テンス接辞及び否定接辞に後接する -su[21] がある。

表１：動詞接辞（動詞語幹 - 接辞）

	機能・日本語対訳	肯定	語例	否定	語例
定動詞	意思「～しよう」	-oo -a	kam-oo kam-a	—	—
	命令1「～しろ」	-i	kam-i	-una	kam-una
	命令2「～しておいで」	-tuu	ka-duu[22]	—	—
	非過去(直説法)「～する」	-jui (-jun)	kam-jui (kam-jun)	-aa (-an)	kam-aa (kam-an)
	過去(直説法)「～した」	-ti[23] -ta (-tan)	ka-di ka-da (ka-dan)	-an-ti -an-ta (-an-tan)	kam-an-ti kam-an-ta (kam-an-tan)
副動詞	継起「～して」	-ti	ka-di	—	—
	付帯「～しながら」	-jaaruu -jaac(j)uu	kam-jaaruu kam-jaac(j)uu		
	並列「～したり」	-tai	ka-dai	-an-tai	kam-an-tai
	目的「～しに」	-jinnja -jiinja	kam-jinnja kam-jiinja		
	条件1「～すれば」	-iba -aba	kam-iba kam-aba	-an-ba	kam-an-ba
	条件2「～したところ」	-tariba	ka-dariba	-an-tariba	kam-an-tariba
	否定理由「しないから」	—		-adana	kam-adana

過去接辞 -ju-, 過去接辞 -ta-, 否定接辞 -a-/-an- (Ex. kam-ju-roo 食べる-NPST-INFR「食べるだろう」ka-da-roo 食べる-PST-INFR「食べただろう」kam-a-n(u) 食べる-NEG.NPST-ADN「食べない（連体形）」kam-an-su 食べる-NEG.NPST-NZ「食べない（名詞形）」)。また、ここで挙げたもののほかに、テンス接辞及び否定接辞に後接して定動詞を作るモーダル標示の -soo(a) があるが、意味的機能は未詳である。

[21] -su 形は、随意的にコピュラを伴い、日本語東京方言の「のだ文」に近い機能を示すことがある。

[22] 語幹と接辞の境界では（形態）音韻的交替が見られる。

[23] 過去形…-ti と…-ta に関して、後接できる文末助詞の制限が異なるほか、モダリティに関わる差異があるようであるが未詳である。

3.2.2.3 コピュラ

コピュラは名詞句に後接して名詞述語を作る。単独では述語を成さず、また述語の主要部とならない点で他の動詞と異なるが、語形変化の一部では存在動詞 ar-「ある」からの補充形が見られ、動詞のサブカテゴリとして扱う。コピュラ独自の語形として非過去形 zja(/zjan)、非過去推量形 zja-roo, zja-ra がある。

3.2.3 形容詞形態論

形容詞は動詞と同じく、一般に単独で述語を成せるカテゴリである。形容詞は独自の屈折を持たず、語幹に動詞化接辞 -sar- を伴って存在動詞 ar-「ある」と同様に屈折する。その他の語形変化として、名詞化接辞 -sa[24] が語幹に後接しうる。

3.2.4 指示詞・疑問詞

品詞横断的な機能語のカテゴリとして、指示詞、疑問詞がある。指示詞・疑問詞のうち名詞であるものについては、概ね普通名詞と同様に格助詞を後接できるが、一部独自の語形変化を示すものがあるため、その語形についても併せて記述する。

3.2.4.1 指示詞

指示詞は hu- 系／a- 系の二型体系である。hu- 系は近称と文脈指示、a- 系は遠称に用いられる。上述の通り指示詞は 3 人称代名詞の機能を兼ねている。以下に指示詞の語形と指示詞特有の語形変化を示す。

- 基本形：huri/ari
- 複数形：hu(ri)nnaa/a(ri)nnaa
- 場所形：huma/ama
- 連体形：hun(u)/an(u)
- 属格形：hun=ŋa/an=ŋa
- 「〜くらい、〜ほど」：hunsa/ansa

この他に、副詞的に用いられる hassi/assi「こう・そう」、連体詞の hassan/assan「こんな・そんな」がある。

---

[24] -sa 形は、動詞を副詞的に修飾できる（Ex. ubi-sa na-jui 重い-NZ なる-NPST「重くなる」）。

3.2.4.2 疑問詞

以下に疑問詞の語形と疑問詞特有の語形変化を示す。

- 誰：*taru*
- 誰（複数）：*tarunnaa*
- 誰（属格）：*taa*
- どれ：*z(j)uri*
- どの：*z(j)un(u)*
- 何：*nuu*
- いつ：*icu*
- どこ：*zjaa*
- なぜ：*nuŋa*
- どう：*kjassi*
- どんな：*kjassan*
- どのくらい、どれほど：*kjansa*

3.2.5 助詞

助詞は句や節に結びついて統語論的・意味論的標示となり（格助詞、接続助詞、連体助詞など）、文末でモダリティや情報構造などを示す（文末助詞）。助詞の多くは、統語的・音韻的独立性が低いため、本稿では接語に分類している。

3.2.5.1 格助詞

格助詞は主として名詞句に後接して格関係を示す。対格は標示されないことが多い。（なお、属格 =*nu* は代名詞に後接する場合や名詞＋属格助詞＋名詞の形をとる複合語中では =*n* で現れることがある。）

- 主格「が」：=*ŋa*
- 属格「の」：=*nu*
- 対格「を」：=*jooba*
- 与格／処格「に」：=*nji*
- 処格／具格「で」：=*zi*
- 奪格「から」：=*kara*
- 限界格「まで」：=*gari*(/=*madi*)
- 方向格「へ」：=*kai*
- 共格「と」：=*tu*
- 比較格「より」：=*jukka*

3.2.5.2 接続助詞

接続助詞は述語の非過去／過去形に後接し、主動詞あるいは主節全体を修飾する従属節を作る[25]。並列節を作る =*ŋa*「が」・*kjedo*「けれど」、理由節を作る

---

[25] 接続節（及び引用節）は、脱従属化してモダリティ的な意味を示すことがある。

=nati²⁶「から」、様態を表す =nen「ように」がある。

3.2.5.3　文末助詞²⁷

　文末助詞は主として文末で述語に後接する。このうち =doo(a)(断定など)、=na(真偽疑問)、=ka²⁸(疑念)、=kai「かな」には、名詞述語においては名詞の直後に置かれ、また動詞述語(及び形容詞述語)において特定の屈折形式に後接するといった分布の制限が見られる²⁹。一方 jaa, jo(確認など)は他の文末助詞にも後接することができ、また文中で句・節に後接して音韻的な境界を成すことができる。また、mun「もの」など、一部の名詞は文末助詞に近い統語的・意味的機能を示すことがある。

3.2.5.4　その他の助詞

　情報構造に関わる助詞として主題助詞 =ja³⁰, =(c)ciba(a)³¹, 焦点助詞 =du があり、名詞句及び一部の副動詞に後接する。この他、述語に後接して補文を成す引用助詞の =(c)ci/=cici³²「と」、主に名詞句に後接する助詞として =mu「も」、=see「さえ」、=bee「ばかり、だけ」=kusa「こそ」がある。

3.2.6　文の構造

　単文(及び節)は、述語に名詞句が随意的に前置されて構成される。複文では、従属節が主節に前置あるいは挿入され、従属節述語の屈折及び助詞の添加によって従属節と主節の間の統語的・意味的関係が標示される。

---

[26] 動詞 nar-「なる」の継起形が文法化した可能性がある。

[27] 文末助詞のモダリティ・情報構造に関わる機能の詳細は未詳であり、今後の課題である。

[28] 疑問補文の標識にも用いられる。

[29] この他に、疑問及び確認を表す =mi がある。

[30] 主題助詞は名詞句末の短母音及び鼻音と融合する (Ex. jumitaa ことば.TOP「ことばは」suukee ごちそう.TOP「ごちそうは」mizoo 水.TOP「水は」munoo もの.TOP「ものは」Cf. jumita「ことば」suuki「ごちそう」mizu「水」mun「もの」)。なお、代名詞及び親族呼称で語末が長母音であるものには、主題助詞など一部の助詞が後接すると語幹末が短母音化するものがある (Ex. da=ja 2.SG=TOP「君は」okka=ŋa お母さん=GEN「お母さんが」Cf. daa「君」okkaa「お母さん」)。

[31] =(c)ci i-iba(a) (=QUOT 言う-COND1 (.TOP)「と言えば」) が文法化した可能性がある。

[32] =(c)ci i-ci (=QUOT 言う-SEQ「と言って」) が文法化した可能性がある。

3.2.7 述語・名詞句の構造

述語の主要部となるものとして、名詞、動詞、形容詞がある。述語の構造について、動詞・形容詞は単独で述語を構成する一方、名詞はコピュラを伴って名詞述語を構成する。コピュラの後接は、主節述語で時制、ムードなどを標示する場合と、従属節述語である場合を除いて随意的である。

名詞句は、主名詞とこれに先行する随意的な修飾部によって構成される。名詞を修飾できるのは、連体詞、名詞句＋助詞（属格助詞及び共格助詞）、連体節である。名詞句は助詞を伴って動詞の項や他の名詞句の修飾部になり、またコピュラや文末助詞を伴って述語になる。

3.2.8 否定・疑問・TAM・態

否定は述語（名詞述語の場合コピュラ）の屈折により標示される[33]。疑問については、一般に、真偽疑問文は文末に助詞 =na[34] が用いられる。疑問詞疑問文では文末に特に標示はなされない。非過去・過去のテンス対立があり、述語に標示される。アスペクトは主に補助動詞で表される[35]。モダリティは主に動詞の屈折及び文末助詞により標示される[36]。ヴォイスは、語幹に後接して動詞語幹を派生させる接辞 -ar-（受動「〜される」）、-as-（使役「〜させる」）により標示される。

4. 小野津方言の談話資料

本節で記述する談話は、2011年3月に収録された小野津（前金久[37]）出身の

---

[33] 存在動詞の否定には、否定動詞 nee が用いられる。また形容詞の否定も語幹 - 名詞化接辞 -sa+ 否定動詞 nee によって表される（Ex. ubi-sa(a) nee 大きい-NZ.(TOP) ない(.NEG).NPST「大きく（は）ない」）。

[34] 非過去形…-jun に続く場合は異形態 =nja で現れる（Ex. kam-jun=nja 食べる-NPST=YNQ「食べるか？」）。また、過去テンスの真偽疑問文では =na が過去形 …-ti に続く（Ex. ka-di=na 食べる-PST=YNQ「食べたか？」）。

[35] 補助動詞には、先行する本動詞の屈折語尾と融合するものがある（Ex. ka-dui 食べる -CONT.NPST「食べている」Cf. ka-di ui 食べる-SEQ CONT.NPST「食べている」）。

[36] 義務的モダリティを表す表現として、動詞語幹 -an=mun(-NEG=FN「〜しないといけない (lit. 〜しないもの)」) 及び動詞語幹 -jee sir-aa(-NZ.TOP する-NEG「〜すればいいのに (lit. 〜しはしない)」) がある。

[37] 小野津集落は北東の神宮（かみや、方言名 hamja [hàmʲá]）と南西の前金久（まえがねく、

80代女性Aと60代女性Bの会話の一部である。ハサームッチーという伝統的な餅菓子を話題としている。
　一行目に本稿が採用している表記法による音韻表記[38]と形態素境界、二行目に形態素ごとのグロス[39]、三行目に日本語訳例を記している。二行目は形態素ごとに統一したグロスを付記しており、当該文脈での用法と異なる場合がある。分節音の表記については 3.1 節、グロスの略記については巻末を参照されたい。発話ターンの交替などで発話が途切れた箇所は…で示し、必要に応じて{ }内に形式を補っている。{…}は聞き取り不能箇所である。

[1]　B:　*hasaa+muccii*　　　　*sikoo-i=nu　kutu　panasi　sir-oo=cici*
　　　　　ハサームッチー（lit.葉+餅）作る-NZ=GEN　こと　話　　　する-INT=QUOT
　　　　　i-cju-soo
　　　　　言う-CONT-MOD
　　　　　ハサームッチー作りのこと、話しようって言っているよね

[2]　A:　*assi=doo*
　　　　　そう=SFP
　　　　　そうよ

[3]　A:　*pazimee　　jo　jaa　hasa=n+paa=kara　　　zunzo　i-ci*
　　　　　始める.NZ.TOP　SFP　SFP　餅を包む葉（lit.葉=GEN+葉）=ABL　順序　言う-SEQ
　　　　　ik-ju=mi　　jaa
　　　　　行く-NPST=MOD　SFP
　　　　　始めはね、包む葉っぱから順番に言っていくかね

[4]　B:　*in　　anoo*
　　　　　RESP　DSC
　　　　　ええ、あの

同 *meenuku* [mʸéːnùkú]）という二つの区（小字）からなっている。

[38]　世代により発音の異なる /p/（2.1 節参照）についても、音声実現に関係なく *p* で表記している。

[39]　否定動詞 *nee* や否定極性の動詞については、（ ）内に NEG と表示している。また、複合語について（lit.…）として逐語的なグロスを付記した箇所がある。

[5] A: *hasa=n+paa=zi*　　　　　　　*kjassi   sun=ci*
　　　　　餅を包む葉(lit.葉=GEN+葉)=LOC/INST　どう　する.NPST=QUOT
　　　　　包む葉っぱでどうするって

[6] A: *nuu=cci   jaa*
　　　　　何=QUOT　SFP
　　　　　なんて？

[7] B: *njaa assi=gari k'jicciri sir-an-ti=mu   kjaa=mu nen-su   jo*
　　　　　もう　そう=LMT　きっちり　する-NEG-SEQ=も　どう=も　ない.(NEG.)NPST-NZ　SFP
　　　　　そうまできっちりしなくても構わないのよ

[8] A: *in   jaa*
　　　　　RESP　SFP
　　　　　ええ

[9] B: *hasa=n+paa*　　　　　*tu-i=ŋa*　　　*namaar-aa*
　　　　　餅を包む葉(lit.葉=GEN+葉)　取る-NZ=NOM　骨が折れる-(NEG.)NPST
　　　　　包む葉っぱを取るのが骨が折れる

[10] B: *teepuu=nu ora   atu-ŋkja=cciba   njaa   paa=ŋa   jari-ti*
　　　　　台風=GEN　ほら　後-やら=TOP　　もう　葉=NOM　破れる-SEQ
　　　　　台風の後なんかは葉っぱが破れて

[11] A: *nen=dooa*
　　　　　ない.(NEG.)NPST=SFP
　　　　　ないよ

[12] A: *jari-ti   jo*
　　　　　破れる-SEQ　SFP
　　　　　破れてね

[13] B: *jaa*
　　　　　RESP
　　　　　ええ

[14] B: *zjaahii   pjiuu-ti   akk-an=mun*
　　　　　あちこち　拾う-SEQ　歩く-NEG.NPST=FN
　　　　　あちこち拾って歩かないといけない

[15] A: mata   nacoo jo   anoo   musi=ŋa kam-ju-su
        また   夏.TOP SFP DSC   虫=NOM   食べる-NPST-NZ
        また夏はね、虫が食べるの

[16] A: tur-ar-aa
        取る-PASS/POT-NEG.NPST
        取れない

[17] A: soo   haru=nu   uci{...}=dooa
        ただ   春=GEN   うち=SFP
        だだ春のうちだけよ

[18] A: musi
        虫
        虫

[19] B: assi   zja   jaa
        そう   COP.NPST   SFP
        そうだね

[20] B: asinati   ora
        CONJ   ほら
        だから

[21] A: sugu   k'umbii=ŋa jo   musi=ŋa   k'umbii izi-tai   si   jo
        すぐ   いぼ=NOM   SFP 虫=NOM   いぼ   出る-たり する.SEQ SFP
        すぐいぼがね、虫がいぼ出たりしてね

[22] A: tur-ar-an-soo
        取る-PASS/POT-NEG.NPST-MOD
        (葉っぱが) 取れないの

[23] B: huree   pucu=doo=ŋa   pucu
        それ.TOP よもぎ=SFP=AC   よもぎ
        それはよもぎよね、よもぎ

[24] A: in   pucu   jo
        RESP   よもぎ SFP
        ええ、よもぎよ

[25] B: *pucu jo jaa in   in*
　　　　よもぎ SFP SFP RESP RESP
　　　　よもぎよね、うん、うん

[26] A: *pucu=nji   gazjagazja izi-u-su*
　　　　よもぎ=DAT/LOC OMP   出る-NPST-NZ
　　　　よもぎにうじゃうじゃ出るの

[27] B: *asinati   saŋŋansanci=ŋa*
　　　　CONJ   三月三日=NOM
　　　　だから三月三日が

[28] A: *usikku=nu jo*
　　　　お節句=GEN SFP
　　　　お節句のね

[29] B: *cjoodo*
　　　　ちょうど
　　　　ちょうど

[30] A: *cjoodo   tu-ju-n   zikji*
　　　　ちょうど 取る-NPST-ADN 時期
　　　　ちょうど取る時期

[31] B: *sin=nu siŋacu goŋacu jaa*
　　　　新=GEN 四月   五月   SFP
　　　　新暦の四月五月ね

[32] A: *cuju+zikji=nati jo*
　　　　梅雨+時期=CSL SFP
　　　　梅雨の時期だからね

[33] B: *in   asinati saŋŋansanci=nji muccii si   hasa=n+paa*
　　　　RESP CONJ   三月三日=DAT/LOC 餅   する.SEQ 餅を包む葉(lit.葉=GEN+葉)
　　　　tu-i=ŋa   jo
　　　　取る-NZ=NOM SFP
　　　　ええ、だから三月三日に餅をして、包む葉っぱを取るのがね

[34] A: *hasa=n+paa*   *tu-i=ŋa*   *namaar-aa*
          餅を包む葉 (lit. 葉=GEN+葉) 取る-NZ=NOM SFP 骨が折れる-(NEG.)NPST
          包む葉っぱを取るのが骨が折れる

[35] A: *ura+umuti   ara-i=nati   jaa*
          裏+表   洗う-NZ=CSL SFP
          裏表洗うからね

[36] B: *asisi   teepuu-doo   hazi   puk-iba*
          CONJ   台風-やら   風   吹く-COND1
          そして台風やら、風が吹けば

[37] A: *njaa   saki-ti   jo*
          もう   裂ける-SEQ   SFP
          裂けてね

[38] B: *njaa   saki-ti   jaa   hari-tai   jaa*
          もう   裂ける-SEQ   SFP   枯れる-たり   SFP
          裂けたりね、枯れたりね

[39] A: *hari-tai*
          枯れる-たり
          枯れたり

[40] B: *njamaa   mata   hora   pucu=cciba   anu   noojaku   pu-tai   sai*
          今.TOP   また   ほら   よもぎ=TOP   DSC   農薬   振る-たり   する.たり
          sir-arin=nati   jaa
          する-PASS/POT.NPST=CSL   SFP
          今はまたよもぎは農薬を撒いたりなんかされるからね

[41] A: *zjenzjen   nohara=zjee   tur-ar-aa*
          全然   野原=LOC/INST.TOP 取る-PASS/POT-NEG.NPST
          全然、野原では取れない

[42] B: *tur-ar-aa   jaa*
          取る-PASS/POT-NEG.NPST   SFP
          取れないね

奄美語喜界島小野津方言の談話資料 | 277

[43] A: *paru=zjee   jo*
　　　　野原=LOC.TOP　SFP
　　　　野原ではね

[44] B: *ua　{PN}+baa　　zjaa=gari   i-zi   jo tu-jui   jaa*
　　　　ほら PN+姉さん/おばさん どこ=LMT 行く-SEQ SFP 取る-NPST SFP
　　　　{人名}おばさん、どこまで行ってね、取るの？

[45] A: *wanoo   jaa=zi   cuku-i*
　　　　1.SG=TOP 家=LOC/INST 作る-NZ
　　　　私は家で作るの

[46] A: *zibun=nu hatakje=nji patee=nji cuku-i*
　　　　自分=GEN　畑=DAT/LOC　畑=DAT/LOC 作る-NZ
　　　　自分の畑に、畑に作るの

[47] B: *wanoo   asisi sima=kai ci   ataa=ja*
　　　　1.SG=TOP CONJ　島=ALL　　来る.SEQ 当初=TOP
　　　　私は、それで、島に（戻って）来て当初は

[48] A: *issai*
　　　　一切
　　　　一切

[49] B: *okka=tu　　　{PN}+nee ari+waa　　　　　mjicjaee pjaku=n+dee=kai*
　　　　お母さん=COM PN+姉さん 1.PL.GEN(lit.あれ+1.SG.GEN) 三人.TOP　PLN(lit.百=GEN+台)=ALL
　　　　お母さんと{人名}姉さん、私たち三人は百之台へ

[50] A: *in   assi jo*
　　　　RESP そう SFP
　　　　ええ、そうよ

[51] A: *mukoo ar-iba   musi=ŋa kam-adana   jo*
　　　　向こう COP-COND1　虫=NOM 　食べる-NEG.CSL SFP
　　　　向こうなら虫が食べないからよ

[52] B: *amaa   nooja(ku)...*
　　　　あそこ.TOP 農薬
　　　　あそこは 農薬 ...

[53] B: *musi=mu nee*
　　　　虫=も　　ない.(NEG.)NPST
　　　　虫もいない

[54] A: *ee sui...*
　　　　DSC 薬
　　　　薬...

[55] B: *noojaku=ŋa nen-su=mi*
　　　　農薬=NOM　ない.(NEG.)NPST-NZ=MOD
　　　　農薬がないでしょ

[56] A: *in noojaku=ŋa needana*
　　　　RESP 農薬=NOM　ない.(NEG.)CSL
　　　　ええ、農薬がないから

[57] A: *wanoo asinati jo duunaa patee=nji*
　　　　1.SG=TOP CONJ　SFP 自分.PL 畑-DAT/LOC
　　　　私は、だからね、うちの畑に

[58] B: *in njaa assi sui hinnja jaa*
　　　　RESP もう　そう　する.CONT.NPST みんな SFP
　　　　ええ、そうしている、みんなね

[59] B: *asisiriba=du nin=nji naŋkai tur-at-tai*
　　　　CONJ=FOC 年=DAT/LOC 何回も 取る-PASS/POT-たり
　　　　saŋkai=mu tur-arin=ci i-cjan=doo
　　　　三回=も 取る-PASS/POT.NPST=QUOT 言う-PST=SFP
　　　　そうした方が年に何回も取れたり、三回も取れるって言ったよね

[60] A: *in tur-arii*
　　　　RESP 取る-PASS/POT.NPST
　　　　ええ、取れる

[61] A: *mata kjuu=nu zuuŋacu=nji=mu ikkwai*
　　　　また 旧=GEN 十月=DAT/LOC=も 一回
　　　　また、旧の十月にも一回

[62] A: goŋacu+gonci=nu jaa anoo usikku=nji k'a-ju-n tamasu
五月+五日=GEN　SFP　DSC　お節句=DAT/LOC　使う-NPST-ADN　分
五月五日のね、お節句に使う分

[63] A: assi su-su
そう　する.NPST-NZ
そうするの

[64] B: tu-tuk-ji
取る-ておく-NZ
取っておくの

[65] B: zjuuŋacu=nji
十月=DAT/LOC
十月に

[66] A: in mata zuuŋacu=nji anoo
RESP　また　十月=DAT/LOC　DSC
ええ、また十月に

[67] A: ar-aa nji+saŋŋacu=nji tu-tu-nu pucu=zjee jo
COP-NEG.NPST　二+三月=DAT/LOC　取る-CONT.NPST-ADN　よもぎ=LOC/INST.TOP　SFP
mata zuuŋacu=nji=mu su-su
また　十月=DAT/LOC=も　する.NPST-NZ
いや、二月・三月に取ったよもぎではね、また十月にもするの

[68] A: nin=nji ikkwai
年=DAT/LOC　一回
年に一回

[69] B: hanii
ハネィー(行事の名前)
ハネィー

[70] A: njikai hanii=cci i-u-su
二回　ハネィー(行事の名前)=QUOT　言う-NPST-NZ
二回、ハネィーと言うの

[71] B: *hanii   jaa hanii=nji   si-i*
ハネィー(行事の名前) SFP ハネィー(行事の名前)=DAT/LOC する-NZ
ハネィーね、ハネィーにする

[72] A: *gjiŋkji+niŋee=nu hanii=cci   i-u-su*
元気+願う.NZ=GEN ハネィー(行事の名前)=QUOT 言う-NPST-NZ
元気願いのハネィーと言うの

[73] A: *zuuŋacoo*
十月.TOP
十月は

[74] B: *zjuuŋacoo hanii*
十月.TOP ハネィー(行事の名前)
十月はハネィー

[75] A: *mata saŋŋacoo jaa anoo usikku=nu tami jo*
また 三月.TOP SFP DSC お節句=GEN ため SFP
また三月はね、お節句のためよ

[76] A: *saŋŋansanci=nu onnna=nu usikku*
三月三日=GEN 女=GEN お節句
三月三日の女のお節句

[77] B: *njaa njamaa mata reetooko=ŋa an=nati   jaa*
もう 今.TOP また 冷凍庫=NOM ある.NPST=CSL SFP
今はまた冷凍庫があるからね

[78] A: *njaa cukuiku-di*
もう 作り置きする-SEQ
作り置きして

[79] B: *njaa wanna=ja ikkai sir-iba   njaa*
もう EXCL=TOP 一回 する-COND1 もう
私たちは一回すれば

[80] A: *wan=mu=doo*
1.SG=も=SFP
私もよ

[81] B: *na-ju-soo   jaa*
　　　　なる-NPST-MOD　SFP
　　　　済むのね

[82] A: *ikkwai si   jo njaa huri si-ee   mindoo zjan=mun*
　　　　一回　する.SEQ　SFP　もう　それ　する-NZ.TOP　面倒　COP.NPST=FN
　　　　一回してね、もうするのは面倒だもの

[83] B: *mindoo jaa*
　　　　面倒　SFP
　　　　面倒ね

[84] A: *cu=nji   jo duu=ŋa si   jo cu=nji*
　　　　人=DAT/LOC　SFP　自分=NOM　する.SEQ　SFP　人=DAT/LOC
　　　　kam-as-i+bu-sa=mu   nee
　　　　食べる-CAUS-NZ+欲しい-NZ=も　ない.(NEG.)NPST
　　　　人にね、自分がしてね、人に食べさせたくもない

[85] B: *njaa assi na-jui   jo*
　　　　もう　そう　なる-NPST　SFP
　　　　そうなるよ

[86] A: *agii agii*
　　　　INTJ　INTJ
　　　　嫌だ、嫌だ

[87] A: *hasaa+muccii   si-i=ja   baa=doo=cci   umu-arii*
　　　　ハサームッチー(lit.葉+餅)　する-NZ=TOP　嫌=SFP=QUOT　思う-PASS/POT.NPST
　　　　ハサームッチーを作るのは嫌だって思ってしまう

[88] A: *assi zjan=mun jo mata su-n   dukjee jo mata zjembu=nji*
　　　　そう　COP=FN　SFP　また　する.NPST-ADN　時.TOP　SFP　また　全部=DAT/LOC
　　　　ati-ti   jo
　　　　当てる-SEQ　SFP
　　　　それなのにね、またする時はね、また全部に当ててね

[89] A: *mazii=nji*
　　　　一緒=DAT/LOC
　　　　同じように

[90] B: *njaa wee+bu-sa   jaa*
         もう 分ける.NZ+欲しい-NZ SFP
         分けたいのよね

[91] A: *in si-i dikir-a-n   cu-ŋkjaa=nji jo*
         RESP する-NZ できる-NEG.NPST-ADN 人-PL=DAT/LOC SFP
         ええ、できない人たちにね

[92] A: *assi=du sun=ŋa*
         そう=FOC する.NPST=AC
         そうするよ

[93] B: *njaa anoo wannaa k'wa-ŋkjaa=garee hora okka=ŋa   jamatu=kai uku-ti*
         もう DSC EXCL 子-PL=LMT.TOP ほら お母さん=NOM PLN=ALL 送る-SEQ
         kam-a-cju-tan=nati
         食べる-CAUS-CONT-PST=CSL
         私たち子供たちまでお母さんが内地へ送って食べさせていたから

[94] B: *huree hinnja sugu suk-ji na-ju-su   jo jaa*
         それ.TOP みんな すぐ 好く-NZ なる-NPST-NZ SFP SFP
         これはみんなすぐ好きになるのよね

[95] A: *in suk-ji na-ju-su*
         RESP 好く-NZ なる-NPST.NZ
         ええ、好きになるの

[96] B: *zjan=mun njama=nu hora waa-sa-n   k'wa-ŋkjaa=ja njaa*
         COP.NPST=FN 今=GEN ほら 若い-VZ.NPST-ADN 子-PL=TOP もう
         なのに今の若い子たちは

[97] A: *akii kam-an=dooa*
         INTJ 食べる-NEG.NPST=SFP
         食べないよ

[98] B: *kjassi=ka=cci umu-i jo*
         どう=DUB=QUOT 思う-NZ SFP
         どうかなと思うよ

[99] A: *akii kam-an=dooa*
   INTJ 食べる-NEG.NPST=SFP
   食べないよ

[100] B: *jamatu+k'wasi=ŋa kaci=ka=mu jaa*
   PLN+菓子=NOM　　他と比べて良い=DUB=も　SFP
   内地の菓子の方が良いかもね

[101] A: *akii kaci s-ui*
   INTJ 他と比べて良い する-NPST
   良い

[102] B: *haba-saa waakjaa nacukasi-sa=cci umu-jun kjedo jaa*
   香る-NZ.TOP　INCL.TOP　懐かしい-NZ=QUOT　思う-NPST　AC　SFP
   香りは私たちは懐かしいと思うけどね

[103] A: *anoo wannaa zidai=garee jo njaa gaccui njaa kanarazu*
   DSC　EXCL　時代=LMT.TOP SFP もう　DSC　もう　必ず
   kjansa nen-ti=mu si-i a-ti
   どれほど　ない(.NEG)-SEQ=も する-NZ COP-PST
   私たちの時代まではね、必ずどうしてもするものだった

[104] B: *in asiasi*
   RESP そうそう
   ええ、そうそう

[105] A: *anoo sima=nu sizjen=nu k'urozatoo=zi=dooa*
   DSC　島=GEN　自然=GEN　黒砂糖=LOC/INST=SFP
   島の自然の黒砂糖でだよ

[106] A: *mukasjee zaramji=mu nee jaa*
   昔.TOP　ザラメ=も　ない.(NEG.)NPST SFP
   昔はザラメもないね

[107] B: *zaramjee nee*
   ザラメ=TOP ない.(NEG.)NPST
   ザラメはない

[108] A: njama ar-iba   njaa sirozatoo=mu ai   jaa
        今   COP-COND1 もう 白砂糖=も   ある.NPST SFP
        今なら白砂糖もあるね

[109] B: asisi=kara paa=ŋa hora
        CONJ=ABL   葉=NOM   ほら
        それから葉っぱが

[110] B: saŋkjiraa saŋkjiraa+paa jaa
        山帰来   山帰来+葉   SFP
        山帰来の葉っぱね

[111] A: in   saŋkjiraa
        RSSP 山帰来
        ええ、山帰来

[112] B: ari=ŋa   haba-sa mata jaa
        あれ=NOM 香る-NZ また SFP
        あれがいい香りがする、またね

[113] A: adani+jamaa=nji a-ti
        アダン+山=DAT/LOC ある-SEQ
        アダンの山（アダンの木が固まって生えているところ）にあって

[114] A: adani+jamaa=nji...
        アダン+山=DAT/LOC
        アダンの山（アダンの木が固まって生えているところ）に…

[115] B: zjaa=ka hora a-n   doo   adiku   mikki-ti   jaa ama=nji
        どこ=DUB ほら ある-ADN ところ 特別な場所 見つける-SEQ SFP あそこ=DAT/LOC
        an=doo=cici jaa
        ある=SFP=QUOT SFP
        どこかあるところ、特別な場所を見つけてね、あそこにあるよってね

[116] A: ama=nji   an=doo=cici   mee=nji   jo
        あそこ=DAT/LOC ある=SFP=QUOT   前=DAT/LOC   SFP
        あそこにあるよって以前にね

[117] A: *in   assi s-u-ti*
　　　　RESP そう する-IPF-PST
　　　　ええ、そうしていた

[118] B: *an hazjaa mata haba-sai*
　　　　あの 香り.TOP また 香る-VZ.NPST
　　　　あの香りはまたいい香りがする

[119] A: *haba-sai*
　　　　香る-VZ.NPST
　　　　いい香りがする

[120] B: *haba-sai*
　　　　香る-VZ.NPST
　　　　いい香りがする

[121] B: *jamatu=mu jaa saŋkjirai=cici anoo sun   joona kanzi*
　　　　PLN=も   DSC 山帰来=QUOT   DSC する.NPST ような 感じ
　　　　k'ji-cjan=doo jaa
　　　　聞く-PST=SFP SFP
　　　　内地もね、山帰来ってするような感じ、聞いたよね

[122] A: *anoo sakura=n+paa=nji jo assi cun-du-n   dakka=dooa*
　　　　DSC   桜=GEN+葉=DAT/LOC SFP そう 包む-CONT.NPST-ADN 様子=SFP
　　　　桜の葉にね、そんな風に包んでいるようだね

[123] A: *sun=dooa*
　　　　する.NPST=SFP
　　　　するんだよね

[124] A: *basu=nji   ju-tee   inaka=ŋa a-n   saku=dooa*
　　　　場所=DAT/LOC よる-SEQ.TOP 田舎=NOM ある.NPST-ADN 様子=SFP
　　　　場所によっては（餅作りをする）田舎があるみたいだね

[125] A: *mata jo naici=nu jo jokohama=nu ama i-zjan=ci   jo*
　　　　また SFP 内地=GEN SFP PLN=GEN   あそこ 行く-PST=QUOT SFP
　　　　またね、内地のね、横浜の、あそこ、行ったのよ

[126] A: *ama=nu   kawasakji-ŋkja=nu   pucoo   njioee   nee*
       あそこ=GEN PLN-やら=GEN   よもぎ.TOP 匂い.TOP ない.(NEG.)NPST
       あそこの川崎なんかのよもぎは匂いはない

[127] B: *asiasi   asiasi*
       そうそう そうそう
       そうそう、そうそう

[128] A: *zenzen   nee*
       全然   ない.(NEG.)NPST
       全然ない

[129] A: *anoo koobje-ŋkjaa a-su=ka   amagazakji-ŋkja waa   imooto…*
       DSC   PLN-やら.TOP ある.NPST-NZ=DUB PLN-やら   1.SG.GEN 妹
       神戸なんかはあるのか、尼崎なんか、私の妹…

[130] B: *ar-aa   ar-aa   kjooto=nu   cju=ŋa jaa muc-ci*
       COP-NEG.NPST COP-NEG.NPST   PLN-GEN   人=NOM SFP 持つ-SEQ
       k-jun=cici   i-cjariba
       来る-NPST=QUOT 言う-COND2
       いやいや、京都の人がね、持って来るって言ったから

[131] B: *pucoo   juka*
       よもぎ.TOP 良い
       よもぎはいい

[132] B: *muc-ci   ku-nna*
       持つ-SEQ   来る-PROH
       持って来ないで

[133] B: *sima=nu mun=zi   s-un=doo=cici   i-cjan=doo*
       島=GEN   FN-LOC/INST   する-NPST=SFP=QUOT   言う-PST=SFP
       島のでするよって言ったよ

[134] A: *sir-aa*
       する-NEG
       (香りが)しない

[135] A: *sima=tu   zjenzjen   ciga-i*
島=COM   全然   違う-NZ
島と全然違う

[136] B: *hazja=ŋa   nen=ci*
香り=NOM   ない.(NEG.)NPST=QUOT
香りがないって

[137] A: *anoo   assi   jo   ippai   pukki-tu-su*
DSC   そう   SFP いっぱい 膨れる-CONT.NPST-NZ
こうね、とても育っているの

[138] A: *hoorinsoo   mjitai*
ほうれん草   みたい
ほうれん草みたい

[139] A: *nen=mee   jo*
COP.NEG.NPST=INFR SFP
そうじゃないだろうにね

[140] A: *asisi   jo   muc-ci=kara   assi   kaori=ŋa   zjenzjen   nee*
CONJ   SFP 持つ-SEQ=ABL そう   香り=NOM   全然   ない.(NEG.)NPST
そしてね、持ってから、こう（嗅いでみても）、香りが全然ない

[141] B: *in   in   hazja=ŋa   nen=ci*
RESP RESP 香り=NOM   ない.(NEG.)NPST=QUOT
ええ、香りがないって

[142] A: *huma=n   munoo   saikoo*
そこ=GEN   FN.TOP   最高
ここのものは最高

[143] B: *asinati   sima=nu   munoo   kaci   jaa*
CONJ   島=GEN   FN.TOP   他と比べて良い SFP
だから島のものは良いね

[144] A: *kaci*
他と比べて良い
良い

謝辞

　本稿に収録した談話の採集と書き起こし、及び概略記述には、田畑繁子氏・藤元セツエ氏の多大なご協力が不可欠であった。また概略記述のために今家英政氏・吉岡初江氏・吉塚廣次氏にもご協力いただいた。ここに心より感謝を申し上げる。国立国語研究所主催の調査で談話班として共同調査をしていただいた田窪行則先生・荻野千砂子氏・山田真寛氏、音声・音韻面でコメントを下さった青井隼人氏にも深く感謝を表したい。

　本稿に含まれる誤りや不備は、当然ながらすべて筆者の至らなさが原因である。今後も話者の方々及び他の研究者の方々のご協力を得ながら、小野津方言の記録保存に努めて参りたい。

略号一覧

1	first person	1人称	LMT	limitative	限界格
2	second person	2人称	LOC	locative	処格
ADN	adnominal	連体	MOD	modal	モーダル
AC	adversative conjunction	逆接	NEG	negation	否定
			NOM	nominative	主格
ALL	allative	方向格	NZ	nominalizer	名詞化
CAUS	causative	使役	NPST	non-past	非過去
COND	conditional	条件	OMP	onomatopoeia	オノマトペ
CONJ	conjunction	接続詞	PASS	passive	受動
CONT	continuative	継続	PL	plural	複数
COP	copula	コピュラ	PLN	place-name	地名
CSL	causal	理由	PN	personal name	人名
DAT	dative	与格	PROH	prohibitive	禁止
DSC	discourse marker	談話標識	PST	past	過去
DUB	dubitative	疑念	POT	potential	可能
EXCL	exclusive 'we'	1人称複数除外	QUOT	quotative	引用
FOC	focus	焦点	RESP	response	応答表現
FN	formal noun	形式名詞	SEQ	sequential	継起
GEN	genitive	属格	SFP	sentence final particle	文末助詞
INT	intentional	意思	TOP	topic	主題
INTJ	interjection	感嘆詞	YNQ	yes/no question	真偽疑問
INCL	inclusive 'we'	1人称複数包括	VZ	verbalizer	動詞化
INFR	inferential	推量	-		接辞境界
INST	instrumental	具格	=		接語境界
IPF	imperfective	未完了	+		複合語境界

参照文献

服部四郎 (1959)『日本語の系統』東京：岩波書店.
平山輝男・大島一郎・中本正智 (1966)『琉球方言の総合的研究』東京：明治書院.
外間守善 (1975)「琉球の方言」大石初太郎・上村幸雄編『方言と標準語：日本語方言学概説』362–390. 東京：筑摩書房.
岩倉市郎 (1934)「喜界語音韻概説」『方言』4 (10): 12–23.
岩倉市郎 (1941)『喜界島方言集』東京：中央公論社.
狩俣繁久 (2000)「奄美沖縄方言群における沖永良部方言の位置づけ」『日本東洋文化論集』6: 43–69.
木部暢子 (2011)「喜界島方言の音韻」木部暢子、窪薗晴夫、下地賀代子、ローレンス・ウエイン、松森晶子、竹田晃子著『国立国語研究所共同研究報告 11-01 消滅危機方言の調査・保存のための総合的研究 喜界島方言調査報告書』12–50. 東京：国立国語研究所.
木部暢子、窪薗晴夫、下地賀代子、ローレンス・ウエイン、松森晶子、竹田晃子 (2011)『国立国語研究所共同研究報告 11-01 消滅危機方言の調査・保存のための総合的研究 喜界島方言調査報告書』東京：国立国語研究所.
窪薗晴夫 (2011)「喜界島南部・中部地域のアクセント」木部暢子、窪薗晴夫、下地賀代子、ローレンス・ウエイン、松森晶子、竹田晃子著『国立国語研究所共同研究報告 11-01 消滅危機方言の調査・保存のための総合的研究 喜界島方言調査報告書』51–70. 東京：国立国語研究所.
ローレンス・ウエイン (2011)「喜界島方言の系統的位置について」木部暢子、窪薗晴夫、下地賀代子、ローレンス・ウエイン、松森晶子、竹田晃子著『国立国語研究所共同研究報告 11-01 消滅危機方言の調査・保存のための総合的研究 喜界島方言調査報告書』115–122. 東京：国立国語研究所.
松森晶子 (1991)「喜界島のアクセント交替」『日本女子大学紀要 文学部』41: 123–138.
松森晶子 (2011)「喜界島祖語における 3 型アクセント体系の所属語彙：赤連と小野津の比較から」『日本女子大学紀要　文学部』60: 87–106.
松本幹男 (2000)「沖永良部島方言と喜界島方言における中舌母音について」『語学研究』95: 169–173.
中本正智 (1976)『琉球方言の音韻』東京：法政大学出版局.
中本正智 (1984)「南島方言の区画」飯豊毅一・日野資純・佐藤亮一編『講座方言学 10 沖縄・奄美の方言』3–5. 東京：国書刊行会.
中本正智 (1987)「喜界島方言の言語地理学的研究」『日本語研究』9: 54–71.
仲宗根政善 (1961)「琉球方言概説」東条操 (監修) 遠藤嘉基・平山輝夫・大久保忠利・柴田武編『方言学講座 4』20–43. 東京：東京堂.
野原三義 (2008)「喜界島方言助詞の研究」『南島文化』30: 1–54.
大野眞男 (2002)「奄美方言における中舌母音の歴史的重層性」『国語研究』41: 78–69.
大野眞男 (2003)「北奄美周辺方言の音韻の特徴」『岩手大学教育学部研究年報』63: 51–70.

下地賀代子（2011）「喜界島方言の格の体系」木部暢子、窪薗晴夫、下地賀代子、ローレンス・ウエイン、松森晶子、竹田晃子著『国立国語研究所共同研究報告 11-01 消滅危機方言の調査・保存のための総合的研究 喜界島方言調査報告書』71–111. 東京：国立国語研究所.

Shimoji, Michinori (2010) Ryukyuan languages: An introduction. In Michinori Shimoji and Thomas Pellard, eds., *An introduction to Ryukyuan languages*, 1–14. Tokyo: ILCAA.

輝博元（1982）「喜界島の方言」『国文学解釈と鑑賞』47 (9): 74–86.

Trubetzkoy, Nikolai (1969) *Principles of phonology*. Berkeley: University of California Press.

上村幸雄（1972）「琉球方言入門」『言語生活』251: 20–37.

上村幸雄（1992）「琉球列島の言語（総説）」亀井孝・河野六郎・千野栄一編『言語学大辞典世界言語編下 2』771–814. 東京：三省堂.

上野善道（1992）「喜界島方言の体言のアクセント資料」『アジア・アフリカ文法研究』21: 41–160.

上野善道（1994）「喜界島方言の活用形と複合名詞のアクセント資料」『アジア・アフリカ文法研究』23: 151–236.

上野善道（2002a）「喜界島小野津方言のアクセント調査報告」『琉球の方言』26: 1–15.

上野善道（2002b）「喜界島諸方言の付属語のアクセント」第 4 回「沖縄研究国際シンポジウム」実行委員会編『世界に拓く沖縄研究』290–298. 沖縄：文進印刷.

上野善道・西岡敏（1993）「喜界島方言の用言のアクセント資料」『アジア・アフリカ文法研究』22: 161–312.

上野善道・西岡敏（1995）「喜界島方言の動詞継続相のアクセント」『琉球の方言』18・19 合併号: 145–163.

第 3 部 第 4 章

ドゥナン（与那国）語の
簡易文法と自然談話資料

山田 真寛、トマ・ペラール、下地 理則

1. 言語と話者

　本稿は、与那国島（沖縄県八重山郡与那国町）で話されている琉球諸語の一つ、ドゥナン語（*dunan-munui*）の簡易文法を自然談話資料とともに提示する。ドゥナン語は、主に 50 歳代後半以上の与那国島民が母語として使用しており、話者数は約 400 人（島民数の約 25%）である。世代間の伝承が断絶しており、UNESCO に登録されている消滅危機言語である。詳しくは山田・ペラール（本書）参照。

2. 音声と音韻
2.1 母音

　ドゥナン語は、前舌 [a] と後舌 [ɑ] で実現する広母音の /a/、非円唇前舌狭母音の /i/（[i]~[ɪ]）、円唇後舌狭母音 /u/（[u]~[ʊ]）からなる 3 母音を基本とした母音体系を持つ。先行研究ではこの 3 母音のみが音素と認められているが、狭母音 /u/ とは異なる半狭母音の [o] も音素である蓋然性がある。ただし /o/ の分布は極めて限られており、少数の感嘆詞以外は終助詞の *do* にしか現れないようである。[e] も確認されるが、[o] 同様終助詞 *je* にしか現れない。若年層の話者では語末の [i] が [e] に近い発音となることもある。

　音声的には長母音が現れるものの、母音の長短は弁別的ではないと思われる。助詞などが後続しない 1 モーラ語の母音が基本的に長音化する他、aragu「とても」（[aragu]~[araːgu]）や buru「すべて」（[buru]~[buːru]）などのような副詞に特定の表現機能をともなう長母音が現れることもある。

2.2 子音

ドゥナン語の子音体系を表1に示す（音素記号の後の括弧書きは本稿で使用する正書法）。ドゥナン語の子音体系の一番の特徴は破裂・破擦音における強子音（Fortis）・弱子音（Lenis）・有声音の3項対立である[1]。強子音は従来「（無気）喉頭化音」[2]と呼ばれてきた音で、発声器官の緊張をともなって呼気流に抵抗を起こしながら強く発音される「硬い」子音である。それに対して弱子音は発声器官の弛緩と軽い気音をともなって弱く発音される「軟らかい」音で、共通日本語の無声子音（清音）に近い。強弱の区別は語頭にしかなく、語中における無声破裂・破擦音は音声的に強子音に近い形で実現するのが普通である。本稿の表記では語頭の強子音は二重子音、弱子音はhを添えて、対立のない語中の無声子音は単一子音の記号で表記する。

母音の前以外の位置ではすべての鼻音の対立が中和され、本稿の正書法ではnと表記する。共通日本語の撥音「ん」のように、後続する子音の調音点に同化して発音される（ng [ŋg], nd [nd], nb [mb]）。語末では軟口蓋音 [ŋ] で撥音され、共通日本語のような口蓋垂鼻音が基本的に現れない。c(c) と表記されている子音は無声歯音破擦音 [tsʔ] である。その他に注意すべき異音としては i・y 前における c(c)・s・h の口蓋化（[tɕʔ]、[ɕ]、[ç]）と w・u の前における h の唇音化（[ʍ]~[ɸ]）がある。

表1：ドゥナン語の子音

	唇音	歯音	硬口蓋音	軟口蓋音	声門音
弱破裂音		/tʰ/(th)		/kʰ/(kh)	
強破裂音・破擦音	/pʔ/(pp)	/tʔ/(tt)	/cʔ/(cc)	/kʔ/(kk)	
有声破裂音	/b/(b)	/d/(d)		/g/(g)	
鼻音	/m/(m)	/n/(n)		/ŋ/(ŋ)	
無声摩擦音		/s/(s)			/h/(h)
弾き音		/ɾ/(r)			
接近音	/w/(w)		/j/(y)		

---

[1] /pʔ/ と /cʔ/ には対応する弱子音が存在しない。

[2] 強子音の調音における喉頭などの発声器官の状態を吟味した実験研究がないため、本稿では「強子音」と呼ぶことにする。

2.3 音節

ドゥナン語の音節構造は比較的単純である。頭子音も尾子音も随意で、y・wの渡り音を含む連続以外、音節初頭の子音群が許されない。音節末尾には中和された鼻音しか現れない。音節の中核部には最大2母音が現れる。つまりドゥナン語の音節構造は次のようになっている[3]。

(1)   (C(G)) V$_1$ (V$_2$) (N)

中和された鼻音も単独で音節を形成することができるが、このような小音節 (minor syllable) は破裂音・破擦音・鼻音に先立つ語頭位置に限られる (例：n.da「君」)。

2.4 モーラ

すべての母音がモーラを担い、音節末尾もしくは中核部に位置する鼻音もモーラを担う。音節は軽音節 (1モーラ：(C)(G)V、N)、重音節 (2モーラ：(C)(G)VV、(C)(G)VN)、超重音節 (3モーラ：(C)(G)VVN) に分けられる。超重音節は基本的に複数の形態素からなっており、再音節化 (CVVN > *CV.VN) が行なわれない。

モーラがドゥナン語において重要な単位であることは従来認められてこなかったが、モーラの役割は二つの規則に現れる。まず、単語の長さに対する制約が存在し、自立語は最小2モーラを含まなければならない。その結果、(C)(G)V 型の単語が単独で現れるときその母音が長く発音される。さらに軽音節と重音節が下降調を担えるかどうかで異なる。1モーラからなる軽音節は下降調を担うことができず代わりに高調が現れるのに対して、2モーラ (以上) からなる重音節の場合下降調が実現できる。2モーラからなる NC(G)V においても下降調が実現できないことから語頭の鼻音が個別の音節を形成することがわかる。

2.5 音調 (アクセント)

ドゥナン語の単純名詞は3型の音調対立を示しており、語の長さに関係なく音調が語全体に付与されるいわゆる語声調乃至 N 型アクセントの体系である。ドゥナン語ではピッチ高低の差が小さく、音調型の断定が容易ではな

---

[3]　C：子音、V：母音、G：渡り音、N：鼻音。

い。そのため本節以外では音調型を基本的に表記せず、本節の記述は主に上野 (2008, 2009, 2010a, b) にもとづくものである。

3型をそれぞれ「高・低・下降」のように呼ぶことにするが、それぞれ先行研究の「A・B・C」に相当する。高型は、多音節語では語頭音節が低く、それ以降の音節は高いが、一音節語では全体的に高い。低型は語全体が比較的低く平らに発音される。下降型の語は高型に似ており、多音節語の場合低く始まりその後高くなるが、語末音節が重音節の場合下降調で発音される。軽音節で終わる場合、下降調ではなく高音調で発音され、高型との区別がない。ただし助詞の=n「も」などを後続させると重音節が形成され下降調が実現する。さらに、下降調が実現していない場合でも次の語にダウンステップが生じる（上野2010a)。本稿で使う表記法では高型に [′]、低型 [`]、下降型に [ˆ] の記号を語の最初の母音の上につけて書き分ける。

表2：ドゥナン語の名詞の音調

	高型			低型			下降型		
1σ	ná「名」	[ná:]	H	khì「木」	[kʰì:]	L	wâ「豚」	[wâ:]	F
	mái「米」	[máí]	H	hài「南」	[hàì]	L	hâi「針」	[hâí]	F
2σ	háci「橋」	[hàtɕí]	LH	hàna「花」	[hànà]	LL	hâci「箸」	[hàtɕí]	LH
	háci=n「橋も」	[hàtɕíŋ]	LH	hàna=n「花も」	[hànàŋ]	LL	hâci=n「箸も」	[hàtɕíŋ]	LF
	dúrai「集会」	[dùráí]	LH	mùnui「言葉」	[mùnùì]	LL	mâgai「椀」	[màgáì]	LF
3σ	mínaga「庭」	[mìnágá]	LHH	dìmami「落花生」	[dìmàmì]	LLL	dâmami「山亀」	[dàmámí]	LHH

3. 品詞

ドゥナン語には名詞類と動詞類の他に副詞、役割標識、連体詞、接続詞、感嘆詞などがある。琉球諸語の多くと同様に、いわゆる形容詞 (property concept words) が形態統語論的に動詞と同じふるまいを示しており、動詞類の下位区分に入れることができる。ほとんどの品詞は音韻論的に自律しているが、役割標識は前の句の最後の語に組み入れられる接語である。

3.1 名詞類

名詞類は名詞句の主要部となりうる語であり、名詞句は述語の項またはコピュラ述語として機能する。名詞類はさらに名詞、代名詞、数詞に分けられる。

3.2 動詞類

動詞類には一般動詞（以降は単に「動詞」とも）と状態動詞（「形容詞」）がある。動詞類は屈折し節の述語となる。一般動詞と状態動詞の活用は基本的に同じだが、否定形だけが大きく異なる。一般動詞の否定形は *-anu-*（例：*khaganu-n*「書かない」）という接尾辞によって形成されるのに対し、状態動詞は *-minu-* をともなう（例：*thaga-minu-n*「高くない」）。

3.3 副詞

副詞は述語または節全体を修飾する。語根からなる副詞の他に、*thaga*「高」→ *thaga-gu*「高く」、*ninsa*「遅」→ *ninsa-gu*「遅く」などのように状態動詞の語根から *-gu* をともなって派生される副詞がある。

3.4 役割標識

役割標識は名詞句に後続し、その名詞句の統語、意味、語用的役割を表す接語である。役割標識には主格 =*ŋa*、方向格 =*nki* など種々の格標識、主題標識 =*ya*、焦点標識 =*du* が含まれる。複数の役割標識が一つの名詞句に膠着することができ、その場合格を表すものが最初に現れ、その次に主題・焦点の標識が接続する。

3.5 その他の品詞

連体詞の *khunu*・*unu*・*khanu* は名詞句に前置する指示修飾語である。*khunu* と *unu* は指示代名詞 *khu*・*u* に属格標識の =*nu* が続いた形式と分析可能だが、*khanu* の場合は対応する代名詞が *khari* なのでその分析が不可能である。接続詞は =*tasi*「ながら」、=*yungara*「ので」、=*ŋa*「が（逆接）」、=*tin*「ても」のように、従属節に後続し主節との関係を示す語である。感嘆詞は屈折せずに *di*「さあ（誘い掛け）」のように、感嘆を表す品詞である。

4. 形態論

4.1 名詞形態論

ドゥナン語における名詞の形態論構造は、(2) のように示すことができる。

(2)　（接頭辞 -）（語根 +）語根（- 指小辞）（- 複数）

4.1.1 名詞の接辞

ドゥナン語の接辞のほとんどは接尾辞であるが、ubu-「大」（例：ubu-ici「大石」）や mi-「雌」（例：mi-uci「牝牛」）や bigi-「雄」（例：bigi-uci「雄牛」）のように、形容や性質を表す名詞接頭辞も存在する。名詞は小ささ・若さ・愛称を表す指小接尾辞 -ti（例：agami-ti 子ども-DIM「小さい子ども」、inu-ti 犬-DIM「子犬」）を取ることができる。ドゥナン語の名詞は数に関して neutral であり、単数と複数を指定する必要なく単数・複数両方を表すことができる。

(3) inu=ŋa maasiku bu-n.
  犬=NOM たくさん いる-IND
  'たくさんの犬がいる。'

しかし含有 (associative)（例：Tharu-nta「太郎とその他の人」）または集合 (collective)（例：inu-nta「犬の集団」）複数を表す -nta によって名詞の数を表すこともできる。含有複数からの派生である曖昧性を表すこともある（例：khwaci-nta「お菓子など」、khuma-nta「ここらへん」）。

4.1.2 数詞と類別詞

ドゥナン語の数詞は数詞語根（1 ttu, 2 tta, 3 mi, 4 du, 5 ici, 6 mu, 7 nana, 8 da, 9 khugunu, 10 thu）に類別詞が後続する。類別詞の選択は数えられる対象の性質や形による（人間：-taintu、動物：-gara、無生物：-ci、平らな物：-ira、樹木：-mutu、日にち：-ka/-ga、回数：-muruci、歩数：-mata、握り：-ka 等）。数詞＋類別詞の結合において不規則な音韻交替や補充形が見られ、さらに漢語由来のものも多く見られる。

4.1.3 代名詞

代名詞は、発話行為の参与者を指す対話代名詞、発話行為の参与者以外のものを指す指示代名詞、再帰代名詞、場所の代名詞、疑問代名詞に分類できる。

人称代名詞は他の名詞類と異なり、複数指示の場合、常に複数の接尾辞をともなう。さらに、数や格を表す語形が不規則となる場合が多い。特に一人称代名詞の属格形が特異で、語根そのままか属格 =nu ではなく主格 =ŋa によって形成される。

表3：ドゥナン語の代名詞

	単数	複数
一人称	ânu	bânu(-nta)(EXCL), bânta(INCL)
二人称	ndá	ndí(-nta)
近称	khú	khuntati
中称	ú	ùntati
遠称	khári	khàntati
再帰1	sá	si
再帰2	dû, dunudu	
場所・近称	khûma	khumanta
場所・中称	ûma	umanta
場所・遠称	kháma	khamanta
疑問・有性	thá	thanta
疑問・無性	nû	
疑問・場所	nmâ	

表4：ドゥナン語の代名詞の不規則的な語形

	基本形	特殊な語形
一人称（単）	ânu	a=ŋa 主格・属格
一人称（複）	bânu(-nta), bânta	ba=ŋa 主格, ba/bânta 属格
場所・近称	khûma	khûmi 所格
場所・中称	ûma	ûmi 所格
場所・遠称	kháma	khámi 所格
場所・疑問	nmâ	nmî 所格

4.1.4　格

　格標識は名詞句に後続し、名詞句全体を作用域とする。格標識は自立していないが、接辞ほどホストに拘束されておらず、一部が動詞にも接続し接続詞のような機能も持っている。

　格標識は動詞の中心的な項（S(他動詞の主語)、A(自動詞の主語)、P(他動詞の目的語)）を表示する「直格」の標識とそれ以外の周辺要素を表示する「斜格」の標識に二分される。斜格が常に標識によって表示されるのに対し、中心的な項は標識を取らないのが普通である。ただし、Pは常に無標であるのに対し、主格標識 =ŋa がS項とA項（特に主題化されていない場合）に現れることがある。

表5：ドゥナン語の格標識

格	標識	役割
主格	=ŋa	S, A（一人称代名詞の場合属格）
属格	=nu	所有者、連体修飾
所格	=ni	存在・動作の場所・時間、移動先、変化の結果、受取人、比較の基準、受動文の動作主、使役文の被使役者、受益文の受益者
方向格	=nki	方向、移動先、変化の結果、受取人、比較の基準、受動文の動作主、使役文の被使役者、受益文の受益者、被害文の被害者
奪格	=gara	起点、理由、移動の手段、経路、所在
出格	=di	出所
達格	=ta	時間・空間的な境界
具格	=si	道具、材料、理由、手段
共格	=tu	共同の相手、並立
比較格	=ka	比較の基準

4.2 動詞形態論
4.2.1 形態的構造と活用クラス

　ドゥナン語の動詞体系は様々な音韻変化と形態変化の結果、おそらく日琉語族の中でもっとも複雑である。動詞の大まかな形態的構造を図1にまとめる。1から5の各スロットに一つの形態素を入れることができ、スロット0（語根）とスロット5（活用語尾）のみが必須である。語尾以外の1～4の接尾辞は語幹の活用クラスを変えることができ、その中の3（アスペクト・否定）と4（テンス）の接尾辞はスロット5に現れる中止形・副動詞と共存することはない。

0	(1)	(2)	(3)	(4)	5
語根	使役 -amir- Ø	受動 -arir- Ø	Ø 否定 -anu- 完了 -(y)a/(y)u-	現在 -u-/Ø 過去 -(i)ta-	直説 -n 連体 Ø/-ru
				過去 -(i)ta- Ø	状況 -iba/-uba 条件 -ya
			Ø	Ø	命令 -i 禁止 -(u)nna 勧告 -(i)ndangi 中止 -i

図1：ドゥナン語の動詞の構造

ドゥナン語の動詞形態は語幹と文法諸形式に異形態が多いことが特徴である。異形態の交替は共時的な動機がなく、歴史的な変化の反映である。さらに、語幹と接尾辞それぞれの異形態は、どの形式にどの形式が接続するかが語彙情報として恣意的に決まっており、語幹自体は屈折的な情報を担っていない。また、一つの接続様式がすべての動詞に適用されるわけではなく、活用タイプごとに異なっている。

　語幹交替・文法諸形式の異形態・語幹と接尾辞各異形態の恣意的な接続様式の三つの要素の結果、他の日琉諸語より遥に複雑な、八つの語幹と数十の活用タイプからなる動詞体系になっている。一つの代表的な活用形や語幹から全パラダイムを予測することが不可能で、少なくとも三つの活用形の情報が必要である。

　例えば、完了形以外のすべての活用形が同音である動詞が存在する：sagun「割く」→ satyan vs. sagun「咲く」→ satun、nirun「煮る」→ nyan vs. nirun「煮える」→ nyun。一方、完了形のみから活用タイプを予測することができず、異なる活用タイプに所属しながら完了形が同じ動詞も存在する：khatun「勝つ」・khagun「書く」→ khatyan。

4.2.2　語幹

　ドゥナン語における語幹の異形態は比較的多い。語幹の交替は語彙的であり、音韻（形態）的規則によるものではない（表6）。派生規則による分析はデメリットが多く、結局、規則が特定の動詞クラスや接尾辞にしか適用されないという記述になってしまい、説明的妥当性がない。

表6：動詞の語幹交替（分節音のみ）

「引く」	「食べる」	「落とす」	「作る」	「する」	「燃える」
sunk-	pp-	ut-	kkw-	kh-	mw-
sunt-	ppu-	utu-	kku-	khi-	mui-
		utus-	kkur-	khir-	muir-

　語幹交替は分節音のみならず、音調型も関与している。低型の動詞の一部は、その活用形の一部が低型ではなく下降型で実現するといったように、どの活用形が音調交替を起こすかは動詞によって異なり、三つのパタンに分けられる（表7）。

表7：動詞の音調交替

	「破る」		「行く」		「休む」		「思う」	
現在 直説	dàndan	L	hìrun	L	dùgun	L	ùmun	L
過去 直説	dàndatan	L	hìtan	L	dùgutan	L	ûmutan	F
現在 否定 直説	dàndanun	L	hìranun	L	dûganun	F	ûmanun	F
現在 完了 直説	dàndasyan	L	hjûn	F	dûgwan	F	ûmwan	F

このような多様な語幹交替と語幹と接尾辞各異形態の恣意的な接続様式のため、動詞の全体系を8語幹体系と想定せざるをえないが、八つの異なる語幹を持つ動詞はない（表8）。

表8：動詞語幹の例

	用法	「数える」	「歩く」	「思う」	「閉める」	「作る」	「破る」	「燃える」
1	現在形・条件形	dùm-	àig-	ùm-	hú-	kkùr-	dàndir-	múir-
2	否定形	dûm-	àig-	ûm-	h'-	kkûr-	dàndir-	múir-
3	命令形・状況形	dùm-	àig-	ùmu-	hú-	kkùr-	dàndir-	múir-
4	禁止形	dùm-	àig-	ùm-	hú-	kkù-	dàndi-	múi-
5	過去形	dùm-	àit-	ûmu-	hú-	kkù-	dànd-	mú-
6	勧告形	dùm-	àit-	ùmu-	hús-	kkù-	dànd-	mú-
7	中止形	dûm-	âit-	ûmu-	hús-	kkû-	dând-	mú-
8	完了形	dûm-	âit-	ûmw-	hús-	kkwˆ-	dând-	mw'-

4.2.3 屈折

屈折情報は主に接尾辞によって表されるが、接尾辞にも異形態が多く見られる。一部の屈折接尾辞は異形態の選択が語幹の末尾音によるが（表9）、語幹の選択は動詞の活用タイプや後続する接尾辞によって決定され、そのような交替を音韻論だけでは説明できない。

表9：語幹末尾音による異形態の選択

	禁止	過去	現在	状況
子音終わりの語幹	-unna	-ita-	-u-	-uba-
母音終わりの語幹	-nna	-ta-	Ø	-iba-

一方、完了の接尾辞 -(y)a/(y)u- のうち、どの形式がどの語幹に接続するかは

完全に恣意的であり、音韻論的説明が不可能である[4]。その上、一つの動詞が複数の接尾辞を取ることができ、異なるスロットの接尾辞の連続に特殊なパタンも見られる。

　動詞の活用形をスロット5の語尾によって表される形態統語的な特徴と機能によって二つに分類することができる。まず自立動詞（independent verb, 定動詞）はムードの標識を取り、統語的に自立している。すなわち、単独で文となることも、主動詞として（複文の中の）主節を形成することもできる。直説法の活用形はテンスやアスペクトの接尾辞を取ることができるが、それ以外のムード（命令、禁止、勧告）はそれができない（表10）。

表10：自立動詞語形

3	4	5	接尾辞	例：「する」
非完了	現在	直説	-Ø-u/Ø-n	khirun
	過去		-Ø-(i)ta-n	khitan
否定	現在		-anu-Ø-n	khiranun
	過去		-anu-ta-n	khiranutan
完了	現在		-(y)a/(y)u-Ø-n	khyan
	過去		-(y)a/(y)u-ta-n	khyatan
—	—	命令	-i	khiri
—	—	禁止	-(u)nna	khinna
—	—	勧告	-(i)ndangi	khindangi

　一方、中止形や副動詞のような非自立動詞（表11）は通常（省略の場合以外）主節に現れることはない。そのような動詞形は副詞節や節連鎖、または複合動詞に現れる。非自立動詞の中には状況の副動詞や条件の副動詞のようにテンス・アスペクトの接尾辞を取るものもあるが、中止形や副動詞の多くはテンス・アスペクトの情報を主節の述語からうけとる。

---

[4] 主語が行為者となる動詞は -(y)a- を、主語が非行為者となる動詞は -(y)u- を選択するという一般化が可能である。具体例は山田（近刊）3.5節を参照。

表11：非自立動詞語形

3	4	5	接尾辞	例：「する」[5]
非完了	現在	状況	-Ø-Ø-iba/uba	khiruba
	過去	状況	-Ø-ta-ba	khitaba
	現在	条件	-Ø-Ø-ya	khirya
	過去	条件	-Ø-ta-ya	khitaya
否定	現在	状況	-anu-Ø-ba	khiranuba
	過去	状況	-anu-ta-ba	khiranutaba
	現在	条件	-anur-Ø-ya	khiranurya
	過去	条件	-anu-ta-ya	khiranutaya
完了	現在	状況	-(y)a/(y)u-Ø-ba	khyaba
	過去	状況	-(y)a/(y)u-ta-ba	khyataba
	現在	条件	-(y)a/(y)u-Ø-ya	khyaya
	過去	条件	-(y)a/(y)u-ta-ya	khyataya
―	―	中止	-i	khi
―	―	継起	-iti	khiti
―	―	理由	-ibi	khibi
―	―	同時	-idatana	khidatana
―	―	否定継起	-nki	khiranunki
―	―	目的	-indi	khindi

　連体形はその名称のとおり連体修飾節（関係節）を形成するのが主な役割だが、主節に現れることも少なくない。強調・感嘆の場合といわゆる「係り結び」構文の場合に見られる（5.10節を参照）。ほとんどの動詞は直説法の形から接尾辞 -n を取り除いた語幹がそのまま連体形となるが、過去形と完了形及び一部の不規則動詞の場合 -ru がさらにそれに後続する。

表12：連体形

3	4	5	接尾辞	例：「する」
非完了	現在	連体	-Ø-u/Ø-Ø	khiru
	過去		-Ø-(i)ta-ru	khitaru
否定	現在		-anu-Ø	khiranu
	過去		-anu-ta-ru	khiranutaru
完了	現在		-(y)a/(y)u-Ø-ru	khyaru
	過去		-(y)a/(y)u-ta-ru	khyataru

---

[5]　完了の形式は予測形。

ドゥナン語には中止形に屈折接尾辞を担う補助動詞が続く形式も見られる。補助動詞は尊敬 (warun) やアスペクト・ムード (「(て) いる」bun、終結 ccidimirun、「(て) みる」nnun、準備 utugun、能力 ccun、願望 busan) を表し、本動詞との融合の度合いが様々である。一部の補助動詞は本動詞とは別の音韻語を形成し、その結果個別の音調を示し、本動詞との間に焦点標識 =du が介入することができる (例：khati=du buru「書いている」)。一方、本動詞と一体化し自立しない補助動詞もある (例：khati-busan「書きたい」)。

4.2.4 派生

品詞の転移を起こさない派生の中には、使役態と受動態という2つのヴォイスが含まれる。両方とも語根に直接接続するが、両方が共存することもでき、その場合使役の接尾辞が語根に接続し、受動の接尾辞はそれに後続する。使役態は -(a)mir-、受動態は -(a)rir- (否定形 -(a)ninu-) という接尾辞によって表される。

4.2.5 状態動詞の形態

状態動詞 (いわゆる「形容詞」) は一般の動詞とは異なる、より単純な形態的特徴を持っている。状態動詞の語根はどれも母音 a で終わり、屈折接辞を担う補助動詞 an「ある」が語根に接続する。語根と補助動詞が融合しつつ、語根末の a と補助動詞の語頭の a が一短母音になることが多い。一方、焦点標識 =du や主題標識 =ya が介入し、補助動詞を分離することもできる。

状態動詞の屈折情報が専ら補助動詞によって表されるので、存在を表す一般動詞 an と同じく活用が不規則的である (例：否定形 minun、連体形 aru)。さらに、感嘆形 (-anu、例：thaga-(a)nu「高い！」) や副詞形 (-gu、例：thaga-gu「高く」) のように、一般動詞「ある」の活用には存在しない活用形も見られる。一方、状態動詞は意味解釈上の理由から、テンス・アスペクト・ムードの活用形や副動詞の多くを欠いている。

さらに、一部の状態動詞は上で記述した a で終わる短い語幹の他にそれに -sa が接続した長い語幹 (例：「高い」thaga-an/thaga-sa-an) を持っているが、その違いは未詳である。

表13：状態動詞語形

3	4	5	例：「高い」
非完了	現在	直説	thaga-n
		連体	thaga-ru
		感嘆	thaga-nu
		状況	thagar-uba
		条件	thagar-ya
	過去	直説	thaga-ta-n
		連体	thaga-ta-ru
否定	現在	直説	thaga-minu-n
		連体	thaga-minu
	過去	直説	thaga-minu-ta-n
		連体	thaga-minu-ta-ru
—	—	理由	thaga-bi

5. 統語論

ドゥナン語は主要部後位型、従属部表示型の言語であり、基本語順はS(X)V(自動詞文)、A(X)PV(他動詞文)であるが、項は省略されることが多く、項や修飾句の語順も比較的自由である。疑問文などで特定の語を前置または後置する必要はない。名詞句内の修飾句は主要部名詞に先行し、名詞句全体の統語・意味的役割は接語によって表される。

5.1 格標示

ドゥナン語はS(自動詞の主語)とA(他動詞の主語)が同一の格標識(主格)を受ける対格型言語であるが、この格標示は現れないことも多い。他の琉球諸語と異なり、主格は常に =ŋa で表示され、名詞の階層が関与しない。対格の標識がなく、P(他動詞の目的語)は常に無標である。三項動詞の間接目的語や使役・受身構文の降格項は方向格 =nki で表示される。名詞句述語文の場合、コピュラの主語は主格で表示され、名詞句述語は無標である。

(4) [agami=ŋa]$_S$ maasiku bu-n.
　　 子ども=NOM　たくさん　いる-IND
　　 'たくさんの子どもがいる。'(自動詞)

(5) [*agami*=*ŋa*]_S [*min*]_P *num-u-n*.
    子ども=NOM　　水　　　飲む-PRES-IND
    '子どもが水を飲む.'（他動詞）

(6) [*agami*=*ŋa*]_S [*nma*=*nki*]_E [*min*]_P *num-amir-u-n*.
    子ども=NOM　　馬=DIR　　　水　　飲む-CAUS-PRES-IND
    '子どもが馬に水を飲ませる.'（二重他動詞）

5.2　名詞句

　名詞句は修飾要素が主要部を先行する主要部後位構造を持つ。名詞句はさらに役割標識が、また述語の場合はコピュラが後続することがあり、これらを含めて拡張名詞句（(extended) N(oun) P(hrase)）と呼ぶ。名詞句の主要部は名詞的要素であり、修飾要素は連体詞、連体修飾節、属格名詞句などである。

(7) [[[*isu*=*ni*　*ntu-i*　*bu-ru*]_MODIF　[*agami*]_HEAD]_NP=*ŋa*]_EXT NP *nai*
    椅子=LOC　座る-MED　IPF-PTCP　　子ども=NOM　　　　　　　　今
    that-u-n.
    立つ-PRES-IND
    '椅子に座っている子どもが今立つ.'

　状態動詞を含む句がいわゆる形容詞（property concept）句として名詞を修飾しうる。このとき状態動詞は、一般動詞と同様に連体形を取る。

(8) [[*khanu*　*ttu*=*ka*　*mabin*　*abya-ta-ru*]_MODIF　[*ttu*]_HEAD]_NP
    DIST　　人=CMP　　もっと　美しい-PST-PTCP　　　人
    'あの人より美しい人'

5.3　述語

5.3.1　動詞述語

　動詞述語は、屈折辞をともなう動詞単体、もしくは中止形の主動詞に屈折辞をになう補助動詞が後接した構造を取る。主動詞と使役や受身などの意味を持つ補助動詞によって述語全体が取る項の数が決定され、補助動詞はさらに時制、アスペクト、モダリティ、尊敬などの、述語全体が持つ文法的意味を決める。

主動詞＋補助動詞の構造は主動詞と補助動詞がそれぞれ独立した語を成す分析

的述語と、両者が複合述語として機能する構造の二種類に分類される。両構造において主動詞は時制などを持たない中止形を取るが、前者では焦点標識 =du を主動詞と補助動詞の間に挿入することが可能であり、後者ではそれが不可能である。それぞれの例を(9)、(10)に示す。

(9) *sumuti khat-i=du bu-ru=na?*
    本　　書く-MED=FOC IPF-PTCP=YNQ
    '本を書いているか？'

(10) *khat-i-busa-n*
     書く-MED-DESID-IND
     '本を書きたい。'

5.3.2　名詞述語

名詞句はそのままで述語となり、屈折を標示する必要がある場合以外コピュラをともなわない(11)((*X)はXの実現がその文を非文とすることを表す)。コピュラは不規則活用を持つ存在動詞 *an* と、否定形以外同じ活用を持ち、焦点共起(12a)、否定(12b)、過去時制(12c)を表す場合に屈折して名詞句述語に後続する。

(11) *khari=ya dunan-ttu (*a-n).*
     DIST=TOP　与那国-人　(*COP-IND)
     '彼／彼女は与那国の人だ。'

(12) a. *khari=ya dunan-ttu=du {a-ru, *Ø}.*
        DIST=TOP　与那国-人=FOC　{COP-PTCP, *Ø}
        '彼／彼女は与那国の人だ。'

    b. *khari=ya dunan-ttu=ya {ar-anu-n, *Ø}.*
       DIST=TOP　与那国-人=TOP　{COP-NEG-IND, *Ø}
       '彼／彼女は与那国の人ではない。'

    c. *anu=ya nkaci=ya maihuna {a-ta-n, *Ø}.*
       1SG=TOP　昔=TOP　おりこうさん　{COP-PST-IND, *Ø}
       '私は昔おりこうさんだった。'

5.4　複文

副詞節は動詞の中止形や副動詞を用いて作られる。

(13) [*thagaramunu=du a-ibi*]ADV CL *atara khir-u-n.*
宝物=FOC　　　　　COP-CSL　　大切　する-PRES-IND
'宝物だから、大切にする。'

　名詞を修飾する連体修飾節の述語は連体形を取り、名詞句の修飾要素となる。その際関係代名詞などのリンカーは現れない。

(14) [*khami bu-ru*]ADN CL *nma*
あそこ.LOC いる-PTCP　　馬
'あそこにいる馬'

　動詞の補語となる複文は、連体修飾節を含む =nsu「もの・こと」などの形式名詞を主要部とする名詞句と、(15)のように発話動詞の補語として現れる引用節がある。

(15) [*anu=du nn-anu khatarai khir-iba*]=*ndi umu-i,*
1SG=FOC　見る-NEG.PTCP　ふり　する-CIRC=QT　思う-MED
'(その女性は)私を見ないふりをするんだと思って'　　（Kajiku 2004: 43）

5.5 文のタイプ
5.5.1 肯定文

　肯定文では、主述語が動詞述語の場合は通常(16)で示すように直説法の形を取り、名詞述語の場合は前述のとおり屈折を表示する必要があるときをのぞいて名詞句がそのまま述語となる。

(16) *nai=gara i h-u-n do.*
今=ABL　ごはん　食べる-PRES-IND　SFP
'今からごはんを食べるよ。'

　存在文は、有情物には *bun*、無情物は *an* の存在動詞を用いて表し[6]、主語が存在する場所は所格 =ni で標示する。

(17) *khunu da=ni agami maasiku bu-n do.*
PROX　家=LOC　子ども　たくさん　いる-IND　SFP
'この家に子どもがたくさんいるよ。'

---

[6] ただし船のような乗り物は無情物でありながら *bun* の方で表される。

ドゥナン語の所有文は存在文と同様に、主述語に存在動詞を用い、所有者が所格 =ni で表示される。存在文同様、主語の有情性によって存在動詞が選択される。

(18) a. *khanu ttu=ni agami maasiku {bu, *a}-n do.*
    DIST 人=LOC 子ども たくさん いる-IND SFP
    'あの人に子どもがたくさんいる。'

  b. *khanu ttu=ni din maasiku {*bu, a}-n do.*
    DIST 人=LOC お金 たくさん いる-IND SFP
    'あの人にお金がたくさんある。'

5.5.2 疑問文

諾否(Yes/No)疑問文には文末詞 =na が現れる。文末詞 =na は主述語となる動詞の直説法形から -n を取った形式（焦点共起の場合は連体形）に接続する(19)。また、主述語が名詞句の場合も、役割標識の有無に関わらず =na が接続する(20)。

(19) *khuruma mut-i bu=na?*
    車 持つ-MED IPF=YNQ
    '車を持っているか？'

(20) a. *khami bu-ru nma=ya Dunan-nma=na?*
    あそこ.LOC いる-PTCP 馬=TOP 与那国-馬=YNQ
    'あそこにいる馬は与那国馬か？'

  b. *thabi nma=nki=bagin hi-ta=nga? Hokkaido=nki=bagin=na?*
    旅 どこ=DIR=INCL 行く-PST=WHQ 北海道=DIR=INCL=YNQ
    '旅はどこまで行ったか？ 北海道までか？'

主述語に動詞句を持つ疑問詞疑問文には、文末詞 =nga が接続し、疑問詞には役割標識 =ba が接続することもある。

(21) a. *su=ya tha=ŋa war-u=nga?*
    今日=TOP 誰=NOM いらっしゃる-PRES=WHQ
    '今日は誰がいらっしゃるか？'

  b. *nda=ya Tharu=nki nu(=ba) thura=nga?*
    2SG=TOP 太郎=DIR 何(=BA) あげる=WHQ

'あんたは太郎に何をあげるか？'

主述語が名詞句の疑問詞疑問文では、文末詞 =ya が主述語に接続する。

(22) a. *Dunan-ccima=ya   nma={ya, *nga}?*
　　　　 与那国-島=TOP　　どこ=WHQ
　　　　 '与那国島はどこか？'
　　b. *nma=ŋa(=ba) Dunan-ccima=ya?*
　　　　 どこ=NOM(=BA)　与那国-島=WHQ
　　　　 'どこが与那国島か？'

5.5.3　命令文

命令文は主述語に命令か禁止の接辞を接続させることで作られる。

(23) a. *da=nki   hir-i.*
　　　　 家=DIR　行く-IMP
　　　　 '家へ行け。'
　　b. *da=nki   hi-nna.*
　　　　 家=DIR　行く-PROH
　　　　 '家へ行くな。'

5.5.4　否定文

動詞句を主述語に持つ否定文は、一般的に主述語に否定の接辞 -anu- を接続させて作られる。存在動詞 an は特殊な否定形 minun を有する (24a)。minun は状態動詞と動詞の完了形の否定としても現れる。名詞句を主述語に持つ否定文は、コピュラに否定の接辞を接続させた形式 aranun で表す (24b)。

(24) a. *khumi=ya   baga   nnani=ya {minu-n, *ar-anu-n}.*
　　　　 ここ.LOC=TOP 1.GEN 着物=TOP　{ない-IND, *COP-NEG-IND}
　　　　 'ここには私の着物はない。'
　　b. *khu=ya   baga   nnani=ya   {*minu-n, ar-anu-n}.*
　　　　 PROX=TOP 1.GEN 着物=TOP　{*ない-IND, COP-NEG-IND}
　　　　 'これは私の着物ではない。'

存在動詞以外にも特殊な否定形を持つものがある。可能・受身・被害 (malefactive) を表す補助動詞 -arir- の否定形は、単純に否定の接辞を後接させた形 -ariranu- ではなく -aninu- である。また例文 (25) で、動詞の継起形の否定に特殊な形式 -nki が用いられていることを示す。その他の特殊な否定形は 5.5.3 節の禁止形、5.10 節の特殊な係り結び形参照。

(25) mata nni ccaɲir-anu-nki=du bu-ru=na?
    また 米 とぐ-NEG-NEG.SEQ=FOC IPF-PTCP=YNQ
    'また米をとがないでいるか？'

5.6 時制とアスペクト
5.6.1 時制
主文の過去時制は動詞接辞 -(i)ta-、現在と未来（非過去）時制は -u-/Ø によって表される。

(26) nnu=ya Tharu=ŋa uta khi-ta-n do.
    昨日=TOP 太郎=NOM 歌 する-PST-IND SFP
    '昨日は太郎が歌を歌ったよ。'

5.6.2 アスペクト
補助動詞 bun は、動詞の中止形に後続し、非完結相の意味を表す。例えば (27a) の例では、bun が動作主主語動詞 khagun「書く」に後続して現在（非過去）時制の形を取り、現在進行「（発話時において）書いている」という解釈を導く。また (27b) では、bun が ubuirun「覚える」に後続して非過去時制の形を取り、主述語 ubui bun が状態動詞「（発話時において）覚えている」という解釈を受ける。

(27) a. khat-i bu-n.
        書く-MED IPF-IND
        '書いている。'
    b. khanu ttu=nu na ubu-i bu=na?
        DIST 人=GEN 名前 覚える-MED IPF-YNQ
        'あの人の名前を覚えているか？'

完了の意味を表す接辞 -(y)a/(y)u- は動詞語根に接続し、動詞語根が記述する

事象の完了結果が、基準時において継続していることを表す[7]。先述の非完結相とは異なる分布を示すが、ドゥナン語では過去時制を取る動詞とは分布が非常によく似ている。過去時制を取る動詞と動詞の完了形の正確な差異の記述は今後の研究課題であるが、完了の接尾辞に過去の接尾辞が続いた過去完了形が存在することから両者の間に意味的な差異があることがわかる。

(28) a. *Tharu, di {khat-ya=na, khat-ita-na}?*
太郎　字　{書く-PERF=YNQ, 書く-PST=YNQ}
'太郎、字を書いたか？'

b. *oo, {khat-ya-n, khat-ita-n}.*
はい　{書く-PERF-IND, 書く-PST-IND}
'はい、書いた。'

動詞完了形の否定は、否定の接辞 -anu- ではなく存在動詞の否定形 -minu- を動詞の中止形に接続させて表す。このことからも動詞完了形は、歴史的に動詞の中止形＋存在動詞 an と分析可能であることがわかる。

(29) a. *khica Tharu=nki thuras-ya-n.*
さっき　太郎=DIR　あげる-PERF-IND
'さっき太郎にあげた。'

b. *madi Tharu=nki thuras-i minu-n.*
まだ　太郎=DIR　あげる-MED　IPF.NEG-IND
'まだ太郎にあげていない。'

5.7　ムードと様相
5.7.1　ムード

肯定、命令、禁止のムードは先述のとおりである。これとは別に動詞勧誘形 *-indangi* が、勧誘を表すことが認められる。

(30) *ayami-habiru nn-iti=gara khais-i h-indangi.*
模様-蝶　　　　見る-SEQ=ABL　帰る-MED　行く-HOR
'アヤミハビル（ヨナグニサン）を見てから帰ろう。'

---

[7] 伊豆山 (2006) は本稿で完了の接辞と呼ぶ形態素が一種の証拠性表現だと主張している。伊豆山 (2006) で描写されている文脈でデータの再現を試みたが、報告された結果を得ることができなかったため、今後の研究課題とする。

また、補助動詞 busan は動詞の中止形に後続し、「〜したい」という希望を表す。現代日本語共通語と異なり、主動詞の P 項は主格で表示することができない。

(31) anu=ya bansuru(*=ŋa) ha-i-busa=du a-ru.
　　 1SG=TOP グァバ(*=NOM)　食べる-MED-DESID=FOC COP-PTCP
　　 '私はグァバが食べたい。'

可能を表す表現として、二つの表現が観察される。一つは状況可能を表す接辞 -arir- であり、もう一つは主語の能力可能を表す補助動詞 ccun である。

(32) a. gaku ma simar-ya da=nki khais-i hir-arir-u-n.
　　　　 学校 もう 終わる-COND 家=DIR 帰る-MED 行く-POT-PRES-IND
　　　　 '学校がもう終わったので、家へ帰れる。'
　　　b. khanu ttu=ŋa santi tt-i ccu-n.
　　　　 DIST 人=NOM 三線 弾く-MED ABT-IND
　　　　 'あの人は三線が弾ける。'

状態述語には、驚嘆を表す形式が存在する。

(33) aca-(a)nu!
　　 暑い-EXCLM
　　 '暑い！'

5.7.2　証拠性

ドゥナン語には発話が依拠する情報の種類を示す、証拠性 (evidentiality) 表現が数多く存在する。(34) に観察される -indangi(an) は、「木がやがて倒れる」ことが、話者の推論によるものであることを示す証拠性表現の例である。

(34) khanu khi dagati thur-indangi=du ar-u.
　　 DIST 木 やがて 倒れる-EVID.INFER=FOC ある-PTCP
　　 '(地面から出ている根を見て)あの木はやがて倒れそうだ。'

(34) の発話は、話者が木を見て観察したことにもとづいており、推論ではなく視覚情報に依拠しているともいえる。しかし -indangi(an) を主述語に含む発話 (35) は、笑っている子どもを目の前で見ているときは適切ではなく、例

えば隣りの部屋にいる姿の見えない子どもの笑い声を聞いたときなどでしか適切ではない。

(35) *du=ya nn-aninu-ŋa bara-i-khui=ya kk-ariru-n.*
　　 姿=TOP 見る-POT.NEG-が 笑う-MED-声=TOP 聞く-POT-IND
　　 unu agami=ya shana-kh-indangi a-n.
　　 REF 子ども=TOP 嬉しい-する-EVID.INFER ある-IND
　　 '姿は見えないが、笑い声は聞こえる。あの子どもは嬉しそうだ。'

さらに別の例をあげると、一つの籠には魚が、もう一つの籠には果物が入っていると話者が教えられ、一つを開けて魚が入っているとわかったとき、(36a)は適切な発話である。(36a)の真偽は籠の外見に依拠しているのではなく、(36b)の1–3をもとに話者が4を導出した推論にもとづいている。同様に、(37)の例も「太郎が家にいる」ことが、ランプがついていることをもとに話者が推論した点に依拠していることを示している。

(36) a. *khari=ni=ya nnin bansuru=ŋa=du ir-indangi*
　　　　 DIST=LOC=TOP みかん グァバ=NOM=FOC 入る-EVID.INFER
　　　　 'あれにはみかんやグァバが入っているんだろう。'
　　 b. 1. 一つの籠には魚が入っている
　　　　 2. もう一つの籠には果物が入っている
　　　　 3. 箱Aには魚が入っている
　　　　 4. 箱Bには果物が入っている

(37) *thuru khi-rari=du bu-ru=yungara, Tharu da=ni bu-indangi a-n.*
　　 ランプ する-PASS=FOC IPF-PTCP=から 太郎 家=LOC いる-EVID.INFER ある-IND
　　 'ランプがついているから、太郎は家にいるんだろう。'

現代日本語共通語には、(34)–(37)の状況すべてで用いることができる言語表現が存在しない。推論の証拠性表現として用いることのできる「ようだ」「みたいだ」は、(35)以外の状況では適当ではなく、同様の証拠性表現「(動詞語根)+そうだ」は、論理的推論を用いた(36a)の状況では不適切である。必然性の様相表現「はずだ」は、(36)、(37)以外では適切ではない。

5.7.3 様相表現

必然性（necessity）や可能性（possibility）の様相は、本動詞に後述し文の主述語の一部となる要素によって表される。例えば (38a) は、連体修飾節がかかる形式名詞 *hadi* が文の主述語となり、認識による必然性（epistemic necessity）（「知りうる限り…であるはずだ」）[8] を表す。一方義務による必然性（deontic necessity）（「現在の状況によると…であるはずだ」）は (38b) にある、複合動詞的表現を用いて表される。

(38) a. *khanu ttu=ya nai da=ni war-u hadi do.*
　　　　DIST 人=TOP 今 家=LOC いらっしゃる-PRES はず SFP
　　　　'あの人は今家にいらっしゃるはずだよ。'

　　b. *su=ya ttu=ŋa war-u=yungara,*
　　　　今日=TOP 人=NOM いらっしゃる-PRES=から
　　　　thaigu da=nki hir-anu-tu nar-anu-ta-n.
　　　　はやく 家=DIR 帰る-NEG-COND なる-NEG-PST-IND
　　　　'今日は人がいらっしゃるから、早く家へ帰らないとならなかった。'

認識による可能性（epistemic possibility）（「知りうる限り…であるかもしれない」）と許可による可能性（deontic possibility）（「…してもよい」）も、本動詞に後述する要素によって表される (39a, b)。

(39) a. *khanu ttu=ya nai da=ni waru=kan bagar-anu-n.*
　　　　DIST 人=TOP 今 家=LOC いらっしゃる=かも わかる-NEG-IND
　　　　'あの人は今家にいらっしゃるかもしれない。'

　　b. *gaku ma simar-ya da=nki*
　　　　学校 もう 終わる-COND 家=DIR
　　　　khais-i hi-ta-n=tin nsa-n.
　　　　帰る-MED 行く-PST-IND=ても よい-IND
　　　　'学校がもう終わったので、家へ帰ってもよい。'

---

[8] 話者の直感を鑑みると、必然性の様相表現とするには解釈が強すぎるかもしれず、単に「と思う」程度の解釈が適切かもしれない。

5.8 項構造と結合価に関する表現
5.8.1 使役

　動詞接辞 -amir- は本動詞に接続して使役動詞を作り、主格で表示される使役者項を一つ増やす。被使役者項となる、非使役文の S/A 項は方向格 =nki か所格 =ni で標示される。

(40) a.　*Tharu=ŋa　i　　　maga-ta-n.*　　　　　　　　　　（非使役文）
　　　　太郎=NOM　ごはん　作る-PST-IND
　　　　'太郎がごはんを作った。'

　　b.　*a=ŋa　Tharu=nki　i　　　mag-ami-ta-n.*　　　（使役文）
　　　　1SG=NOM　太郎=DIR　ごはん　作る-CAUS-PST-IND
　　　　'太郎にごはんを作らせた。'

5.8.2 受身

　受動文は動詞接辞 -arir- が本動詞に接続することによって表され、他動詞の主語が降格し、動詞の項数が一つ減少する。降格された項は表出しないか、方向格 =nki か所格 =ni で表示される斜格項として表される。能動文の P 項は主格に昇格する。

(41) a.　*khunu　mayu=ŋa　uyantu　ha-ta-n.*　　　　　（能動文）
　　　　PROX　猫=NOM　ねずみ　食べる-PST-IND
　　　　'この猫がねずみを食べた。'

　　b.　*khunu　uyantu=ŋa　mayu=nki　h-ari-ta-n.*　　（受動文）
　　　　PROX　ねずみ=NOM　猫=DIR　食べる-PASS-PST-IND
　　　　'このねずみが猫に食べられた。'

5.8.3 受益

　補助動詞 *thuran*（本動詞としては「与える」の意）を用いて、他の項の降格・昇格をともなわずに項を一つ増やすことができる。この項は受益者として解釈され、方向格で標示される。現代日本語共通語とは異なり、受益者項を増やす補助動詞は受益者項の人称に関わらず *thuran* が用いられる。

(42) a.　*Tharu=ŋa　anu=nki　thuru　kh-i　　thura-ta-n.*
　　　　太郎=NOM　1SG=DIR　ランプ　する-MED　BEN-PST-IND

'太郎が私にランプをつけてくれた.'

b. a=ŋa Tharu=nki thuru kh-i thura-ta-n.
   1SG=NOM 太郎=DIR　　ランプ　する-MED BEN-PST-IND
   '私が太郎にランプをつけてあげた.'

5.8.4 被害 (Malefactive)

　動詞接辞 -arir- は受動文を作る他に、被害者項を増やす機能も持つ。例えば (43) では、自動詞 nagun「泣く」に -arir- が接続し、主題標識[9]で表示された被害者項 anu「私」が現れ、自動詞の主語 agami「子ども」は方向格に降格する。被害者項は、-arir- が接続する動詞とその主語が表す出来事によって、被害を受けるものとして解釈される。

(43) anu=ya agami=nki nag-ar-iti, sikama khir-aninu-ta-n.
     1SG=TOP 子ども=DIR 泣く-MAL-SEQ 仕事　　する-POT.NEG-PST-IND
     '私は子どもに泣かれて、仕事ができなかった.'

5.8.5 再帰性と相互動作

　再帰性と相互動作は、ドゥナン語では動詞要素としては標示されない。前者は再帰代名詞 sa もしくは du を用いて表される。後者を表す形態素は存在しないようである。相互動作は、複数主語を持つ他動詞文を用い、動詞のP項を表示しないことで表現されることが多い。

(44) Tharu=ŋa {sa, du} khaŋan=ki ucus-iti nni-ta-n.
     太郎=NOM REFL　　　 鏡=DIR　　映す-SEQ 見る-PST-IND
     '太郎が自分を鏡に映して（自分を）見た.'

5.8.6 動詞の自他交替

　(45) のように自他交替を示す動詞が存在するが、そのプロセスは予測不能かつ生産的ではなく、自他交替は語彙的情報となっている[10]。

---

[9] コーパス内に格標示付きの被害者項を含むデータが存在しないため、主題標識以外の格標示は未確認。

[10] 完了の接尾辞の選択はある程度他動性との相関が見られるが、例外も多いため、共時的な規則とはみなすことができず、歴史の名残りとみなすべきであろう。

(45) a. *nai=gara   Tharu=ŋa   that-u-n.*
      今=ABL   太郎=NOM   立つ-PRES-IND
      '今から太郎が立つ。'
   b. *nai=gara   Diru=ŋa   Tharu   thata-n.*
      今=ABL   次郎=NOM   太郎   立てる-IND
      '今から次郎が太郎を立たせる。'

5.9　敬語表現

　ドゥナン語は、主語が指示する者が社会的に高い地位にあることを述語要素によって表示する尊敬語体系を持つ。*uyan*「召し上がる」や*warun*「なさる・いらっしゃる・ていらっしゃる」など特有の尊敬表現を持つ動詞も存在するが、ほとんどの動詞では補助動詞 *warun* を動詞の中止形に後続させることで尊敬動詞を作る。

(46) *asa=ŋa   uta   kh-i   wa-i   bu-n.*
     おじいさん=NOM　歌　する-MED　HON-MED　IPF-IND
     'おじいさんが歌を歌っていらっしゃる。'

　非常に限られた数の動詞においては、主語が指示する者が他の項よりも社会的に低い地位にあることを表す特有の形式(「謙譲語」)が確認されている。*ccarirun*「申し上げる」や*thabararirun*「いただく」などがその例だが、これらは限られた場面でのみ用いられる定型句としてしか使われていない。また、現代日本語共通語とは異なり、聞き手に対する敬意を表す形式(丁寧語)は存在しない[11]。

5.10　焦点共起(係り結び)

　ドゥナン語では、古代日本語や他の琉球諸語に似た、焦点共起現象、いわゆる係り結び現象が観察される。狭義の係り結び現象は、ドゥナン語の場合、焦点標識 =*du* が主文中にあるとき、またそのときに限り、文の主述語は直説法形ではなく連体形を取る、と記述できる。実際に(47)のような最少対が多く観察される。

---

[11]　受身・可能と同じ形式の接尾辞 -*arir*- が接続した動詞が、聞き手に対する丁寧さを表すと思われる用例が観察されているが、詳細は今後の研究に譲る。

(47) nai=du ttam-ya-{ru,*n}.
　　 今=FOC 知らせる-PERF-{PTCP,*IND}
　　 '今知らせる。'

　また、否定の述語 (-anu- や minun) には、連体形とは異なる係り結び形が存在するが、これは先行研究ではこれまで報告されていない。(48) で例にあげる否定接辞が接続した動詞述語は、文中に =du が存在するが、係り結び現象として予測される連体形 hir-anu でも、通常の直説法形 hir-anu-n でもなく、hir-anu-ru という形で表れている。

(48) khama=ya thwa-bi=du hir-anu-ru.
　　 あそこ=TOP 遠い-CSL=FOC 行く-NEG-MSB
　　 'あそこは遠いので、行かない。'

　しかしながら、文中に =du が存在するが主述語が直説法形である場合や、その逆に =du が存在しないが主述語が連体形を取る場合など、先述の狭義の係り結び現象にとっては反例となる発話も観察される。ドゥナン語においては、=du と連体形・係り結び形の共起はそれぞれの要素の分布環境が非常に似通っていることによる傾向であると考えられるかもしれない。

6. 自然談話資料

　以下にドゥナン語の自然談話資料として、与那国民俗資料館館長の池間苗氏による資料館案内の一部を掲載する。

[1]　　dunan=nu nkacihanasi kh-i   ccarir-u-n.
　　　 与那国=GEN 昔話   する-MED 申し上げる-PRES-IND
　　　 与那国の昔話を話してさしあげよう。

[2]　　sirunna.
　　　 シルンナ
　　　 「シルンナ」

[3]　　sirunna=ndi nd-u=nsu=ya
　　　 シルンナ=と 言う-PRES=もの=TOP
　　　 シルンナと言うものは

[4] nkuti=ŋa   nmarir-uba   a
    赤ちゃん=NOM 生まれる-COND FILL
    赤ちゃんが生まれたら

[5] duŋuti=nki uyabi buhanna ha-iti
    門=DIR   上   しめ縄 張る-SEQ
    門の上にしめ縄を張って

[6] ndai=tu nidi=nki sirunna saŋ-iti
    左=COM 右=DIR シルンナ 下げる-SEQ
    左と右へシルンナを下げて

[7] nkuti   mmar-u-n   do=ndi
    赤ちゃん 生まれる-PERF-IND よ=と
    「赤ちゃんが生まれたよ」と

[8] muuru=nki ccarir-u munu
    みな=DIR 知らせる-PRES もの
    みなに知らせるものだ。

[9] khara khanu guma-ru   mata sirunna=ya khari=ya mata
    FILL FILL 小さい-PTCP また シルンナ=TOP あれ=TOP また
    小さいシルンナは、それはまた、

[10] nkuti   mmarir-u   duguru=ni
     赤ちゃん 生まれる-PRES ところ=LOC
     赤ちゃんが生まれるところに

[11] abu=ŋa   niŋai=du bu-ru   khimunu
     おばあさん=NOM 祈り=FOC IPF-PTCP するもの
     おばあさんが祈りをするもの、

[12] niŋa-i   wa-ta-ru   duguru=nu munu=du
     祈り-MED HON-PST-PTCP   ところ=GEN もの=FOC

[13] na-i   bu-ru.
     なる-MED IPF-PTCP
     祈りなさったところのものとなっている。

[14] khu=ya mata dwai=nu basu=ni binga=nu
      これ=TOP また 祝い=GEN とき=LOC 男=GEN
      これはまた祝いのときに、男の…

[15] <de kore=wa> dama.
      でこれは   糸車
      でこれは、糸車。

[16] dama=ndi nd-u   munu=ya
      糸車=と   言う-PRES もの=TOP
      糸車というのは

[17] abu-nta=ŋa   unni   unu   dama=nki mat-iti
      母親-PL=NOM そのように その 糸車=DIR   巻く-SEQ
      母親とかがこのようにその糸車に巻いて

[18] bu   nm-i   utut-i   wa-ta=gara=ya
      麻糸 紡ぐ-MED   おく-MED   HON-PST=ABL=TOP
      麻糸を紡いでおかれたら

[19] unu dama=nki mat-iti   e   isi   mata
      その 糸車=DIR   巻く-SEQ FILL する.MED また
      その糸車に巻いて、えー、そう、また

[20] khu=ya mata ndati=si   khu=si
      これ=TOP また ボビン=INST これ=INST
      これはボビンで、これで

[21] khunni   mat-i   utug-uba
      このように 巻く-MED   おく-COND
      このように巻いておけば

[22] nunu ur-u   basu=ni   kk-u   munu.
      布   織る-PRES とき=LOC 使う-PRES もの
      布を織るときに使うものだ。

[23] khu=ya mata hatamunu.
      これ=TOP また 機織り機
      これは機織り機だ。

[24] *hatamunu=ya nnani danindu=nu nnani ur-u munu.*
機織り機=TOP　着物　家族=GEN　着物　織-PRES　もの
機織り機は着物を、家族の着物を織るものだ。

[25] *khu=ya mata minuŋa=nu abuta sikama.*
これ=TOP　また　女=GEN　母親　仕事
これは女の、母親の仕事だ。

[26] *khu=ya aminagu.*
これ=TOP　ゆりかご
これはゆりかごだ。

[27] *aminagu=ndi=ya nkuti nus-iti*
ゆりかご=QUOT=TOP　赤ちゃん　乗せる-SEQ
ゆりかごとは、赤ちゃんを乗せて

[28] *naci aca-ru basu=ni nus-iti*
夏　暑い-PTCP　とき=LOC　乗せる-SEQ
夏暑いときに乗せて

[29] *naci=n huju=n abu-nta=ŋa*
夏=INCL　冬=INCL　母親-PL=NOM
夏も冬も母親とかが

[30] *haraharadii haraharadii=ndi <konnani sagete>*
ねんねんころり　ねんねんころり=QT　こんなに下げて
ねんねんころりと、こんなに下げて

[31] *mati sjana kh-i nind-i bu-ta-ru.*
とても　嬉しい　する-MED　寝る-MED　IPF-PST-PTCP
とても嬉しそうに寝ていた。

略語一覧

1	first person	一人称	CAUS	causative	使役
2	second person	二人称	CIRC	circumstantial	状況
ABL	ablative	奪格	CMP	comparative	比較
ABT	ability	能力可能	COND	conditional	条件
ADVZ	adverbalizer	副詞化	COP	copula	コピュラ
BEN	benefactive	受益	CSL	causal	原因

DESID	desiderative	願望		NOM	nominative	主格
DIR	directive	方向格		PASS	passive	受身
DIST	distal	遠指示		PCR	property concept root	性質概念
EXCL	exclusive	除外複数		PERF	perfect	完了
EXCLM	exclamative	驚嘆		POT	potential	可能
FOC	focus	焦点		PRES	present	非過去
GEN	genitive	属格		PROH	prohibitive	禁止
HON	honorific	尊敬		PROX	proximal	近指示
HOR	hortative	志向		PST	past	過去
IMP	imperative	命令		PTCP	participle	連体
INCL	inclusive	包括複数		REFL	reflexive	再帰
IND	indicative	直説		QT	quotative	引用
INFERN	inferential	推量		SEQ	sequential	継起
IPF	imperfective	非完結		SG	singular	単数
LOC	locative	所格		SFP	sentence final particle	文末詞
MAL	malefactive	被害		TOP	topic	主題
MED	medial	中止		WHQ	*wh*-question	疑問詞疑問
MSB	*musubi*	結び		YNQ	yes-no question	諾否疑問
NEG	negative	否定				

謝辞

本稿の執筆にあたり、池間苗氏、前黒島勇市氏、三蔵敏氏、三蔵順子氏をはじめ、与那国町教育委員会と多くの与那国島民の方にご協力いただいた。また自然談話資料の録音・録画データはパトリック・ハインリヒ氏（獨協大学）から提供されたものである。自然談話資料の書き起こしには前黒島氏に全面的にご協力いただいた。ここに心より御礼申し上げる。なお、本研究は日本学術振興会科研費（課題番号 22・4831（山田）、22・0100（ペラール）、22720161（下地））の助成を受けている。

参照文献

Hayashi, Yuka (2010) Ikema (Miyako Ryukyuan). In Michinori Shimoji and Thomas Pellard eds., *An introduction to Ryukyuan languages*, 167–188. Tokyo: ILCAA.
平山輝男（1988）『南琉球の方言基礎語彙』東京：桜楓社.
平山輝男・中本正智（1964）『琉球与那国方言の研究』東京：東京堂.
法政大学沖縄文化研究所（1987a）『琉球の方言 11　八重山・与那国島』東京：法政大学沖縄文化研究所.
法政大学沖縄文化研究所（1987b）『琉球の方言 12　八重山・与那国島』東京：法政大学

沖縄文化研究所.
池間苗著、池間龍一・池間龍三編（1998）『与那国ことば辞典』私家版.
池間苗著、池間龍一・池間龍三編（2003）『与那国語辞典』私家版.
岩瀬博・富里康子・松浪久子・長浜洋子（1983）『南東昔話業書10　与那国島の昔話』京都：同朋社.
伊豆山敦子（2002）「琉球八重山（与那国）方言の文法基礎研究」真田信治編『消滅に瀕した方言語法の緊急調査研究（2）』A4-012. 99–135. 大阪：大阪学院大学.
伊豆山敦子（2006）「エビデンシャリティ（証拠様態）：与那国方言の場合」『マテシス・ウニウェルサリス』7（2）: 43–57. 獨協大学外国語学部.
Izuyama, Atsuko (2012) Yonaguni. In Nicolas Tranter ed., The languages of Japan and Korea, 412–457. London: Routledge.
加治工真市（1980）「与那国方言の史的研究」黒潮文化の会編『黒潮の民俗・文化・言語』491–516. 東京：角川書店.
加治工真市（2004）「与那国方言について：与那国島の伝統文化調査研究報告書」『沖縄芸術の科学』16: 17–74. 沖縄県立芸術大学附属研究所.
ローレンス　ウェイン（2008）「与那国方言の系統的位置」『琉球の方言』32: 59–67. 琉球大学沖縄文化研究所.
日本放送協会（1999）『CD-ROM版全国方言資料全十二巻』日本放送出版協会.
大城健（1972）「語彙統計学（言語年代学）的方法による琉球方言の研究」服部四郎先生定年退官記念論文集編集委員会編『現代言語学』533–558. 東京：三省堂.
Pellard, Thomas (2009) Ōgami: Éléments de description d'un parler du Sud des Ryūkyū. Ph.D. dissertation, École des hautes études en sciences sociales.
Pellard, Thomas (2010) Ōgami (Miyako Ryukyuan). In Michinori Shimoji and Thomas Pellard eds., An introduction to Ryukyuan languages, 113–166. Tokyo: ILCAA.
Shimoji, Michinori (2011) Irabu Ryukyuan. In Yasuhiro Yamakoshi ed., Grammatical sketches from the field, 77–131. Tokyo: ILCAA.
Shimoji, Michinori and Thomas Pellard eds. (2010) An introduction to Ryukyuan languages. Tokyo: ILCAA.
高橋俊三（1975）「沖縄県八重山郡与那国町の方言の生活語彙」藤原与一編『方言研究所4』159–217. 東京：三弥井書店.
高橋俊三（1997）「与那国方言」亀井孝・河野六郎・千野栄一編『言語学大辞典セレクション　日本列島の言語』413–422. 東京：三省堂.
内間直仁（1980）「与那国方言の活用とその成立」黒潮文化の会編『黒潮の民俗・文化・言語』447–490. 東京：角川書店.
上野善道（2009）「琉球与那国方言のアクセント資料（1）」『琉球の方言』34: 1–30.
上野善道（2010a）「与那国方言のアクセントと世代間変化」上野善道（監修）『日本語研究の12章』504–516. 東京：明治書院.
上野善道（2010b）「与那国方言動詞活用のアクセント資料（2）」『国立国語研究所論集』34: 135–164.

山田真寛(近刊)「与那国語の動詞形態論：証拠性研究の基礎資料として」田村早苗(編)『証拠と推論：頭脳循環を活性化する若手研究者海外派遣プログラム報告書』

宮古島西原地区ではなされている池間方言の創作童話

カナルおばーぬゆがたい

みまむいぶすぬはなす

表紙

カナルおばーぬゆがたい　　みまむいぶすぬはなす
カナルおばあのゆがたい　　　見守り星の話

01

1:　カナルおばーや、やどぅふつがまんどぅ、きゅーまい　とぅくっとがまーひー
　　あらー　みーっちゃーん　びーがまー　ひーゆい。
　　カナルおばあは、縁側で、今日もしずかに外を見ながらすわっています。

2:　みなかぬ　ほぅやらうぎーや、はーゆ　シャーシャーてぃ
　　ゆらひー、カナルおばーんかい　すだす　かでぃがまう　うくりゅーたい。
　　庭の大きなテリハボクの木が、葉っぱたちをサワサワゆらして、おばあに涼しい風をとどけています。

3:    「かぬいー…、ほぅやらうぎー。」
      「あのね…、テリハボクや。」

4:    「くや、んみゃ　カナルが　むぬー　あいすきゃきてぃがー、
      ひとぅいがーまーすまい　なまらはいん。」
      「ほら、カナルが言いはじめたら、一日中でも、とまらないよ。」

5:    「カナがまてぃー　あっじゃいうたい　いみかいきゃぬ　くとぅー　うむいだひー
      うたいどー。きゅーまい　ばが　はなすがまう　つきー　ふぃーる、
      いら、ほぅやらうぎー。」。
      「今、カナルちゃんとよばれていたおさないころのことを、思いだしていたよ。
      今日も、昔話を聞いてくれるかい、ね、テリハボクや。」

6:    「んーでぃ。おばーが　うむーが　にゃーん　あっじ。ばー　はなっそう
      つふ　ほぅかんな　なうまい　あす　くとぅー　にゃーんば。」
      「ええ、どうぞ。思いのまま話してね。わたしは、話を聞くほかに何もすることがないのだから。」

7:    「かいぬ　くとぅよ。」
      「こんなことだよ。」

02

8:    ばが　かーちゃんな、ばが　いつつぬ　とぅきゃんどぅ、てぃんかい　ぬーりー
      はりーにゃーん。
      私の母ちゃんは、私が五才のころ、病気で天国へ行ってしまいました。

9:    おとーや、っふぁがまんみぬ　みちゃーいまい　うたいば
      かまらっさひーたーなまい　うらいっだん。
      おとうは、残された子どもたち三人のために、悲しんでばかりもいられませんでした。

10: うぬひーから、おとーや　いんたーな　あらだ、むぬー　にーまい、
　　つんあらいまい、さうずまい、かーちゃんが　ひーうたい　くとぅー　んーな
　　ほぅだかー　ならっだん。
　　　その日から、魚取りの仕事のほかに、子どもたちの食事作りやせんたくや掃除など、
　　　母ちゃんがやっていたことを、全部やらなければなりません。

11: ゆいぬ　とぅきゃんな、おとーや　みなかん　むっそー　すきー
　　ゆいゆぎゃーふぃーたい。
　　　夕飯のときには、おとうは、庭にむしろをしいて、ご飯を食べさせました。

12: つっちゅぬ　ゆーんな　つっちゅぬ　あかいひー、ほぅすぬ　ゆーんな
　　ほぅすぬ　あかいひー、ふぃーたい。
　　　お月さまが出ている夜は月あかりで、お星さまが出ている夜は星あかりで、食べさせていたのです。

13: ゆいゆ　ふぁうっちゃーん、やらびがまんみゃー　きゅー　ひーっちゃー
　　くとぅー、おとーんかい　うなが　たまたま　あっじー　うたい。
　　　夕飯を食べながら、子どもたちは、今日一日のできごとをかわりばんこに、おとうに話しました。

14: おとーや、やらびがまんみぬ　はなっそう　つふぬどぅ
　　ほぅからすむぬ　あたいが　やうかん。
　　　おとうは、子どもたちの話しを聞くのが楽しみのようでした。

03

15: カナルが　やーつ、カナスが　んーつ、アカルが　いつつぬ　とぅきゃどぅ
　　あたい。
　　　カナルが八才、カナス六才、アカル五才のあるときのことです。

16: カナルー、おとーんかいや　っさんふいがまー　ひー　カナストゥ
　　アカルー　いんかい　さーり　いふたい。
　　　カナルは、おとうにないしょで、カナスとアカルをつれて、海に行きました。

17： かーちゃんとぅ　ひとぅみ　ちゅっふぃー　ふぁうたい　しなぬ　んっつーがまう
　　　ふぁいみーぶすかいてぃどぅ　しながまう　とぅいが　いふたいちゃ。
　　　　母ちゃんといっしょに作った貝のみそ汁を食べたくなって、貝を取ろうと思ったのです。

18： いんな、んじゃたーひーまい　そーや　っしどぅ　うたい。
　　　　海は、遠くまで潮が引いていました。

19： いんかい　うりや、カナルー、かーちゃんが　ひーうたいそぅが
　　　んまらーひー　んなぐー　ぷんたみー　あいきーゆたい。
　　　　浜におりると、カナルは、母ちゃんがやっていたように、砂をふみしめて歩きました。

20： カナスとぅ　アカルまい、カナルが　てぃびから、まーびゃーひー
　　　あいきーゆたい。
　　　　カナスとアカルもカナルの後ろから、まねをしてついてきました。

21： シャー、シャー
　　　　シュッ、シュッ

22： あい　あすてぃがー　カナルぬ　ばただつたーひー　みっじゃ　はにーば、
　　　うまう　ほぅいてぃがー、しなぬ　うい。
　　　　そうするとカナルのおなかくらいの高さまで水がふき上がるので、その場所をほると、
　　　　貝がいるのです。

23： 「あがい　んみゃ　くりゃー　かーちゃんが　とぅいゆたい　しなどー。」
　　　　「あ、これは母ちゃんが取っていた貝だ。」

24： カナルー　あてぃ　ほぅからすむぬてぃ、ほぅぐいゆ　いだすたい。
　　　　カナルはうれしくて、大声で叫びました。

25： 「なうが、ねーねー?」てぃ　あいっちゃーん　カナスとぅ　アカルが、
　　　そぅっづぃ　っちゅーたい。
　　　　「ねえさん、どうしたの?」と言いながら、カナスとアカルが、走ってきました。

26： 「くりゃー　かーちゃんが　しなんっつーやひー　ふぃーたい　しなどー。」
　　　　「母ちゃんがおみそ汁にした貝だよ、これは。」

27： 「えー　あいな。」
　　　　「へーぇ、そうか。」

28： うっとぅぬ　ふたーいや、てぃーぬ　しなう　みーたい。
二人は、貝をのせている手のひらをのぞきこみました。

29： カナルー、うぬ　しなう　ふたてぃーひー　あたらすぎ　ないがまーひー
むちゅーてぃがー　つむ　ほぅからすふ　ないたい。
カナルは、貝を両手で包むようにささげ持つと、心がほっこりと温かくなりました。

30： かーちゃんが　ちゅっふぃー　ふぃーたい　ふくるがまんかい　あたらすぎ
ないがまーひー　やーらがま　しなう　いりたい。
母ちゃんが作ってくれた袋に、大事そうにそっと、貝を入れました。

31： タイ、タイ、タイ、タイ
タンタン、トントン、タン、トントン

32： んなぐー　タイタイてぃ　あいきゅーてぃがー　かーちゃんが　ばぬー
てぃんから　みーゆーそぅが　んまり　あたい。
砂の上をふみしめながら歩いていると、母ちゃんが、自分を見つめているようでした。

33： シャッてぃ、はずぬ　すたから　みずぬ　ちゅーく　とぅびー　ってぃ、うまう
ほぅりー　しなう　とぅいてぃがー、かーちゃんが　ほぅからすぎ　みはなぬどぅ
みーらいゆたい。
シュッと、足の下の砂の中からいきおいよく水が上がり、そこをほって貝を取ると、
母ちゃんのうれしそうな顔が、目の前にうかびます。

34： カナルー　うながどぅーや、ばっしだちゃー、タイタイタイてぃ
んじゃたーひーまい　あいつんな　あいきー　まーりーゆたい。
カナルは夢中になり、貝を取りつづけ、タントントン、タントントンと、歩いていました。

35： っさだういきゃー、いきゃーみーん　ゆーかーまぬ　ほぅいすまい　くい
はりーにゃーっだん。
いつのまにか、行ったことのない遠くの大石までも通りすぎていました。

36： あいえいそぅが、カナルー　うじゃー　かーまたーひー　っちゅーてぃぬ
くとぅーぎゃー　なうちゅんま　かんがいっだん。
けれども、こんなにも遠いところまで来たことに、カナルは少しも気がつきません。

37 : うっとぅがまぬ　ふたーいや　ほぅいすたーひー　っていや、だりー、んみゃ
　　　あいかいんてぃ　そぅーだまいがまん　あそぅび　はずみたい。
　　　　　幼いカナスとアカルは、大石まで来ると、もう歩けないと、潮だまりで遊びはじめました。

38 : ういから　いかっさばかーい　なりゅーたいがいー。
　　　　　それからどのくらいたったのでしょう。

39 : しなー、ふくるぬ　ひてぃつん　なりゅーんまい、カナルが　はっじゃ
　　　なまらだ、まぅきゃーんかい　まぅきゃーんかい　あいきー　まーりーゆたい。
　　　　　貝は、袋いっぱいになっているのに、カナルの足は止まらず、前へ前へと進みます。

40 : あいきゅーきゃ、しなー　とぅいや、ふくるんかい　うすんきゅーたい。
　　　　　歩いて、貝を取っては、ぎゅーっと袋におしこむのでした。

41 : てぃだー　うてぃばたーひー、カナルが　かぎゃー　んなぐばまん
　　　ながーちゃん　なりゅーい。
　　　　　夕日もしずみかけ、カナルの影が砂浜に長くのびています。

04

42 : ジャラジャラ、ピカーッ
　　　　　ジャラジャラ、ピカーッ

43 : あたくまん、うまつだまぬ　んまりむぬぬ　ぱずきー、カナルが
　　　ばただつばかーいん　ひかいたい。
　　　　　とつぜん、線香花火のような赤い光が、カナルのおなかのあたりまで、はね上がりました。

44 : 「あがいっ　んみゃ」
　　　　　「あっ」

45 : カナルー　あがいたうとぅてぃー、てぃーひー　みーゆ　うーいたい。
　　　カナルは思わず、両手で目をおおいました。

46 : あやひー　すぐ　また　てぃびんな、ジュジュ、ピカーてぃ、ゆぬくとぅ
　　　ひかりゅーたい、
　　　続いて後ろで、ジュジューッ、ピカーッと、同じようにまた光るので、

47 : カナルー、あかいん　っさびかいそうが　んまらーひー　てぃびんかい
　　　ばってぃ　まーいきゃー、はずぬ　すたから　また　あかいぬ　ぱずきんな
　　　ぱずきー　はりゅーい。
　　　カナルが、光にさそわれるように、くるりと回って、向きを変えると、すぐさま次の音がして、
　　　足元の砂の中から、またまた光がはじけます。

48 : （くぬ　あかびかいや　なうてぃぬ　ばーが？）
　　　（この赤い光は何？）

49 : カナルー、うりゃー　なうぐとぅがてぃ　うむいちゃふ　なりー、そぅっづぁすたい。
　　　カナルは、いったい何だろうとむなさわぎがして、走りだしました。

50 : あすてぃがー　うぬ　あかいや　ぴかりゃー、きゃーりーきゃーりー　ひーゆたい。
　　　するとその光は、ますますせわしく光っては消え、光っては消えていきました。

51 : カナルー　うなが　たや　びゃーきー、そぅっづぁすたいそうが、うぬ
　　　あかいや　まさりー、
　　　カナルはありったけの力をこめ、走りましたが、なおその光は、

52 : 「んめひまい　はやまり、んめひまい　んめひまい　はやまり。」てぃ
　　　あぎまーひーゆーそぅが　んまり。
　　　「もっと早く、もっともっと早く。」と、せかしているようです。

53 : カナルー、なうぬ　くとぅーぎゃー　かんがいだ　うぬ　あかいゆ　うっちたい。
　　　カナルは、夢中で光を追いかけました。

05

54: あすてぃがー、あかいや ほぅいすぬ とぅくまん ってぃ なまいたい。
すると、光は、大石のところで止まりました。

55: なんぬ ぶりゅーい ほぅいすぬ そぅーだまいん、なうががら みーらいや きゃーい きゃーい ひーゆーむぬぬ みーらいゆたい。
波の打ちよせる大石の潮だまりに、何かが見えかくれしているのに気がつきました。

56: ほぅいすぬ とぅくまたーひー ってぃ、カナルー 「あがい んみゃ」てぃ、ほぅぐいゆ いだすたい。
大石の近くまで来たとき、カナルはびっくりして、大声をあげました。

57: 「あがいっ、アカルとぅ カナス…」
「あっ、アカルとカナスが…」

58: カナルー、そぅーだまいんかい やうんつたい。
カナルは潮だまりに飛びこみました。

59: ふたーいが まいんかい すんだちゃーん なりー うーぎー ゆーてぃがー、ふたきな つんぬ かつみらい ひかいー にゃーっだん。
二人のところに、必死になって泳いでいくと、いきなり着物が引っぱられました。

06

60： アカルとぅ　カナスが　いみ　てぃーがまひー、つんぬ　まいちゃう
　　　かつみー　んめてぃ　ひーゆたい。
　　　アカルとカナスの小さな手が、着物のすそをつかんでもがいています。

61： たるがなーが　はずぬ　カナルが　どぅーゆ　ちゅーくんてぃ　きーたい。
　　　誰かの足がカナルの体を強くけりました。

62： あすてぃがー　カナルー　すたんかい　さがりー、ふたーいや　あーぎんかい
　　　あがりーはいはい　ひーゆたい。
　　　するとカナルが下の方にしずみ、二人が上の方に上がっていくのです。

63： 「アカルがまー、カナスがまー」
　　　「アカルー、カナスー」

64： たや　ばーきぬ　くいゆ　いだはっでぃ　ほぅーそうが、くいや　いでぃん。
　　　力のかぎり叫ぼうとしても、声になりません。

65： 「あがいっ」
　　　「あっ」

66： あーぎんかい　ぬーりーはたい　ふたーいがどぅ、また　いんぬ　なかんかい
　　　うーっふぃ　ってぃ、カナルー　かつみーうたい。
　　　海面に浮きあがった二人が、また海の中にしずんできて、カナルにしがみついてきました。

67： んみゃてぃ　はっじゅ　ばたみかひーゆーてぃがー　みちゃーいが　かなまいや
　　　あーぎんかい　ジャッてぃ　いでぃ　っちゅーたい。
　　　必死で足をバタバタさせていると、三人の頭が、ぷかっと海面に出ました。

68： うぬ　とぅきゃん　ふたきな　やぐみ　ほぅなんぬ　ってぃ　どぅーぬ
　　　むちゃぎらいたい。
　　　そのとき、とつぜん大波がきて、体が持ちあげられました。

69： うなが　みなかぬ　んまらーひー　いつまい　あそぅびーゆー　いんぬどぅ、
　　　まずむぬん　なりー、っさびきー　さーりーはらっじゃうたい。
　　　自分の庭のようにいつも遊んでいる海が化け物に化けて、さらっていこうとしています。

70 : なうやらばんまい　ほうだかー　みちゃーいない　くいん　ふぁーいがまた。
　　　とにかく何かやらなくては、三人とも飲みこまれてしまいます。

71 : アカルがまとぅ　カナスがまー、むいだりゃーひーういそうが　カナルが
　　　つんな　わいてぃ　かつみんきどぅ　はっじゅ　むゆかひーゆい。
　　　小さなアカルとカナスは、ぐったりしながらも、カナルの着物をしっかりとつかみ、足を動かしています。

72 : カナルー　うなが　どぅーぬ　いすぬ　んまらーひー　んぶふ
　　　なりゅーそうが　んまりあたい。
　　　カナルは、自分の体が石のように重くなっていくのを感じました。

73 : （たすきー　ふぃーる、てぃんぬ　かーちゃん）
　　　（たすけてー、天の母ちゃん）

74 : カナルー、つむぬ　なかんな、かーちゃんかい　すがりゅーたい。
　　　カナルは、心の中で、母ちゃんにすがっていました。

75 : 「ほーい　ほーい」
　　　「おーい　おーい」

76 : 「カナルー　カナスー　アカルー」
　　　「カナルー　カナスー　アカルー」

77 : ゆーかーまから　くいがまぬ　つかいー　ったい。
　　　遠くの方からかすかな声が聞こえました。

78 : 「ほーい　カナルー　カナスー　アカルー」
　　　「おーい　カナルー　カナスー　アカルー」

79 : くぬ　くいや　すだい　すだいん　まいふなりー　っちゅーたい。
　　　その声は、だんだんはっきりと聞こえてきました。

80 : 「なうばいがー、んなますぐ　たすきーが　くーっじゃー。」
　　　「だいじょうぶかー、すぐ助けに行くからなー。」

81 : 「おとー、おとーっ」
　　　「おとうー、おとうーっ」

82: カナルー、ふたーいゆ ひきー、はまんかい ふっちゃひー たやだーき
おとーゆ ゆらうたい。
    カナルは、二人を引きよせながら、浜に向かって力いっぱい叫びました。

83: おとーや うーぎってぃ ちゅーくんてぃ みちゃーいゆ かったつたい。
    おとうは、必死に泳いでくると、しっかりと三人をだきかかえました。

07

84: 「おとー、うとぅるすむぬ あたいどー、やぐみ うとぅるすむぬ あたいよ。」
    「おとー、こわかったよー、とってもこわかったんだ。」

85: はまんかい ぬーいきゃー すぐ、カナスとぅ アカルー なきーにゃーっだん。
    浜に上がるとすぐ、カナスとアカルは泣きだしました。

86: カナルー ふたーいゆ かったきー、おとーんかい「ばがどぅ ばいかたい、
    ゆらひー ふぃーる。」てぃ あっじゅーたい。
    カナルは二人をだきしめ、それから、おとうに「わたしが悪かったの、ごめんなさい。」と、
    あやまりました。

87: 「なう ぐとぅまい にゃーだ じゃうむぬ。」てぃ、おとーや カナルが
    かなまいがまう なでぃがまーひーゆたい。カナルー なだぬ なまらだ
    うちゅーたい。
    「無事で良かった。」と、おとうはカナルの頭をやさしくなでました。カナルは涙がとまりませんでした。

88: まずむぬぬ んまり あたい いんな なうまい にゃーっだんそうが
    んまらーひー、つっちゅぬ んつぬ いんかい うっちー ひかりゅーたい。
    まるで化け物のようだった海はしずかになり、月の道が水面に光りかがやいています。

89: 「じょー、んみゃ なかだ、やーんかい。」
    「さあ、もう泣かないで、家に帰ろう。」

90: おとーや アカルー だきー、あやひーまた、カナスとぅ カナルー
おとーが つんぬ まいちゃー かつみー あいきー はたい。
おとうはアカルをだっこし、そしてカナスとカナルはおとうの着物のすそをにぎって歩きだしました。

91: カナルー かたてぃーひー、しなぬ はいりゅー ふくるー んみゅーつん
かったきー うたい。
カナルは片方の手で、貝の入った袋をむねに押しあて、にぎりしめています。

92: ふくるん んちゅーたい しなー ゆくーがまたーなどぅ ぬくりゅーたい。
袋からあふれるほどあった貝は、たった四つぶしか残っていませんでした。

93: んつぬ なぎゃーな うむいだひーゆーそぅが んまりゃーひー、
すきゃんなっちゃひーゆい みちゃーいんかい おとーや
かなすぎないがまーひー あいたい。
道々、思いだしたようにすすり泣く三人に、おとうはやさしく言いました。

94: 「ばが まなやたー、うとぅるすむぬ あたいだら。んみゃ なうまい
あらんば、なかだうり。」
「みんな、こわかったろう。もうだいじょうぶだから、泣くんじゃない。」

08

95: おとーや、やーんかい ふーきゃー、ゆいぬ そうがいゆ はずみたい。
おとうは、家につくと、夕飯の準備を始めました。

96: 「カナルー、しなう むちーくー。しなんっつーゆ ほぅでぃ。」
「カナル、貝を持っておいで。みそ汁にしよう。」

97: 「うすきがまひー ちゅっふぁいどぅす?」
「たったこれだけでできるの?」

98: 「ういひー　じゃうぶんだら。ひや、なびんかい　みっじゅ　いりー…、
うまっちゃ　つきー、んそうまい　いだひー。」てぃ　あいっちゃーん、
おとーや、ゆいゆ　ちゅっふぃ　はずみたい。
「これでじゅうぶんだよ。さて、なべに水を入れて、火をつけて…、みそも出しておこう。」と、
おとうは、作りはじめました。

99: 「くやくや、くぬいや　ふぁいや　みーっだん　しなんっつーどー。」
「ほらほら、ひさしぶりの貝のみそ汁さ。」

100: いつぐぬ　んまりゃーひー　みなかん　むっそうー　すきー　ゆたーいひー
むぬふぁうだいゆ　かくみーゆたい。
いつものように庭にむしろをしき、四人で食卓をかこみました。

101: 「おとー、んまむぬいー。くりゃー　かーちゃんが　しなんっつー、いー。」
「おとう、おいしいね。母ちゃんの味だ、これは。」

102: カナルー、おとーゆ　みゃーぎーっちゃーん　あいたい。
カナルは、おとうを見あげて言いました。

103: おとーや、やらびがまんみんかい　あいたい。
おとうは、子どもたちに言いました。

104: 「カナルねーねーが、かーちゃんが　くとぅー　うむいー　とぅいっちゃー
しながまやいば　まないん　ふぁいよー。」
「カナルねえさんが、母ちゃんのことを思って取った貝だ。残さずに食べるんだよ。」

105: 「かーちゃんが　しなんっつーや、んまいいー。」てぃ　カナスとぅ
アカルー　みはなー　みーっちゃーん　あっじゅーたい。
「母ちゃんの味って、おいしいね。」と、カナスとアカルは顔を見あわせます。

106: カナルー、はまぬ　ひるます　あかびかいぬ　くとぅー　おとーんかい
あっじ　つかすたい。
カナルは、浜辺の不思議な赤い光のことをおとうに話しました。

107: 「あいな、あいどぅ　あたいな…。
「そうか、そうだったのか…。

108： ゆいふぁうぶすぬ　いでぃーゆーんまい、っづぁどぅー　やーんな
　　　みーっだん。
　　　　一番星が出ているというのに、おまえたちはまだ帰っていない。

109： あやひどぅ、ばー　しばん　ないたい。
　　　　それで、心配になったんだ。

110： なうちゃーにゃーだ　はまう　みーてぃがー、あかびかいぬ　みーらいー
　　　すぐ　きゃーりー　はりーにゃーっだん。
　　　　ふと浜を見ると、赤い光が見えてすぐに消えた。

111： なうががら　やなぐとぅぬどぅ　うくりゅーてぃ　っさひー　ゆーそうが
　　　んまり　あたい。
　　　　何か良くないことが起こっていると知らせているようだった。

112： あんちーやいそうが　ひるますむぬいー。うぬ　ときゃんな　ふたーいない
　　　ゆぬそういぬ　あかびかいゆ　みーゆたいてぃぬ　ばーどー、いー。」
　　　　それにしても不思議だなあ。あのとき、二人とも同じ赤い光を見ていたなんてなあ。」

113：「おとー、かりゃー　かーちゃんが『やらびがまんみゃー　んめちゃう』てぃ
　　　っさほぅー　あかいどぅ　あたいがやうかん。」
　　　「おとう、あの光は母ちゃんが『子どもたちがあぶない』と、知らせてくれていた光なのかもしれないね。」

09

114： おとーや、てぃんぬ　みゃーぎっちゃーん　あいたい。
　　　　おとうは、天を見あげながら言いました。

115：「かーちゃんな　てぃんぬ　ほうすん　なりー、っづぁどぅー　みー
　　　ふぃーゆい。っづぁどぅが　みまむいぶすどー。
　　　「母ちゃんは星になって、おまえたちを守ってくれているんだ。おまえたちの見守り星だ。

116: てぃんたうがなす、ばが まなやがまたぬ ほぅんぬっちゃ たすきー
　　　 ふぃーさまい やぐみ すでぃがほう…」
　　　天の神さま、わたしの子どもたちの命を守ってくれてありがとう…」

117: あい あいきゃー、しなぐやん ぬくりゅーい ひーちゃがまぬ そぅーがまぬ
　　　 ピカッてぃ ひかりゅーたい。
　　　すると、貝がらに残っていたほんの少しのみそ汁が、キラリとかがやきました。

10

118: 「くりゃー、ばが やらび あいきゃぬ はなすがまどぅ あたい。
　　　これは、わたしの子どものころの話さあ。

119: きゅーまい ひとぅいがーまーす つきー ふぃー すでぃがほう、ほぅやらうぎー。」
　　　今日も一日中聞いてくれてありがとうね、テリハボクや。」

120: ほぅやらうぎーや、まさりーまい すでぃがほうてぃ あいそぅが
　　　 んまらーひー ゆだう ゆるがほぅーたい。
　　　テリハボクの木は、どういたしましてというように、サワサワと枝をゆらしました。

121: また あちゃんかい。
　　　またあしたね。

この冊子で使われている表記法

分かち書き：この冊子では方言で発音がわかるようにあまり漢字を使わずひらがなを多く使っているため、分かち書きが使われています。分かち書きは、共通語のローマ字表記をするときに用いる、「文節」の単位で次のように行っています。
1) 名詞と助詞の組み合わせで区切る。
2) 動詞と助動詞、終助詞の組み合わせで区切る。
3) 読点のあとでは、区切らない。

ひらがな表記法：この冊子では、池間方言をひらがなで表すために作成された正書法で表記されています。この正書法では、いくつか共通語とは異なる音を表記するための特別な表記法を用いてあり、共通語と同じ表記であっても、発音が異なる場合があります。

表記の仕方と発音

表記法		発音と表記の説明	例（訳）
さ行音	「そぅ」	「そぅ」は、sの音に唇を丸めた「う」の音をつけて発音する。	そぅー（潮）
	「す」	「す」はこれに対し、sの音に唇をひいた「う」の音をつけて発音する。	ほぅす（星）
た行音	「とぅ」	「とぅ」は、tの音に唇を丸めた「う」の音を付けて英語の前置詞のtoのように発音する。	くどぅ（こと）
	「てぃ」	「てぃ」は、「ち」ではなく、tにiをつけて、英語のteaの最初の音のように発音する。	てぃん（空）
	「どぅ」「でぃ」	「どぅ」は「とぅ」の、「でぃ」は「てぃ」の濁音をつけた発音になる。	やどぅ（戸）
は行音	「ほぅ」	「ほぅ」は、英語のwhoのように上下の唇をつけずに発音する。	ほぅなん（大波）
	「ふ」	「ふ」は、fのように上の歯で、下の唇を噛んで発音する。	ふくる（袋）
撥音「ん」		「ん」は、共通語と同じ発音になる。	にゃーん（無い）
		「ん」は、語頭に立つこともある。	んみゃ（もう）
撥音「ん゜」		「ん゜」は、mのように唇をつけたり、nのように舌先を歯の後ろにつけて、声を立てずに、鼻息だけで発音する。	ん゜んたみー（踏みしめる）

促音「っ」		🔊「っ」が単語の途中にある場合は、共通語と同じ発音。	っっちゅ（月）
		🔊「ん」のあとに「っ」が来る場合がある。	んっつー（お汁）
	「っ」が単語の最初にある場合は、「っ」のあとの子音を重複し、長めに発音する。		
		🔊 "っふぁ" であれば下唇を噛み、f の形にして、噛んだまま長めに f の音を発音し、ffa のように発音する。	っふぁ（子供）
		🔊 "っづぁ" であれば、下唇を間で v の音を出し、噛んだまま長めに vva のように発音する。	っづぁ（あなた）
		🔊 "っさだ" であれば、s を長く発音する。	っさだ（知らないで）
		🔊 "ってぃ" であれば、t を発音するために舌先を上あごにつけ、すこし無音のまま保ったあとで、「てぃ」の発音をする。	ってぃ（来て）
長音「ー」		🔊 長音は、「ー」で表記する。「ん」にも長音がある。	んーでぃ（はい（返事））

（京都大学大学院文学研究科言語学研究室作成）

クレジット

作話、語り	花城千枝子（ひよどり保育園 園長）
絵	高橋三紀子（京都大学学術情報メディアセンターコンテンツ作成室 教務補佐員）
企画	車田千種（スタンフォード大学 博士課程）、岩崎勝一（カリフォルニア大学ロスアンジェルス校 教授）
企画調整など	林由華（京都大学大学院文学研究科 GCOE 研究員）、車田千種
冊子デザイン、タイトルデザイン	永田奈緒美（京都大学学術情報メディアセンターコンテンツ作成室 教務補佐員）、奥村昭夫（京都大学学術情報メディアセンター 客員教授）
録音、音声データ作成	高橋三紀子、岩倉正司（京都大学学術情報メディアセンターコンテンツ作成室 教務補佐員）、元木環（京都大学情報環境機構 IT 企画室／学術情報メディアセンターコンテンツ作成室 助教）
コンテンツ作成ディレクション	元木環
方言監修	仲間博之（学校法人加計学園 参与・沖縄支局長／元沖縄県立宮古高等学校 校長）
総合監修	田窪行則（京都大学大学院文学研究科言語学専修 教授）

この方言絵本は、京都大学グローバル COE プログラム「親密圏と公共圏の再編成をめざすアジア拠点」の助成を受けて作成されました。
また、その他数多くの方々から多くの励ましをいただきました。ここに深く御礼を申し上げます。

作画参考資料

この絵本の絵は、おもに花城千枝子先生と仲間博之先生に、子どもの頃の暮らしのお話しを伺い、西原地区を一緒に歩き見せて頂いた多くの資料などを元に描きました。その他参考にした資料は次の通りです。

沖縄テレビ放送株式会社『よみがえる戦前の沖縄』、沖縄出版、1995 年
比嘉康雄、谷川健一『琉球弧 女たちの祭り』、朝日新聞社、1980 年
比嘉豊光『光るナナムイの神々 沖縄・宮古〜西原〜19972001』、風土社、2001 年
川上哲也『西原村立て 125 周年記念 んすむら』、2001 年
木村伊兵衛『木村伊兵衛写真全集昭和時代〈第 1 巻〉大正十四年〜昭和二十年』、筑摩書房、1984 年
『平良市人名地図』、海邦出版、昭和 60 年
宮古島市ホームページ　空から見る宮古島：http://www2.city.miyakojima.lg.jp/miyakojima/
ビデオ：西原みどり会『創立 45 周年記念 歌劇 西原村立て』、2008 年
展示：宮古島市総合博物館
野口武徳写真展『忘れがたき故郷・池間島』、2008 年 10 月 21 日〜 23 日、池間島離島振興総合センター

宮古島西原地区ではなされている池間方言の創作童話

っふぁ　そうだてぃ　じゃんぬ　はなす

表紙

っふぁ　そうだてぃ　じゃんぬ　はなす
子育てジュゴンの話

01

1:　むいとぅ　ゆーかーまぬ　うほぅとぅんどぅ　いみすまがまぬ　いふつまい
　　　ありゅーたい。
　　　はるかかなたの海に小さな島がいくつかありました。

2:　っぞぅまい　しなまい　うるまい　なうまい　はーさ　とぅらいば　いぬ
　　　すままい　たからぬ　すまてぃー　あっじゃい　ゆたい。
　　　魚や貝やさんごがゆたかにとれるので、どの島も宝の島とよばれていました。

3: いぬ すままい そぅーぬ んてぃてぃがー、いんぬ すたんかい
すずんそぅが、ただ ひてぃつ なうばい そぅーぬ んてぃんまい
すずまん いみすがまぬ あたい。
潮が満ちると、どの島もしずんでしまうのですが、ただひとつだけ、
どんなに潮がみちてもしずむことのない、小さな島がありました。

4: うぬ すまー かんぬ すまてぃー あっじゃいー、いみからんまい
うまんな んなぐばままい はいまい かーまい やままい なうまい
ありどぅ ひとぅまい うりどぅ うたい。
その島は、神の島とよばれ、小さいながらも、砂浜があり、畑も泉も山もあり、人もすんでいました。

02

5: いつががらぬ っふぁじゃーかぬ くとぅどぅ あたい。
ある夜明け前のことです。

6: んなぐばまん たまっさ んがいー にゃーん じゃんぬ ゆくたーり うたい。
砂浜に、気をうしなったジュゴンが、横たわっていました。

7: 「じゃんよー、じゃん、みーゆ あきーみーる。ばー くまぬ すまぬ かんどー。」
「ジュゴンやジュゴン、目をあけなさい。わしは、この島の神だ。」

8: じゃんな かぱてぃ うどぅるきー みーゆ あきたい。
ジュゴンはびっくりして、目をあけました。

9: 「なうばいぬ ばーが？ くまー んじゃがいー？」
「いったいなぜこんなことに？ いったいここはどこ？」

10 : 「っうぁー　なうまい　うぶいや　うらんな。ゆなかんどぅ　ほうなんぬ
　　　っていどぅ　すまびとぅまい　やーまい　んーな　あたくまん　ぬみーにゃーん。
　　　「なにもおぼえていないのだな。夜中に、津波が島をおそい、あっという間にたくさんの島人と
　　　家をひと飲みにしてしまった。

11 : あやひどぅ　っうぁー　うまぬ　はまんかい　てぃっうぁい　ゆたい。
　　　そしておまえは、この砂浜にうちあげられたのだ。

12 : じゃん。っうぁが　やかたん　にっうゅー　あかっうぁがまー
　　　「キラー」てぃぬ　なーぬ　っうぁがま。
　　　ジュゴンよ、おまえの横に眠っている赤ん坊は、「希良」という名の子だ。

13 : んままい　つざまい　ほうなん　ふぁーいー　はりーにゃーん。
　　　父親も母親も津波にさらわれていってしまった。

14 : くぬ　やらびゃー　すまうぎゃー　ゆからす　ひとぅん　ないがまた。
　　　この子は、島を繁栄させる人となる。

15 : じゃん、ういが　たきたらいきゃ　みばかり。うんたーひー　っうぁうぎゃー
　　　にんぎんかい　なさでぃ。」
　　　この子が大きくなるまで、大切に育てるのだ、ジュゴン。その日までおまえを人間にしよう。」

16 : じゃんな　くいぬ　ぬっそう　みーっでぃ　あすたい。
　　　ジュゴンは、声の主を見ようとしました。

17 : あやすきゃー　ふたきな　ゆぶそうかでぃぬ　ふつたい。
　　　その時、浜に風がぐるぐると急にうずまいて吹きました。

18 : あたばかーいひー、うぬ　かじゃー　やまぬ　はなんかい　ふきゃがりー、
　　　っさだういきゃー　じゃんな　みどぅん　ういびとぅがまん　なりゅーたい。
　　　しばらくすると、その風は山の上に吹き上がっていき、気がつくとジュゴンは、
　　　おばあの姿に変わっていました。

19 : あやひー、うぬ　ぱーや　っうぁがまう　てぃまっふぁー　あすみー
　　　にっうゅーたい。
　　　そして、そのおばあは、赤ん坊に手まくらをして横たわっていました。

03

20: あやす かやすてぃ ほーきゃー キラーや つむかぎ びきりゃん なりゅーたい。
   月日がたち、希良は、思いやりのあるやさしい少年に育ちました。

21: すまぬ ひとぅんみゃー いっじゃ いだひー わいてぃ かないたいばどぅ、ひとぅまい やーまい かじゅーい はたい。
   島の人は元気をとりもどして、よく働き、人も家もだんだんふえていきました。

22: キラーとぅ ぱーや、まいにつ、てぃだぬ いでぃきゃー やまんかい ぬーりー いきどぅ すまぬ かんがなすんかい てぃーや かみゅーたい。
   希良とおばあは、毎日、日の出のとき、山にのぼって、島の神さまに手をあわせていました。

23: うぬ ひーまい、てぃだぬ あがいばなんな やまんかい ぬーいたい。
   その日も、日の出前に山にのぼりました。

24: 「ぱー、やまんかい ぬーいてぃがー みそうりどぅすいー。」 てぃー キラーや ほぅいつ あすっちゃーん あっじゅーたい。
   「おばあ、山にのぼると、目がさめるね。」と希良は、大きく息を吸っていいました。

25: 「まーんてぃいー、っうぁが みーや あかまつっぞぅぬ ほぅみーぬ んまり。いじゃたーひーまい みーらいゆーそうが んまり みーどー。」
   「ほんとうだ、お前の目はキンメの大きな目のようだ。どんなに遠くもよく見えそうだね。」

26: 「ぱー、ばが みーぬ あかまつっぞぅぬ ほぅみーやてぃがー、ぱーが みーや なうぬ みーがいー?」
   「おばあ、ぼくの目がキンメの大きな目なら、じゃあ、おばあは、なんの目か?」

27: 「なうがら…。じゃんびゃーいー。」
   「そうだねぇ…。ジュゴンかね。」

28 : ぱーや、あいがまー ありーから あいたい。
おばあは、すこし間をおいて言いました。

29 : あや ほぅーきゃー、てぃだぬ いでぃー っちゅーたい。
そのとき、朝日が、のぼってきました。

30 : 「あがい、んみゃ、かんがなすんかい てぃーゆ かみだかーならんどー。」
「たいへんさ、神さまに手をあわせないとならん。」

31 : ぱーや、んみゃ はなっさ なまりー かんがなすんかい うがんたい。
おばあは、ぴたっと話をやめておがみました。

04

32 : うんな なうぬ ばーがら キラーや、いんぬ みーうたい。
そのときなぜか希良は、海を見ていました。

33 : 「ぱー、いんな なんぬどぅ あいどー。」
「おばあ、沖に波があるよ。」

34 : 「んみゃどー、かんがなすんかい てぃーゆ かみ くとぅまい ばっしー。」
「この子はもう、神さまに手も合わせないで。」

35 : ぱーや、キラーが かなまいがまんかい てぃーや ぬーすっちゃーん あいたい。
おばあは、希良の頭に手をおいて言いました。

36 : 「つむぬ なかんどぅ かみたいどー。ばー んみゃひー いんぬ みー うらっじゃー ぱーや さだりー いきうり。」
「心の中でやったさ。ぼく、もっと海のようすを見たいから、おばあ、先におりてよ。」

37: ぱーや あいかってぃ あすきゃー、いんから ふきったい かでぃん
はっじゃ とぅらいたい。
おばあが歩こうとしたとき、海から吹いてきた風で、足もとがふらつきました。

38: 「あがい！ んみゃ。」
「あっ！ あぶないっ。」

39: キラーや、すぐ ぱーゆ わいてぃ かつんたい。あやひー、ぱーが
てぃーや かつみっちゃーん やまう うりたい。
希良は、あわてておばあをささえました。そして、手をとって、山をおりました。

40: 「キラーや、ぱーが くとぅ うむい つむかぎ まなや どーい。」
「希良は、おばあ思いのやさしい子だね。」

41: 「あいぬ くとぅーぎゃー、なうばいちゃーにゃー あっじゃだうり。」
「そんなこと、いちいち言わないでよ。」

42: ぱーや、あいぬ キラーゆ ほういふ なりゅーてぃー ほぅからすぎなりー
みー ゆたい。
おばあは、希良のことをたのもしそうに見ました。

43: うん、いんから かでぃぬ ふきってぃ ぱーが あかんかい あたいたい。
そのとき、沖からの風がおばあの髪を吹き上げました。

44: キラーや、「あがい、ぱーが かなまいや っそうなんがま。」てぃー
ゆがいなー ひーゆたい。
希良は、「わー！ おばあの頭は白波だ。」と、おどけた調子で言いました。

05

45: 「っそうっさぎゃー　っそうなんぬ　んまりゃーひどぅ　みーらいゆーな。
　　　うりゃー　かでぃぬどぅ　あそうばほぅーだら。…んみゃ、んみゃ、わーつつ
　　　やっづぃんどぅ　ないぎかい、んみゃ。」
「白髪が波のように見えるかい。それは風のいたずらさ。…あれ、だけど、天気が悪くなるようだよ。」

46: ぱーや、てぃんな　みゃーぎっちゃーん　あっじゅーたい。
おばあは、空を見上げて言いました。

47: 「しばぐとぅぬ　あいとぅー　ぱーや、『んみゃ』てぃどぅ　あい、いー。」
「心配ごとがあるとおばあは、『んみゃ』と言うね。」

48: 「いーでぃんな　っふ　ぷむぬどぅ　びじゃりゅー。うりゃー　んみゃ
　　　にがつかでぃまーいどー。んみゃ　んみゃ…、きゅーが　ゆーんどぅ
　　　ふーぎかい。」
「西の空に黒い雲がたれこんでいるね。きっと二月かでぃまーいだ。たいへん、たいへん…、
夜中に来そうだな。」

49: 「ぱー、『にがつかでぃまーい』てぃや、にがつぬ　かでぃふつどー、いー。
　　　あがい、きゅーぬ　ゆーや　そぅーひーどー。」
「おばあ、『二月かでぃまーい』って、二月の台風だね。あっ、今夜はひき潮なんだ。」

50: 「んちゃ、んちゃ、あいどぅ　あたい。」
「そうだっけ、そうだったね。」

06

51: すまぬ　やーかずんな、ゆなか、やなわーつつんな　とぅなかん
　　　まーりゅー　ふに、ゆづー　ひーゆい　いんしゃーたんかい　なうぐとぅまい
　　　ありや　ならんてぃー、すたてぃゆ　ひーゆたい。
島の家々では、夜中、天気の悪いとき、航海中の船や夜釣りの漁師たちに何事もおこらない
ように、かがり火をたきます。

52: ぱーまい、キラーん ならーすっちゃーん、すたてぃゆ ひーゆたい。
おばあも、これまでも希良に教えながら、かがり火をたいてきました。

53: キラーや、つむぬ なかん うむーたい。
希良は、心の中で思いました。

54: (ばんまい、すたてぃゆ ひーみーぶすむぬ。)
(ぼくも、かがり火をもやしてみたいな。)

55: あすてぃがー、すぐ ぱーが くいぬ つかいたい。
すると、すぐにおばあの声がかえってきました。

56: 「ひー みーるば!」
「やってみたら!」

57: キラーや うどぅるつたい。「ぱーや、ばが つむぬ なかん うむいーゆーくとぅーぎゃー っしーどぅー、いー。」
希良はびっくりしました。「おばあは、ぼくが心の中で思うことがわかるんだね。」

58: 「あいだら、ばが くぬ てぃーひー そぅだちゃー んまがどぅ やいむぬ。キラーやてぃがー ひらいどぅすだら。わいてぃ かない、ゆなうしゃ キラー。」
「そうさ、この手で育てた孫だからな。希良ならできるさ。がんばれ、世直し希良。」

59: 「ゆなうしゃてぃーや まーぬ あっじゃだうり。ばかすかいば ならんば。」
「世直しって、大げさな。はずかしいよ。まったくもう。」

07

60: ぱーや、んなまぬ キラーやてぃがー、まーんてぃぬ くとぅー あっじゃんまい しばー にゃーんてぃ うむーたい。
おばあは、今の希良なら、本当のことを教えてもいい、と思いました。

61 : 「かぬいー、キラー。ぱーや いー、じゃん あたいそぅがどぅ
　　　にんぎん ならはいー…。」
　　　「あのな希良。おばあは、ジュゴンだったが、人間となって…。」

62 : 「なうやひー じゃんが。ぱーや ぱーだら。」
　　　「なにがジュゴンだ。おばあは、おばあだよ。」

63 : キラーや あい あいっちゃーん、わいてぃ、てぃーや むゆかひー
　　　すたっちゅ すきゃきたい。
　　　希良は、そう言いながら、せっせと手をうごかし、かがり火の用意をしていました。

64 : 「…んーでぃ。あてぃがー キラー、うらー ひーや あかかいきゃ
　　　やまんかい ぬーりーいきー、いんぬまい みーくーよ。あやひー
　　　やーんかい ふーっちゃーんな、たむぬーまい はーさ うぐないくーよ、いら。」
　　　「…そうだね。希良、それがおわったら、明るいうちに山にのぼって、海のようすを見てきなさいね。
　　　かえりには、薪もうんとひろいあつめてくるんだよ。」

65 : ぱーや、すまぬ かんがなすんかい あいたい。
　　　おばあは、島の神につたえました。

66 : （キラーや、すまむい あすばかーい むいとぅ ほうどぅいどぅー。ばが
　　　うだいや ひらいどぅー、いー。）
　　　（希良は、島守りができるほどりっぱに成長しました。わたしの役目ははたせましたね。）

67 : っふぁふなりー、キラーや すたてぃんかい うまっちゅ つきたい。
　　　夕闇がせまり希良は、かがり火をもやしはじめました。

68 : 「あがい、んみゃ、キラー、ちゅーくどぅ むいゆーい。やぐみ じゃう
　　　すたてぃ、いー。」
　　　「希良、いきおいよくもえているね。じょうとうなかがり火だよ。」

69 : ぱーや キラーが かたむっそう、タンタンてぃー ったきー、やーぬ
　　　なかんかい ぬーりーはたい。
　　　おばあは希良の肩を、ポンポンとたたいて、家の中へ入っていきました。

08

70: っふぁふ ないきゃー、すまぬ やーかずぬ すたっちゃ っふぁなかん
すまぬ かたう ちゅっふぃー みしゅーたい。
夜になると、島のあちこちの家のかがり火が、闇の中に島のかたちをうかび上がらせました。

71: あやひー キラーが すたっちゃ ちゅーく むいどぅ きゅーっさ
っふぁてぃんかい ぬーりーはたい。
希良のかがり火はよくもえて、けむりは天の闇へとすいこまれていきました。

72: かじゃー、っふぁなかん とぅーりー はりーどぅ、いんな ゆらひー
なんな たてぃどぅ いんぬ どぅどぅみかひーゆたい。
風が、闇を吹きぬけて、海をゆらし、潮騒をひびかせています。

73: キラーや、っふぁふぬ なか すたてぃんかい たむぬー いりーいりー
ほぅーたい。
希良は、闇の中ずっと薪をくべつづけました。

74: あたくまん、ちゅーかでぃぬ ふきったい。
とつぜん、強い風が吹いてきました。

75: すたっちゃ かでぃん ちゅーくんてぃ なびかはいどぅ、きゃーりー
はらっじゃうたい。
かがり火は大きくなびき、消えそうになりました。

76: キラーや、すたてぃゆ きゃーひや ならんてぃ うむい、うなが
どぅーひー かたか あすたい。
希良は、かがり火を消してはならないと自分のからだで風をうけました。

77: かじゃー あとぅから あとぅから キラーが くさんみんかい ふきゅーたい。
風はつぎつぎに希良の背中に吹きつけました。

78: キラーや まさりーまい まさりーまい、っしふ なりってぃー、んめ
　　すたっちゃ なうばい ならんまい ゆぬむぬてぃーまい うむーたい。
　　希良はだんだん寒くなってきて、もうかがり火はどうなってもいいとさえ思いました。

79: あいやいそうが、すたっちゅ きゃーひやならんてぃぬ つむぬそうくからぬ
　　くいまい つかいーったい。
　　けれども、かがり火を守りたいという心の声もきこえてきました。

80: 「うりゃー『にがつかでぃまーい』どー。なうやらんまい、
　　かなーだかならん。」てぃー、キラーや いっじゃ いだひー、すたっちゃ
　　なまらだ むーひー ゆたい。
　　「これは『二月かでぃまーい』の風だ。なにがなんでもがんばるぞ。」と、希良は心を
　　ふるいたたせて、かがり火をもやしつづけました。

09

81: んみゃ いかっさばかーいどぅ ないたいが、いー。
　　どのくらいの時間がすぎたのでしょう。

82: かじゃー やーらきふがま なりゅーたいそうが、んなーぎゃー
　　っふぁゆーどぅ あたい。
　　風は弱くなっていましたが、まだ闇の中でした。

83: キラーや にゅーたふ なりどぅ、みーや あきらいだ、うまっちゃ
　　まさぐんな みーらいっだん。
　　希良は眠くて目があけられず、火のもえかげんもよく見えません。

84: ただ てぃーや むゆかひー、たむぬー いりゅーたいそうがどぅ、
　　っさだういきゃー よーんな− よーんな−、ゆくたーり にゃーっだん。
　　ただ手をうごかし、薪をくべていましたが、やがて体がゆっくりゆっくりと、横になっていきました。

85: いみぬ なかん、みどぅんみぬ くいぬ ひーうたい。
夢うつつの中で、女の人たちの声がします。

86: 「たるまい うらまんな?」
「誰かいらっしゃいますか?」

87: 「ばがどぅ ういどー。あがい、んみゃ! っふぁがままい さーりー。
くまんかい くー。」
「はーい。あらまあ! 赤ちゃんも一緒に。さあさあ、こちらへ。」

88: 「ほい、なうがら、くぬ っふぁがまんかい…」
「はい、ちょっと、この子に…。」

89: 「つーがまう ぬまはっでぃぬ ばー、いー。ばんまい、っぅぁとぅ ゆぬ
じゃんどー。しばうぎゃー ほうだうり。なうやひー うまんかい ふーたいが?」
「お乳をのませるのね。わたしも、あなたとおなじジュゴンだよ。安心してね。
それにしてもなぜここに来たの?」

90: んまじゃんな、むぬい すきゃきたい。
おかあさんジュゴンは、話し出しました。

91: 「ばんてぃが うりゅーたい いんな んじゃまい かままい ほぅらいどぅ、
はんまいぬ っさー にゃーんふ ないたい。っさー
とぅみーまーりゅーきゃー、ほぅかでぃふつん いじゃいどぅ くまたーひー、
さーらいってぃにゃーん。」
「わたしたちのすんでいた海があちこち掘り返されて、食べる海草がなくなってしまいました。
さがしまわっているうちに台風にあって、流されてしまったのです。」

10

92: 「あかっうぁがまー　さーりー　あいぬ　っふぁゆーん　うじゃーなーたーひー
　　　ゆー　くーらいたい　むぬいー。んみゃ　なうぬ　しばー　にゃーんどー。」
　　　「赤ちゃんをつれて、よく暗闇の中をここまでたどりついたね。もう大丈夫だよ。」

93: 「すまぬ　すたてぃぬ　みゃーてぃぬ　ありゅーたいばどうよ。なうががら、
　　　かぬ　びきやらびぬどぅ　すたちゅー　むーひーふぃーうたいびゃーん、
　　　いー。」
　　　「島あかりのめあてがあったからです。あの、もしや、あの少年がかがり火をもやして
　　　くださったんでしょうか。」

94: 「んーでぃ、うりゃー　ばが　そうだてぃたい　んまがだら。」
　　　「そうさ、わたしが育てた孫だよ。」

95: ういびとぅかい　じゃんぬ　あいたい。
　　　年とったジュゴンが言いました。

96: 「じょー、ゆーや、あきだういきゃ　あかっうぁがまー　さーりー、
　　　ふぁうむぬぬ　はーさ　ありゅー　とくまう　とぅみが　はやまり　いかでぃ。」
　　　「さあ、夜が明ける前に、赤ちゃんをつれて、たべもののあるところをさがしに、早くでかけよう。」

97: キラーや　にっじゅーとぅい　ぱーが　みはなう　みーそうが　んまり　あたい。
　　　眠っていた希良の目の前に、おばあの顔がうかびました。

98: あやひー、「ぱー！」てぃ　ゆらうきゃー　ふたきな、
　　　「おばあ！」とさけんだそのとき、

99: ダダーッ、ダダ、ダダーッ　てぃー、
　　　ざっぶーん、ざぶん、ざっぶーんと、

100: なうががらぬ　いんかい　うてぃ　ならぬ　つかい　ゆたい。
　　　海になにかが落ちる音がしました。

101: キラーや、ならぬ　ほぅー　いんぬ　みーきゃー　ふたきな　あがいってぃー
　　　うむーたい。
　　　希良は音のする海のほうへ目をむけようとして、はっと気がつきました。

102: すたっちゃ　んめ　うまつだにんどぅ　なりゅーたい。
かがり火が火種だけになっていたのです。

103:「んみゃどぅ　やいむぬ、にっうぃどぅ　うたいてぃや。いみぬ　なかんどぅ
ぱーが　うかひーふぃーゆたいびゃーん。」
「なんてことだ、眠っていたなんて。夢の中で、おばあがおこしてくれたんだ、きっと。」

11

104: キラーや、いんぬ　ゆー　みーらいゆー、いつまい　ぬーい　やまんかい
そうっうぃー　ぬーいたい。
希良は、海がよく見える、いつもの山にかけのぼりました。

105: あがいてぃだん　そうまりゅー　いんぬ　みーきゃー　んま　っふぁぬ
じゃんぬ　うほうとぅんかい　うーぎー　はい　むぬぬ　みーらい　ゆたい。
朝日に染まった水面に、親子のジュゴンが沖にむかっているのが見えました。

106: うぬきゃが　てぃびから、うーず　やうたいぬ　にゃーん　がばー
じゃんまい　みーらいどぅ　うたい。
そのあとから、ぎこちなくおよぐ大きなジュゴンも見えました。

107: キラーや、うぬ　がばー　じゃんからー　みーや　はなはいだ　ういきゃー、
うぬ　かなまいぬ　はなん　っそう　むぬー　みーたい。
希良はその大きなジュゴンから目がはなせないでいると、その頭のあたりに白いものをみつけました。

108:「あがい、っそうなんどー。うりゃー、ぱーが　っそうっさぎ。ぱー、ぱーっ！」
「あっ、白波だ。あれはおばあの白髪だ。おばぁ、おばあーっ！」

109: キラーが、くいや　くいびゃーき　いだひー　ゆらうきゃー、がばー
じゃんな　じゅーゆ　ふりゅーたい。
希良が、ありったけの声でさけぶと、大きなジュゴンは尾びれをふりました。

110: 「うりゃー、いみゃー あらっだん。」
「あれは、夢ではなかったんだ。」

111: じゃんな、よーんなーな、あかたん そぅまりゅー いん みーらいだ はたい。
ジュゴンは、ゆっくりゆっくりと、紅く染まった海に見えなくなりました。

（んめ ばが はなっさ うさか）
（これで私の話はおしまい）

この冊子で使われている表記法

分かち書き：この冊子では方言で発音がわかるようにあまり漢字を使わずひらがなを多く使っているため、分かち書きが使われています。分かち書きは、共通語のローマ字表記をするときに用いる、「文節」の単位で次のように行っています。

1) 名詞と助詞の組み合わせで区切る。
2) 動詞と助動詞、終助詞の組み合わせで区切る。
3) 読点のあとでは、区切らない。

ひらがな表記法：この冊子では、池間方言をひらがなで表すために作成された正書法で表記されています。この正書法では、いくつか共通語とは異なる音を表記するための特別な表記法を用いてあり、共通語と同じ表記であっても、発音が異なる場合があります。

表記の仕方と発音

表記法		発音と表記の説明	例（訳）
さ行音	「そぅ」	「そぅ」は、sの音に唇を丸めた「う」の音をつけて発音する。	そぅー（潮）
	「す」	「す」はこれに対し、sの音に唇をひいた「う」の音をつけて発音する。	ほぅす（星）
た行音	「とぅ」	「とぅ」は、tの音に唇を丸めた「う」の音を付けて英語の前置詞のtoのように発音する。	くどぅ（こと）
	「てぃ」	「てぃ」は、「ち」ではなく、tにiをつけて、英語のteaの最初の音のように発音する。	てぃん（空）
	「どぅ」「でぃ」	「どぅ」は「とぅ」の、「でぃ」は「てぃ」の濁音をつけた発音になる。	やどぅ（戸）
は行音	「ほぅ」	「ほぅ」は、英語のwhoのように上下の唇をつけずに発音する。	ほぅなん（大波）
	「ふ」	「ふ」は、fのように上の歯で、下の唇を噛んで発音する。	ふくる（袋）
撥音「ん」		「ん」は、共通語と同じ発音になる。	にゃーん（無い）
		「ん」は、語頭に立つこともある。	んみゃ（もう）
撥音「ん゜」		「ん゜」は、mのように唇をつけたり、nのように舌先を歯の後ろにつけて、声を立てずに、鼻息だけで発音する。	ん゜んたみー（踏みしめる）

促音「っ」		▶「っ」が単語の途中にある場合は、共通語と同じ発音。	っっちゅ（月）
		▶「ん」のあとに「っ」が来る場合がある。	んっつー（お汁）
	「っ」が単語の最初にある場合は、「っ」のあとの子音を重複し、長めに発音する。		
		▶ "っふぁ" であれば下唇を噛み、f の形にして、噛んだまま長めに f の音を発音し、ffa のように発音する。	っふぁ（子供）
		▶ "っづぁ" であれば、下唇を間で v の音を出し、噛んだまま長めに vva のように発音する。	っづぁ（あなた）
		▶ "っさだ" であれば、s を長く発音する。	っさだ（知らないで）
		▶ "ってぃ" であれば、t を発音するために舌先を上あごにつけ、すこし無音のまま保ったあとで、「てぃ」の発音をする。	ってぃ（来て）
長音「ー」		▶長音は、「ー」で表記する。「ん」にも長音がある。	んーでぃ（はい（返事））

（京都大学大学院文学研究科言語学研究室作成）

クレジット

作話、語り	花城千枝子（ひよどり保育園 園長）
絵	永田奈緒美（京都大学学術情報メディアセンターコンテンツ作成室 教務補佐員）
企画	車田千種（スタンフォード大学 博士課程）、岩崎勝一（カリフォルニア大学ロスアンジェルス校 教授）
企画調整など	林由華（京都大学大学院文学研究科 GCOE 研究員）
冊子デザイン、タイトルデザイン	永田奈緒美、奥村昭夫（京都大学学術情報メディアセンター 客員教授）
録音、音声データ作成	岩倉正司（京都大学学術情報メディアセンターコンテンツ作成室 教務補佐員）、元木環（京都大学情報環境機構 IT 企画室／学術情報メディアセンターコンテンツ作成室 助教）
コンテンツ作成ディレクション	元木環
方言監修	仲間博之（学校法人加計学園 参与・沖縄支局長／元沖縄県立宮古高等学校 校長）
総合監修	田窪行則（京都大学大学院文学研究科言語学専修 教授）

この冊子は、京都大学グローバル COE プログラム「親密圏と公共圏の再編成をめざすアジア拠点」ならびに京都大学学術情報メディアセンターコンテンツ作成共同研究の助成を受けて作成されました。

索　引

A～Z
analytical questionnaire 50, 51
DNA 86
Elan 17
negative concord（反一致） 4
UNESCO 99, 158

あ
アイヌ語 81, 82
アクセント 2
池間島 159, 161, 165, 170, 173
池間西原方言 2, 7, 11
池間方言 1, 3, 4, 5, 110
池間民族 1, 112
威信方言 9
一次データ 177, 178, 180, 183, 194
一人称代名詞 89
伊良部島 159, 174
伊良部方言 3, 4, 17
御嶽 127
ウチナーグチ 113
ウチナーヤマトグチ 113
大石初太郎 34
大神島 159
大神方言 87
オーストロネシア 86
オーストロネシア系 86
オーストロネシア諸語 85
オーストロネシア文化 86
オーストロネシア民族 85
奥田靖雄 35
小野津集落 259, 260
小野津方言 259, 260

音韻変化 84
音調 2

か
外国語教育 36, 38
係り結び 4
学術コンテンツ 178
上嘉鉄集落 245, 246
上嘉鉄方言 245
喜界島 245, 259
喜界島方言 245
危機言語 2, 5
危機方言 2
記述文法書 45
基層語 85, 86
基礎語彙 83
木下順二 33
九州の方言 83
共通語 32
共通語教育 96
共通話しことば 34
協働 178
記録 90
記録言語学 175
グスク時代 86
国頭語 83
来間島 159
継承 89, 90
系統分類 83
原グスク文化 86
言語 23
言語移行 110
言語記録 172, 175

言語権 81
言語生活 111
言語ドキュメンテーション 114
言語の保存・伝承活動 97
語彙更新 84, 85
広域八重山諸語 93
考古学 85, 86
耕作 86
呼気流 4
呼気流の強さ 3
語形変化 84, 85
古態の保存 89
ことわざ 28
コミュニケーションギャップ 194
コンテキスト 181, 183, 194
コンテンツ 177, 179, 180, 183, 185, 186, 189, 190, 193
コンテンツ作成 177, 180

さ

三型 2
三型アクセント 2
3点セット 45
辞書 90
指導要領 25
シフト 157, 158, 163, 165, 168, 169, 173, 174
下地島 159
狩猟採集 86
准話者 164, 165, 166, 170, 172, 173
上代特殊仮名遣い 88
焦点助詞 4
消滅 81
消滅危機度 99
消滅の危機に瀕している言語（消滅危機言語）99, 109
進化の速度 86
震災 91
人類学 85, 86
接触 86
舌尖音 3

舌尖母音 3, 4
先行言語 86
先住民族 85, 86
相互理解 83, 193
相互理解性 82
存在動詞 4
村落祭祀 128

た

多言語教育 43
済州島 17
調査項目チェックリスト 50, 51, 53, 57, 64
テキスト集 90
電子博物館 11, 12, 13, 17, 18, 177, 180, 183, 185, 190
東京語 34
ドゥナン（与那国）語 93, 94, 96, 97, 99
ドキュメンテーション 1

な

ナナムイ 6, 7, 128
奈良時代の日本語 88
二型 2
西原方言 2
日琉語族 83
日本語教育 36, 38
日本祖語 162

は

八丈語 82, 83
服部四郎 91
標準語 32, 35
平良方言 5
副読本 27
復興 90, 172
文化 23, 30
「文化への毒ガス」119
文法書 90
文法スケッチ 45, 46, 48, 49, 50, 51, 52, 53,

54, 55, 57, 58
文法スケッチ章立て（執筆項目）案　61
方言　32, 35
方言教育　27, 38
方言札　96, 116
「方言撲滅運動」116
母語　164, 170
保存　89, 90

ま

末期話者　164, 171, 172, 173
南琉球諸語　14
ミャークヅツ　123, 127, 133, 183, 186
宮岡伯人　23
宮古語　5, 110
「宮古語科」41
宮古島　158, 159, 160, 163, 173, 174
宮古諸島　159, 160, 162, 172, 174
宮古祖語　3
宮古方言　4
水納島方言　29
無声語　88
無土器文化　160
メオトゥ　154

や

与那国島　93

ら

琉球語　3, 21
「琉球語科」41
琉球諸語　1, 3, 5, 17
琉球祖語　162
琉球方言　21
流暢な話者　158, 164, 165, 167, 168, 169, 170,
　　171, 172, 173, 174, 175
類型論　87
類推　84

執筆者紹介

◇田窪行則（たくぼ　ゆきのり）
　京都大学大学院文学研究科教授（言語学専修）。博士（文学、京都大学）。専門は言語学。

◇かりまた　しげひさ
　琉球大学法文学部国際言語文化学科教授。専門は琉球語学。

◇下地理則（しもじ　みちのり）
　九州大学人文科学研究院准教授。Ph.D.（言語学、オーストラリア国立大学）。専門は言語学。

◇トマ・ペラール（Thomas Pellard）
　フランス国立科学研究所（CNRS）、東アジア言語研究所（CRLAO）専任研究員。博士（社会科学高等学院（EHESS）、言語科学）。専門は歴史言語学・記述言語学。

◇山田真寛（やまだ　まさひろ）
　広島大学教育学研究科、言語と認知の脳科学プロジェクト研究センター PD 研究員。Ph.D.（言語学、デラウェア大学）。専門は言語学。

◇岩崎勝一（いわさき　しょういち）
　ハワイ大学マノア校教授/カリフォルニア大学ロサンジェルス校名誉教授。Ph.D.（言語学、カリフォルニア大学ロサンジェルス校）。専門は言語学。

◇大野剛（おおの　つよし）
　アルバータ大学。Ph.D.（言語学、カリフォルニア大学サンタバーバラ校）。専門は usage-based linguistics。

◇**平井芽阿里**（ひらい　めあり）
　國學院大學大学院文学研究科／日本学術振興会特別研究員。博士（文学、立命館大学）。専門は民俗学・文化人類学。

◇**林由華**（はやし　ゆか）
　大阪大学／日本学術振興会特別研究員。博士（文学、京都大学）。専門は調査言語学。

◇**元木環**（もとき　たまき）
　京都大学情報環境機構／学術情報メディアセンターコンテンツ作成室助教。京都市立芸術大学大学院美術研究科博士後期課程ビジュアル・デザイン領域在籍。専門は情報デザイン、学術コンテンツ作成。

◇**白田理人**（しらた　りひと）
　京都大学大学院文学研究科言語学専修博士後期課程／日本学術振興会特別研究員。修士（言語学、京都大学）。専門は調査言語学（琉球語）。

（論文掲載順、2013 年 10 月現在）

琉球列島の言語と文化
その記録と継承

発　行	2013年11月16日　　第1刷発行
編　者	田窪行則
装　丁	永田奈緒美（京都大学学術情報メディアセンターコンテンツ作成室）
発行所	株式会社　くろしお出版 〒113-0033　東京都文京区本郷3-21-10 TEL: 03-5684-3389　FAX: 03-5684-4762 URL: http://www.9640.jp　e-mail: kurosio@9640.jp
印刷所	シナノ書籍印刷株式会社

©Yukinori TAKUBO 2013　　Printed in Japan
ISBN 978-4-87424-596-5　C3081

●乱丁・落丁はおとりかえいたします。本書の無断転載・複製を禁じます。